# 法律，就这么简单

## 我最需要的生活法律书

- 多元化社会，谁不会碰到“麻烦”？
- N多鲜活案情全景式直击。
- 本书只提供最靠谱的“麻烦”解决之道！

董慧凝 等 编著

东北财经大学出版社
Dongbei University of Finance & Economics Press
大连

图书在版编目（CIP）数据

法律，就这么简单：我最需要的生活法律书／董慧凝等编著．
—大连：东北财经大学出版社，2013.5
ISBN 978-7-5654-1048-2

Ⅰ．法…　Ⅱ．董…　Ⅲ．法律-中国-通俗读物　Ⅳ．D920.5

中国版本图书馆 CIP 数据核字（2012）第 294248 号

东北财经大学出版社出版
（大连市黑石礁尖山街 217 号　邮政编码　116025）
教学支持：（0411）84710309
营 销 部：（0411）84710711
总 编 室：（0411）84710523
网　　址：http：//www.dufep.cn
读者信箱：dufep@dufe.edu.cn
大连美跃彩色印刷有限公司印刷　　东北财经大学出版社发行

幅面尺寸：170mm×240mm　字数：436 千字　印张：21　插页：1
2013 年 5 月第 1 版　　2013 年 5 月第 1 次印刷

责任编辑：孙　平　章北蓓　　责任校对：刘　斯
封面设计：冀贵收　　版式设计：钟福建

ISBN 978-7-5654-1048-2
定价：36.00 元

# 前　言

梁文道、方舟子等文化名人纷纷惊呼：这是一个常识缺失的年代！对每一个理性的人来说，都应当掌握一定的常识。其实各行各业都有自己基本的常识，大到政治常识，小到生活常识，作为专业人员的基本常识，作为公民的基本常识，无论何种常识，都和我们息息相关。我们的社会秩序和社会进步在一定程度上也依赖于人们对常识的掌握程度。法治社会中，更需要掌握一些与衣食住行、婚姻家庭、教育医疗等日常生活有关的法律常识。

进入法律这一行转眼已有 15 年，其间接受了各式各类的法律咨询，也接触和代理了各式各样的案件。一个清晰的感觉就是，很多人甚至案件的当事人都缺乏生活中的法律常识，不知道如何保护自己的合法权益，合法权益被侵害后不知道如何寻求救济。去年夏天，我与杨婧、刘宇伦、刘阳、郭芮几位律师朋友商量，希望大家结合自己从事法律职业的体会编写一部生活法律常识的书，让老百姓能有本手头的法律工具书。大家都觉得很有必要。通过多次开会讨论，确定写作大纲，从自己经手的案件及常见的案例中精选与生活最为相关的案例作为素材来源，最后我们写成了这本《法律，就这么简单：我最需要的生活法律书》。二级警督钟飞先生参与了部分案例的讨论和写作。希望该书能成为读者一年中值得每日一读的小书。由于案例素材来源广泛，我们无法一一注明，在此对原作者及法律工作者谨表敬意和谢意！

专业法律人才的培养需要到法学院学习，到律师事务所、司法机关进行锻炼。老百姓的日常生活不需要也不可能去做这种专业的训练。如果本书能够为老百姓增加一些法律常识的理性储备，避免犯一些不必要的因不懂法导致的错误，增强保护自己、不侵犯他人的法律意识，解决生活中一些常见的法律问题，那我们的目的就达到了。

董慧凝于北京<br>2013 年 3 月

# 目 录

## 第一篇 婚恋家庭/1


共同财产不能瞒/1
假借离婚转财产/2
孝顺儿媳当女儿/3
赡养义务系法定/4
离婚判决不可抗/4
女友权利不如妻/5
婚前约定也枉然/6
财产和债都继承/7
解除收养可赔偿/8
婚生私生都平等/9
婚前财产怎么分/9
赠与小三不合法/10
婚前协议也有效/11
共同财产分水岭/12
离婚孩子属于谁/14
法定继承有顺序/15
孤儿寡母也继承/15
婚后所赠怎么分/17
婚前买房属于谁（一）/18
婚前买房属于谁（二）/18
婚内可以赔偿吗/20
财产公证要谨慎/21
单方离婚也可以/22
结婚不能代人办/23
离婚不必亲自去/23
谨防对方藏债务/24
婚前债务婚后还/24
防止对方偷财产/25
拖欠抚养费不还/26
赡养义务不可弃/27
亲生也无继承权/28

同居分手有麻烦/28
离婚约定不生育/29
公证赠与不能撤/30
私自录音也合法/31
离婚不必先“失踪”/31

## 第二篇 子女教育/33

狗进校园咬学生/33
不交赔款难高考/34
高招“乙肝歧视案”/35
隔墙扔石砸死人/36
教师打学生判赔/37
考试当天遇车祸/38
精神失常学校赔/39
教师突发精神病/40
考试落榜讨赔偿/41
雷管在教室爆炸/42
老师言行需谨慎/43
马拉松学生猝死/44
母诉女儿返学费/45
受体罚索要赔偿/46
玩游戏喝药自杀/47
顽皮学生爬电杆/48
校外租房被烧伤/49
校园探险摔残疾/50
学生动物园受伤/51
学生梦中“掉下床”/52
学生体测致猝死/53
学生校内被打伤/54
学生自杀学校责/55
学校停电造混乱/56
校园人身损害案/57
只管收钱，不管培训/59
中学生狂饮醉死/59
自考无缘教育金/61

足球门框砸学生/62

## 第三篇 生活消费/64

霸王条款不霸王/64
超市购物陷阱多/65
成功退货限制多/66
儿童消费有保障/67
警惕消费无发票/68
酒瓶扎伤谁负责/69
买到假货如何办/70
欺诈解决途径多/71
企业变更还要赔/72
商场购物被搜身/73
商场购物被消费/74
商品信息需明示/75
十倍赔偿如何用/76
试用期内无风险/77
售后纰漏也可赔/78
双倍赔偿如何用/78
特价商品也三包/79
网络购物需谨慎/81
洗浴丢财可否赔/82
消费摔伤可索赔/83
消协究竟有何用/84
虚假广告怎么办/85
言语过激引处罚/86
赠品瑕疵可获赔/87
展销会上买假货/88
照相消费需谨慎/89
知残买残自担责/90
知假买假不获赔/90

## 第四篇 房产交易/92

何时取得所有权/92
买卖合同的效力/93
一房二卖该如何/94
房屋登错怎么办/95
最长租期多少年/96
私自转租可解约/97
租房漏雨该谁管/98
证簿面积不一致/99
买卖不破租赁/100
借名买房权属谁/101
租赁权益可“继承”/102
定金一字值千金/103
房贷利息谁买单/104
租赁合同未登记/106
定期转为不定期/107
二金必须二选一/108
卖方隐瞒玩欺诈/110
不可抗力为何物/111
提前还款违约吗/112
共有房产的抵押/113
房屋质量谁担责/115
交付面积误差大/116
卖完房子反悔了/117
丈夫瞒妻擅卖房/118
想要退掉按揭房/120
购房面积怎么算/121
私下转让经适房/122
房屋被烧险谁担/123
法院判决的效力/124

## 第五篇 交通出行/126

报废小巴送游客/126
车祸后私订协议/127

车停路边也担责/128
车在车位也赔偿/129
乘客下车遭车祸/131
迟交保费索理赔/132
搭车受伤索赔偿/133
代驾时违章惹祸/134
代客泊车肇事案/135
单位聚餐出车祸/136
调解协议须遵守/137
飞出车外被砸死/138
父倒车撞死女儿/139
过期驾照勿使用/140
横穿马路造事故/141
机动车道勿打的/142
警示标志需急设/143
救死扶伤遭索赔/144
开车门撞倒行人/145
两车共同撞一人/146
“免费停车”，丢车照赔/147
未买车票也获赔/148
无证驾驶索理赔/149
无证驾驶肇事故/150
学员撞人教练责/151
一次车祸两次赔/152

## 第六篇 医疗保险/154

腹中藏有止血棉/154
手术过失引偏瘫/155
私诊就医出意外/156
拒给老人做手术/157
可憾生下畸形儿/158
红疹诊成艾滋病/159
手术进行中停电/160
美容不成反毁容/161
药品致损谁担责/162

救护途中病人死/163
越权接生致人死/164
不必要检查之责/165
非法行医要担责/166
癌症患者被误诊/167
医院丢了病历单/168
医保可买哪些药/169
保险利益为哪般/170
妻子代签保险书/172
免责条款惹争议/172
告知义务不能少/174
重复保险怎么赔/175
医院选择有讲究/176
违反后合同义务/177
中暑猝死理赔吗/179
合同到期前患病/180
单位不给上医保/182
医保理赔有时限/183

## 第七篇 社交处世/184

帮人借贷需小心/184
大型犬吓病老太/185
KTV 内被砍伤/186
更衣柜频频被盗/187
忽视防护致伤残/188
货架坠落砸伤人/189
甲醛超标患疾病/190
快递物件被丢失/191
篮球场意外猝死/192
路边“方便”被打伤/193
美发不成变脱发/194
捏造他人已死亡/195
啤酒瓶爆炸伤人/196
热心帮忙被摔伤/197
舍身保财丢性命/198

树断击人致瘫痪/199
私扣财物是违法/200
玩笑闹出大事故/201
网上交易勿马虎/202
相邻地界种花椒/203
邀请朋友去打人/204
银行卡密码被盗/204
张扬隐私要担责/205
制止不法被扎伤/206

## 第八篇 邻里纠纷/208

谁偷了我的阳光/208
被宠物所伤怎么办/209
在家挖坑被人告/210
邻居不让我通行/211
邻家噪音咋应对/212
业主身份咋界定/213
民宅商用可以吗/214
私自拆除承重墙/215
楼下草地属于谁/216
维修资金怎么出/217
楼顶安置广告牌/218
何时始交物业费/218
小区丢车物业赔/220
拒绝缴纳物业费/220
天上掉下花盆来/222
业主欲辞退物业/223
见义勇为中受伤/223
好意帮忙却受伤/224
邻里吵架气死人/225
无偿看家反赔钱/226
地下金币归谁有/227
高空抛物谁之过/228
还错钱可否要回/229

## 第九篇 遗产继承/231


遗嘱公证为哪般/231
非婚子享继承权/232
隔代继承咋回事/233
继子女享继承权/234
口头遗嘱有效力/235
劳改人员可继承/237
胎儿也有继承权/238
同时死亡怎么办/239
遗嘱内容有制约/240
遗嘱效力有先后/241
债务清偿有顺序/242
著作权可否继承/243
法定继承有顺序/244
继承遗产需合法/245
丧偶女婿可继承/246
继承诉讼两年限/247
外国遗产咋继承/248
遗嘱无效咋回事/249
遗嘱可否附义务/250
二奶能否受遗赠/251
遗嘱何时应撤销/252
遗产偿债有限度/253
股份能否被继承/254
遗赠抚养咋回事/255


## 第十篇 就业劳动/257


孕期不是挡箭牌/257
拒签合同怎么办/258
辞退员工需有据/259
加班费要自己举证/260
辞职没有补偿金/261
合同未续也要补/262
经济补偿金扣税/264

不当加班可拒绝/264
不胜任也有补偿/265
辞职也有补偿金/266
试用期辞退也要补/267
哺乳期内不能辞/268
哺乳期不可违纪/269
试用期内患了病/270
试用期也有限制/272
被迫辞职应补偿/273
下班受伤是工伤/274
实习受伤不算“伤”/275
试用期内是工伤/276
拒签合同需补偿/276
试用被退双倍薪/277
没有合同也能赔/278
不能只约试用期/280
单位能否扣押金/281
女工怀孕不能辞/282
无合同该怎么赔/283
下班受伤算工伤/284
辞职不同于解聘/284
就业协议不算数/286
雇主要有赔偿责/287
拖欠工资需要赔/288
员工可以炒单位/289
怎样计算补偿金/290
治病期间的辞职/291
退休打工要注意/292
合同不得限结婚/293
私自替班不能赔/294
两手可以同时抓/295
工伤待遇不能“替”/296
被打伤也算工伤/297
怀孕不能降薪酬/298
兼职也是劳动者/299
隐婚入职有后果/300

## 第十一篇 刑事风险/302

报复证人罪过大/302
暴夫虐妻境遇惨/303
倒卖药品挣钱财/304
短信诈骗应提防/305
恶意刷卡须担责/306
飞车抢夺危害大/307
非法索债施暴力/308
同居也构成重婚/309
妇女也是强奸犯/310
公民纳税是义务/311
狠心遗弃受刑罚/312
黄牛倒票违法规/313
假冒商标用不得/314
交通肇事勿逃逸/314
冒充军人骗钱财/315
冒名办卡不可取/316
窃密行为不可取/317
亲属受贿是犯罪/318
逃避执行担责任/319
伪造证件是犯罪/320
正当防卫需谨慎/321
装神弄鬼骗钱财/322
自损财产也受罚/323
醉酒驾车使不得/324

# 第一篇 婚恋家庭

婚姻家庭在社会生活中占据着举足轻重的地位。新中国成立之初颁布两部法律，一是《宪法》，二就是《婚姻法》，可见婚姻家庭关系对于维系社会稳定的重要性。事实上，婚姻家庭关系的一个很大的特点就是，这种关系掺杂感情，不是单靠法律就能规范的。一般情况下，法律所能解决的仅仅是财产问题而已。随着社会的发展，社会价值观趋于多元化，随之出现的纠纷也越来越多样化。怎样在纠纷中保护好自己的合法权益？本书选取了五十余篇婚姻家庭关系中常见的纠纷，希望读者朋友可以从中获得些许启发。

## 共同财产不能瞒

（离婚后发现有隐藏的共同财产怎么办）

### 基本案情

王某与张某系经人介绍结婚，婚后五年，双方协议离婚，对于财产和孩子抚养权达成一致。离婚后一年，王某提出，在离婚后，他才发现张某在婚姻关系存续期间，私自在某市某区某楼盘购买了产权房一套，登记在张某名下，现值200万元，故要求予以分割。

本案问题：王某能否要求分割此财产？

### 法律链接

《婚姻法》第17条：夫妻在婚姻关系存续期间所得的下列财产，归夫妻共同所有：

（一）工资、奖金；

（二）生产、经营的收益；

（三）知识产权的收益；

（四）继承或赠与所得的财产，但本法第18条第三项规定（遗嘱或赠与合同中确定只归夫或妻一方的财产）的除外；

（五）其他应当归共同所有的财产。

夫妻对共同所有的财产，有平等的处理权。

《婚姻法》第47条：离婚时，一方隐藏、转移、变卖、毁损夫妻共同财产，或伪造债务企图侵占另一方财产的，分割夫妻共同财产时，对隐藏、转移、变卖、毁损夫妻共同财产或伪造债务的一方，可以少分或不分。离婚后，另一方发现有上述行为的，可以向人民法院提起诉讼，请求再次分割夫妻共同财产。

最高人民法院《关于适用〈中华人民共和国婚姻法〉若干问题的解释（一）》第31条：当事人依据《婚姻法》第47条的规定向人民法院提起诉讼，请求再次分割夫妻共同财产的诉讼时效为两年，从当事人发现之次日起计算。

**律师说法**

李某有权对此房产提出分割请求。

双方在婚姻关系存续期间内取得的财产系共同财产，具有人身专属性的财产权除外。对于夫妻共同财产，双方享有共同所有权。一方有权因另一方隐藏、转移、变卖、毁损夫妻共同财产而起诉要求再次分割，但诉讼中应当证明己方在签署离婚协议时确实不知该财产的存在且该财产在离婚时没有涉及。

法律小贴士：

1. 保留证据。本案关键在于证明支付房款发生于婚姻关系存续期间，因此，相关的手续办理时间、银行转账证明等须保存好。

2. 注意时效限制。从发现被隐藏财产的次日开始两年之后，对于权利人的诉求法院不予支持，因此权利人需注意在得知权利被侵犯后尽快向法院提起诉讼。

但是，双方离婚协议的用词应当尽量精确，尤其是对于大宗财产应当作出明确的所有权属约定，“双方各自名下的其他财产归各自所有”这种语义笼统的词句容易引起纠纷。

## 假借离婚转财产

（结婚期间欠下的债务能否要求离婚后的一方清偿）

**基本案情**

2008年1月杨某向李某借款5万元，约定于当年5月还清，杨某到期未还。2009年1月，李某诉至法院，双方在法院达成调解协议，杨某承诺于2009年11月偿还借款。2010年6月，杨某夫妇到民政部门协议离婚，领取离婚证。双方的离婚协议书约定，家庭所有财产归女方所有，所有债务由杨某承担。由于杨某未兑现还款承诺，李某向法院提供了杨某在婚姻关系存续期间的财产线索，申请强制执行这些财产。法院经调查确认，杨某所欠5万元债务系夫妻关系存续期间的债务，属夫妻共同债务，应当以夫妻关系存续期间的夫妻共同财产来承担该债务，故依法查封了杨某转移的财产。法院判决债务是夫妻关系存在时欠下的，应以夫妻共同财产偿还。

本案问题：杨某能否就共同债务向离婚后的一方请求清偿？

**法律链接**

最高人民法院《关于适用〈中华人民共和国婚姻法〉若干问题的解释（二）》第24条：债权人就婚姻关系存续期间夫妻一方以个人名义所负债务主张权利的，应当按夫妻共同债务处理。但夫妻一方能够证明债权人与债务人明确约定为个人债务，或者能够证明属于《婚姻法》第19条第三款规定情形的除外。

最高人民法院《关于适用〈中华人民共和国婚姻法〉若干问题的解释（二）》第25条：当事人的离婚协议或者人民法院的判决书、裁定书、调解书已经对夫妻财产分割问题作出处理的，债权人仍有权就夫妻共同债务向男女双方主张权利。

最高人民法院《关于人民法院审理离婚案件处理财产分割问题的若干具体意见》第17条：下列债务不能认定为夫妻共同债务，应由一方以个人财产清偿：

（1）夫妻双方约定由个人负担的债务，但以逃避债务为目的的除外。

（2）一方未经对方同意，擅自资助与其没有抚养义务的亲朋所负的债务。

（3）一方未经对方同意，独自筹资从事经营活动，其收入确未用于共同生活所负的债务。

（4）其他应由个人承担的债务。

**律师说法**

杨某有权利就其债务请求双方任一方偿还。

目前许多人借假离婚以转移财产、逃避债务。通常做法是约定将全部或大部分财产归夫妻一方所有，而对外欠债的一方则承担全部债务。

然而根据法律规定，婚姻关系存续期间发生的债务，如果不能证明该债务是个人债务，则该债务属于夫妻共同债务，应当由夫妻共同财产偿还。即使当事人离婚，双方对债务的偿还负有连带责任，债权人可向其中任一方请求清偿。

法律小贴士：

1. 对于债权人，此类案件，最为重要的是能够证明债务发生时婚姻关系尚存续。

2. 由债务人承担证明该笔债务是个人债务的责任，因此，在婚姻关系存续期间，债权人和债务人在订立契约时最好作出明确的约定是否由个人财产偿还。约定不明或者未约定的，视为夫妻共同债务。

## 孝顺儿媳当女儿

（丧偶一方能否作为第一顺序继承人参与遗产分配）

**基本案情**

1992年赵某与张某（女）结婚。赵某父亲已去世，母亲卧病在床多年，一直由赵某与张某二人精心照料，赵某有一弟，赵结婚时尚未成年。2003年，赵某因车祸不幸去世。张某在赵某去世后依然一如既往地照顾赵某母亲。2011年，赵某母亲去世，其名下有房产两处。赵某的弟弟此时提出，房产应当由他一人独自继承。

本案问题：张某能否参与遗产的分配?

**法律链接**

《继承法》第12条：丧偶儿媳对公、婆，丧偶女婿对岳父、岳母，尽了主要赡养义务的，作为第一顺序继承人。

**律师说法**

张某可以作为第一顺序继承人参与遗产的分配。根据相关法律规定，丧偶儿媳对公婆尽了主要赡养义务的，可作为第一顺序继承人。

法律小贴士：

我国法律鼓励这种丧偶儿媳赡养其公婆的行为，但是权利人应当证明自己尽了主要赡养义务。在取证时方式较为灵活，例如，请邻居好友提供证人证言，列出生活的支出明细等。

## 赡养义务系法定

（赡养义务可否约定解除）

**基本案情**

王某系黄某之外甥女。1970年因黄某与其夫（已故）未生育子女，故收养王某为养女，当时王某3岁。此后，三人一直一起生活。

1994年2月，三人因生活琐事产生纠纷，黄某诉至法院，要求解除与王某之间的收养关系。法院受理后经调解，解除了其收养关系。后黄某夫妇再无其他子女。2010年3月，黄某以自己年岁已老，丧失了劳动能力，无经济来源，需其子女尽赡养义务为由诉至法院，要求王某每月给付其赡养费400元，并负担医药费用。

本案的争议焦点是：王某对其养父母是否具有赡养义务？

**法律链接**

《收养法》第30条：收养关系解除后，经养父母抚养的成年养子女，对缺乏劳动能力又缺乏生活来源的养父母，应当给付生活费。因养子女成年后虐待、遗弃养父母而解除收养关系的，养父母可以要求养子女补偿收养期间支出的生活费和教育费。

**律师说法**

根据我国相关法律规定，如果养子女经过养父母抚养，则即使解除了收养关系，养子女对其没有生活来源又缺乏劳动能力的养父母也有赡养义务。这种赡养义务不仅是法律义务，也是中华民族的传统美德。

法律小贴士：

本案的关键在于当事人能否提供证据证明收养关系的存在。

## 离婚判决不可抗

（离婚判决中关于财产分割的判决能否对抗第三人）

**基本案情**

王某向李某购买一批涂料以装饰家庭之用，2009年1月1日，双方结算，王某欠原告李某20万元。当日，王某出具一份欠条给原告，该欠条言明：王某欠李某20万元。2010年，王某夫妇离婚，离婚诉讼过程中，李某向二人主张返还上述款项。2011年3月，判决作出后，李某多次向二人催讨，无果。2011年8月，李某将二人诉至法院，请求归还款项。

法院审理认为，欠款系二被告在婚姻存续期间共同生活所负的债务，二被告应共同向原告偿还该款项。原告要求被告王某夫妇二人偿还上述款项，王某夫妇对该款项承担连带清偿责任，证据充分，理由成立，法院应予支持。

本案的争议焦点是：李某能否要求王某之妻还款？

**法律链接**

《婚姻法》第41条：离婚时，原为夫妻共同生活所负的债务，应当共同偿还。

**律师说法**

李某可以请求王某之妻偿还，也可以请求王某归还款项。

王某欠李某的款项，有欠条为证，该欠款系二被告在婚姻关系存续期间共同生活所负的债务，虽然法院在二被告离婚纠纷中已就其债务做出判决，但此只对离婚双方有效，不能对抗第三人。

法律小贴士：

1. 在婚姻关系存续期间的债务原则上都属于夫妻共同债务，特殊情况除外，即使是以一方的名义签订的欠款协议，也有可能是夫妻共同债务。因此，在签订协议时应当作出明确约定，作出书面协议。约定不明的，视为没有约定。

2. 作为债权人，应当保管好欠条等证据。

3. 债务人如果认为该笔债务不是夫妻共同债务，须举证。

## 女友权利不如妻

（未婚同居，一方死亡，另外一方是否有继承权利）

**基本案情**

苏某是一名下岗女工，1999年与男友江某以夫妻名义共同生活，但未领取结婚证，也没有补办结婚登记手续。2010年，江某发生车祸死亡，留下公司股权、两处房产和赔偿金5万元，在共同生活期间江某以个人名义欠杜某10万元，但是此10万元用于家庭共同支出。

本案的争议焦点是：苏某是否有权利继承江某的财产和债务？

**法律链接**

最高人民法院《关于适用〈中华人民共和国婚姻法〉若干问题的解释（一）》第6条：未按《婚姻法》第8条规定办理结婚登记而以夫妻名义共同生活的男女，一方死亡，另一方以配偶身份主张享有继承权的，按照本解释第5条的原则处理：

（一）如果在1994年2月1日《婚姻登记条例》公布实施以前，男女双方已经符合结婚实质要件的，按事实婚姻处理，那么在一方死亡后，另一方即可以配偶身份按《婚姻法》有关规定享有继承权；

（二）如果在 1994 年 2 月 1 日《婚姻登记条例》公布实施以后，男女双方符合结婚实质要件并补办了结婚登记的，在一方死亡后，另一方可以配偶身份享有继承权。未补办结婚登记的，男女双方间的关系按同居关系处理，任何一方就不享有夫妻财产分割和以配偶身份继承对方财产的权利。一方死亡后，另一方以配偶身份主张享有继承权的，不予支持。但若符合《继承法》第 14 条规定的，即对继承人以外的一方依靠另一方抚养缺乏劳动能力又没有生活来源的，或者一方对另一方抚养较多的，一方可以分得适当的遗产。

**律师说法**

苏某不享有继承权，因此既不能继承江某的财产，也无需支付江某的债务。

我国法律原则上不鼓励未婚同居，在此可见一斑。没有确立婚姻关系，则无论二人同居多久，其财产都是分别所有，债务分别承担。

法律小贴士：

现行法律不承认事实婚姻，在没有婚姻的保护下，二人财产分别所有，债务分别承担，也不发生继承，这对于女性权利的保护是很不利的，这也是为什么不鼓励婚前同居的原因。

## 婚前约定也枉然

（未公示的婚前财产约定是否有效）

**基本案情**

吴三桂（男）与钟无艳结婚，双方约定：婚前财产归个人所有，婚后各自收入的二分之一用于共同生活，其余二分之一归个人所有。2008 年，吴三桂下岗，用自己所有的积蓄出资 19 万元，同时，向其好友嵇康借款 7 万元开办音像商店，并以个人名义登记注册。当时，夫妻书面约定，该音像商店归吴三桂所有，盈亏与钟无艳无关。不久，由于该音像商店销售盗版音像制品被有关部门查封而倒闭，吴三桂亏损 7 万元。2010 年吴三桂与钟无艳离婚。嵇康得知后，即找到吴三桂夫妇要求偿还债款。吴三桂表示无力偿还，而钟无艳称该商店与其无关，拒绝偿还。嵇康无奈诉至法院，请求二人共同承担债务。嵇康称不知吴三桂与钟无艳关于音像商店的约定，而被告二人也举不出告知嵇康的证据。

本案的争议焦点是：嵇康能否要求吴三桂夫妇二人共同承担债务？

**法律链接**

《婚姻法》第 19 条第 3 款：夫妻对婚姻关系存续期间所得的财产约定归各自所有的，夫或妻一方对所欠的债务，第三人知道该约定的，以夫或妻一方所有的财产清偿。

最高人民法院《关于适用婚姻法若干问题解释（一）》第 18 条：《婚姻法》第

19条所称“第三人知道该约定的”，夫妻一方对此负有举证责任。

最高人民法院《关于适用婚姻法若干问题解析（二）》第24条：债权人就婚姻关系存续期间夫妻一方以个人名义所负债务主张权利的，应按夫妻共同债务处理。但夫妻一方能够证明债权人与债务人明确约定为个人债务，或者能够证明属于《婚姻法》第19条第三款规定情形的除外。

最高人民法院《关于适用婚姻法若干问题解析（二）》第25条：当事人的离婚协议或者人民法院的判决书、裁定书、调解书已经对夫妻财产分割问题作出处理的，债权人仍有权就夫妻共同债务向男女双方主张权利。一方就共同债务承担连带清偿责任后，基于离婚协议或者人民法院的法律文书向另一方主张追偿的，人民法院应当支持。

**律师说法**

嵇康可以要求吴三桂夫妇共同承担债务。

法律原则上认定婚姻关系存续期间所发生的债务均为夫妻共同债务，特殊的除外。夫妻可以对债务承担作出约定，但是这种约定不能对抗第三人，除非第三人知道或应当知道这种约定。但是，应当由夫妻双方举证证明第三人“知道或者应当知道”。夫妻双方无法证明的，则该债务即使是以个人名义承担的，也属于夫妻共同债务，二人须承担连带清偿责任。

法律小贴士：

1. 如果夫妻之间有债务分担协议，应当以书面形式公示，没有书面形式的，一般无法认定“存在协议”。

2. 在对外签署协议时，应当告知第三方，并且以书面形式记录，避免日后举证困难。同时，还可以采取如录音、录像等方式生成证据。

3. 注意证据的保存。

## 财产和债都继承

（车辆逆行致他伤己亡，继承人应承担赔偿责任）

**基本案情**

宋某驾驶中型货车，因为疏忽驶入逆行车道，与由南向北正常行驶的晁某驾驶的重型卡车相撞，致使晁某受伤，宋某自己当场死亡，双方车辆严重受损。事故发生后，经交警部门认定，晁某在事故中不负责任，宋某负事故全部责任。因宋某在事故中死亡，晁某将宋某的已近古稀之年的父母和年仅15岁女儿作为共同被告告上了法庭。法院审理后认为，宋某作为事故责任人已死亡，其父母和女儿作为第一顺序继承人应在继承遗产的范围内承担相应的赔偿责任。

本案的争议焦点是：继承人是否应当承担赔偿责任？

**法律链接**

《继承法》第33条：继承遗产应当清偿被继承人依法应当缴纳的税款和债务，

缴纳税款和清偿债务以他的遗产实际价值为限。超过遗产实际价值部分，继承人自愿偿还的不在此限。继承人放弃继承的，对被继承人依法应当缴纳的税款和债务可以不负偿还责任。

**律师解读**

继承人应当在所继承的遗产价值内承担赔偿责任。

继承的范围包括被继承人的财产以及债务。继承人不能只继承财产而排除债务。但是超出遗产价值的部分，继承人可以不予偿还。

法律小贴士：

父债子还，但是仅限于遗产部分，不能只继承财产而不继承债务。但是继承人可以选择放弃继承。在法律上，超出遗产价值的部分，继承人可以不偿还，但是从道德上看，父债子还，这是做人的诚信问题。

## 解除收养可赔偿

（解除收养关系后，收养人是否可以主张经济补偿）

**基本案情**

2001 年，杨过父亲于杨过出生时去世，杨过由其母亲穆念慈独自抚养。2006 年，穆念慈出海打鱼，失踪。两年之后被宣告死亡。杨过被其叔叔杨承志收养。2010 年，穆念慈出现，要求解除收养关系。杨承志同意，同时要求穆念慈支付收养费共计 30 万元。

本案问题：杨承志是否有权请求支付收养费？

**法律链接**

《收养法》第 30 条：收养关系解除后，经养父母抚养的成年养子女，对缺乏劳动能力又缺乏生活来源的养父母，应当给付生活费。因养子女成年后虐待、遗弃养父母而解除收养关系的，养父母可以要求养子女补偿收养期间支出的生活费和教育费。

生父母要求解除收养关系的，养父母可以要求生父母适当补偿收养期间支出的生活费和教育费，但因养父母虐待、遗弃养子女而解除收养关系的除外。

**律师说法**

杨承志有权请求支付经济补偿。根据我国法律规定，生父母要求解除收养关系的，养父母可以要求补偿支出，但是法律规定为“适当补偿”，因此，养父母不能“漫天要价”。

法律小贴士：

养父母有权要求适当补偿，但是要注意保留支出凭证，并且给出费用的计算依据，同时应当符合当地的一般生活标准，否则难以得到法院的支持。

## 婚生私生都平等

（父母对于非婚生子女是否承担抚养义务）

**基本案情**

陈某与吴某于2009年初经人介绍相识，后两人同居。2010年7月陈某生育一男孩，但双方一直未办理结婚登记。2011年10月吴某在陈某回娘家期间又与他人在另一小区同居生活，陈某发现后，两人感情破裂，分开。后陈某起诉至法院，要求儿子归自己抚养，并由吴某每月负担抚养教育费1 500元至小孩成年。法院判决同居期间所生儿子由陈某直接抚养至成年，被告吴某每月支付抚养费500元至其子成年。

本案问题：父母对于非婚生子女是否有抚养义务？

**法律链接**

《婚姻法》第21条：父母对子女有抚养教育的义务；子女对父母有赡养扶助的义务。

父母不履行抚养义务时，未成年的或不能独立生活的子女，有要求父母付给抚养费的权利。

子女不履行赡养义务时，无劳动能力的或生活困难的父母，有要求子女付给赡养费的权利。

禁止溺婴、弃婴和其他残害婴儿的行为。

《婚姻法》第25条：非婚生子女享有与婚生子女同等的权利，任何人不得加以危害和歧视。

不直接抚养非婚生子女的生父或生母，应当负担子女的生活费和教育费，直至子女能独立生活为止。

**律师说法**

父母与子女之间的关系不因婚姻关系而受影响，而是基于“出生”这个法律事实。父母抚养子女，不仅基于道德伦常，也是法定义务。

法律小贴士：

1. 对于非婚生子女，其生父和生母有抚养义务，在没有婚姻关系的情况下，如何能够证明生父母是关键，必要时需要启动司法鉴定程序。

2. 虽然不直接抚养非婚生子女的生父或生母也应当承担抚养费，但是没有婚姻关系对于非婚生子女的成长是不利的，同时，直接抚养子女的一方也承担了较重的负担。因此，婚前同居需要慎重。

## 婚前财产怎么分

（婚前购置的财产，离婚时应当怎么划分）

**基本案情**

王某于2003年购得房产一处，房价为300万元，全额付清。2009年，王某与张某结婚。2010 年 4 月，王某决议卖掉房产，张某不同意，二人因此产生矛盾。2010 年 5 月，王某卖掉房产，变现 600 万元。同年 9 月，二人离婚，张某提出要求分割房价现款 600 万元。二人因此诉至法院。

本案问题：房价款 600 万元（或部分）是否属于夫妻共同财产？

**法律链接**

最高人民法院《关于适用〈中华人民共和国婚姻法〉若干问题的解释（二）》第 11 条：

婚姻关系存续期间，一方以个人财产投资取得的收益，属于《婚姻法》第 11 条规定的其他应当归共同所有的财产等规定，分别情况予以确定：

对于用婚前财产在婚后进行生产经营活动所得的增值，如开公司、做买卖、投资入股当股东所得的盈利，所分的红利，属于“从事生产、经营的收益”，应认定为夫妻共同财产。

对于一方婚前财产的婚后自然孳息所得应归物的所有人或合法权利人，一方婚前存款的利息，婚前房屋自然的增值，出租而未通过劳动所得的房屋租金，应认定为一方个人的财产。

一方用婚前个人积蓄在婚后购买的有形财产，其只是原财产价值形态发生变化，价值的取得始于婚前，财产的性质没有变，无论其形态的变化是否发生于婚姻关系存续期间，该财产仍应认定为一方的婚前财产。

**律师说法**

根据相关法律，只要该财产的价值取得始于婚前，而该财产只是价值形态发生变化，其财产性质没有变，则该财产仍属于一方的婚前财产，不是共同财产。本案中，该 600 万元房款，其实质是王某的房产转化而来，因此该 600 万元是王某的个人财产，张某无权要求分割。

法律小贴士：

1. 现行法律已经取消 8 年后财产转化的规定，因此，婚前财产公证的意义不是很大，但是仍需保留好财产权属凭证。

2. 注意财产的保全。房屋变现后的款项是个人财产，但是如果发生在婚姻关系存续期间，应当注意账户的保密性，否则很难证明其存款的准确数目。

## 赠与小三不合法

（丈夫生前对婚外情人的赠与是否有效）

**基本案情**

钱某于 2008 年 3 月购买房屋一套，价值 500 万元，登记在其情人柳某的名下。2011 年 7 月，钱某因脑溢血突发去世，其妻子钟某清点丈夫遗物时发现了此房屋产权证书，于是将柳某诉至法庭，要求归还此房屋。柳某认为钱某给其购买房屋是赠与行为，合法有效，拒绝归还。

本案问题：丈夫生前对婚外情人的赠与行为是否有效？

**法律链接**

《婚姻法》第17条：夫妻在婚姻关系存续期间所得的下列财产，归夫妻共同所有：

（一）工资、奖金；

（二）生产、经营的收益；

（三）知识产权的收益；

（四）继承或赠与所得的财产，但本法第18条第三项规定的除外；

（五）其他应当归共同所有的财产。

夫妻对共同所有的财产，有平等的处理权。

我国《合同法》第51条规定："无处分权的人处分他人财产，经权利人追认或者无处分权利人订立合同后取得处分权的，该合同有效。"

最高人民法院《关于贯彻执行〈中华人民共和国民法通则〉若干问题的意见》第89条规定："在共同共有关系存续期间，部分共有人擅自处分共同财产的，一般认定无效。但第三人善意、有偿取得该财产的，应当维护第三人的合法利益，对其他共有人的损失，由擅自处分财产的人赔偿。"

**律师说法**

该赠与行为无效，柳某应当返还。

钱某给柳某购买房屋的行为是一种赠与行为，但是其购买房屋所涉及的财产属于夫妻共同财产，钱某擅自处分共同财产，侵犯了其妻子的财产权利。该赠与行为无效，柳某应当返还房屋。在最高人民法院《关于适用〈中华人民共和国婚姻法〉若干问题的解释（三）》的征求意见稿中曾经有明确条文规定了"赠与小三无效"条款，但是由于引起社会争议太大，在最后出台的最高人民法院《关于适用〈中华人民共和国婚姻法〉若干问题的解释（三）》中还是将该条款删去了。从物权法、法理学上来说，小额的赠与可视为个人赠与，但是如房屋、车辆等价值较大的物件的赠与，一般认定为是对夫妻共同财产的处分。

法律小贴士：

小三横行的社会中，原配妻子需要动用法律武器来保护自己。现行法律已明确规定了赠与小三的财物是可以被追回的。原配妻子须注意以下证据的收集和保存：其丈夫名下的财产证据材料，如原房产证、原房产购买合同、产证登记信息或新的房产证、赠与协议、名为买卖实为赠与的房屋买卖合同、代交税凭证、实际支付房款的证据等（如汇款凭证、转账凭证、收据、银行卡支付房款的证据等）。

## 婚前协议也有效

（婚前协议在离婚时是否有效）

**基本案情**

林某与徐某婚前约定，结婚后，林某婚前购买的一处房屋和屋内所有东西为双方共有财产，贷款余额由双方共同承担，并约定该协议在签订之日起生效。签订结婚协议书当月底二人登记结婚。婚后 12 天二人闹矛盾并开始分居生活。为此林某诉至法院要求离婚，徐某依据双方之间所签订的结婚协议书，要求房产作为夫妻共同财产进行分割。

本案问题：双方婚前签订的结婚协议书是否具有法律效力？

**法律链接**

《婚姻法》第 19 条：夫妻可以约定婚姻关系存续期间所得的财产以及婚前财产归各自所有、共同所有或部分各自所有、部分共同所有；夫妻对婚姻关系存续期间所得的财产以及婚前财产的约定，对双方具有约束力。约定应当采用书面形式。

《合同法》第 7 条：当事人订立、履行合同，应当遵守法律、行政法规，尊重社会公德，不得扰乱社会经济秩序，损害社会公共利益。

《合同法》第 52 条：有下列情形之一，合同无效：

1. 一方以欺诈、胁迫的手段订立合同，损害国家利益；
2. 恶意串通，损害国家、集体或者第三人利益；
3. 以合法形式掩盖非法目的；
4. 损害社会公共利益；
5. 违反法律、行政法规的强制性规定。

**律师说法**

该结婚协议书有效。

夫妻可以约定财产制，可以在婚前约定，也可以在婚后约定。夫妻双方对财产进行的约定，只要是当事人真实意思的表示，并且没有出现法定无效的情形，均为有效约定，对双方发生法律约束力。本案中林某与徐某之间所订立的结婚协议书不存在合同无效的情形，因此该结婚协议书是有效的。

法律小贴士：

1. 夫妻双方可以约定财产的权属，但是应当在双方自愿的前提下，而且须采取书面形式。
2. 注意好证据的保留，如婚前存款数额的证明、房产所有证等。
3. 有条件的可以将协议公证，公证过的协议效力极高，一般很难被推翻或认定无效。

## 共同财产分水岭

（哪些财产是共同财产，哪些财产是个人财产）

**基本案情**

李某于 2006 年到某地打工，2008 年年底，李某所打工的企业因一起经济纠纷，两年没给工人发工资，李某便辞工回家。2009 年 2 月，李某与林某结婚，婚后当年，李某与他人合伙成立公司，因经营不善，李某将公司业务交给其他合伙人，自己分文未得。2011 年 7 月李某与林某协议离婚。后来，林某得知李某有三笔财产：一是 2009 年 7 月企业给李某补发的 2 万元工资；二是 2010 年 10 月李某的合伙人把公司卖掉，李某分得 10 万元；三是 2010 年 3 月李某继父去世，留给李某一处房屋，此房屋在 2011 年 8 月办理完过户手续。林某认为，自己有权分割这两笔钱，并且享有房屋一半的产权，遂诉至法院。法院认为，第一笔钱虽是婚后所得，但其权属于婚前就已确立，不属于夫妻共同财产，而是李某个人财产；第二笔钱虽是离婚后所得，但其权属发生于婚姻关系存续期间，属于夫妻共同财产；李某的房屋，虽然权属登记变更发生于离婚后，但其继承发生于婚姻关系存续期间，因此房屋也属于夫妻共同财产。因此，林某享有第二笔款项一半的所有权，并且享有房屋一半的所有权。

本案的争议焦点是：哪些财产属于夫妻共同财产？哪些财产属于个人财产？是否存在一个判定的界限？

**法律链接**

《婚姻法》第 17 条：夫妻在婚姻关系存续期间所得的下列财产归夫妻共同所有：

（一）工资、奖金，指在夫妻关系存续期间一方或双方的工资、奖金收入及各种福利性政策性收入、补贴。

（二）生产、经营的收益，指的是在夫妻关系存续期间，夫妻一方或双方从事生产、经营的收益。

（三）知识产权的收益，指的是在夫妻关系存续期间，夫妻一方或双方拥有的知识产权的收益。

（四）继承或赠与所得的财产，是指在夫妻关系存续期间一方或双方因继承遗产和接受赠与所得的财产。对于继承遗产的所得，指的是财产权利的取得，而不是对财产的实际占有。即使婚姻关系终止前并未实际占有，但只要继承发生在夫妻关系存续期间，所继承的财产也是夫妻共同财产，但本法第 18 条第三项规定的除外。

（五）其他应当归共同所有的财产。

《婚姻法》第 18 条：有下列情形之一的，为夫妻一方的财产：

（一）一方的婚前财产；

（二）一方因身体受到伤害获得的医疗费、残疾人生活补助费等费用；

（三）遗嘱或赠与合同中确定只归夫或妻一方的财产；

（四）一方专用的生活用品；

（五）其他应当归一方的财产。

夫妻可以约定婚姻关系存续期间所得的财产以及婚前财产归各自所有、共同所有或部分各自所有、部分共同所有。约定应当采用书面形式。没有约定或约定不明确的，适用本法第 17 条、第 18 条的规定。

**律师说法**

本案中第一笔属于个人财产，第二笔、第三笔属于夫妻共同财产。判定是否属于共同财产的一个时间分水岭就是看该财产权属形成之时是否在婚姻关系存续期间。

在婚姻关系存续期间所取得的财产一般属于双方共同共有的财产，法律上有特别规定的除外。但是可以通过双方协商来确定所有权属的划分。在婚姻关系存续期间，一方继承的财产也属于夫妻共同财产，除非能够证明，该财产专属于某个人。夫妻双方对共同财产享有平等的所有权，对共有财产享有平等的处分权。另外，这种“取得”并不一定是实际占有，只要在婚姻关系存续期间，所有权产生，即可认定所有权所属财产为共同财产。

法律小贴士：

1. 一般情况下，在没有约定的前提下，个人所得发生于婚前，归各人所有，但是发生于婚后，则属于共同所有，法律有规定的除外。

2. 夫妻双方可以协议约定财产归属，但是约定须采取书面形式，并且约定必须详细、明确。约定不明的，视为未约定。

## 离婚孩子属于谁

（夫妻离婚，孩子一般归母亲抚养）

**基本案情**

马夫人有子，现1岁2个月，一直由马夫人和其丈夫照看，马夫人的公婆从未过问。丈夫收入比较高，其父母均已退休并收入颇丰。马夫人下岗无职，刚刚求得一份新的工作，马夫人之父母业已退休。马夫人与丈夫协议离婚，双方均要求孩子的抚养权。

本案问题：此种情况下离婚时孩子应该跟谁？

**法律链接**

《婚姻法》第36条：父母与子女间的关系，不因父母离婚而消除。离婚后，子女无论由父或母直接抚养，仍是父母双方的子女。离婚后，父母对于子女仍有抚养和教育的权利和义务。离婚后，哺乳期内的子女，以随哺乳的母亲抚养为原则。哺乳期后的子女，如双方因抚养问题发生争执不能达成协议时，由人民法院根据子女的权益和双方的具体情况判决。

**律师说法**

本案中，如无特殊情况，孩子抚养权归女方所有。根据我国法律规定，除女方有不易于抚养的原因外，哺乳期内的子女应当由女方抚养。

法律小贴士：

在现今社会中，孩子对于男方的意义也越来越大，两家争一子时有发生。一般情况下，母亲对于孩子的意义要大于父亲，尤其是在孩子幼年时期。因此，即使是已过哺乳期，司法实践中一般也倾向于将孩子归于女方抚养。

## 法定继承有顺序

（在进行法定继承时，继承人顺序有差别）

### 基本案情

2009年10月，王某与张某结婚，2010年4月，张某怀孕，10月，王某与张某在前往张家界的路上遭遇车祸，王某当场死亡，同年12月，张某产下一子。王某在婚前购买房屋一处，婚后又与张某联名购买房屋一处。房屋总价值500万元。王某父母均已去世，有一妹，于澳大利亚定居。其妹闻兄长去世后，回国奔丧，丧事结束后，提出了分割遗产的要求。张某认为，王某的财产应当由其子继承，二者诉至法院。

本案的争议焦点是：王某之妹是否享有继承权？

### 法律链接

《继承法》第10条：遗产按照下列顺序继承：

第一顺序：配偶、子女、父母。

第二顺序：兄弟姐妹、祖父母、外祖父母。

继承开始后，由第一顺序继承人继承，第二顺序继承人不继承。没有第一顺序继承人继承的，由第二顺序继承人继承。

本法所说的子女，包括婚生子女、非婚生子女、养子女和有扶养关系的继子女。

本法所说的父母，包括生父母、养父母和有扶养关系的继父母。

本法所说的兄弟姐妹，包括同父母的兄弟姐妹、同父异母或者同母异父的兄弟姐妹、养兄弟姐妹、有扶养关系的继兄弟姐妹。

### 律师说法

王某之妹没有继承权。

在没有遗嘱的情况下，按照法定继承办理。只有在没有第一顺序继承人继承的情况下，第二顺序继承人才能继承财产。本案中，第一顺序继承人是张某和王某之子，王某之妹是第二顺序继承人，在有第一顺序继承人的情况下，王某之妹无权继承财产。

法律小贴士：

在没有遗嘱和其他特殊条件下，按照法定顺序继承。

## 孤儿寡母也继承

（原遗嘱继承人丧失继承权，则该部分如何处置）

### 基本案情

1993年，李某之长子大李与王某结婚，1994年王某生下一子李小。1997年李某之次子小李结婚，婚后育有一女李二。李某名下财产颇丰，于2004年立下遗嘱并公证，规定在其去世后所有财产由大李和小李二人均分。2006年，李某认识了刘某，二人于2007年成婚，2009年刘某产下一子李三。李某此时打算修改遗嘱，将遗产全数留给刘某和李三。大李此时担心其失去继承权，遂潜入李某日常驾驶的车辆破坏其刹车系统，第二天，李某由于刹车失灵险些丧生于车祸。后查出乃大李所为。2011年，李某由于心脏病突发而去世，未留有任何口头遗嘱。处理后事完毕后，刘某作为李三的法定代理人提出要求分得部分遗产，小李提出，大李曾经意图谋害父亲，因此应当剥夺继承权，所有遗产由小李一人继承；而王某提出，大李犯罪未遂，并且其子李小应当具有继承权。

本案的争议焦点是：刘某与李三是否享有继承权？

**法律链接**

《继承法》第7条：继承人有下列行为之一的，丧失继承权：

（一）故意杀害被继承人的；

（二）为争夺遗产而杀害其他继承人的；

（三）遗弃被继承人的，或者虐待被继承人情节严重的；

（四）伪造、篡改或者销毁遗嘱，情节严重的。

《继承法》第14条：对继承人以外的依靠被继承人扶养的缺乏劳动能力又没有生活来源的人，或者继承人以外的对被继承人扶养较多的人，可以分给他们适当的遗产。

《继承法》第27条：有下列情形之一的，遗产中的有关部分按照法定继承办理：

（一）遗嘱继承人放弃继承或者受遗赠人放弃受遗赠的；

（二）遗嘱继承人丧失继承权的；

（三）遗嘱继承人、受遗赠人先于遗嘱人死亡的；

（四）遗嘱无效部分所涉及的遗产；

（五）遗嘱未处分的遗产。

最高人民法院《关于贯彻执行〈中华人民共和国继承法〉若干问题的意见》第11条：继承人故意杀害被继承人的，不论是既遂还是未遂，均应确认其丧失继承权。

最高人民法院《关于贯彻执行〈中华人民共和国继承法〉若干问题的意见》第12条：继承人有继承法第7条第（一）项或第（二）项所列之行为，而被继承人以遗嘱将遗产指定由该继承人继承的，可确认遗嘱无效，并按继承法第7条的规定处理。

最高人民法院《关于贯彻执行〈中华人民共和国继承法〉若干问题的意见》第28条：继承人丧失继承权的，其晚辈直系血亲不得代位继承。如该代位继承人缺乏劳动能力又没有生活来源，或对被继承人尽赡养义务较多的，可适当分给遗产。

**律师说法**

刘某与李三享有继承权。根据相关法律，大李由于有谋杀行为而丧失继承权，因此，遗嘱中属于大李继承的部分无效，该部分遗产按照法定继承办理，由于大李丧失继承权，其子李小不享有代位继承权。李某的其他法定继承人有小李、刘某和李三。因此，刘某和李三享有法定继承权。另外，由于李三年幼，对于李三应当有必要的份额保留。

法律小贴士：

在继承人丧失继承权后，其按照遗嘱应当继承的部分按照法定继承办理，不影响遗嘱其他部分的执行。

## 婚后所赠怎么分

（一方在婚后所得到的赠与是否是共同财产）

**基本案情**

王大有一十分富有的舅舅李三，李三膝下无子，十分喜欢王大，在王大 18 岁成年之际即立下遗嘱规定在去世后所有财产由王大一人继承。王大 24 岁时与赵某结婚，婚后育有一子。王大 35 岁时，李三去世。3 年后，王大与赵某协议离婚，赵某提出，王大所继承的李三的财产属于夫妻共同财产，要求分割，二人诉至法院。

本案的争议焦点是：王大所继承的财产是否属于夫妻共同财产？

**法律链接**

《婚姻法》第 18 条：有下列情形之一的，为夫妻一方的财产：

（一）一方的婚前财产；

（二）一方因身体受到伤害获得的医疗费、残疾人生活补助费等费用；

（三）遗嘱或赠与合同中确定只归夫或妻一方的财产；

（四）一方专用的生活用品；

（五）其他应当归一方的财产。

**律师说法**

王大所继承的财产不属于夫妻共同财产，而是王大的个人财产。因为遗赠合同中已明确规定，将遗产赠与王大。

法律小贴士：

婚后所得赠与，如果没有明确说明归属，则该财产属于夫妻共同财产，其配偶在离婚时可要求分割。在明确表示只属于一方时，是个人财产。

## 婚前买房属于谁（一）

（一方在婚前为结婚而购买的房屋归谁所有）

**基本案情**

张某与李某于2005年经人介绍认识，2006年打算结婚。婚前，李某要求张某买房，否则不结婚。张某父母“赞助”了30万元，买下房屋一套。2009年二人离婚。李某要求分割房产，认为此房屋是为了结婚而买的，属于共同财产。

本案的争议焦点是：婚前为了结婚而买的房屋，所有权归谁？

**法律链接**

最高人民法院《关于适用〈中华人民共和国婚姻法〉若干问题的解释（二）》第22条对父母出资为子女购房的情况作了明确规定：“当事人结婚前，父母为双方购置房屋出资的，该出资应当认定为对自己子女的个人赠与，但父母明确表示赠与双方的除外。当事人结婚后，父母为双方购置房屋出资的，该出资应当认定为对夫妻双方的赠与，但父母明确表示赠与一方的除外。”

最高人民法院《关于适用〈中华人民共和国婚姻法〉若干问题的解释（三）》第7条：婚后由一方父母出资为子女购买的不动产，产权登记在出资人子女名下的，可按照婚姻法第18条第（三）项的规定，视为只对自己子女一方的赠与，该不动产应认定为夫妻一方的个人财产。

由双方父母出资购买的不动产，产权登记在一方子女名下的，该不动产可认定为双方按照各自父母的出资份额按份共有，但当事人另有约定的除外。

**律师说法**

虽然购房的目的是结婚，但是在婚前父母为购房出资的，该出资认定是对自己子女的个人赠与，因此这种情况下的房产归个人所有，不是共同财产。

法律小贴士：

以结婚为界限，如果父母在当事人婚后出资购房的，如果没有明确表示，则认定该笔是对夫妻双方的赠与，该赠与属于夫妻共同财产。从已有法律看，如果在婚后出资买房只登记于一方名下，则倾向于认为是对一方的赠与。因此，父母在子女结婚时出资购房需谨慎，在赠与时如果能够明确表示赠与的是一方还是双方，在将来会减少很多麻烦。

## 婚前买房属于谁（二）

（婚前一方支付首付并登记于其名下，婚后二人共同还贷，此房屋的所有权归谁）

**基本案情**

张某与李某于2002年经人介绍认识，2003年打算结婚。李某要求张某出资买房，否则不结婚。张某同意，但是要求是，张某出资付清首付，二人婚后还贷，李某同意。房产证上只有张某一人的名字。2010年二人离婚，李某要求分割房产，提出由于二人婚后共同还贷，其房屋实质上已属于共同所有，故要求分得房产价值的一半。

本案的争议焦点是：婚前一方支付首付并登记于其名下，婚后二人共同还贷的房屋是否属于夫妻共同财产？

**法律链接**

《婚姻法》第17条：夫妻在婚姻关系存续期间所得的下列财产归夫妻共同所有：

（一）工资、奖金，指在夫妻关系存续期间一方或双方的工资、奖金收入及各种福利性政策性收入、补贴；

（二）生产、经营的收益，指的是在夫妻关系存续期间，夫妻一方或双方从事生产、经营的收益；

（三）知识产权的收益，指的是在夫妻关系存续期间，夫妻一方或双方拥有的知识产权的收益；

（四）继承或赠与所得的财产，是指在夫妻关系存续期间一方或双方因继承遗产和接受赠与所得的财产；

（五）其他应当归共同所有的财产。

《婚姻法》第18条：有下列情形之一的，为夫妻一方的财产：

（一）一方的婚前财产；

（二）一方因身体受到伤害获得的医疗费、残疾人生活补助费等费用；

（三）遗嘱或赠与合同中确定只归夫或妻一方的财产；

（四）一方专用的生活用品；

（五）其他应当归一方的财产。

夫妻可以约定婚姻关系存续期间所得的财产以及婚前财产归各自所有、共同所有或部分各自所有、部分共同所有。约定应当采用书面形式。没有约定或约定不明确的，适用本法第17条、第18条的规定。

最高人民法院《关于适用〈中华人民共和国婚姻法〉若干问题的解释（二）》第11条：婚姻关系存续期间，一方以个人财产投资取得的收益，属于婚姻法第11条规定的其他应当归共同所有的财产等规定，分别情况予以确定：

对于用婚前财产在婚后进行生产经营活动所得的增值，如开公司、做买卖、投资入股当股东所得的盈利，所分的红利，属于“从事生产、经营的收益”，应认定为夫妻共同财产。

对于一方婚前财产的婚后自然孳息所得应归物的所有人或合法权利人，一方婚前存款的利息，婚前房屋自然的增值，出租而未通过劳动所得的房屋租金，应认定为一方个人的财产。

一方用婚前个人积蓄在婚后购买的有形财产，其只是原财产价值形态发生变化，价值的取得始于婚前，财产的性质没有变，无论其形态的变化是否发生于婚姻关系存续期间，该财产仍应认定为一方的婚前财产。

最高人民法院《关于适用〈中华人民共和国婚姻法〉若干问题的解释（三）》第 10 条：夫妻一方婚前签订不动产买卖合同，以个人财产支付首付款并在银行贷款，婚后用夫妻共同财产还贷，不动产登记于首付款支付方名下的，离婚时该不动产由双方协议处理。

依前款规定不能达成协议的，人民法院可以判决该不动产归产权登记一方，尚未归还的贷款为产权登记一方的个人债务。双方婚后共同还贷支付的款项及其相对应财产增值部分，离婚时应根据《婚姻法》第 39 条第一款规定的原则，由产权登记一方对另一方进行补偿。

**律师说法**

离婚案件中，有关房屋所有权的纠纷越来越多，而由于房价过高，夫妻婚后共同还房贷的情况也越来越普遍。2011 年最高人民法院出台《关于适用〈中华人民共和国婚姻法〉若干问题的解释（三）》，从操作层面明确了这种一方承担首付，婚后共同还贷款，房屋所有权登记在一人名下的情况的房屋所有权归属问题。婚前一人支付首付并登记于其名下，婚后二人共同还贷的房屋不属于夫妻共同财产。婚后房屋的自然升值并不是夫妻共同经营所致，而二人共同还贷部分，视为一方对另一方的债务，房屋所有权并不发生变化。

法律小贴士：

由于我国社会的传统是缔结婚姻时由男方负责买房，女方主要承担婚后家务，而家务部分在财产方面并没有体现，因此《关于适用〈中华人民共和国婚姻法〉若干问题的解释（三）》实际上是对男性的保护。妇女在此条款下的地位更加劣势，因此该条款招来众多非议。从法律技术层面来说，该条款严格根据民法、物权法、合同法以及法学相关理论制定，但是没有考虑相关立法所依据的社会环境。从该解释还可以看出，目前，我国法律只解决财产的归属问题，并不保护感情。法律所能保护的是财产上占优势的一方，在此情况下，女性所能做的是尽量保护好自己的合法权益，如有可能，尽量在婚前对房屋的归属进行协商沟通。

## 婚内可以赔偿吗

（能否在不离婚的情况下请求一方赔偿）

**基本案情**

王某与李某于 2010 年经人介绍认识，次年结婚。王某脾气暴躁，经常打骂李某。一次吵架，王某又动手将李某打成轻微伤。李某考虑到孩子，不想离婚，但是诉至法院要求王某赔偿损失 3 万元。

本案问题：李某能否在不离婚的情况下要求王某赔偿？

**法律链接**

《婚姻法》第 17 条：夫妻在婚姻关系存续期间所得的下列财产，归夫妻共同所有：

（一）工资、奖金；

（二）生产、经营的收益；

（三）知识产权的收益；

（四）继承或赠与所得的财产，但本法第 18 条第三项规定的除外；

（五）其他应当归共同所有的财产。

夫妻对共同所有的财产，有平等的处理权。

《婚姻法》第 18 条：有下列情形之一的，为夫妻一方的财产：

（一）一方的婚前财产；

（二）一方因身体受到伤害获得的医疗费、残疾人生活补助费等费用；

（三）遗嘱或赠与合同中确定只归夫或妻一方的财产；

（四）一方专用的生活用品；

（五）其他应当归一方的财产。

最高人民法院《关于适用〈中华人民共和国婚姻法〉若干问题的解释（一）》第 29 条：承担婚姻法第 46 条规定的损害赔偿责任的主体，为离婚诉讼当事人中无过错方的配偶。

人民法院判决不准离婚的案件，对于当事人基于《婚姻法》第 46 条提出的损害赔偿请求不予支持。

在婚姻关系存续期间，当事人不起诉离婚而单独依据该条规定提起损害赔偿请求的，人民法院不予受理。

**律师说法**

李某不能在不离婚的情况下要求赔偿。

目前法律不支持婚内赔偿。通常认为，夫妻财产原则上是共同共有，因此，婚内赔偿无法界定权利界限，无实质意义。

法律小贴士：

夫妻是财产共同体，婚姻关系存续期间对于共同财产分割是没有意义的。因此只能在离婚的时候提请赔偿，换言之，若希望得到赔偿，则必须离婚。

## 财产公证要谨慎

（在婚前进行财产公证是否必要）

**基本案情**

李四是富家女，爱上出身贫寒的张三，但是为了以防万一，她想做财产公证。公证处的工作人员解释说，目前婚姻法已经取消了“八年后个人财产转化为共同财产”的规定，因此没有必要做财产公证。李四对此心存顾虑。

本案问题：婚前进行财产公证是否有必要？

法律链接

《婚姻法》第18条：有下列情形之一的，为夫妻一方的财产：

（一）一方的婚前财产；

（二）一方因身体受到伤害获得的医疗费、残疾人生活补助费等费用；

（三）遗嘱或赠与合同中确定只归夫或妻一方的财产；

（四）一方专用的生活用品；

（五）其他应当归一方的财产。

律师说法

法律已取消“八年后个人财产转化为共同财产”的规定，但是作为一种保障，可以在婚前进行个人财产公证。对于房屋、汽车等，公证的必要性不大，鉴于已有登记制度，其产权归属明晰，不过须注意付款证明的保存；对于动产如银行存款等，公证的必要性较为明显。

法律小贴士：

目前我国社会中财产公证依然被看做一项严重伤害感情的行为。很多人想做财产公证，但是怕另一半介怀而不愿提出。其实个人的婚前财产公证只需个人前往办理即有效，不必二人同时在场，注意在办理时应当遵守公证办理程序的相关规定。然而，为了防止成为未来婚姻的隐患，建议上策还是以沟通为宜。若无法沟通，中策之举是独自办理婚前财产公证，在办理之后将此证明置于对方无法知晓之处。

## 单方离婚也可以

（是否双方一致同意才能离婚）

基本案情

张某与李某婚后三年，张某在外结识一情人，于是决定离婚。李某坚决反对，发扬一哭二闹三上吊的精神，死缠烂打，坚持不离婚。张某无奈诉至法院。

本案问题：是否双方一致同意方能离婚？

法律链接

《婚姻法》第31条：男女双方自愿离婚的，准予离婚。双方必须到婚姻登记机关申请离婚。婚姻登记机关查明双方确实是自愿并对子女和财产问题已有适当处理时，发给离婚证。

律师说法

双方不一致同意也可以离婚。法院判决离婚，根据的标准是“感情是否破裂”，而不是双方是否都同意，只要认定双方的感情不再，就可以判决离婚。

法律小贴士：

感情是婚姻的基础，离婚的标准是感情没有了，如果一方坚持离婚，正代表维系婚姻最重要的纽带没有了，此时再努力挽回也是枉然。如果一方坚持不同意离婚，双方无法协议离婚，只能诉讼离婚。

## 结婚不能代人办

（结婚登记必须亲自到场，不得代办）

### 基本案情

张某在国外留学多年，一直没有结婚。其母甚为着急，遂帮忙物色女朋友一个。张某称一切由其母亲全权代理即可，在进行婚姻登记时也授权其母代为登记。

本案问题：结婚登记能否代为办理？

### 法律链接

《婚姻法》第8条：结婚的男女双方必须亲自到婚姻登记机关进行结婚登记。符合本法规定的，予以登记，发给结婚证。取得结婚证，即确立夫妻关系。未办理结婚登记的，应当补办登记。

### 律师说法

结婚登记不能代办，必须亲力亲为。

法律小贴士：

婚姻登记必须双方亲自到场，正如协议离婚时双方也必须亲自到场。

## 离婚不必亲自去

（起诉离婚时双方可不必亲自到场）

### 基本案情

刘某婚后第二天即奔赴国外，三年后与妻子协议离婚，由于刘某远在国外，想找人代为办理。

本案问题：离婚时双方需要亲自到场吗？

### 法律链接

《婚姻法》第31条：男女双方自愿离婚的，准予离婚。双方必须到婚姻登记机关申请离婚。婚姻登记机关查明双方确实是自愿并对子女和财产问题已有适当处理时，发给离婚证。

### 律师说法

协议离婚，办理手续时双方必须亲自到场。如果一方不愿到场办理，则只能采取诉讼的方式。

法律小贴士：

协议离婚的程序比较简单，节省时间，但是需亲力亲为。如果双方关系恶化到不想再见到对方的程度，只有通过诉讼程序离婚。

## 谨防对方藏债务

（一方的婚前债务能否用夫妻共同财产偿还）

**基本案情**

张三出身贫寒，靠国家助学贷款才读完大学，毕业后在某单位工作。李四家境富庶。二人结识两年后同居。同居期间，张三多次向李四的朋友借钱，先后共计20万元。二人结婚后五年，张三还清了借款。后二人离婚，李四提出，此20万元乃张三的婚前个人债务，婚后张三用于清偿的款项属于夫妻共同财产，而李四并没有义务替张三偿还婚前债务。

本案的争议焦点是：一方的婚前债务能否用夫妻共同财产偿还？

**法律链接**

最高人民法院《关于适用〈中华人民共和国婚姻法〉若干问题的解释（二）》第23条：债权人就一方婚前所负个人债务向债务人的配偶主张权利的，人民法院不予支持。但债权人能够证明所负债务用于婚后家庭共同生活的除外。

**律师说法**

一方的婚前债务只能由此个人财产偿还。如果是在婚姻期间还清的，在离婚时，非负债一方可要求对方偿还。

法律小贴士：

理论上，一方的婚前债务在婚后并不转化为双方的共同债务，因此不能用夫妻共同财产来偿还一方的婚前债务。但是事实上，婚姻关系存续期间夫妻是财产共同体，在财产使用上无法做到泾渭分明。因此，在婚前要谨防对方隐瞒债务。

## 婚前债务婚后还

（谨防对方在婚前隐瞒债务）

**基本案情**

张三出身贫寒，李四家境富庶。二人在同居期间，张三以李四的名义向李四的朋友借钱做生意，前后共计20万元。同居三年后，二人结婚。婚后第三年，李四才得知张三婚前负有债务20万元，于是提出此债务应当以张三个人财产偿还。

本案问题：能否不起诉离婚而由张三一人偿还？

**法律链接**

《婚姻法》第17条：夫妻在婚姻关系存续期间所得的下列财产，归夫妻共同所有：

（一）工资、奖金；

（二）生产、经营的收益；

（三）知识产权的收益；

（四）继承或赠与所得的财产，但本法第 18 条第三项规定的除外；

（五）其他应当归共同所有的财产。

夫妻对共同所有的财产，有平等的处理权。

《婚姻法》第 18 条：有下列情形之一的，为夫妻一方的财产：

（一）一方的婚前财产；

（二）一方因身体受到伤害获得的医疗费、残疾人生活补助费等费用；

（三）遗嘱或赠与合同中确定只归夫或妻一方的财产；

（四）一方专用的生活用品；

（五）其他应当归一方的财产。

《婚姻法》第 19 条：夫妻可以约定婚姻关系存续期间所得的财产以及婚前财产归各自所有、共同所有或部分各自所有、部分共同所有。约定应当采用书面形式。没有约定或约定不明确的，适用本法第 17 条、第 18 条的规定。

夫妻对婚姻关系存续期间所得的财产以及婚前财产的约定，对双方具有约束力。

夫妻对婚姻关系存续期间所得的财产约定归各自所有的，夫或妻一方对外所负的债务，第三人知道该约定的，以夫或妻一方所有的财产清偿。

**律师说法**

不能在婚姻关系存续期间而以一方个人财产偿还，因此这种分割没有实质意义。

法律小贴士：

夫妻可以约定分别财产制，但是这种约定应当采取书面形式并公示。并且，如果第三方声称不知夫妻分别财产制，则由该夫妻双方负举证责任证明该第三方知道或应当知道。因此，在婚姻关系存续期间的财产分别制度仅仅对日后的离婚有实质意义。如果对方在婚前隐瞒债务，理论上该债务是不会在婚后转化为共同债务的。但是，由于夫妻在婚后二人的财产的界限不再明晰，这对于另一方是一种伤害。

## 防止对方偷财产

（怎样防止一方恶意转移夫妻共同财产）

**基本案情**

张三和李四在婚后感情不和，在协议离婚期间，张三发现李四有情人，并且赠与其情人大笔财产。

本案问题：怎样防止另一方恶意转移夫妻共同财产？

**法律链接**

《民事诉讼法》第 92 条：人民法院对于可能因当事人一方的行为或者其他原因，使判决不能执行或者难以执行的案件，可以根据对方当事人的申请，作出财产保全的裁定；当事人没有提出申请的，人民法院在必要时也可以裁定采取财产保全措施。

人民法院采取财产保全措施，可以责令申请人提供担保；申请人不提供担保的，驳回申请。

人民法院接受申请后，对情况紧急的，必须在四十八小时内作出裁定；裁定采取财产保全措施的，应当立即开始执行。

《民事诉讼法》第 93 条：利害关系人因情况紧急，不立即申请财产保全将会使其合法权益受到难以弥补的损害的，可以在起诉前向人民法院申请采取财产保全措施。申请人应当提供担保，不提供担保的，驳回申请。

人民法院接受申请后，必须在四十八小时内作出裁定；裁定采取财产保全措施的，应当立即开始执行。

申请人在人民法院采取保全措施后十五日内不起诉的，人民法院应当解除财产保全。

《民事诉讼法》第 94 条：财产保全限于请求的范围，或者与本案有关的财物。

财产保全采取查封、扣押、冻结或者法律规定的其他方法。

人民法院冻结财产后，应当立即通知被冻结财产的人。

财产已被查封、冻结的，不得重复查封、冻结。

最高人民法院《关于适用〈中华人民共和国婚姻法〉的解释（二）》第 28 条：夫妻一方申请对配偶的个人财产或者夫妻共同财产采取保全措施的，人民法院可以在采取保全措施可能造成损失的范围内，根据实际情况，确定合理的财产担保数额。

**律师说法**

当事人可向法院提出财产保全申请。已起诉的，提出诉讼财产保全申请；尚未起诉离婚的，可提出诉前财产保全申请。

法律小贴士：

如果提出了诉前财产保全申请，十五天内应当起诉离婚；财产保全申请只针对涉及或可能涉及诉讼时才能提出，在平时，法院不予受理。

## 拖欠抚养费不还

（子女能否请求支付拖欠的抚养费）

**基本案情**

张三和李四因感情不和而离婚，二人有一子，归母亲抚养，父亲每月被判支付一定抚养费。离婚时子 5 岁。10 年后，上初中的儿子将父亲告上法庭，请求法院取消父亲的监护权，支付拖欠的抚养费共计 20 万元，并且继续支付抚养费直至成年。

本案问题：子女是否有权要求父母支付拖欠的抚养费？

**法律链接**

《婚姻法》第21条：父母对子女有抚养教育的义务；子女对父母有赡养扶助的义务。

父母不履行抚养义务时，未成年的或不能独立生活的子女，有要求父母付给抚养费的权利。

子女不履行赡养义务时，无劳动能力的或生活困难的父母，有要求子女付给赡养费的权利。

禁止溺婴、弃婴和其他残害婴儿的行为。

**律师说法**

子女无权要求父母支付拖欠的抚养费。抚养费用于支付当下的生活费用，是现在和将来可能发生的费用。所谓拖欠的抚养费，是在过去的时间形成的，一方并未支付的费用，其实质是由于一方没有履行其应尽的义务而导致另一方产生财产损失。因此，抚养子女的一方有权要求拖欠费用的一方对其进行一定的补偿，但是其子女并无权要求支付拖欠的抚养费。

法律小贴士：

抚养费一般支付至子女成年为止。相对而言，与子女共同生活的一方的支出要比另一方多。婚姻关系的建立和解除都应当慎重。

## 赡养义务不可弃

（子女不能以放弃继承权为由不承担赡养义务）

**基本案情**

张三丈夫早逝，遗下子女五个。一开始，张三怕打扰儿女，一直独自居住，但是年事已高，患有多种疾病，且身体行动不便，需要人照顾。五个儿女达成协议，由老五照顾母亲，而母亲名下的房产和其他所有财产也由老五一人继承，其他四人放弃继承权，也不再承担照顾老人的责任。

本案问题：此协议是否有效？

**法律链接**

《合同法》第52条：有下列情形之一的，合同无效：

（一）一方以欺诈、胁迫的手段订立合同，损害国家利益；

（二）恶意串通，损害国家、集体或者第三人利益；

（三）以合法形式掩盖非法目的；

（四）损害社会公共利益；

（五）违反法律、行政法规的强制性规定。

**律师说法**

此协议无效。根据相关法律，协议违反法律强制性规定的，协议无效。赡养义务是法定义务，不得转让或放弃，在老人去世之前是不存在“继承权”的，因此，不承担赡养义务和放弃继承权的行为都是无效的。

法律小贴士：

法定义务不得放弃，权利是可以放弃的，但是该权利须是现实的权利。如果在老人去世之后，放弃继承权的行为是有效的。

## 亲生也无继承权

（收养关系成立后亲生兄妹之间亦无继承权）

**基本案情**

张三兄妹共五人，老二在小时候给别家收养，收养老二的家庭，养父母已死亡，只有姐妹二人。姐姐早逝，妹妹生有一子一女。后来老二因病去世，未留遗嘱。老二生前无子女，其老伴早年病逝。

本案问题：张三兄妹其他四人对老二的遗产是否有继承权？

**法律链接**

《收养法》第 23 条：自收养关系成立之日起，养父母与养子女间的权利义务关系，适用法律关于父母子女关系的规定；养子女与养父母的近亲属间的权利义务关系，适用法律关于子女与父母的近亲属关系的规定。养子女与生父母及其他近亲属间的权利义务关系，因收养关系的成立而消除。

**律师说法**

张三兄妹其他四人对老二的遗产没有继承权。虽然他们在血缘上是亲生兄妹，但是并没有法律关系，或者说他们之间的亲属关系已因为收养而消除。相应的，权利义务关系也随之消除。

法律小贴士：

自收养关系成立时起，就成立了新的父母子女关系。

## 同居分手有麻烦

（同居分手，财产如何分割）

**基本案情**

张某中年丧偶。儿子成家后，虽享含饴弄孙之乐，但感觉孤单。在某次老年人活动会上，张某认识相同遭遇的李某。二人怕子女反对，一直没有登记结婚，而是共同居住。同居期间，二人购买了一处房屋，张某出资 8 万元，李某出资 3 万元，房子登记在张某名下。一起生活了几年后，双方性格不合，经常争吵，决定分手。二人对房屋的所有权归属产生纠纷。

本案问题：李某对该房屋是否享有所有权？

**法律链接**

《关于人民法院审理离婚案件处理财产分割问题的若干具体意见》第22条：属于事实婚姻的，其财产分割适用本意见。属于非法同居的，其财产分割按最高人民法院《关于人民法院审理未办结婚登记而以夫妻名义同居生活案件的若干意见》的有关规定处理。

最高人民法院《关于人民法院审理未办结婚登记而以夫妻名义同居生活案件的若干意见》第10条：解除非法同居关系时，同居生活期间双方共同所得的收入和购置的财产，按一般共有财产处理。同居生活前，一方自愿赠送给对方的财物可比照赠与关系处理；一方向另一方索取的财物，可参照最高人民法院（84）法办字第112号《关于贯彻执行民事政策法律若干问题的意见》第18条规定的精神处理。

**律师说法**

李某享有所有权。如果张某无法就其所有权提出更多的证据，则认定该房屋属于二人共同共有。

法律小贴士：

同居关系至今未得到法律的支持，同居关系解除，要解决产生的纠纷也比较麻烦。在日常生活中，多数问题并不是靠法律来解决的，更何况法律所能解决的问题极为有限。因此，即使是老年人，也要慎重作出同居的决定，最好在同居之前将相关的财产权属进行沟通，协商一致。

## 离婚约定不生育

（双方在离婚时能否约定不生育）

**基本案情**

李某与赵某结婚五年后协议离婚。双方在离婚协议中约定，孩子归母亲抚养，再婚后二人都不得再生育子女，违者支付对方××万元。两年后，男方再娶，与第二任妻子生下一子。前妻因此将前夫诉至法庭，请求支付违约金。法院的判决是驳回前妻的诉讼请求。

本案问题：离婚时双方约定不准生育的协议是否有效？

**法律链接**

《合同法》第52条：有下列情形之一的，合同无效：

（一）一方以欺诈、胁迫的手段订立合同，损害国家利益；

（二）恶意串通，损害国家、集体或者第三人利益；

（三）以合法形式掩盖非法目的；

（四）损害社会公共利益；

（五）违反法律、行政法规的强制性规定。

**律师说法**

此协议无效。如果夫妻双方之间约定不生育，是有效的，然而在离婚协议上对生育的限制并不仅仅限于协议的双方，还会影响到第三方的利益，因此该协议无效。

法律小贴士：

合同如果在没有第三方同意的情况下限制了他的合法权利，则无效。有些权利看似只是单方或双方的，实际则很有可能蔓延到他人的合法空间，侵害到他人的合法权利。

## 公证赠与不能撤

（婚前做出的赠与并进行了公证，还能撤销吗）

**基本案情**

张三与李四婚前签订了一份赠与协议，张三将其名下的某处房产赠与李四，并将此协议进行了公证。但是后来由于某些原因，张三和李四没有结婚，房子也一直没有过户。李四于是诉至法院，要求强制执行协议。

本案问题：该赠与能否撤销？

**法律链接**

《民事诉讼法》第67条：经过法定程序公证证明的法律行为、法律事实和文书，人民法院应当作为认定事实的根据。但有相反证明足以推翻公证证明的除外。

最高人民法院《关于民事诉讼证据的若干规定》第77条：人民法院就数个证据对同一事实的证明力，可以依照下列原则认定：……（二）物证、档案、鉴定结论、勘验笔录或者经过公证、登记的书证，其证明力一般大于其他书证、视听资料和证人证言。

《合同法》第186条：赠与人在赠与财产的权利转移之前，可以撤销赠与。具有救灾、扶贫等社会公益、道德义务性质的赠与合同或者经过公证的赠与合同，不适用前款规定。

《合同法》第188条：具有救灾、扶贫等社会公益、道德义务性质的赠与合同或者经过公证的赠与合同，赠与人不交付赠与的财产的，受赠人可以要求交付。

《合同法》第192条：受赠人有下列情形之一的，赠与人可以撤销赠与：

（一）严重侵害赠与人或者赠与人的近亲属；

（二）对赠与人有扶养义务而不履行；

（三）不履行赠与合同约定的义务。

赠与人的撤销权，自知道或者应当知道撤销原因之日起一年内行使。

**律师说法**

该赠与不能撤销。李四有权要求张三履行协议。根据相关法律，经过公证的赠与合同一般情况下不能撤销，除非出现了法定情形。

法律小贴士：

如果进行的赠与目的性较强（例如结婚），最好在协议里附加合同的生效条件或生效时间，以防日后纠纷。但是，结婚是主观性很强、感性的行为，并不是生意往来，婚前赠与时双方往往正处于感情甜蜜期，此时附加合同生效条件或是生效时间未免有伤感情，理论上可行，实际操作较难。

## 私自录音也合法

（未经他人同意的电话录音是否合法）

**基本案情**

张某与李某系夫妻。张某的朋友王某起诉李某，称某年某月某日，张某因某事向王某借款××万元，由于双方关系很好，没有打借条。一年后，张某因急病去世。去世之后，王某数次要求李某归还借款，但李某总是借故不还。王某向法庭提供了一份光盘，里面有关于王某与李某五次通话的记录，内容均涉及王某向李某催讨借款××万元，李某从未否认借款，多次表明等有了钱就会尽快归还。对录音李某未予否认，但她认为债务是其丈夫个人生前债务，与自己无关，却没有证据证明。法院经过对证据及双方陈述的审查，确定录音证据有效。

本案问题：私自进行通话录音证据是否合法？

**法律链接**

最高人民法院《关于民事诉讼证据的若干规定》第 68 条：以侵害他人合法权益或者违反法律禁止性规定的方法取得的证据，不能作为认定案件事实的依据。

**律师说法**

本案中的通话录音证据是合法的。

根据相关法律规定，只要获得证据的途径没有侵犯到他人的合法权益，也没有违反法律禁止性规定，此证据就是合法的。

法律小贴士：

电话录音是合法的，但是私自在他人通话设备上安装窃听设备并录音，就是违法的，获取的证据是无效的。意图收集证据时应当注意违法和不违法的界限。

## 离婚不必先“失踪”

（可否不宣告失踪而直接起诉离婚）

**基本案情**

张某与李某婚后三天后即外出打工，两年杳无信息。李某欲改嫁他人，打算向法院起诉离婚。而张某的父亲说，必须在宣告失踪后李某方可起诉离婚。

本案问题：可否不宣告失踪而直接起诉离婚？

**法律链接**

最高人民法院《关于人民法院审理离婚案件如何认定夫妻感情确已破裂的若干具体意见》第12条：一方下落不明满两年，对方起诉离婚，经公告查找确无下落的，一方坚决要求离婚，经调解无效，可依法判决准予离婚。

最高人民法院《关于适用〈中华人民共和国民事诉讼法〉若干问题的意见》第151条：夫妻一方下落不明，另一方诉至人民法院，只要求离婚，不申请宣告下落不明人失踪或死亡的案件，人民法院应当受理，对下落不明人用公告送达诉讼文书。

**律师说法**

可以在未经宣告失踪的情况下直接起诉离婚。失踪只涉及其财产管理与债权债务关系的问题，离婚则有很大的人身针对性，宣告失踪并不是起诉离婚的前置程序。

法律小贴士：

虽然可以直接起诉离婚，但是下落不明的时间有最低限制。不满两年的，可以起诉。下落不明满两年，可准予离婚。

# 子女教育

近年来，由于校园安全事件频发，教师体罚学生的案件增多，校园安全问题备受家长们的关注。孩子是含苞待放的花蕾，是未来希望的承载，孩子的安全牵动着父母们的心。面对孩子的安全问题，我们能够做些什么呢？身为父母，我们急切地希望，能够给予孩子最好的物质生活和成长环境，但同时不要忘了，在适当的时候也要教会孩子去正确面对可能存在的危险。孩子在不断地成长，他/她总有不在身边的时候，总有你我不能随时加以保护的时候，面对校园里的不公平现象，用法律来说话，求助于法律来维护自己的合法权益将是最明智的选择。

## 狗进校园咬学生

（学生在校园内被外边进来的狗咬伤，学校和饲养人谁担责）

### 基本案情

学生遵照老师的要求按时到校，不料却在校园里被外边进来的狗咬伤。2010 年 7 月 28 日，江苏省海安县人民法院审结了一起因此而发生的人身损害赔偿纠纷案件，该院一审运用无意思联络侵权理论判决被告朱某和海安县某镇初中分别向原告张某赔偿医疗费、住院伙食补助费、精神抚慰金等费用 2 171.55 元和 930.66 元。

4 月 8 日早晨，张某按照老师的安排于 6 时左右来到海安县某镇初中上学，负责安排同学们停放好车辆并打扫好场地。当张某去教学楼二楼自己的教室时，发现有一只狗在教学楼走廊处走动。后张某从自己的教室走到教学楼一楼走廊时，该狗就凑到张某身边，张某挥手欲赶走此狗，但狗突然一口咬住张某的右手食指，致使其右手食指出血受伤。随后，张某的同学为他包扎伤口，班主任到校后又送张某到当地卫生院注射了狂犬疫苗。张某的同学与班主任分别垫付了包扎费用和疫苗费用共 250 余元。被告海安县某镇初中也随即向公安机关报警。经打听得知，该狗系朱某家所饲养。

当日，张某因疼痛未能在校上课而回到家中，后张某出现伤口肿胀、身体发热等症状。第二天下午，张某被送往当地卫生院进行门诊治疗，经诊断为右食指狗咬伤，并遵医生建议住院治疗。4 月 16 日，张某出院，共花去医疗费 1 762.86 元，卫生院向其出具了一份出院记录，并医嘱随诊。出院后，张某自称晚上常有睡不着觉或做噩梦的现象发生，精神上因受到惊吓而恐惧。为此，张某向法院提起诉讼，要求朱某和海安县某镇初中共同赔偿医疗费、护理费、营养费以及精神抚慰金等计

3 102. 22元，但被告朱某和海安县某镇初中均无正当理由而未出庭参加诉讼。

**法律链接**

《侵权责任法》第 78 条：饲养的动物造成他人损害的，动物饲养人或者管理人应当承担侵权责任，但能够证明损害是因被侵权人故意或者重大过失造成的，可以不承担或者减轻责任。

**律师说法**

数个侵权人没有共同故意或者共同过失，但其分别实施的数个行为间接结合发生同一损害后果的，应当根据过失大小或者原因力比例各自承担相应的赔偿责任。饲养动物致人损害的案件应适用无过错责任原则，即不以动物饲养人或管理人的过错作为构成侵权责任的必备要件，只有在受害人有过错或因第三人过错导致损害发生时才可以免责。

被告朱某未能举证证明张某有过错，而张某到校完成老师指派的任务，在主观上没有过错，不应承担民事责任。在两被告之间，朱某对所饲养的狗疏于管理，对损害的发生负有主要责任；海安县某镇初中疏于校园安全管理，是损害发生的次要原因，应承担相应的责任。

法律小贴士：

1. 收集现场证据。

证据是决定能否找到赔偿人和得到多少赔偿的关键，遇到此种意外发生时，应当利用手机或一切能够拍照录像的设备将现场情况保留下来，作为证明事情发生的初步证据，为日后找赔偿人做好准备。

2. 保留好医院出具的所有单据。

看病单据是提出赔偿额的最有力证据，法庭上对看病单据的要求是有诊断书、病例内容、处方、医药费详单，缺少其中一样都会影响法庭上举证的质量。

## 不交赔款难高考

（学生未交赔款不准高考，学校侵害教育权应如何担责）

**基本案情**

山东省临沂市中级人民法院二审维持了平邑县人民法院对一起侵害教育权纠纷案的判决。高三学生朱某因未向某中学交纳火灾罚款的损失赔偿费，学校拒绝让其参加高考，平邑县人民法院判决被告该中学向原告朱某赔偿精神抚慰金 5 000 元。

2007 年 4 月 11 日，平邑县某中学学生朱某与同宿舍的同学吸烟，因不知谁扔掉未燃尽的烟头引燃被褥引起火灾，后被消防部门成功扑救。事后，消防部门以该中学对该起火灾负直接责任为由，对该中学罚款 10 000 元。该学校让朱某宿舍吸烟的同学赔偿罚款及其他损失，每人 3 000 元至 5 000 元不等，有三人交纳了损失赔偿费，朱某及另一名学生未交纳。该学校以未交纳损失赔偿费为理拒绝让朱某参加高考。2007 年年底，朱某以未能参加高考为由诉至法院，要求学校赔偿损失。

**法律链接**

《宪法》第46条：中华人民共和国公民有受教育的权利和义务。国家培养青年、少年、儿童在品德、智力、体质等方面全面发展。

《教育法》第36条：受教育者在入学、升学、就业等方面依法享有平等权利。学校和有关行政部门应当按照国家有关规定，保障女子在入学、升学、就业、授予学位、派出留学等方面享有同男子平等的权利。

**律师说法**

公民接受教育是法定权利。原告朱某与该学校之间存在着教育与被教育的关系。虽然原告等人因吸烟导致火灾给被告该中学造成经济损失的事实存在，但被告让原告交纳赔偿款后方能参加高考，侵犯了原告继续接受教育的权利，给原告今后就业和生活造成了一定损害，这种损害主要体现在精神上的损害。法院遂判决被告承担侵权责任。

法律小贴士：

受教育权是一项基本人权，受教育权是中国公民所享有的并由国家保障实现的接受教育的权利，是宪法赋予的一项基本权利，也是公民享受其他文化教育的前提和基础。任何人没有权利剥夺公民的受教育权。

## 高招“乙肝歧视案”

（高考遭遇乙肝歧视，应如何维权）

**基本案情**

河南郑州某高中应届毕业生白某，以超过录取分数线38分的总成绩，报考某大学，但该校以白某是乙肝病毒携带者为由，拒绝录取他。在与学校多次协调未果的情况下，白某以乙肝歧视为由，将该大学告上法庭。

白某认为，该大学以自己乙肝表面抗原阳性为由拒绝录取是违反法律规定的，而且，该大学的歧视行为给自己造成很大精神伤害，所以请求法院依法确认被告该大学的行政行为违法，依法判令被告向原告公开赔礼道歉，被告赔偿原告体检费、误工费、交通费1 151元，并赔偿原告精神抚慰金5 000元。

起诉之后，白某与学校达成庭外和解，该大学将于下学年接收白某为本校学生，白某向法院提出撤诉请求。经审查，法院裁定准予白某撤诉。至此，这一被称做国内首例“高招乙肝歧视案”画上了句号。

**法律链接**

《宪法》第33条：中华人民共和国公民在法律面前一律平等。

《宪法》第46条：中华人民共和国公民有受教育的权利和义务。

《民法通则》第3条：当事人在民事活动中的地位平等。

**律师说法**

对于乙肝患者及其携带者的歧视在国内屡见不鲜，几乎充斥在每个行业当中。但是教育机构不应该有，作为教书育人之地，应该为每一个人提供生存与发展的基础条件，这也是每个教育机构必须尽到的义务。因为在当下，教育往往是决定一个人生存和发展的基础条件。教育公平是更重要、更基础的平等。高考招生中的乙肝歧视，违反了公平原则，剥夺了乙肝病毒携带者的受教育权。

法律小贴士：

1. 社会成员维权观念加强。

经过30余年的改革开放，中国社会在各方面都发生了巨大变化，公民的权利意识不断加强。宪法和法律规定的公民权利要受到平等的保护，而不得受到歧视，如果存在特殊规定，必须有合理的理由和根据。当公民的权利受到侵犯时，有权通过法律途径获得救济。

2. 乙肝病毒携带者的生存困境值得全社会关注。

由于社会的歧视，乙肝病毒携带者面临着入学、就业、婚姻等诸方面的困难，一部分人受教育的权利、劳动的权利被剥夺，由此给社会带来的巨大影响不容忽视。乙肝病毒携带者需要全社会的关心和关爱。

## 隔墙扔石砸死人

（学生在学校玩耍时砸死人，学校家长谁担责）

**基本案情**

两高中学生课休时向围墙外扔石块，不料将一过路的退休教师刘某砸死。陈某、康某二人均系株洲某中学学生。4月5日上午课休时，陈某、康某和另一女生张某到学校操坪东北边靠近围墙的土坡上散步。闲得无聊的陈某、康某两人先后从地上拾起石块朝围墙外的水塘方向扔。随后，三人回教室上课。除三人以外，当时该处无他人活动。也正在这个时候，受害人刘某正同亲友扫墓归来，沿该中学东北围墙与水塘之间的小路返回，行至小路中段，围墙飞出一石块，击中刘某的头部，刘某当场倒地，随行的亲友立即将刘某送医院抢救，但抢救无效而死亡。

刘某死后，花去丧葬费等共计9.35万余元。事发后，该中学向刘某的亲属支付4万元现金。就其余损失的赔偿问题，刘某的继承人与该中学协商未果后，起诉到人民法院。法院受理后，依法追加陈某、康某为共同被告。

**法律链接**

《民法通则》第130条：二人以上共同侵权造成他人损害的，应当承担连带责任。

《侵权责任法》第8条：二人以上共同实施侵权行为，造成他人损害的，应当承担连带责任。

最高人民法院《关于审理人身损害赔偿案件适用法律若干问题的解释》第7

条：对未成年人依法负有教育、管理、保护义务的学校、幼儿园或者其他教育机构，未尽职责范围内的相关义务致使未成年人遭受人身损害，或者未成年人致他人人身损害的，应当承担与其过错相应的赔偿责任。第三人侵权致未成年人遭受人身损害的，应当承担赔偿责任。学校、幼儿园等教育机构有过错的，应当承担相应的补充赔偿责任。

**律师说法**

本案中，陈某、康某两人先后从地上拾起石块朝围墙外的水塘方向扔，击中刘某头部，致其死亡，二人实施了危及他人人身安全的危险行为，并造成了他人死亡的损害后果，构成了共同侵权。该中学对本校学生负有教育、管理、保护义务，应对学生加强安全教育，并在校区的相应位置设立警示标志，在围墙外设立相应的安全防范设施，但其没有采取相应的措施，故未尽到其管理职责范围内的安全义务，应承担与其过错相应的赔偿责任。

法律小贴士：

1. 学校、家长应加强对孩子的安全教育，避免孩子无意而为的行为酿成大祸。

2. 学校应加强安全防范措施，避免自己的学生受到不必要的伤害，以及自己的学生给别人造成伤害，防患于未然。

## 教师打学生判赔

（教师体罚学生，学校和教师应该如何承担责任）

**基本案情**

湖北某中学教师彭某打伤学生，被人民法院一审判决由校方赔偿该生残疾补助金2万余元。

2010年6月6日下午，湖北某中学15岁学生刘某课堂作业未及时完成，教师彭某对其严厉批评，并打了刘某两耳光，致其受伤。彭某主动承担了医疗费，当年7月21日，刘某的父亲与彭某签订一份协议书，主要内容为：由彭某一次性支付伤者疗养费2 300元，刘家不再为刘某脑外伤治疗一事追究彭某任何责任，彭某也不再承担任何责任。后来，刘某父亲委托司法鉴定中心对刘某头部损伤进行伤残程度鉴定，该中心于同年10月24日作出鉴定结论：刘某双耳听力下降达52分贝，伤残程度为八级。双方当事人因此发生争议，刘某将彭某及该中学告上法庭，请求依法判令被告赔偿残疾补助金等共计28 895.7元。

**法律链接**

《侵权责任法》第6条：行为人因过错侵害他人身体权造成损害的，应当承担赔偿责任。

《侵权责任法》第16条：侵害他人造成人身损害的，应当赔偿医疗费、护理费、交通费等为治疗和康复支出的合理费用，以及因误工减少的收入。造成残疾的，还应当赔偿残疾生活辅助器具费和残疾赔偿金。造成死亡的，还应当赔偿丧葬费和死亡赔偿金。

最高人民法院《关于审理人身损害赔偿案件适用法律若干问题的解释》第17条规定：受害人因伤致残的，其因增加生活上需要所支出的必要费用以及因丧失劳动能力导致的收入损失，包括残疾赔偿金、残疾辅助器具费、被扶养人生活费，以及因康复护理、继续治疗实际发生的必要的康复费、护理费、后续治疗费，赔偿义务人也应当予以赔偿。

**律师说法**

本案中，教师彭某打了学生刘某两耳光，实施了侵权行为，且造成刘某双耳听力下降的损害后果，应当承担赔偿责任。但是，彭某是因刘某未及时完成课堂作业而打刘某，其行为是履行教学职务的行为，故其责任应当由学校承担。

禁止体罚学生，这是教育法明确规定的，而且教育部也曾发文予以规范，作为人民教师，彭某对此应该是熟知的，但却实施了体罚学生的违法行为，且其主观上是故意的，故学校在承担了赔偿责任后有权向彭某追偿。

法律小贴士：

1. 保存好医疗单据及相关票据，这些是计算理赔数额的依据。

2. 在起诉前或起诉的同时委托有资质的鉴定机构做伤残等级鉴定，评定伤残等级是计算残疾赔偿金的基础。

## 考试当天遇车祸

（中考首日学生被撞残落榜，应当获赔吗）

**基本案情**

中考、高考是孩子成长过程中重要的两次考试，结果如何会影响到后半生的发展。对北京市海淀区某初中品学兼优学生贺某来说，中考却是一场噩梦：中考首日早7点多，贺某在通过一个十字路口时被一辆闯红灯的出租车撞倒在地，自行车前轮被撞瘪，贺某也从自行车上跌落在地，在连打了几个滚后才停在路边。贺某忍痛参加了一上午的考试，结束后立即前往医院治疗，经检查竟然发现其“左髂骨骨折，骶髂关节轻度分离，浑身软组织多处扭伤”。但考试是头等大事，贺某虽发着烧还是尽力把试卷答完了。在这种情况下考试结果可想而知：贺某的考试分数未达本地高中录取分数线。后经鉴定，贺某的伤势为十级伤残。经与肇事司机和出租车公司协商未果，贺某将其告上了法庭。

**法律链接**

《侵权责任法》第16条：侵害他人造成人身损害的，应当赔偿医疗费、护理费、交通费等为治疗和康复支出的合理费用，以及因误工减少的收入。造成残疾的，还应当赔偿残疾生活辅助器具费和残疾赔偿金。造成死亡的，还应当赔偿丧葬费和死亡赔偿金。

《侵权责任法》第22条：侵害他人人身权益，造成他人严重精神损害的，被侵权人可以请求精神损害赔偿。

律师说法

这是一起道路交通事故人身损害赔偿纠纷案件，出租车司机作为一个正常智商的人，应当预见闯红灯会危及他人人身安全，并可能造成他人损害的危害后果，仍然为之，但心存侥幸，主观上是过于自信的过失，且其危险行为造成了损害后果，应承担赔偿责任。出租车公司作为车辆所有人，对车辆及司机具有管理义务，故应承担连带赔偿责任。出租车司机及出租车公司应当赔偿贺某医疗费、护理费、残疾赔偿金及因此而支出的交通费、误工费等各项费用。法院经过审理认为，因公安机关已认定肇事方负事故全部责任，判令其赔偿贺某各项损失 5.2 万元；因事故发生在中考期间，给原告造成了较大的精神伤害，肇事方应赔偿对方精神抚慰金5 000元，故判决被告赔偿贺某各项损失共计 5.7 万元。

法律小贴士：

交通事故的发生对不同人群影响的大小程度会有所区别，精神损害抚慰金的赔偿，原则上只适用于造成的实际损害，即本案中贺某十级伤残的赔偿，而交通事故对贺某中考造成的影响，因为在现实生活中无法量化，所以无法得到法院的直接支持，其只能是实际损害之外的酌情考量因素。

## 精神失常学校赔

（小学生被体罚导致精神失常，学校应当赔偿吗）

基本案情

2011 年 7 月 20 日，江苏某法院审结了一起因教师体罚学生致学生精神失常而引发的人身损害赔偿纠纷案件，被告某小学被判赔偿原告曹某医疗费等损失共计63 370.30元。

原告曹某系被告某小学学生。2010 年 12 月 17 日上午，曹某与同班同学发生争执后，被其班主任周某叫到办公室谈话，谈话期间，周某动手打了曹某的脸部。随后，周某安排学生张某陪同曹某回家。回家后不久，曹某便出现精神异常，后经医院诊断为“儿童分裂症”，经精神疾病司法鉴定组鉴定为“精神分裂症”，且被打事件系直接诱因。

法院经审理认为，公民健康权受法律保护。周某身为教师，非但没有对曹某履行教育、管理和保护之义务，反而故意体罚曹某，因此导致曹某精神失常，其行为已构成侵权。但因周某行为系履行职务，故其对曹某所负的赔偿责任应由其所属学校即被告某小学承担。

法律链接

《侵权责任法》第 34 条：用人单位的工作人员因执行工作任务造成他人损害的，由用人单位承担侵权责任。

最高人民法院《关于审理人身损害赔偿案件适用法律若干问题的解释》第 8

条：法人或者其他组织的法定代表人、负责人以及工作人员，在执行职务中致人损害的，依照民法通则第121条的规定，由该法人或者其他组织承担民事责任。上述人员实施与职务无关的行为致人损害的，应当由行为人承担赔偿责任。

《民法通则》第120条：国家机关或者国家机关工作人员在执行职务中，侵犯公民、法人的合法权益造成损害的，应当承担民事责任。

**律师说法**

行为人因过错侵害他人身体权造成损害的，应当承担赔偿责任。本案中，教师周某打了学生曹某脸部，实施了侵权行为，且造成曹某精神分裂症的损害后果，其行为构成侵权。但是，周某的行为是在执行教学任务中实施的，属于职务行为，故应当由学校承担侵权赔偿责任。

周某作为教师，非但没有对曹某履行教育、管理和保护之义务，反而故意体罚曹某，其行为明显存在过错，且违反了教育法的相关规定，故学校在承担赔偿责任后，可以向周某追偿。

法律小贴士：

作为受害方，若要得到赔偿，需证明曹某的精神分裂症与周某的侵权行为存在因果关系，故需在起诉前或起诉时委托相关有资质的鉴定机构进行鉴定。

## 教师突发精神病

（小学教师突发精神病殴打学生致耳聋，是否应赔偿）

**基本案情**

小学教师李某突发精神病，将学生打伤，经人民法院调解，被告李某一次性赔偿原告王某医药费、交通费、助听器配制费2.5万元，所在小学一次性给付原告王某经济补偿金5 000元。

王某系某小学学生。该校组织全校学生上早操，当时王某在一年级队伍前负责领操。此时，该校教师李某突发精神病，对王某暴力殴打，后经医院诊断王某为左耳传导性耳聋。为此王某及父母精神上受到了严重伤害，诉至法院，要求该小学和教师李某连带赔偿原告医药费、交通费、精神损失费以及后续治疗辅助性器具费。

该小学认为这是一次意外事件，不是老师的职务行为，与校方无关，不同意连带承担赔偿责任。教师李某对事实没有表示异议，也认为是突发事件，并同意赔偿原告各项费用2.5万元。

审理过程中，双方当事人对事实经过没有分歧。经法院主持调解，双方当事人自愿达成协议，由教师李某和该小学分别赔偿/补偿王某各项损失共计3万元。

**法律链接**

《民法通则》第132条：当事人对造成损害都没有过错的，可以根据实际情况，由当事人分担民事责任。

《侵权责任法》第7条：行为人损害他人民事权益，不论行为人有无过错，法律规定应当承担侵权责任的，依照其规定。

**律师说法**

意外事件是法理上的概念，意外事件是指非当事人故意或过失而偶然发生的事故。构成意外事件并可以导致当事人免责的条件是：第一，意外事件是不可预见的，不可预见性一般应以当事人为标准，即当事人是否在当时的环境下通过合理的注意能够预见到；第二，意外事件是归因于行为人自身以外的原因，行为人已经尽到了他在当时应当和能够尽到的注意；第三，意外事件是指偶然发生的事件，并不包括第三人的行为。这就是说，意外事件发生的机率是很低的，当事人尽管尽到通常的注意也是不可预防的。本案中，教师李某突发精神病，对王某暴力殴打，这是偶然发生的、不可预见的，也不存在主观故意或过失，故属于意外事件。由于是意外事件，学校不可能预见教师会突发精神病伤害学生，故学校没有过错，应根据《民法通则》第132条规定承担适当的责任。

法律小贴士：

由于这是一起意外事件，故学校、教师及学生均需提供相应的证据证明自己不存在过错。

## 考试落榜讨赔偿

（学生高考落榜，培训机构是否需付落榜金）

**基本案情**

教育培训机构在学生购买学习软件时承诺，如学生高考落榜可获落榜赔偿金。落榜学生在索要落榜赔偿金无果后，将培训机构告上了法庭。

原告王某购买了某公司的学习软件一套，在购买软件时该公司承诺，如王某高考落榜，可获得落榜赔偿金2 000元。王某2010年的高考成绩为252分，未达到当年大专录取分数线。因该公司未向王某支付落榜赔偿金，王某曾向消费者协会投诉，因双方未达成一致意见，该机构于2011年10月14日向王某出具公函，建议其通过司法程序解决。王某便将该公司告到了法院。法院判决被告该公司支付原告王某2 000元赔偿金。

**法律链接**

《合同法》第45条：当事人对合同的效力可以约定附条件。附生效条件的合同，自条件成就时生效。附解除条件的合同，自条件成就时失效。当事人为自己的利益不正当地阻止条件成就的，视为条件已成就；不正当地促成条件成就的，视为条件不成就。

**律师说法**

本案是一附条件的合同，该合同有效。合同是平等主体的自然人、法人及其他组织设立、变更、终止民事权利义务关系的协议。其核心是双方当事人意思表示一致，且意思表示真实。故只要双方当事人真实意思表示，且不违反法律、行政法规的强制性规定，其订立的合同便是真实有效的，自成立时起生效。当事人一方不履行合同义务或者履行合同义务不符合约定的，应当承担继续履行、采取补救措施或者赔偿损失等违约责任。

该公司与王某就高考落榜赔偿金事宜所达成的协议系双方当事人真实意思表示，且不违反法律、行政法规的强制性规定，故该协议自成立时起生效。本案中王某高考落榜是“获取落榜赔偿金”条款的生效条件，该条件成就时即王某未达到当年大专录取分数线，该公司就应当按合同约定给付王某落榜赔偿金2 000元。

法律小贴士：

只要达成的协议系双方当事人真实意思表示，且不违反法律、行政法规的强制性规定，该协议就具有法律效力。不过，对于附条件的合同，只有约定的条件成就时，该合同才发生相应的法律效力。

## 雷管在教室爆炸

（学校也担责）

### 基本案情

云南几名四年级的小学生在学校附近的池塘边玩耍时捡到78枚电雷管，出于好奇，他们将部分雷管带到教室里摆弄，结果雷管当场爆炸，导致6名同学不同程度受伤，10岁的蓉蓉落下五级伤残。经多次协商无果，蓉蓉的父母将学校和阳阳诉至法院。

原告蓉蓉和被告阳阳同为某小学四年级同班学生。2010年2月25日下午上课铃响后，蓉蓉坐在座位上准备上课，阳阳在教室内玩电雷管发生爆炸，造成蓉蓉受伤当场昏迷，被学校及时送到医院救治。因伤势过重，当天医院将蓉蓉转送市第一人民医院治疗。蓉蓉经抢救脱离危险，住院61天。因蓉蓉颅内、眼角膜等多处留有异物及脑脊液鼻漏，2010年4月27日伤愈出院的蓉蓉不得不又被转送其他医院继续治疗，并先后行左角膜、巩膜异物取出术，后于2010年10月26日出院。至此，蓉蓉共入院治疗244天，支付医疗费70 133.21元，但是至今头部依然还留有异物。经司法鉴定，蓉蓉伤残等级为五级，需要后续治疗费1.6万元，因左耳听力受损，需终身佩戴助听器。

### 法律链接

《侵权责任法》第39条：限制民事行为能力人在学校或者其他教育机构学习、生活期间受到人身损害，学校或者其他教育机构未尽到教育、管理职责的，应当承担责任。

《民法通则》第106条：公民、法人违反合同或者不履行其他义务的，应当承担民事责任。公民、法人由于过错侵害国家、集体的财产，侵害他人财产、人身的应当承担民事责任。没有过错，但法律规定应当承担民事责任的，应当承担民事责任。

**律师说法**

本案中学校作为一个教育机构，其应当保护未成年的学生在校的生命、健康及财产安全，蓉蓉作为一个在校学生，在学校受到了人身伤害，作为教育机构，没有尽到合理的义务，故应当承担与其过错相适应的责任，所以判决学校承担20%的赔偿责任。

过错责任原则也叫过失责任原则，它是以行为人主观上的过错为承担民事责任的基本条件的认定责任的准则。按过错责任原则，行为人仅在有过错的情况下，才承担民事责任。没有过错，就不承担民事责任。

法律小贴士：

学校作为一个教育机构，应当保护未成年的学生在校的生命、健康及财产安全。

## 老师言行需谨慎

（老师言行不当诱发学生精神疾病一审被判赔）

**基本案情**

一中学老师因为不当言行，使学生诱发精神疾病。法院一审判决，这位老师所在的学校赔偿学生1.9万余元。

2010年10月5日，由于王某顶撞了老师于某，于某在课堂上讲王某的爸爸是收破烂的，王某不让爸爸来学校收破烂，还让爸爸替她做作业。此后，王某开始经常头痛，注意力不集中，学习成绩下降，后来症状逐渐加重，出现了明显的精神病症状。精神疾病司法鉴定所进行的鉴定表明，王某患精神分裂症。王某的家人认为，于老师的不良言行是该病发生的诱发因素。为此，王某把于某及学校告上了法庭。

**法律链接**

《侵权责任法》第6条：行为人因过错侵害他人民事权益，应当承担侵权责任。根据法律规定推定行为人有过错，行为人不能证明自己没有过错的，应当承担侵权责任。

最高人民法院《关于确定民事侵权精神损害赔偿责任若干问题的解释》第1条：自然人因下列人格权利遭受非法侵害，向人民法院起诉请求赔偿精神损害的，人民法院应当依法予以受理：

（一）生命权、健康权、身体权；

（二）姓名权、肖像权、名誉权、荣誉权；

（三）人格尊严权、人身自由权。

违反社会公共利益、社会公德侵害他人隐私或者其他人格利益，受害人以侵权为由向人民法院起诉请求赔偿精神损害的，人民法院应当依法予以受理。

最高人民法院《关于确定民事侵权精神损害赔偿责任若干问题的解释》第8条：因侵权致人精神损害，造成严重后果的，人民法院除判令侵权人承担停止侵害、恢复名誉、消除影响、赔礼道歉等民事责任外，可以根据受害人一方的请求判令其赔偿相应的精神损害抚慰金。

**律师说法**

于某对王某的侵权行为应依法予以认定，其侵权行为与王某损害具有法律上的因果关系。因果关系是指事物、现象之间引起与被引起的关系。本案中，于某实施了侮辱王某的言行，主观上有过错，客观上发生了王某患精神分裂症的损害事实，但是于某的行为与王某患精神分裂症的损害事实是否存在法律上的因果关系，本案中没有相关证据予以证实，不能认定于某的行为是侵权行为，故于某及学校不应当承担赔偿责任。

法律小贴士：

打官司在一定程度上来说就是打证据，根据谁主张谁举证的原则，原告方不能提供证据证明自己的主张的，就要承担不利的诉讼后果。因此，打官司前，要充分收集掌握证据，不打没把握的官司。

## 马拉松学生猝死

（代表学校参赛猝死，学校是否需担责）

**基本案情**

代表北京某大学参加马拉松赛的王某在比赛中猝死，死者的父母向该大学提出赔偿要求。人民法院判决，该大学赔偿王某父母各种经济损失共计27万多元。

2010年10月16日，王某代表该大学参加在京举行的第六届首都高校马拉松挑战赛，参赛过程中突然晕倒，因抢救无效死亡。

双方当事人争议的焦点为是否存在雇佣关系。王某的父母称，自己的孩子虽非该大学的学生，但生前曾代表该大学参加过多项重要赛事并取得了优异成绩，实际上形成了雇佣关系，作为雇主的该大学应承担赔偿责任。

该大学则辩称，学校与王某之间并不存在雇佣关系，自己并没有指挥、派遣王某参赛，更没有承诺参加比赛后给予其劳动报酬。并且，王某晕倒后，医护人员对其进行了及时的救治，抢救的措施是得当的，事发后王某的家属已得到了保险公司的理赔。

**法律链接**

《民法通则》第132条：当事人对造成损害都没有过错的，可以根据实际情况，由当事人分担民事责任。

《侵权责任法》第34条：用人单位的工作人员因执行工作任务造成他人损害的，由用人单位承担侵权责任。

最高人民法院《关于审理人身损害赔偿案件适用法律若干问题的解释》第9

条：雇员在从事雇佣活动中致人损害的，雇主应当承担赔偿责任；雇员因故意或者重大过失致人损害的，应当与雇主承担连带赔偿责任。雇主承担连带赔偿责任的，可以向雇员追偿。

**律师说法**

本案中，王某的死亡属于意外事件，不存在侵权行为。由于王某与该大学之间不存在任何形式的雇佣合同，王某也没有从该大学获得任何劳动报酬，因此，王某和该大学之间并不存在雇佣关系，而且双方对于王某死亡这一事实均无过错，因此该大学无需承担雇主责任。但王某代表该大学参加比赛，所获取的利益全部归属于该大学，因此该大学作为从王某参加比赛的行为中获益的主体，应对王某基于参赛而受到的损害承担相应的责任。

法律小贴士：

1. 任何民事行为的获益方均应就其获益行为承担相应的责任。
2. 民事行为各方应明确各自的权利义务，以减少由此而发生的纠纷。

## 母诉女儿返学费

（子女欠父母钱款也要依法偿还）

**基本案情**

王某在大学毕业后承诺向母亲返还自己上大学期间的费用、治病费用和购房款8万余元，却未能履行，结果被母亲告到了法院。法院判决被告王某按承诺返还其母亲8万余元。

王某（女）考上大学后，王某上大学期间的所有费用及患病休学半年的治疗费用均由其父母支付。王某毕业后在某中学任教，为购房屋又向其父母借款12 460元。2010年初王某结婚，与丈夫居住于所购房屋。2010年8月，王某回娘家向母亲承诺：向母亲给付7.5万元，并偿还购房借款12 460元。王某的姐姐在场，作为证明人在其承诺书上签了名。因王某未按承诺向其母亲支付钱款，王某的母亲遂将王某诉至法院，要求给付现金7.5万元和房款12 460元。

**法律链接**

《合同法》第8条：依法成立的合同，对当事人具有法律约束力。当事人应当按照约定履行自己的义务，不得擅自变更或者解除合同。依法成立的合同，受法律保护。

《合同法》第16条：要约到达受要约人时生效。

**律师说法**

本案中王某有完全民事行为能力，其自愿做出一个要约，其母亲也接受了要约，即构成了承诺，所以本合同成立并有效，双方当事人要受合同的约束，王某就要依照合同的约定向母亲给付7.5万元，并偿还购房借款12 460元，法院的判决合法有效。要约是一方当事人向另一方当事人提出订立合同的条件，希望对方能完全接受此条件的意思表示。发出要约的一方称为要约人，受领要约的一方称为受要约人。承诺是受要约人同意要约的意思表示，即受要约人同意接受要约的全部条件而与要约人成立合同。

法律小贴士：

合同的成立必须具备三个要件：

1. 要有合同的当事人。合同的订立是双方或多方法律行为，只有一方当事人就谈不上合意问题，因而也就根本不能成立合同。

2. 合同的订立须经过要约和承诺两个阶段。《合同法》第13条规定：“当事人订立合同，采取要约、承诺方式。”要约和承诺作为合同订立必须经过的两个阶段，是合同订立的一般程序，也是合同成立必须具备的基本规则。

3. 合同当事人须对合同的主要条款达成合意。合同成立的根本标志即在于当事人的意思表示一致，即所谓合同当事人达成了合意，其实就是指合同的当事人必须就合同的主要条款业已作出了一致的意思表示。反过来说，凡对合同的主要条款意思表示不一致者，或虽经协议却尚未合意者，自然不能产生合同成立的效果。

## 受体罚索要赔偿

（学生受体罚能否向学校索要精神损害赔偿）

### 基本案情

小雷系某中学学生。2010年11月1日下午语文课期间，因小雷喊叫其他同学绰号，扰乱了课堂纪律，教师张某对其进行了体罚，造成小雷右颞顶部及右下颌软组织轻度挫伤。次日，小雷的家长到学校交涉，张某当面向小雷及其家长赔礼道歉，学校在支付小雷的医疗费264.3元后，按照小雷家长的要求于11月3日将小雷转至另一个班。

同年11月15日，学校对张某进行了通报批评，并作出“该同志本学期绩效工资不能评为一等，由此产生的其他后果由本人承担”的决定。

11月16日，小雷因在期中考试时作弊，被学校通报批评。后经其家长与学校交涉，小雷转至另一中学就读。

2011年4月12日，小雷的父母作为法定代理人诉至法院，以小雷受到学校体罚为由，要求判令学校及张某赔偿精神损害抚慰金600元。

### 法律链接

《民事诉讼法》第57条：无诉讼行为能力人由他的监护人作为法定代理人代为诉讼。法定代理人之间互相推诿代理责任的，由人民法院指定其中一人代为诉讼。

《侵权责任法》第38条：无民事行为能力人在幼儿园、学校或者其他教育机构学习、生活期间受到人身损害的，幼儿园、学校或者其他教育机构应当承担责任，但能够证明尽到教育、管理职责的，不承担责任。

最高人民法院《关于确定民事侵权精神损害赔偿责任若干问题的解释》规定：因侵权致人精神损害，但未造成严重后果，受害人请求精神损害赔偿的，一般不予支持。

**律师说法**

本案的焦点在于如何确定当事人的资格，本案涉及的是特殊侵权案件，本案的主体有学生小雷、教师张某、小雷家长及某中学。享有原告资格的是小雷，小雷的家长为原告的法定代理人，被告为某中学，张某为本案中的无独立请求权的第三人。

小雷作为一个不满十四周岁的孩子，属于无民事行为能力人，其法定代理人为其父母，这是符合法律规定的。同样，某中学为小雷学习的教育机构，一个无民事行为能力人在教育机构受到人身损害，教育机构理应作为被告。

法律小贴士：

一个案件要想起诉，必须具备四个要件：（1）原告是与本案有直接利害关系的公民、法人和其他组织；（2）有明确的被告；（3）有具体的诉讼请求和事实、理由；（4）属于人民法院受理民事诉讼的范围和受诉人民法院管辖。所以说，确定原被告是最为重要的一个工作，我们要从起点入手，这样就不会在起诉上走弯路，可以达到事半功倍的效果。

## 玩游戏喝药自杀

（两同学玩闹藏书包，小学生喝农药自杀身亡）

**基本案情**

湖北某小学10岁的学生李某放学后与同学嬉闹玩耍，因为书包被两名同学王某、陈某藏起来，便生气回家，晚饭后服毒身亡。人民法院作出一审判决，学校补偿李家经济损失6 000元，王某、陈某各补偿李家经济损失4 000元。

2011年10月9日下午5时，某小学放学，该校学生李某和同学王某、陈某在教室玩耍，王某和陈某将李某的书包藏到该校学前班教室的窗台上，李某知道书包被二人藏起来了，但在教室内四处找不到，就生气地离开学校回家。二人见状后立即拿着李某的书包在后面追赶，当李某行至街边一商店时，王某和陈某追赶上李某并把书包交给李某，李某不接，二人便把书包放在商店门前，然后都离开商店各自回家。

李某回家后见爷爷晚饭还未做好，又出去玩耍。晚上7点左右，李某回到家中一言不发，直接盛了一碗饭，吃了几口就放下碗，随后一声不响地走到卧室。过了一会，李某出来了，边上楼梯边对爷爷说：“爷爷，我明天不想读书了，你们再也看不见我了。”爷爷忙问：“为啥事？”李某说：“我已喝药了”。爷爷立刻起身上楼，这时李某已经倒下了。李某经医院抢救无效于2011年10月14日死亡。医院诊断李某在家中所喝的是剧毒农药。

**法律链接**

《民法通则》第 132 条：当事人对造成损害都没有过错的，可以根据实际情况，由当事人分担民事责任。

《侵权责任法》第 7 条：行为人损害他人民事权益，不论行为人有无过错，法律规定应当承担侵权责任的，依照其规定。

《侵权责任法》第 32 条：无民事行为能力人、限制民事行为能力人造成他人损害的，由监护人承担侵权责任。监护人尽到监护责任的，可以减轻其侵权责任。

《侵权责任法》第 39 条：限制民事行为能力人在学校或者其他教育机构学习、生活期间受到人身损害，学校或者其他教育机构未尽到教育、管理职责的，应当承担责任。

**律师说法**

王某、陈某及李某三人均系无行为能力或限制行为能力的未成年人，王某和陈某将李某的书包隐藏是未成年人好动玩耍的表现，这个行为不至于造成李某喝药身亡的后果，但却是李某死亡的一个诱因。根据公平原则，王某和陈某应对李某的家人给予适当的补偿。由于王某和陈某均属于未成年人，因此由二人的法定监护人负担补偿义务。李某所在的小学对该校学生疏于管理，对王某和陈某在校内隐藏李某的书包未及时发现和阻止，对此也应给李某家人一定的补偿。李某的父母是李某的法定监护人，由于他们对剧毒药品管理不善，导致李某服毒自杀，对此应承担主要民事责任。

法律小贴士：

1. 我国正处于社会转型时期，社会发展的多元化及巨大变化对未成年人也产生了巨大的影响，面对日益复杂的社会，学校不能把教育仅仅局限于教授教科书上的知识，还要加强人文教育、心理教育，培养人格健全的社会主义接班人。

2. 作为未成年人的监护人应履行好自己的监护职责，教育、保护好未成年人。

## 顽皮学生爬电杆

（未经许可进入高危区，发生事故自担责）

**基本案情**

私人擅自攀爬电杆触电受伤能否适用高度危险作业致人损害相关法律对伤者进行赔偿？广西一法院通过一起民事案件的终审判决明确，私自攀爬电杆触电受伤责任由自己承担。

2011 年 5 月 31 日，一学生蔡某与同学上学途经路旁的一电杆时（电杆由当地水利电业有限公司架设和管理），爬上电杆坐到尚未架设电线的离地 4.29 米的电杆横担上，并举手触碰到架设在上一层离地 5.3 米的电杆横担的 10 千伏高压线，被击伤坠地。当天，蔡某被送医院治疗，伤情为：左手、左前臂、右前臂、左阴及双侧大腿内侧被电击伤；左上肢被电击伤需截肢。蔡某共住院治疗 48 天，支出医疗费近 1.09 万元，除保险理赔 4 964.74 元外，其家庭实际支出医疗费 5 933.10 元。经司法鉴定，蔡某的致残程度为四级。

2011 年 10 月 24 日，蔡某将当地水利电业有限公司推上被告席，要求其赔偿医疗费、误工费、护理费、鉴定费等近 5.99 万元。

**法律链接**

《侵权责任法》第 69 条：从事高度危险作业造成他人损害的，应当承担侵权责任。

《侵权责任法》第 76 条：未经许可进入高度危险活动区域或者高度危险物存放区域受到损害，管理人已经采取安全措施并尽到警示义务的，可以减轻或者不承担责任。

**律师说法**

法院审理后认为，该案属于高度危险作业致人损害纠纷，应适用无过错原则，被告架设的电线距地 5.3 米，是任何人无法触及的，不会对任何人构成危险和危害，上诉人未设置警示标志并没有过错。而且，原告蔡某攀爬电杆是擅自进入供电设施非安全区域、危害电路设施的行为，是法律法规所禁止的，由于本案受害人的原因，当地水利电业有限公司可以免责。

高度危险责任是指从事高度危险作业造成他人损害的，应当承担侵权责任。高度危险责任是无过错责任。高度危险责任的减轻或者免除事由：作业人已经采取安全措施并尽到警示义务。

法律小贴士：

未经许可不要进入高度危险活动区域或者高度危险物存放区域，以免遭受损害。管理人应该采取安全措施并尽到警示义务，可以减轻或不承担责任。

## 校外租房被烧伤

（初中生校外租房被烧伤，学校和房东被判共同赔偿）

**基本案情**

学生在校外租房住宿期间，被突发的大火烧成重伤。2011 年 9 月 19 日，江西一法院一审判决房东谭某和被告某职业中学分别赔偿原告饶某各项损失65 506.96 元和52 405.57元。

2010 年 9 月 1 日，饶某就读于某职业中学，因学校条件限制不能在校内住宿，饶某的父亲即到校外租赁房屋，将其安排在房东谭某家租住。同年 11 月 1 日深夜，租住的房屋突发大火，将饶某烧伤，构成八级伤残。饶某遂诉至法院，要求房东谭某和学校连带赔偿各项损失 24.93 万余元。

**法律链接**

最高人民法院《关于审理人身损害赔偿案件适用法律若干问题的解释》第 3

条：“二人以上没有共同故意或者共同过失，但分别实施的数个行为间接结合发生同一损害后果的，应当根据过失大小或者原因力比例各自承担相应的赔偿责任。”

《侵权责任法》第12条：“二人以上分别实施侵权行为造成同一损害，能够确定责任大小的，各自承担相应的责任；难以确定责任大小的，平均承担赔偿责任。”

**律师说法**

被告谭某违反公安部房屋出租管理规定，擅自将自有房屋从事学生住宿、搭膳等出租经营活动，且住宿环境存在明显的不安全因素，对租住其处的学生未尽到合理限度范围内的安全保障义务，应承担与其过错相应的侵权赔偿责任。被告职业中学不完全具备招收农村寄宿未成年学生的条件，仍然招收原告饶某入学，其对原告负有安全管理责任，但学校未妥善安排好原告的住宿，对原告租处存在的安全隐患未引起警觉和重视，学校对原告没有尽到安全管理职责，应承担相应的赔偿责任。原告饶某的法定监护人对原告在校外租住期间监护不力，也有过错，应减轻二被告的赔偿责任。据此，法院一审判决房东谭某和被告职业中学分别赔偿原告饶某各项损失65 506.96元和52 405.57元。无意思联络的数人侵权，是指两个或者两个以上的行为人事先并无共同的意思联络，但其行为的偶然结合致人损害。此种侵权行为徒有“数人”的外衣，本质仍为单独侵权行为，故加害人承担与各自的过错程度、行为与损害后果之间原因力大小相适应的按份责任，而非连带责任。

法律小贴士：

1. 房屋出租人应当承担物的瑕疵担保义务，保证出租房屋能够为承租人正常使用，不得危及承租人的安全及健康。

2. 教育机构应当具有相应的教育、生活设施。

3. 监护人应当尽到其监护义务，保护未成年人的生命健康及人身安全。

## 校园探险摔残疾

（女中学生校园“探险”高空坠下摔残，学校应否承担责任）

**基本案情**

14岁的女中学生梁某在校大礼堂复习时，心血来潮爬到大礼堂顶层“探险”，结果从9米高的顶层摔下造成伤残。法院终审判决学校赔偿梁某29 566元。

2011年1月17日中午，梁某在学校大礼堂复习时，图一时好玩，居然到大礼堂顶层去“探险”。她借助工具爬上面向大礼堂观舞台右侧墙上的钢铁梯，后在进入天花板内层返回楼梯顶端期间，因脚下的天花板不能承受其身体重量，梁某从天花板松脱处滑落，自近9米的高空坠地受伤。经医院认定，梁某肢体残疾等级为三级。随后，梁某以学校安全管理不善导致其遭受人身损害为由，向法院提起诉讼。

事故发生后，学校立即找保安送梁某到医院急救，并主动为梁某垫付了10多万元的医疗费用。学校称此举出自人文关怀和有利于社会和谐发展的考虑，但学校在梁某人身损害事件中并无过错，不应承担任何民事责任。

**法律链接**

《侵权责任法》第39条：限制民事行为能力人在学校或者其他教育机构学习、生活期间受到人身损害，学校或者其他教育机构未尽到教育、管理职责的，应当承担责任。

《侵权责任法》第26条：被侵权人对损害的发生也有过错的，可以减轻侵权人的责任。

**律师说法**

在本案中，梁某需提供证据证明铁梯的设置，固然是便利了其工作人员维修，同时也给未成年学生带来了安全隐患。由此而言，学校未能尽到采取足够防护措施的义务。学校对梁某的损害结果的发生是存在过错的，应承担相应的民事责任。但是，因损害结果的发生主要是梁某违反校规、不听劝阻、擅自“探险”而导致，其应承担主要责任，学校仅需承担次要责任。

法律小贴士：

1. 教育机构应完善各项教学设施，以保证未成年人人身安全。

2. 未成年人在教育机构学习生活期间应遵守各项规章制度，以免遭受人身损害。

## 学生动物园受伤

（学生、学校、公园均担责）

**基本案情**

小学生陈某参加学校组织的活动，在动物园拿汽水喂熊时，被狗熊咬伤。在索赔无果的情况下，陈某将学校和公园告上法庭。

2010年10月28日下午，某小学根据教学要求，组织部分学生去公园观赏秋色。下午2时许，学生在教师带领下进入公园。下午3时左右，陈某和几位学生来到公园内的动物园入口处，动物园工作人员收取每位学生1元钱后，让这些学生进入了动物园。陈某看过其他动物后来到熊舍前，为给狗熊喂汽水，他翻越熊舍前的防护栏杆，将拿着汽水瓶的左手伸进熊舍的铁栏栅，瞬间被一只狗熊咬住了左臂，在挣脱中，他的右手又遭到另一只狗熊抓咬。后经人施救，陈某得以脱险。随后，陈某被闻讯赶到的教师送往医院救治。经诊断，陈某双上肢被咬伤，多发性骨折，出血性休克。对于陈某的损失，学校、公园均认为自己没有责任。为此，陈某向法院提起诉讼，要求学校、公园赔偿各项损失及精神损害抚慰金。

**法律链接**

《侵权责任法》第40条：无民事行为能力人或者限制民事行为能力人在幼儿园、学校或者其他教育机构学习、生活期间，受到幼儿园、学校或者其他教育机构以外的人员人身损害的，由侵权人承担侵权责任；幼儿园、学校或者其他教育机构未尽到管理职责的，承担相应的补充责任。

《侵权责任法》第 81 条：动物园的动物造成他人损害的，动物园应当承担侵权责任，但能够证明尽到管理职责的，不承担责任。

**律师说法**

原告陈某已满 12 周岁，系小学高年级学生，已具备起码的安全常识及相应的认知能力。然而，在学校已进行安全教育，公园亦有安全警示标志的情况下，置危险于不顾，翻越护栏，逗引狗熊，以至于造成被狗熊咬伤的惨剧。应当认定，原告自身的过错是导致事故发生的直接原因，其监护人应承担事故的相应责任。

被告某小学组织学生校外活动中，仅有 5 名教师随行，对 5 个班的未成年学生而言，显然偏少，且放任学生自由活动，对由此可能出现的安全隐患未能采取相应的安全防范措施，如派教师把守动物园入口处等，故该小学在本起事故中存在明显过错，应承担与其过错程度相适应的责任。

被告公园虽履行了应尽的警示义务，但工作人员为招徕游人，以低于儿童票价的特殊收费让学生进入动物园，并未对这些特殊游人予以特殊关注，应当认定公园尚未完全尽到合理限度范围内的安全保障义务，应承担事故的一定责任。

基于以上对事故责任的分析与认定，对原告伤害事故的责任承担比例确定为：原告法定监护人、被告小学各承担四成责任，被告公园承担二成责任。

法律小贴士：

对未成年人依法负有教育、管理、保护义务的学校、幼儿园或者其他教育机构，未尽职责内的相关义务致使未成年人遭受人身损害的，应当承担与其过错相应的赔偿责任。第三人侵权致未成年人遭受人身损害的，应当承担赔偿责任；学校、幼儿园等教育机构有过错的，应当承担相应的补充赔偿责任。

## 学生梦中“掉下床”

（学校要赔偿）

**基本案情**

15 岁的小成是某中学学生，平时住校，在宿舍里睡上铺。2010 年 9 月 3 日夜间 1 点钟左右，熟睡中的小成因为翻身而摔落床下，当时就感觉到全身多处疼痛。坚持到天亮后，小成将自己受伤的事告诉了老师，学校当即派人将他送至学校对面的村卫生室进行治疗。因为小成的伤势较重，学校第二天又将他送往市医院住院治疗了 25 天。经诊断，小成颅脑外伤、右额硬膜外血肿、右侧额窦积血、右额软组织挫伤、右眼钝挫伤、右侧颜面部软组织擦挫伤、左桡骨远端骨折及 1、2、3 牙冠折损等，共计支付医疗费 12 686.68 元。其间，学校先后两次为小成支付了医药费 3 300 元。2010 年 9 月 29 日，小成伤情好转后出院。2010 年 12 月 28 日，小成以人身损害赔偿为由状告学校，请求法院判令学校承担医疗费、护理费、营养费等合计 14 831.18 元，并承担本案的诉讼费用。

**法律链接**

《侵权责任法》第 16 条：侵害他人造成人身损害的，应当赔偿医疗费、护理费、交通费等为治疗和康复支出的合理费用，以及因误工减少的收入。造成残疾的，还应当赔偿残疾生活辅助器具费和残疾赔偿金。造成死亡的，还应当赔偿丧葬费和死亡赔偿金。

《侵权责任法》第 39 条：限制民事行为能力人在学校或者其他教育机构学习、生活期间受到人身损害，学校或者其他教育机构未尽到教育、管理职责的，应当承担责任。

**律师说法**

学生在学校接受教育期间，学校有义务并应当提供符合安全和卫生标准的校舍、场地以及其他教育教学设施和生活设施。在本案中，原告小成的人身受到伤害后，虽然被告中学对他在校期间受伤住院的事实予以认可，但由于被告在事故发生后将致小成受伤的床铺挪动，致使法院无法确认小成受伤时所住床铺的确切尺寸，因此，被告对此负有不可推卸的责任。即便是根据被告提供给法院的由其自行绘制的床铺草图规格，其制作的床铺的安全栏板高度 18 厘米，也不符合《中华人民共和国国家标准家具（床类）主要尺寸》中规定的标准，因而，被告提供给原告住宿的床铺在设计尺寸上明显存在瑕疵，因此导致原告小成在睡梦中从床铺上摔下受伤，被告应当承担主要的民事赔偿责任（80%）。

法律小贴士：

在现实生活中，类似的事情时有发生，不得不引起我们高度关注，以保障未成年人的健康成长。学校对在校学生负有教育、管理、保护的义务，其提供给学生使用的床铺必须安装安全栏板，符合安全标准，不存在明显的安全隐患。

## 学生体测致猝死

（学生突发疾病死亡，学校未尽职责赔偿）

**基本案情**

学生刘某在参加体育达标测试时，由于激烈运动突发疾病，经抢救无效死亡。后刘某的父母以学校未尽充分注意义务为由，将其诉至法院。法院判令被告某中学赔偿原告刘某父母医疗费、法医鉴定等费用 1.4 万余元。

某中学组织学生进行体育达标测试，学生刘某参加完身高、体重、握力、肺活量、立正跳远等五项体育达标后，便参加 1 000 米长跑。途中，刘某突然觉得身体不支，脸色苍白，倒地不省人事。学校用一辆面包车送刘某到医院抢救，经医院多方抢救无效死亡。

原告诉称：3 月 18 日上午，刘某高高兴兴去上学，8 点左右参加学校体育达标测试。当刘某参加完五项体育达标测试后，在参加 1 000 米长跑时，同学们发现刘某脸色蜡黄，体力不支，想坐下休息，老师却说“别坐下”，并在没有采取任何救助措施的情况下，扶刘某继续向前走，刘某突然倒地不省人事。学校没有找“120”急救车，而是在慌乱中抬刘某坐面包车送医院，以致耽误了最佳抢救时间，造成刘某的死亡，学校有不可推卸的责任。

被告辩称：体育达标测试是教育部统一要求，全市统一组织，毕业班都应参加。在达标测试中，学生刘某显得体力不支，指导老师和同学们扶其慢慢走动。在发现刘某身体状态异常，可能发生意外时，学校老师和同学们即用停放在附近的车送往医院抢救，没有耽误和拖延时间。学生刘某属于潜在性疾病突发而死亡，学校已履行了相应职责，行为并无不当，不应承担责任。

**法律链接**

最高人民法院《关于审理人身损害赔偿案件适用法律若干问题的解释》第7条：对未成年人依法负有教育、管理、保护义务的学校、幼儿园或者其他教育机构，未尽职责范围内的相关义务致使未成年人遭受人身损害，或者未成年人致他人人身损害的，应当承担与其过错相应的赔偿责任。

《侵权责任法》第39条：限制民事行为能力人在学校或者其他教育机构学习、生活期间受到人身损害，学校或者其他教育机构未尽到教育、管理职责的，应当承担责任。

**律师说法**

我国侵权法领域一般以过错责任为原则，其他责任原则为补充。本案中，刘某的死亡虽然是其患有潜在性的出血性疾病突然发作所致，但这种病发作的诱因是激烈运动。学校作为专门的教育机构，且配备具有专业素质的体育教师，应当预见在体育教学活动中可能发生的危险，却疏于防范，未尽到合理的注意义务，在学生刘某身体出现异常反应的情况下，也未及时采取有效措施，而是仍然令其继续向前走，导致刘某倒地昏迷，并最终死亡，学校存在明显的过错，应承担与其过错相应的赔偿责任。

法律小贴士：

1. 学校应加强对全校教职工及学生的安全教育，防患于未然。

2. 作为善后处理事宜，学生家长可向学校主张医疗费、死亡赔偿金、丧葬费、误工费等费用，并可主张精神损害赔偿。

## 学生校内被打伤

（学校该不该负责）

**基本案情**

事情发生在2月20日晚。在此前一天，李某与同学陈某产生了小摩擦，后来在老师的调解下，两人握手言和。不料，第二天两人矛盾转而升级，陈某从校外找来社会青年杨某，在学生宿舍把李某打了一顿，造成李面部浮肿，右眼眶外侧裂伤出血。当晚，受伤的李某被送到医院治疗。经公安部门鉴定，李某所受的是轻微伤，右眼球挫伤，右上睑、外眦皮软组织裂伤，被缝合8针。负有安全保障责任的校方没有承担责任，也尚未追究相关责任人的责任。

**法律链接**

《侵权责任法》第40条：无民事行为能力人或者限制民事行为能力人在幼儿园、学校或者其他教育机构学习、生活期间，受到幼儿园、学校或者其他教育机构以外的人员人身损害的，由侵权人承担侵权责任；幼儿园、学校或者其他教育机构未尽到管理职责的，承担相应的补充责任。

**律师说法**

对未成年人依法负有教育、管理、保护义务的学校、幼儿园或者其他教育机构，未尽职责内的相关义务致使未成年人遭受人身损害的，应当承担与其过错相应的赔偿责任。第三人侵权致未成年人遭受人身损害的，应当承担赔偿责任；学校、幼儿园等教育机构有过错的，应当承担相应的补充赔偿责任。

法律小贴士：

校园安全事件为何频频发生？调查发现，学校安全保卫管理松弛，校外人员能够随意进出校园，成为社会青年进入校园滋事的一个隐患。此外，有的学校只注重学习成绩，忽视了学生思想品德的培养，个别学生素质较差；学校周边营业场所常有社会青年出入，经常与学生发生纠纷等问题，都极易由学生之间打架发展到社会青年参与，给学校的安全管理带来严重影响。

## 学生自杀学校责

（教师处事不当学生自杀，学校赔偿2.6万余元）

**基本案情**

因教师处理学生之间的纠纷不当，导致学生王某自杀身亡，法院一审判决某中学赔偿该学生家长2.6万余元。

4月5日，王某与同学古某、黎某在课间玩。王某手里拿着一块石头，古某拍了一下她的手，石头飞了出去打在黎某的头上。当晚黎某称头痛，被送至卫生院治疗。第二天上课时，班主任肖老师要求王某、古某叫家长来协商处理黎某医疗费之事。王某当时便称自己没有责任，不叫家长。肖老师便责骂王某，并要其“滚出去，到别的班上”。当日下午只有古某的家长来了。晚自习时，肖老师又问王某为什么没有叫家长来，并再次要求她明天叫来家长，王某当面拒绝。肖老师听后很生气，再次责骂王某并要其到别的班就读，同时指使同学把王某的课桌凳搬至教师办公室。当时就有同学起哄嘲笑王某。王某被骂和遭嘲笑后，哭着离开教室。第二天，王某的母亲来学校解决了黎某的医疗费问题。随后，王某离开学校辍学。王某父亲听说此事后，向学校去信，要求学校将问题解决。学校即责令肖老师上门动员王某返校并向其道歉。5月18日肖老师再次到王某家，但王某避而不见，再次劝学未果。肖老师将情况向学校汇报后，学校未采取进一步措施。5 月 30 日下午，王某在家服农药自杀身亡，她在遗书中表达了自己对此事的心理感受以及对肖老师的怨恨。

**法律链接**

《侵权责任法》第 39 条：限制民事行为能力人在学校或者其他教育机构学习、生活期间受到人身损害，学校或者其他教育机构未尽到教育、管理职责的，应当承担责任。

最高人民法院《关于审理人身损害赔偿案件适用法律若干问题的解释》第 7 条：对未成年人依法负有教育、管理、保护义务的学校、幼儿园或者其他教育机构，未尽职责范围内的相关义务致使未成年人遭受人身损害，或者未成年人致他人人身损害的，应当承担与其过错相应的赔偿责任。

**律师说法**

公民的人格尊严受法律保护，肖老师在从事教学过程中，对王某不仅使用“滚出去”之类的语言，而且当众将课桌凳搬出教室，不让王某上课，迫使其离开学校，极大地损害了王某的人格尊严，同时也侵犯了王某的受教育权，肖老师的行为显然具有违法性。肖老师的行为虽不必然引起学生自杀，却是王某自杀的主要诱因，两者之间存在间接的因果关系。肖老师应当预见其行为对一个未成人可能造成巨大精神压力，其行为具有过错性。由于肖老师系履行职务活动中发生过错致人损害，且某中学对教职员的违法行为失察，事后采取防范措施不力，所以肖老师的民事责任依法应由其所在单位即某中学承担。王某自身的心理障碍是导致其自杀的直接的、主要的原因，王某的家长未及时疏导教育子女，监护不力，对王某自杀后果的发生也有一定过错。因此，法院依法判决由学校赔偿因王某死亡造成的损失 6.6 万余元的 40%，即 2.6 万余元。

法律小贴士：

未成年人属于弱势群体，他们的心智还不成熟，需要学校和家长的关心、爱护和教育。未成年人的健康成长，不仅需要在良好冀望的驱动下给予正确、善意的引导，也有赖于政府和社会为未成年人创造良好的成长土壤。

## 学校停电造混乱

（学校停电引起意外事故，谁担责）

**基本案情**

河北某中学下晚自习时突然停电，在混乱拥挤中造成 5 名学生不幸死亡。法院作出一审判决：学校一次性赔偿 5 名死亡学生的家长各种费用总计 38 万余元。

2010 年 12 月 11 日晚 8 时，某中学下晚自习时突然停电，大批学生滞留在楼梯上。一位学生搞恶作剧，突然大喊“地震了”，致使学生们在黑暗中相互拥挤，共有 16 名学生被挤下楼梯，5 人不幸死亡。

事后，该中学称这是一起“意外事故”，并与5名死亡学生的家长达成协议：向每个死亡学生的家庭支付赔偿金及意外伤害保险金共计3万元。

2011年10月，5名死亡学生的家长将该中学及主管部门县文教体局告到法院，要求学校赔付死亡赔偿金、丧葬费及精神损害抚慰金总计58万余元，同时要求县文教体局负连带责任。

5名死亡学生的家长认为，学校当初与他们签订“协议”时，称这是一起“意外事故”，所以他们才同意的。其后，法院针对这起事故，判决学校负责人吕某和赵某犯有玩忽职守罪。由此可见，这起事故不属“意外”，该校对5名学生的死亡负有不可推卸的责任。因此，以“意外事故”为前提的“协议”有失公允，应按照责任事故的相关标准进行赔偿。

**法律链接**

最高人民法院《关于审理人身损害赔偿案件适用法律若干问题的解释》第7条：对未成年人依法负有教育、管理、保护义务的学校、幼儿园或者其他教育机构，未尽职责范围内的相关义务致使未成年人遭受人身损害，或者未成年人致他人人身损害的，应当承担与其过错相应的赔偿责任。

《侵权责任法》第39条：限制民事行为能力人在学校或者其他教育机构学习、生活期间受到人身损害，学校或者其他教育机构未尽到教育、管理职责的，应当承担责任。

《侵权责任法》第6条：行为人因过错侵害他人民事权益，应当承担侵权责任。

**律师说法**

本案符合一般侵权案件的构成要件，由于学校管理上的不完善，并且对于突发事件没有采取有效的应急措施，平时缺少学生道德方面的教育才导致这个校园惨案的发生。学校由于其在主观上具有重大过失，具有不作为的违法行为，其不作为的违法行为与损害后果存在因果关系，所以学校应当对损害的发生承担责任。

赔偿协议的签订必须建立在自愿、公平、公正的基础上。学校作为学生在校的管理者，其对当时损害的发生是非常清楚的，在签订协议时，学校对于真相有所隐瞒，导致双方签订的协议违反了公平、公正原则，并且带有欺诈性。因此，根据《合同法》的有关规定，双方签订的协议属于可撤销、可变更的合同。

法律小贴士：

学校应该加强管理，增强应对突发事件的能力，才能避免此类事故的发生。

## 校园人身损害案

（学校为何不担责）

**基本案情**

原告黄甲与被告黄乙均系某小学学生，2010年6月10日上午第二节课后，黄乙来到操场上准备排队做课间操，这时黄甲在黄乙背上打了一下就跑，黄乙便追上黄甲把其推到树上，然后返回操场，黄甲又跑过来打了黄乙一下就跑，黄乙又追赶黄甲，黄甲跑到学校大门欲跳下一高约53厘米的台阶，黄乙抓到黄甲一点衣服但未抓住，黄甲跳下台阶时，身体失去平衡摔倒在地。后黄甲感觉左手疼痛就医治疗。同年12月14日经司法鉴定为左肱骨骨折，经治疗遗留左肘关节功能不全，评定为七级伤残。黄甲共用去医疗费2 607.58元，鉴定费400元。

**法律链接**

《侵权责任法》第32条：无民事行为能力人、限制民事行为能力人造成他人损害的，由监护人承担侵权责任。监护人尽到监护责任的，可以减轻其侵权责任。

《侵权责任法》第38条：无民事行为能力人在幼儿园、学校或者其他教育机构学习、生活期间受到人身损害的，幼儿园、学校或者其他教育机构应当承担责任，但能够证明尽到教育、管理职责的，不承担责任。

最高人民法院《关于审理人身损害赔偿案件适用法律若干问题的解释》第7条：对未成年人依法负有教育、管理、保护义务的学校、幼儿园或者其他教育机构，未尽职责范围内的相关义务致使未成年人遭受人身损害，或者未成年人致他人人身损害的，应当承担与其过错相应的赔偿责任。第三人侵权致未成年人遭受人身损害的，应当承担赔偿责任。学校、幼儿园等教育机构有过错的，应当承担相应的补充赔偿责任。

**律师说法**

本案争议的焦点是被告小学是否应承担赔偿责任，这里涉及归责原则的适用问题。这是一宗典型的因学生相互嬉闹而引起的校园人身损害赔偿纠纷案件，它属于一般侵权纠纷，法院依过错责任原则，判决原告黄甲与黄乙的监护人各自承担50%的赔偿责任。

原告黄甲在课间休息时与被告黄乙嬉闹，造成左肘部摔伤致残，原因是黄甲先打黄乙，引起黄乙追打黄甲，追跑过程中，黄乙跳下台阶身体失去平衡摔倒，对于黄甲的损害后果，黄甲和黄乙均有过错，应负同等责任。被告小学对此损害后果事先无法预料，也没有过错，因而不承担责任。黄甲要求黄乙承担相应的赔偿责任，法院予以支持。原告黄甲以被告小学管理不严要求承担一定的赔偿责任，证据不足，法院不予支持。被告小学从人道主义出发，同意给予黄甲4 000元的经济补偿，法院予以支持。原告黄甲用去医疗费2 607.58元、鉴定费400元，应得护理费50元、营养费100元、残疾补偿金19 660.24元，合计22 817.82元，除去学校补偿的4 000元，尚有18 817.82元，由黄甲和黄乙各负担一半，即9 408.91元。由于黄乙系限制民事行为能力人，故由其监护人承担赔偿责任。

法律小贴士：

原告黄甲与被告黄乙在课间休息自由活动期间相互嬉闹，造成黄甲左肘摔伤致残，作为学校是无法预料的，也非因违反教育、管理和保护义务，学校对黄甲的摔伤没有过错，故不应承担责任。

## 只管收钱，不管培训

（学员状告学校胜诉）

**基本案情**

没有办学资质却承诺可以取得国家承认学历，为此，没有拿到学历证的陈某将某教育培训学校（以下简称学校）诉至法院，要求确认学校承诺行为无效，返还学费及报名费1.3万元及利息，并赔偿2 000元机票损失。

原告陈某诉称，学校向其承诺保证其在2010年12月至2011年5月前取得国家承认的本科学历证书，故其向学校交纳了学费12 500元及报名费500元，共计1.3万元。但事实上，学校并没有相应的办学资质和条件，因此至今未兑现其承诺。

**法律链接**

《合同法》第60条：当事人应当按照约定全面履行自己的义务。当事人应当遵循诚实信用原则，根据合同的性质、目的和交易习惯履行通知、协助、保密等义务。

《合同法》第107条：当事人一方不履行合同义务或者履行合同义务不符合约定的，应当承担继续履行、采取补救措施或者赔偿损失等违约责任。

**律师说法**

陈某报名参加学校举办的培训活动，并已交纳相关费用，双方间已形成事实上的教育培训合同。学校就应该按照“报名须知”上的承诺组织培训，履行合同义务，但学校收款后未能履行培训义务，已构成违约，法院判决解除双方间合同。学校应将收取陈某的学费等费用退还，并赔偿因其违约给陈某造成的损失。陈某起诉要求学校退还学费并支付利息，符合法律规定，法院予以支持。陈某要求赔偿2 000元机票损失，该损失非直接损失，故其主张缺乏法律依据，法院不予支持。

法律小贴士：

目前教育培训类投诉不断增多，商家违反合同导致消费者对培训质量不认可的情况占主要方面。因此，消费者在挑选培训机构时，首先要了解其办学资质，应选择声誉较好的培训机构。在报名之前，消费者也可向校方提出要求进行试听，以确定教学质量，选择适合自己的课程。消费者一定要慎重选择，不要因为贪图方便而造成更大的不便。

## 中学生狂饮醉死

（寄宿中学生狂饮2小时醉死，学校同学担责）

**基本案情**

2010年11月4日是实行寄宿制的某中学学生归校的日子，而这一天也正是某班班长王某的生日。事先约好回校为王某过生日的陈某等二十余名同学陆续回到了学校，并一次性买了五瓶45度的药酒和一瓶红葡萄酒及瓜子、花生，除部分不能饮酒的同学嗑瓜子聊天外，王某、陈某等人从下午3点左右开始在学生寝室喝酒，其间先后两次又去买回三瓶45度药酒和三瓶红葡萄酒，喝酒一直持续到5点左右，造成多名学生醉酒，在寝室内喧闹疯打。陈某醉酒入睡，不久，打扫卫生的同学发现陈某面色苍白，喊叫不应，遂报告老师，并立即将陈某送医院抢救，后经抢救无效死亡，经鉴定为急性酒精中毒致呼吸抑制死亡。事发后，经当地政府组织协商解决未果，死者陈某的养父便将学校、王某诉至法院，请求判决二被告承担死亡补偿费、丧葬费、精神抚慰金等共7万余元。

**法律链接**

《侵权责任法》第39条：限制民事行为能力人在学校或者其他教育机构学习、生活期间受到人身损害，学校或者其他教育机构未尽到教育、管理职责的，应当承担责任。

《学生伤害事故处理办法》第5条：学校应当对在校学生进行必要的安全教育和自护自救教育；应当按照规定，建立健全安全制度，采取相应的管理措施，预防和消除教育教学环境中存在的安全隐患；当发生伤害事故时，应当及时采取措施救助受伤害学生。

《学生伤害事故处理办法》第9条：因下列情形之一造成的学生伤害事故，学校应当依法承担相应的责任：

……

（十）学校教师或者其他工作人员在负有组织、管理未成年学生的职责期间，发现学生行为具有危险性，但未进行必要的管理、告诫或者制止的。

最高人民法院《关于审理人身损害赔偿案件适用法律若干问题的解释》第7条：对未成年人依法负有教育、管理、保护义务的学校、幼儿园或者其他教育机构，未尽职责范围内的相关义务致使未成年人遭受人身损害，或者未成年人致他人人身损害的，应当承担与其过错相应的赔偿责任。第三人侵权致未成年人遭受人身损害的，应当承担赔偿责任。学校、幼儿园等教育机构有过错的，应当承担相应的补充赔偿责任。

**律师说法**

作为寄宿制学校，其管理责任更重于一般学校，而且更为重要的是，学生在学校持续较长时间饮酒娱乐，竟无任何老师知道或制止，所以学校应当承担高于一般学校应承担的责任。王某作为班干部，却带头违反学校规定，并缺少应有的约束力和管理责任心，对造成的严重后果也存在放纵、疏于管理之责。同时，综合该事件产生的社会效果和为保护死者家属合法权利得以实现，法院根据学校、王某及死者陈某在本案中的过错情况，判决学校、王某的监护人分别赔偿死者陈某的养父2.2万余元、1.7万余元。

法律小贴士：

1. 学校应当对在校学生进行必要的安全教育和自护自救教育；应当按照规定，建立健全安全制度，采取相应的管理措施，预防和消除教育教学环境中存在的安全隐患。

2. 18 周岁以下是未成年人，父母是法定监护人，虽然孩子在学校，但是发生了侵权行为，其责任主要还是由监护人来承担，所以父母不仅要重视未成年子女的学习教育，对纪律教育也要重视。

## 自考无缘教育金

（自考生无缘教育金，学生状告中国人寿被驳）

### 基本案情

小钱的父亲向中国人寿保险公司购买了一份保险，合同约定只要小钱在 22 周岁以前考取全日制本科或大专，保险公司就每年按注册证明给付其教育金。后小钱通过自学考试拿到大专毕业证书时，保险公司却拒付教育金。随后，小钱将中国人寿保险公司告上了法庭，要求被告履行合同。法院作出终审判决，维持原判，对小钱的诉讼请求不予支持。

2010 年起小钱参加高等教育自学考试，2012 年他取得高等教育自学考试法律专业专科毕业证书。随后，小钱便向中国人寿提出了教育金给付申请，但遭到了保险公司的拒绝，理由是小钱应当考取全日制高等院校时才可以申请教育金，而小钱参加的是自学考试，不符合保险合同中的约定，故保险公司没有支付教育金的义务。

### 法律链接

《合同法》第 45 条：当事人对合同的效力可以约定附条件。附生效条件的合同，自条件成就时生效。附解除条件的合同，自条件成就时失效。当事人为自己的利益不正当地阻止条件成就的，视为条件已成就；不正当地促成条件成就的，视为条件不成就。

《合同法》第 60 条：当事人应当按照约定全面履行自己的义务。当事人应当遵循诚实信用原则，根据合同的性质、目的和交易习惯履行通知、协助、保密等义务。

### 律师说法

本案是一起因教育问题引发的保险合同案件，对于本案来说，所附条件应当属于附生效条件的合同。双方应按照合同的约定，全面、正确地完成各自承担的义务，才能使合同债权得以实现，也才使合同法律关系归于消灭。本案中小钱父亲与保险公司签订合同时符合《合同法》关于附条件合同的构成要件，且该条件没有违反法律的强制规定，而且小钱的父亲在签订合同时就能预见到条件不成就所面临的风险，因此，双方应当严格按照签订的合同履行，小钱的行为没有完全达到所签订合同的履行要件，视为条件没有成立。因此，法院驳回小钱的诉讼请求符合法律的规定。

法律小贴示：

对附条件合同应格外注意：附生效条件的合同，自条件成就时生效；附解除条件的合同，自条件成就时失效。当事人签订合同时一定要慎重考虑所附条件。

## 足球门框砸学生

（足球门框砸死中学生，学校判赔 11 万元）

### 基本案情

活动足球门框倒下后，将一 14 岁的中学生砸死，学校该担多大责任？法院对此案作出一审判决：学校赔偿死者父母经济损失 83 116.6 元，精神损害抚慰金 30 000元，合计 113 116.6 元。

1 月 7 日下午，某中学学生王某在足球场上玩耍时，助跑并反手抓握足球门框引体向上，致使足球门框倒塌，铁框架将王某砸伤，造成特重开放性颅脑损伤，经抢救无效于 1 月 8 日死亡。王某的父母在与该中学多次协商无果的情况下，将该中学告上法庭，要求该中学支付死亡赔偿金 129 929 元，精神损害抚慰金 20 万元。

法院在审理中查明，该足球框是该中学举办青年足球赛时留下的可移动活动框架，学校平时没有对门框进行加固或加一个警示标志告知危险；平时有学生把足球门框当做单杠吊玩。

### 法律链接

《侵权责任法》第 38 条：无民事行为能力人在幼儿园、学校或者其他教育机构学习、生活期间受到人身损害的，幼儿园、学校或者其他教育机构应当承担责任，但能够证明尽到教育、管理职责的，不承担责任。

《侵权责任法》第 39 条：限制民事行为能力人在学校或者其他教育机构学习、生活期间受到人身损害，学校或者其他教育机构未尽到教育、管理职责的，应当承担责任。

《侵权责任法》第 40 条：无民事行为能力人或者限制民事行为能力人在幼儿园、学校或者其他教育机构学习、生活期间，受到幼儿园、学校或者其他教育机构以外的人员人身损害的，由侵权人承担侵权责任；幼儿园、学校或者其他教育机构未尽到管理职责的，承担相应的补充责任。

《侵权责任法》第 6 条规定：行为人因过错侵害他人民事权益，应当承担侵权责任。根据法律规定推定行为人有过错，行为人不能证明自己没有过错的，应当承担侵权责任。

### 律师说法

本案是一起发生在校园里的人身损害案件，其符合人身损害的构成要件。学校在该起事故中由于未尽到教育、安全管理的义务，在损害产生过程中存在较大的过错。学校对该足球门框负有在不比赛时进行妥善管理的义务，以及教育和提醒学生注意这方面的安全问题的义务，但学校没有履行相应义务，从而导致了受害人死亡。因此，学校应承担主要责任。

受害人王某自身的行为也是导致后果的原因之一，所以王某也负有一定的责任，但是不能苛求一个 14 岁的中学生有很强的安全意识，毕竟他还是限制民事行为能力的未成年人，而且该年龄段的男生特别好动，所以可适当减轻受害者的责任。

法律小贴示：

未成年人缺乏安全意识，因此学校应该加强管理，对于危险的设施应有明显的警示标志，并教育学生提高安全意识，否则造成学生伤害，学校就要承担相应的赔偿责任。

# 第三篇 生活消费

我们经常可以在电视上看到染色馒头、苏丹红、地沟油等食品问题，也经常在报纸上读到消费者在超市被搜身，还有闹得沸沸扬扬的家乐福购物陷阱等事件。这些问题真的就在我们身边，我们作为消费者在给商家带来利益的同时，自身权益也可能随时遭受到伤害，如购物不出具发票、行业规定的霸王条款等。

我们在购物时除了谨慎小心之外，当我们的权益受到侵害时，应该如何维权？我们在购物时应当注意哪些购物陷阱？本篇选取了30余种纠纷类型供读者参考，以期读者朋友能够从中受益，为您的生活带来些许便利。

## 霸王条款不霸王

### （格式条款何时无效）

**基本案情**

范小姐在江苏某健身会馆花了近2 400元办了张跆拳道健身卡，当时入会的时候该健身会馆允诺，一周能提供3次跆拳道健身课程。可是才上了2个月，会馆就将课程缩短到了每周1次，并更换了一个新来的教练。范小姐对此十分不满，要求退会，并退还剩下的健身费。但是该健身会馆却拿出范小姐刚入会时填写的一份合同，合同上的最后一条写明“解释权归会馆所有”，而且声称更换教练和调整课程时间是他们的权利，因此拒绝了范小姐的要求。范小姐说，当时她根本没细看这份协议书的内容，现在也不知道如何维护自己的权益，只能自认“倒霉”。那么，对于这种霸王条款，我们是不是真的没有办法，只能自认倒霉呢？

**法律链接**

《消费者权益保护法》第24条：经营者不得以格式合同、通知、声明、店堂告示等方式作出对消费者不公平、不合理的规定，或者减轻、免除其损害消费者合法权益应当承担的民事责任。格式合同、通知、声明、店堂告示等含有前款所列内容的，其内容无效。

《合同违法行为监督处理办法》第11条：经营者与消费者采用格式条款订立合同的，经营者不得在格式条款中排除消费者下列权利：

（一）依法变更或者解除合同的权利；

（二）请求支付违约金的权利；

（三）请求损害赔偿的权利；

（四）解释格式条款的权利；

（五）就格式条款争议提起诉讼的权利；

（六）消费者依法应当享有的其他权利。

**律师说法**

该案中，范小姐的情况并非只能自认倒霉，根据《合同法》相关规定，该会所使用的条款是格式条款，而在订立格式条款时，商家具有合理的提示义务。本案中，会所并没有在签订合同时履行该义务，而且国家工商行政管理总局发布的《合同违法行为监督处理办法》中明确规定，商家不得在合同中与消费者订立“本公司拥有最终解释权”、“客户不得以任何理由退货”、“如遇损坏只赔偿同类胶卷”等霸王条款。遇到这种情况，消费者可以向工商行政管理机关反映，工商行政管理机关将视其情节轻重给予行政处罚。

法律小贴士：

消费者在与经营者进行交易的过程中，应当订立合同。消费者在签订合同之前，一定要仔细阅读合同条款，如果发现有认为不合理的地方可以事先与经营者进行协商，甚至可以签订补充协议。另外，消费者在购买商品或者服务时一定要选择一些证照齐全、信誉良好的经营者，一旦权益受侵害，应及时向当地消协投诉。

## 超市购物陷阱多

（超市标价与实际交付价格不符怎么办）

**基本案情**

家住北京的杨女士收到一份来自某大型连锁超市的宣传海报，其中促销的老树普洱茶，宣传海报标价为每盒60元。于是杨女士来到该超市进行购物，到茶叶专柜一看，销售良平铁观音，价签标示零售价仅为每袋29元。杨女士一口气买了两盒老树普洱茶和两袋铁观音，还购买了一套价签标示原价每套169元、促销价每套50.70元的“七匹狼男士全棉横条时尚内衣”。可是在付账时发现，普洱茶实际结算价为每盒120元，铁观音实际结算价为每袋39.8元。而且，经工商行政管理部门核查，时尚内衣的实际原价不是每套169元，而仅为每套119元。

**法律链接**

《消费者权益保护法》第8条：消费者享有知悉其购买、使用的商品或者接受的服务的真实情况的权利。消费者有权根据商品或者服务的不同情况，要求经营者提供商品的价格、产地、生产者、用途、性能、规格、等级、主要成分、生产日期、有效期限、检验合格证明、使用方法说明书、售后服务，或者服务的内容、规格、费用等有关情况。

《消费者权益保护法》第19条：经营者应当向消费者提供有关商品或者服务的真实信息，不得作引人误解的虚假宣传。经营者对消费者就其提供的商品或者服务的质量和使用方法等问题提出的询问，应当作出真实、明确的答复。商店提供商品应当明码标价。

《消费者权益保护法》第 49 条：经营者提供商品或者服务有欺诈行为的，应当按照消费者的要求增加赔偿其受到的损失，增加赔偿的金额为消费者购买商品的价款或者接受服务的费用的一倍。

**律师说法**

在该案件中，超市的行为侵犯了消费者的知悉真情权，消费者在购物时有权知道商品的真实原价，而超市确实虚构商品原价欺骗消费者。超市还涉嫌虚假宣传行为，在超市的宣传海报中故意将商品价格压低以招揽顾客，但是在实际结算时却按照原价收取费用。另外，超市还有价格欺诈行为，超市内部的标示价与消费者实际支付的价格不一致，使消费者在不知情的情况下“被消费”，构成了对消费者的欺诈行为。根据《消费者权益保护法》第 49 条规定，对于超市的这种欺诈行为，应当由经营者对消费者进行双倍赔偿。此外，工商行政管理部门还可以对该超市采取责令改正、没收违法所得、罚款、责令停业整顿、吊销营业执照等相应的行政处罚措施。

法律小贴士：

超市购物陷阱提示：

1. 小心自包装的产品缺斤短两。
2. 货架上悬挂促销优惠广告，所示的价格低于货架上的标价。
3. 货架商品价签与收银台电脑扫码价格不等。
4. 虚构原价，以特价形式误导消费者。

此外，在购物结束后一定要索要小票并将商品价格仔细核对，谨防“被消费”。

## 成功退货限制多

（购买商品后发现是质量不合格商品应当如何退货）

**基本案情**

前些天看到小区水站的促销活动“买十桶水送五桶水”，姚女士动心了，觉得反正家里人多，这几桶水很快就会喝完，于是就买了十桶。可谁能想到，没过几天，姚女士的老公刘先生在报纸上看到有关质量监督部门对桶装水进行抽检的消息，自家刚买的这个品牌的水被列入了黑名单，其大肠杆菌严重超标，不符合质量和卫生标准，现在已经全面下架，并对厂家做了处罚。看到报纸后，姚女士立即与小区水站联系，要求退掉剩余的几桶水。任凭姚女士怎么说，水站就是一口咬定自己的水没问题，而且姚女士已经喝掉了两桶水，拒绝退货。

**法律链接**

《消费者权益保护法》第 45 条：对国家规定或者经营者与消费者约定包修、包换、包退的商品，经营者应当负责修理、更换或者退货。在保修期内两次修理仍不能正常使用的，经营者应当负责更换或者退货。对包修、包换、包退的大件商品，消费者要求经营者修理、更换、退货的，经营者应当承担运输等合理费用。

《消费者权益保护法》第 48 条：依法经有关行政管理部门认定为不合格的商品，消费者要求退货的，经营者应当负责退货。

### 律师说法

该案中，小区水站应当无条件地为姚女士退水。根据《消费者权益保护法》第 48 条的规定，对于已经被有关质量监督部门检验认定为不合格商品的桶装水，消费者要求退货的，经营者应当负责退货。小区水站拒绝退货的行为是不能得到法律的支持的。

法律小贴士：

商品的退货限制：根据《消费者权益保护法》的规定，对于不合格商品，只要消费者提出退货要求，经营者就应该及时退货，不得以修理、更换或者其他借口迟延或者拒绝消费者退货要求。对于一般商品，发现问题后应当先经过修理、更换，仍无法使用的，经营者才予以退货。所以，当我们购买到的商品发生质量问题时，首先我们应当确定是否是不合格产品，只有对于不合格产品我们才可以要求直接退货。对于一般的问题，要先经过修理、更换的步骤才可以退货。当然，因为修理、更换、退货给消费者造成的合理支出，经营者应当承担相应的费用。

## 儿童消费有保障

（小孩子在某些场合经常享受半价或免票待遇，如果发生意外，
对这些小孩子的赔偿是不是也有特殊限制）

### 基本案情

2011 年 7 月 18 日中午，7 岁的小孩周某与同班同学李某放学后结伴离家外出游玩。两人来到居所附近的公园，未买门票即从公园围墙空隙处入园，公园收费检票人员赵某见状也未予阻止。在公园内有一个状似游泳池、无安全警示标志的景观池，曾有游客在池内游泳时淹死。周某和李某到该池池边后，周某即下池游泳，李某因水冷而离去，当时园内没有工作人员和其他游客。次日上午，周某尸体在公园景观池内被游人发现，迅速报警处理。为此，周某父母诉至法院，要求公园赔偿死亡补偿费、丧葬费等损失 8 万元。公园则认为周某是自己偷偷地进入公园，没有买票，也没有与公园形成任何法律关系，游泳也是周某的个人行为，周某死亡的后果，公园方面不应该承担任何责任。

### 法律链接

《消费者权益保护法》第 7 条：消费者在购买、使用商品和接受服务时享有人身、财产安全不受损害的权利。消费者有权要求经营者提供的商品和服务，符合保障人身、财产安全的要求。

《消费者权益保护法》第 18 条：经营者应当保证其提供的商品或者服务符合

保障人身、财产安全的要求。对可能危及人身、财产安全的商品和服务，应当向消费者作出真实的说明和明确的警示，并说明和标明正确使用商品或者接受服务的方法以及防止危害发生的方法。经营者发现其提供的商品或者服务存在严重缺陷，即使正确使用商品或者接受服务仍然可能对人身、财产安全造成危害的，应当立即向有关行政部门报告和告知消费者，并采取防止危害发生的措施。

**律师说法**

该案主要涉及经营者对消费者的安全保障义务，周某的问题根据《消费者权益保护法》完全可以得到支持。周某虽然是没有买票擅自进入公园，但公园方明确看到周某没有买票进入公园而不予阻止，根据这点可以判断双方在事实上已形成游客与公共服务场所间的关系。本案中，公园景观池内曾有游客游泳时淹死，公园应当知道该池对游客存在安全风险，因此，公园的做法应该是设置明确警示标志，但公园没有采取任何安全防范措施和任何警示公告，结果造成男孩游泳淹死。由此可以看出，该公园未履行对游客法定的安全保障义务。

法律小贴士：

小孩子在很多情况下都会得到一定的优惠待遇，如半价的公园游览门票、免费乘坐公交车等。当儿童在享受这种半价或者免费的服务而造成伤害时，依然有权按照正常的成人的途经获得赔偿，其权利也受到和成年人一样的保护。儿童的权利并不因为享受了优惠待遇而在权利的保护方面“打折”。

## 警惕消费无发票

（购买商品无发票，致使维权发生困难，商家具有主动出具发票的义务）

**基本案情**

某市居民孙某从该市一家电器商城购买一台彩色电视机，看了没几天就出现了问题。孙某来到电器商城与卖方进行交涉，因为没有找到购货时的发票，电器商城以无发货单据为由，不予退货。孙某又向市消费者协会进行投诉，但由于孙某不能提供其与电器商城存在彩电买卖合同关系的发票，电器商城自己又不承认彩电是从商城售出的，消费者协会也没有办法满足孙某的投诉请求。一年后，孙某偶然找到电器商城开具的发货票，这时孙某又去该电器商城要求退货，此时，该电器商城告知孙某“保修期一年已过”，不予退货，于是孙某向工商行政管理部门提出申诉。

当地工商行政管理部门查实后认为，孙某所购彩电是从该电器商城购买的，彩电问题是因显像管故障所致。根据部分国产家用电器“三包”的规定，显像管属于彩电的主要部件，它的包修期不能低于三年，因此该电器商城有义务对孙某所购彩电实行“三包”。

**法律链接**

《消费者权益保护法》第 21 条：经营者提供商品或者服务，应当按照国家有关规定或者商业惯例向消费者出具购货凭证或者服务单据；消费者索要购货凭证或者服务单据的，经营者必须出具。

**律师说法**

该案通过《消费者权益保护法》是可以得到有效解决的。本案涉及的主要问题是经营者在提供商品或者服务时出具相应凭证、单据的义务。经营者在三种情况下有义务向消费者提供购物凭证或单据：（1）依照国家有关规定；（2）依照商业惯例应当出具的；（3）消费者索要凭证或单据的。这一规定明确将出示单据或购物凭证作为经营者的义务，是有利于保护消费者权利的。在我们购买商品后，发票是最直接能够表明购买商品的时间、地点等内容，具体反映出经营者与消费者之间买卖关系的证据。消费者只有在能够证明这些情况的条件下，才有权在商品出现问题后要求修、换、退、赔。本案中，正是因为孙某拿不出购买凭证，电器商城才拒绝了他的要求。

法律小贴士：

平时的购物凭证和服务单据通常表现为发票、收据、保修单等形式。购货凭证和服务单据都是销售者与购买者之间买卖合同存在和向购买者出具的证明合同履行的书面证据，是消费者在其合法权利受到侵害时向经营者主张权利的依据，有了这些依据就可以作为申诉、仲裁或者诉讼的直接证据，因此，消费者在购物时一定要索要并保存好购物凭证或服务单据。

## 酒瓶扎伤谁负责

（啤酒瓶扎伤人，酒厂和商店谁担责）

**基本案情**

年过八旬的马大爷身体硬朗，平时有事没事总爱小酌几杯。上个月底，参加高考的外孙兴冲冲地跑到家里向他报喜，说自己考了594分，马大爷一听高兴极了，立刻让老伴准备了一桌好菜，还专门去商店买了点啤酒，硬是拉着外孙陪自己喝几杯，好好庆贺一下。就在马大爷开酒瓶盖时，酒瓶发生爆炸，导致外孙和老伴脸部受伤。经过质量监督部门的检测，认定啤酒瓶爆炸是由于瓶颈玻璃不合格引起的。马大爷要求生产啤酒的厂家负责，赔偿损失。啤酒厂拖延时间，故意不处理这件事情，于是马大爷等人就直接向法院提起诉讼，要求啤酒厂承担责任，赔偿损失。

**法律链接**

《产品质量法》第43条：因产品存在缺陷造成人身、他人财产损害的，受害人可以向产品的生产者要求赔偿，也可以向产品的销售者要求赔偿。属于产品的生产者的责任，产品的销售者赔偿的，产品的销售者有权向产品的生产者追偿。属于产品的销售者的责任，产品的生产者赔偿的，产品的生产者有权向产品的销售者追偿。

《民法通则》第122条：因产品质量不合格造成他人财产、人身损害的，产品制造者、销售者应当依法承担民事责任。运输者、仓储者对此负有责任的，产品制造者、销售者有权要求赔偿损失。

**律师说法**

本案属于典型的因为产品质量不合格引起的侵权纠纷，马大爷根据《产品质量法》和《民法通则》的相关规定完全可以获得相应的赔偿。马大爷作为受到人身损害的当事人，既可以要求啤酒厂来赔偿，也可以向销售啤酒的商店要求赔偿。具体到本案中，啤酒的生产者应该为这次事故承担全部责任，但是，如果马大爷向法院起诉要求啤酒的销售者（商店）承担责任的话，其主张也应该得到支持。商店承担责任后可以再向啤酒的生产者追偿。

法律小贴士：

消费者在受到这种类似的侵害时，应当注意保存好相关证据，如受损害的事实，包括见证人及其他证人对自己受伤害的证明。受损害的事实，最典型的就是医院的证明，以及伤残鉴定等。还要注意保存好自己的消费凭证，如发票等。这些对于我们顺利打赢官司、获得应有的赔偿至关重要。

## 买到假货如何办

（我们在购买商品时，时常会购买到假货，我们应当如何维权）

**基本案情**

前几天，消费者小陈在某商城花了 1 367 元购买手机一部，刚刚使用不到两个月的时间，手机就出现死机和黑屏现象。于是，小陈将手机送到该品牌手机质量服务中心进行修理，结果却被维修站的工作人员检测后告知，发现没有此手机的串号、条形码编号。检测报告显示："配对无效，不符合保修条例。"小陈这才知道买到了"水货"，很是生气，可是生气之余他又犯难了，现在自己买到了假货，应该找买家还是找消协还是直接去法院打官司？如何才能最大限度地维护好自己的权益呢？

**法律链接**

《消费者权益保护法》第 34 条：消费者和经营者发生消费者权益争议的，可以通过下列途径解决：

（一）与经营者协商和解；

（二）请求消费者协会调解；

（三）向有关行政部门申诉；

（四）根据与经营者达成的仲裁协议提请仲裁机构仲裁；

（五）向人民法院提起诉讼。

**律师说法**

本案中小陈的烦恼并不是没有道理。根据《消费者权益保护法》的规定，消费者有五种方式可以解决与商家的纠纷。在这五种方式中，消协、工商行政管理部门、法院对消费者的投诉、申诉和起诉都有专门的规定。从效力上来讲，法院的纠纷解决方式是最有保障的，也是最可靠的，但是所需要花费的精力和时间也是最大、最长的。与经营者和解，可以说是最为方便快捷的纠纷解决方式，但是这种方式的劣势就是缺少专门的保障措施，和解后经营者不履行或者反悔，没有相应的救济和保障措施。因此，每种纠纷解决方式都有自己的优缺点，具体应用哪种方式可以获得最大的利益保护还是要看消费者的选择。

法律小贴士：

消费者在维权时应注意的问题：

1. 购买商品时，一定要向经营者索要所购商品的发票、商品保修卡等凭证。

2. 一旦发现所购商品为假冒伪劣商品时，要迅速、及时地向商家投诉，并出具保修卡等凭证。

3. 尽量保证所购商品处于原始状态，以便投诉时查验。

4. 如怀疑商品有问题时，可以先对商品进行专业技术鉴定，以鉴定结果来判断商品质量，并且保存好鉴定的花销凭证及鉴定结论。

投诉方式：

1. 质量问题投诉电话：12365。

2. 消费者协会投诉电话：12315。

3. 向当地工商行政管理部门或质监部门投诉。

## 欺诈解决途径多

（购物时遇到欺诈，应如何选择法律才能使自己遭受的损失得到最大限度赔偿）

### 基本案情

今年8月份，冯大爷想给刚考上大学的孙子买一个上学用的行李箱，于是来到某购物广场的皮具专柜前选购商品，最终决定购买一款黑色纯牛皮拉杆箱，价值2 860元。回家后，冯大爷的孙子发现说明书与原物不一致，拉杆箱大部分是人造革，说明书则称是全皮制造。随后，心存疑虑的冯大爷带着箱子到专业的皮革检测中心进行检测，检测结果表明拉杆箱只有一面是牛皮，其余部位全是人造革。冯大爷与该购物广场进行协商，但协商未果。无奈之下，冯大爷一纸诉状将该购物广场告上了法庭，要求依法赔偿各项经济损失。

### 法律链接

《消费者权益保护法》第8条：消费者享有知悉其购买、使用的商品或者接受的服务的真实情况的权利。

消费者有权根据商品或者服务的不同情况，要求经营者提供商品的价格、产地、生产者、用途、性能、规格、等级、主要成分、生产日期、有效期限、检验合格证明、使用方法说明书、售后服务，或者服务的内容、规格、费用等有关情况。

《合同法》第54条：下列合同，当事人一方有权请求人民法院或者仲裁机构变更或者撤销：

（一）因重大误解订立的；

（二）在订立合同时显失公平的。

一方以欺诈、胁迫的手段或者乘人之危，使对方在违背真实意思的情况下订立的合同，受损害方有权请求人民法院或者仲裁机构变更或者撤销。

当事人请求变更的，人民法院或者仲裁机构不得撤销。

**律师说法**

该案中，购物广场应当赔偿冯大爷的各项经济损失。根据《消费者权益保护法》的规定，消费者有权知晓自己所购买商品的有关信息，包括商品的产地、生产者、主要成分、检验合格证明等有关情况。而且经营者以产品说明、实物样品或者其他方式表明商品质量状况的，应当保证商品的实际质量与表明的质量状况相符。购物广场本应该如实告知冯大爷该拉杆箱的真实制作材料，但其却以一个只有小部分真皮的拉杆箱以全皮的口号进行宣传和售卖，其行为不仅侵犯了消费者的知情权，而且还涉嫌欺诈行为。因此，购物广场应当按照冯大爷的要求增加赔偿其受到的损失，增加赔偿的金额为商品价款的一倍。

法律小贴士：

《合同法》对该案的处理：

在该案中，冯大爷与购物广场之间形成了买卖商品的合同关系，在买卖过程中，购物广场实际上是采用了欺诈的方法与冯大爷订立了合同。根据《合同法》的相关规定，因欺诈而订立的合同可以请求法院予以撤销，即冯大爷返还拉杆箱，购物广场退还冯大爷购买商品的钱。只是采用这种方法解决该案时，冯大爷的身份就不是消费者而是订立合同的当事人了，因此就无法得到《消费者权益保护法》中规定的双倍赔偿了。

## 企业变更还要赔

（消费者在索赔时发现原来的企业已经不复存在，这时消费者应当怎么办）

**基本案情**

2009 年 5 月，张先生在某五金交电商场花 7 000 元购买了一台 25 英寸松下液晶彩电，但是刚买回家的新电视在使用过程中就不断出现这样那样的问题。后来经过联系商场进行维修尚能使用，可是到了 2011 年 4 月，这台彩电突然没有图像了，张先生去找商场要求退货，商场部门经理竟说他们 1 月份经过股份制改制，对此前原商场售出的商品一概不予负责。后来张先生又找到消协，才知道那台“松下”是假货。再找商场交涉，商场依旧是拒绝赔偿。

商家改制后，消费者的利益该如何得到保障呢？

**法律链接**

《消费者权益保护法》第 36 条：消费者在购买、使用商品或者接受服务时，其合法权益受到损害，因原公司分立、合并的，可以向变更后承受其权利义务的公司要求赔偿。

《消费者权益保护法》第 49 条：经营者提供商品或者服务有欺诈行为的，应当按照消费者的要求增加赔偿其受到的损失，增加赔偿的金额为消费者购买商品的价款或者接受服务的费用的一倍。

**律师说法**

该案明显涉及经营者主体变更的问题。根据《消费者权益保护法》第 36 条的规定，张先生的利益完全可以得到有效的保障。五金交电商场虽然经过改制，但也应当直接接受索赔。根据法律规定，即使经过改制，改制后的公司也是全部或者部分接受了改制前公司的资产，当然也包括负债，改制后的公司实际上承继了原来公司的权利和义务，而商品的质量保证义务和售后服务就是属于原来公司所要承担的义务，因此，公司是否改制并不会影响消费者的各项权利。而且张先生购买了假货，还可以根据《消费者权益保护法》第 49 条获得双倍赔偿。五金交电商场提出的“改制后对此前原商场售出的商品一概不予负责”是没有道理的。更何况改制是公司的内部事宜，不应因为公司的改制而将损失转嫁给消费者。

法律小贴士：

对于此类公司改制或者公司分立、合并的案件来说，不会影响消费者向改制后的公司主张权利，在本案中，消费者张先生可以先找五金交电商场协商，协商不成可以找消费者协会调解，调解没有结果的可以向法院提起诉讼。当然上述解决方法没有先后顺序，消费者也可以不经过协商和调解直接向法院起诉主张自己的权利。

## 商场购物被搜身

（消费者在购物时被怀疑偷东西而遭遇搜身应当如何维权）

**基本案情**

原告陈某、丁某于 2011 年 4 月 23 日下午到某超市购物。购物后离开超市时，被超市工作人员追出拦住责问：“小姐，你们有没有拿什么东西?”陈某、丁某告知所购之相框已经付款。但超市工作人员人继续追问：“你们有没有拿别的东西?”陈某和丁某回答没有。工作人员将二人拖带到收银台，让陈某、丁某看“本公司保留在收银处检查带进本店的各类袋之权利”等内容的“告示”，此举引来众多围观者，纷纷指责陈某、丁某行为不良。后工作人员又将陈某、丁某二人带到办公室继续质问盘查，在此情形下，陈某、丁某气愤地摘下帽子、解开衣服、打开手袋让超市工作人员检查，工作人员检查后未查出什么东西，才向陈某、丁某道歉。

陈某、丁某人格受到侮辱，名誉受到侵害后，精神受到很大刺激，不想出门，并有轻生念头。2011 年 6 月，陈某、丁某向法院提起诉讼，要求被告承认错误，赔礼道歉，消除影响，赔偿经济损失，给付精神损害抚慰金。

**法律链接**

《宪法》第 37 条：中华人民共和国公民的人身自由不受侵犯。任何公民，非经人民检察院批准或者决定或者人民法院决定，并由公安机关执行，不受逮捕。禁止非法拘禁和以其他方法非法剥夺或者限制公民的人身自由，禁止非法搜查公民的身体。本案中，超市工作人员怀疑陈某和丁某偷拿商品，进而对其责问盘查，这是限制人身自由和非法搜查的行为，因此，被告的行为是违法的。

《民法通则》第 101 条：公民、法人享有名誉权，公民的人格尊严受法律保护，禁止用侮辱、诽谤等方式损害公民、法人的名誉。

**律师说法**

该案是典型的超市侵犯消费者权益的事例。在本案中，被告某超市工作人员根据超市张贴的“告示”拦截到超市购物的消费者，并对其进行盘问和搜身，这种行为完全可以用《消费者权益保护法》予以解决，被告的行为已经侵害了陈某和丁某的名誉权，因此，原告有权利要求被告赔偿精神损害抚慰金。

法律小贴士：

本案中还涉及超市张贴的“告示”，根据《民法通则》第 58 条第 1 款第（5）项的规定，违反法律或者社会公共利益的民事行为无效。该“告示”内容没有任何法律依据，并与我国法律规定的原则相悖，因此“告示”上的内容不受法律保护，所以，被告也不可能因为张贴了这个“告示”而获得任何搜查消费者的权利。

## 商场购物被消费

（用购物卡消费时发现，卡内金额莫名减少，商场应当承担责任吗）

**基本案情**

2010 年 8 月，唐先生的单位给他发了一张 2 000 元的购物卡。2011 年 4 月他消费了一次后，卡内还剩 400 多元。后来他再去该超市消费时，收银员告知他卡内的钱已经没有了，并解释说卡内的钱“被消费”了，有可能是被人盗用。唐先生很纳闷：购物卡一直在自己手中，自己没有进行任何消费，谁能神不知鬼不觉地用他购物卡中的钱在超市“消费”呢？他认为问题出在超市，要求超市给予赔偿。超市查证后说收银台遭人安装摄像头监控，顾客的购物卡号码和超市的刷卡系统密码都被他人利用了，据此伪造顾客的购物卡来超市购物。超市认为自己也是受害者，并且拒绝赔偿唐先生的损失。

**法律链接**

《消费者权益保护法》第 7 条：消费者在购买、使用商品和接受服务时享有人身、财产安全不受损害的权利。消费者有权要求经营者提供的商品和服务，符合保障人身、财产安全的要求。

《消费者权益保护法》第 11 条：消费者因购买、使用商品或者接受服务受到人身、财产损害的，享有依法获得赔偿的权利。

**律师说法**

该案涉及经营者的保障人身和财产安全义务以及消费者的保障安全权和依法求偿权。

本案中，唐先生作为消费者，在超市消费时其购物卡的号码及密码应当得到很好的安全保护，而超市却被别人安装摄像头获取到了唐先生的购物卡信息以致他人伪造购物卡消费，给唐先生的财产造成损失，超市违反了对唐先生的保障财产安全的义务。同样，根据《消费者权益保护法》第11条规定，唐先生因为超市没有保护好自己的购物卡信息而遭受的损失，应当由超市负责赔偿。

法律小贴士：

法律规定经营者具有出具相应单据的义务，因此，消费者消费时一定要索要购物小票。一旦自身合法权益受到侵害，一张小小的购物小票可以作为消费证据使用。对于商场发售的购物卡一般都具有不记名、不挂失的特点，所以，要么妥善保存要么尽早消费，否则一旦出现购物卡被盗用和丢失等安全问题，很难查证卡里钱的去向。

## 商品信息需明示

（商家提供的商品信息不明确，消费者应当如何维权）

**基本案情**

张某于2011年1月12日和某通信公司签了“超级一线通”（ADSL）业务，选择的是720元包年。通信公司在当年2月1日将宽带安装好，当时告诉张某的宽带账号以及系统默认的统一密码，但没有告诉张某要改这个密码，也没有告诉他这个宽带账号也可以在互联网上买东西。后来张某在2012年5月7日登录互联网时发现他的账号已经被人买了QQ币和网络游戏卡，一共花费500元。随后张某去通信公司的客户中心反映情况，通信公司说以前也有人反映过类似的问题，根本查不到什么结果，没办法。现在通信公司方面已开始催促张某交500元的信息费，而且宽带服务已被叫停。

**法律链接**

《消费者权益保护法》第8条：消费者享有知悉其购买、使用的商品或者接受的服务的真实情况的权利，消费者有权根据商品或者服务的不同情况，要求经营者提供商品的价格、产地、生产者、用途、性能、规格、等级、主要成分、生产日期、有效期限、检验合格证明、使用方法说明书、售后服务，或者服务的内容、规格、费用等有关情况。

**律师说法**

该案是典型的涉及消费者的知情权的案例，张某完全有权利依照《消费者权益保护法》以自己的知情权被侵害为由提起诉讼。张某作为消费者，享有知悉其购买、使用的商品或者服务（宽带业务）的真实情况的权利，而经营者也有义务提供商品、服务的真实情况给消费者。本案中，经营者通信公司没有告诉消费者张某可以修改密码以及可以在互联网上购买东西的信息，致使张某损失 500 元。因此，张某的损失应当由通信公司承担。

法律小贴士：

消费者知情权的内容：(1) 商品或服务的基本情况，包括名称、产地等；(2) 商品技术情况，主要有使用说明、商品用途、性能等；(3) 商品或服务价格及售后服务情况。在实际生活中，侵犯消费者知情权的情况极为普遍，如对消费者提问不回答、提供虚假信息等都是侵犯知情权的行为。当自己的知情权被侵害后，我们有权要求经营者提供商品或服务的真实信息。当我们向经营者提问时，经营者有义务回答。当消费者因为欺诈或者虚假宣传而与经营者进行交易的时候，我们可以主张该交易无效。

## 十倍赔偿如何用

（假一赔十的承诺和双倍赔偿应当如何适用）

### 基本案情

2011 年，田小姐想买一部手机，来到某移动电话超市。刚到超市入口时，她发现一张告示“郑重承诺，手机三包，七天包退，假一赔十”。于是田小姐在该超市购买了价值 3 673 元的手机一部。然而，6 天后，田小姐发现手机电池居然鼓起了一大块。田小姐将手机进行了鉴定，鉴定结论为：手机标识非原配标识，而且该手机也非原装，手机电池也系假冒产品。后田小姐又来到信息产业部电信设备认证中心进行鉴定，鉴定结论为：进网许可证标志系伪造。田小姐来到超市要求超市按照告示上说的“假一赔十”进行赔偿，超市却以“假一赔十”对超市显失公平为由，仅同意按照《消费者权益保护法》进行双倍赔偿。

超市到底应不应该承担这十倍赔偿？

### 法律链接

《消费者权益保护法》第 4 条：经营者与消费者进行交易，应当遵循自愿、平等、公平、诚实信用的原则。

### 律师说法

对于本案，消费者田小姐可以获得十倍赔偿。超市做出的“假一赔十”的承诺可以视为对所有购买其商品的消费者订立的一项合同内容，且该“假一赔十”的内容并不违反法律，也没有违反经营者的意愿，因此在法律上是有效的。超市所主张的对消费者的双倍赔偿仅是法律对经营者的欺诈行为所做的硬性规定。而“假一赔十”是超市与消费者之间订立的合同内容，在该合同并不违法的情况下，根据意思自治的原则应按照合同内容来解决问题。

法律小贴士：

消费者在接受经营者提供的服务、商品时，遇到欺诈行为一定要积极收集相关证据，本案中田小姐所出示的照片证明了“假一赔十”的告示的存在，发票证明了田小姐确实在该超市购买了商品。因此，在诉讼中，超市对自己售出的伪劣商品和十倍赔偿的承诺无言以对，田小姐也能顺利得到商品价格的十倍赔偿。

## 试用期内无风险

（在试用买卖中，消费者在试用期过后是否还享有要求退货的权利）

### 基本案情

张某为某机关单位的办公室人员，因平时处理文件需要长时间接触计算机，因此经常感到眼睛不舒服，而且视力有所下降。某日他看见某视力治疗仪刊登的广告，其厂家声明对有意购买产品的顾客可先不付款，只需登记基本信息，无需任何抵押，便可将该产品带回无偿使用半个月，视情况决定是否购买该产品。于是张某便登记领取了一台视力治疗仪。使用了将近一个月后，张某觉得该产品并没达到自己预想的效果，便决定退货。但厂家认为试用期已过，张某只能购买该产品，于是张某诉至法院要求退货。

### 法律链接

《合同法》第 170 条：试用买卖的当事人可以约定标的物的试用期间。对试用期间没有约定或者约定不明确，依照本法第 61 条的规定仍不能确定的，由出卖人确定。

《合同法》第 171 条：试用买卖的买受人在试用期内可以购买标的物，也可以拒绝购买。试用期间届满，买受人对是否购买标的物未作表示的，视为购买。

### 律师说法

该案中，张某应当支付视力治疗仪的全部价款。根据《合同法》第 170 条的规定，厂家提出试用期为半个月，而张某在领取视力治疗仪时应当视为以实际行动同意厂家规定的半个月试用期。张某在使用了 40 天后才提出未达到效果要求退货，其试用期限已经超过约定的半个月，根据《合同法》第 171 条的规定，张某作为买受人在试用期届满时没有做出是否购买的明确表示，应当视为同意购买该商品。因此，张某应当全额支付视力治疗仪的全部价款。

法律小贴士：

由于商家竞争日益激烈，各厂家分别打出免费试用的招牌来吸引顾客的眼球。这种方法借助免费试用、满意再购买的特点，受到了一些消费者的欢迎。所谓免费试用，在法律上被称为试用买卖。但是，这种试用买卖也有其特殊之处，消费者一定要多加注意，并不能因为是试用商品就可以忽视它的试用要求及试用期限等内容。我们只有在试用之前充分了解试用商品的特性，才能更好地维护自身的合法权益。

## 售后纰漏也可赔

（售后服务中发生侵权问题，消费者是否也可以主张权利）

**基本案情**

李某与肖某刚刚结婚，2011 年 5 月，两人将新房装修完毕，为了及早完善各种设施，达到入住标准，李某到某大型商场订购了两套热水器，商家承诺提供免费上门安装服务。两天后，商家就安排技术人员带上刚刚到货的两台热水器进行了上门安装，李某也按照合同的约定支付了余款。可谁料没过两天，热水器就自墙上脱落摔坏，上水管折断，因为家人都在上班，致使水管的漏水浸漫了整个住房，导致精心装修的房屋遭受不少损失。一怒之下，李某将该商场告上了法庭。

对于售后服务导致的损失，商家是否应该承担呢？

**法律链接**

《消费者权益保护法》第 7 条：消费者在购买、使用商品和接受服务时享有人身、财产安全不受损害的权利。消费者有权要求经营者提供的商品和服务，符合保障人身、财产安全的要求。

《消费者权益保护法》第 11 条：消费者因购买、使用商品或者接受服务受到人身、财产损害的，享有依法获得赔偿的权利。

**律师说法**

在该案件中，商场确实应当承担李某所受的损失。根据《消费者权益保护法》第 7 条的规定，消费者的财产权应当得到经营者的有效保障。商家在为客户提供符合标准的产品的同时，亦应提供相应的售后服务，以保障消费者对产品使用的安全性。本案中李某的损失虽然不是由于购买的商品本身的质量问题所引起的，但却是由于商家安装过程中固定不牢致使热水器脱落引发的，明显属于安装服务质量不过关，由此给消费者造成的损失依然应由商家承担。

法律小贴士：

我们在商场购买大件商品后，商家一般都会提供这种免费售后服务，当然也有需要付费的售后服务，对于这种免费的售后服务应当算是消费者在购买商品时所附带的服务项目。如果是付费的售后服务，则属于消费者花钱购买的服务。因此，无论是付费的售后服务还是免费的售后服务，只要是由于商场售后的原因引起的对消费者合法权益的侵害，那么该商品的经营者就要承担责任。

## 双倍赔偿如何用

（《消费者权益保护法》中规定了惩罚性赔偿，消费者在什么情况下才能使用这种双倍赔偿的规定）

**基本案情**

2011 年 4 月 28 日，张某向某木制品公司购得发票称为榉木的地板，共花费

12 000元。5 月 6 日，该公司送货时，部分地板没有外包装，5 月 7 日至 8 日，张某将地板铺设安装于房屋中。其后，无包装的地板出现上翘现象，公司曾派技术人员于 7 月份到现场对地板进行测试，同月，张某以地板质量不合格为由，起诉要求木制品公司赔偿其经济损失 20 000 元。经查，该地板并非是发票中所称的榉木，而是山毛榉，质量经鉴定为不合格。法院认为，木制品公司出售地板的行为构成欺诈，“山毛榉”为壳斗科、水青冈属的水青冈木材，“榉”为榆科，二者是不同的材料。根据《消费者权益保护法》第 49 条的规定，木制品公司应赔偿张某够买该商品价款的一倍。

**法律链接**

《消费者权益保护法》第 49 条：经营者提供商品或者服务有欺诈行为的，应当按照消费者的要求增加赔偿其受到的损失，增加赔偿的金额为消费者购买商品的价款或者接受服务的费用的一倍。

**律师说法**

该案涉及商家的欺诈行为，本案中，木制品公司明知自己的商品不是榉木材质而欺骗张某谎称是榉木，构成对消费者的欺诈，因此完全适用《消费者权益保护法》第 49 条的关于双倍赔偿的规定。

从《消费者权益保护法》第 49 条的规定中我们可以看出，消费者惩罚性赔偿请求权的发生必须具备以下三个条件：（1）惩罚性赔偿金的主体必须是经营者和消费者。（2）消费者和经营者之间的关系发生在消费领域，典型的就是商家对消费者提供商品和服务。（3）经营者在提供商品和服务的时候有欺诈行为。需要注意的是，根据《消费者权益保护法》第 49 条的规定，不以对消费者造成实际损失为赔偿的条件，也就是说，只要经营者在提供商品或服务时有欺诈行为，即使没有对消费者造成损失，消费者也有权要求双倍赔偿。

法律小贴士：

在学理上，这种双倍赔偿被称为惩罚性赔偿，即受害人在自己的损失得到全部赔偿后，再得到相当于原有损失一倍的利益。因此，在实践中，有人为了追求利益主动“知假买假”。这也引起了学理上的争论。无论从哪个角度出发，这种惩罚性赔偿对于打击造假贩假的欺诈消费者的行为的作用是值得肯定的。但是，依靠惩罚性赔偿制度而故意“知假买假”并不为法律所倡导。

## 特价商品也三包

（消费者购买特价商品发现问题后还能不能向商家主张三包）

**基本案情**

李某于 2011 年“五一”期间到某知名卖场购买了商家做促销活动时所推荐的一套家具，包括松木床和餐桌。刚买回家没几天，李某就发现松木床有问题，床的靠背有好几处都开裂了。第二天李某电话联系了商家，对方答应先了解一下情况再解决。几天后，商家派来的人在看过床的情况后，认为这些都是小问题，并不会影响使用，李某当即表示不能接受这种说法，并要求退换商品，但对方不仅不予退换，还拿出当时购买该商品时所附带的“信誉卡”，“信誉卡”中有一条明确写着“特价商品不属于三包范围。一经售出，一律不予退换”。

**法律链接**

《消费者权益保护法》第 22 条：经营者应当保证在正常使用商品或者接受服务的情况下其提供的商品或者服务应当具有的质量、性能、用途和有效期限；但消费者在购买该商品或者接受该服务前已经知道其存在瑕疵的除外。经营者以广告、产品说明、实物样品或者其他方式表明商品或者服务的质量状况的，应当保证其提供的商品或者服务的实际质量与表明的质量状况相符。

《消费者权益保护法》第 23 条：经营者提供商品或者服务，按照国家规定或者与消费者的约定，承担包修、包换、包退或者其他责任的，应当按照国家规定或者约定履行，不得故意拖延或者无理拒绝。

《消费者权益保护法》第 24 条：经营者不得以格式合同、通知、声明、店堂告示等方式作出对消费者不公平、不合理的规定，或者减轻、免除其损害消费者合法权益应当承担的民事责任。

**律师说法**

我们在平常购物时经常看到某超市或者商场打折促销某种商品，其实，这种特价商品是商家为了达到一定的营销目的，开展降价促销活动推出的。打折或降价销售的商品本身应该是正品，其本身并不存在质量问题。消费者购买了这样的商品，如果出现质量问题，按照《消费者权益保护法》第 22、23 条的规定，商家必须履行包退、包换、包修的“三包”义务，任何对消费者不公平、不合理的规定都是违法的。所以，不管是商场的打折商品还是降价商品，经营者都应当保证在正常使用商品或者接受服务的情况下，其提供的商品或者服务应当具有的有效期限、性能、用途和质量保障。对于在三包范围内的商品，如果不能保证实施三包规定的，是不得进行上市销售的。同时，根据《消费者权益保护法》第 24 条规定，该案中经营者出示的“特价商品不属于三包范围”的声明，即属于以格式合同、通知、声明、店堂告示等方式作出对消费者不公平、不合理的规定，免除自己损害消费者合法权益应当承担的民事责任的行为，违反了法律规定，依法当属无效，所以李某有权享受三包服务。

法律小贴士：

1. 处理品和特价品的区别：处理品与打折特价的商品有所不同。所谓处理品，是指产品本身有瑕疵或质量问题，商家以低于成本的价格降价销售的商品。依照法律规定，经营者在销售时应当向消费者作出明确的告知，使其了解其所购买的商品存在缺陷或瑕疵。在此基础上，商家对于售出的有质量问题的商品可不再实行三包。

2. 建议大家今后在参与各种形式的商场促销活动时，如遇类似“商品一经售出，概不负责”等字样的店家告示时，要仔细审核产品的说明书，通过电话查询、网络搜寻等方式来确认商品的质量是否合格，以免给自己带来不必要的隐患。

## 网络购物需谨慎

（消费者在网络购物时应当注意哪些问题，发生纠纷应当如何维权）

**基本案情**

张先生网上浏览网页，在偶然弹出的对话框中的广告中看到一件心仪已久的衣服，价位比正规的商场里看到的价格低一半左右。看上去觉得产品质量等条件还不错，张先生便打电话与供货商取得联系，双方约定订购一件大衣。随后，张先生寄出货款 2 688 元便等待货物尽快到来。这一等，等了 3 个月，仍未收到商品。其间，张先生多次与供货商电话联系，供货商均以种种理由搪塞张先生，后来打电话催问，对方说已经寄了。

张先生等不到商品，又打电话要求退款，对方也不退款。这既收不到货，也拿不到退款，张先生心急如焚：对方在外省，距离太远了。但是也不能就这样算了，张先生试着给 12315 打了投诉电话，希望可以得到帮助。经当地工商行政管理部门调查，这个销售商品的小店根本没有任何资质，也没有张先生要购买的商品。

**法律链接**

《消费者权益保护法》第 46 条：经营者以邮购方式提供商品的，应当按照约定提供。未按照约定提供的，应当按照消费者的要求履行约定或者退回货款，并应当承担消费者必须支付的合理费用。

《消费者权益保护法》第 19 条：经营者应当向消费者提供有关商品或者服务的真实信息，不得作引人误解的虚假宣传。经营者对消费者就其提供的商品或者服务的质量和使用方法等问题提出的询问，应当作出真实、明确的答复。商店提供商品应当明码标价。

**律师说法**

该案是一个明显的网上购物陷阱，根据《消费者权益保护法》的有关规定，张先生的损失是可以得到有效赔偿的。网上购物或者以邮购方式购买商品时，由于买卖双方不直接见面，非即时交货付款，消费者无法在购货前直接观察、检验商品等因素，实际生活中经常发生因邮购而损害消费者权益的现象。在本案中，经营者在收到邮寄的货款时，应该依照约定履行提供商品的义务，如果违约，消费者可以要求继续履行或者退回货款。当然，如果张先生要求经营者赔偿邮寄过程中支付的通信费、运输费等必要开支的，经营者也要如数赔偿。

法律小贴士：

1. 消费者在网上购物时，要先查看网站是否具有信息产业部颁发的 ICP 证和工商局颁发的网上营业执照标记。

2. 查看网站是否有详细的经营地址和电话号码。正规网站一般都会公布自己的经营地址和固定电话等信息。

3. 查看购物网站的信用度和交易量，选择信用度高、交易量大的网站。

4. 检查付款方式和参考市场价格，有些网站商品价格过低或支付方式限定为个人银行卡转账，遇到这种情况一定要谨慎。

5. 选择有第三方担保机制的网站比较安全。

## 洗浴丢财可否赔

（洗浴中心有没有保管好消费者财物的义务？在洗浴中心丢失财物，消费者能否主张权利）

### 基本案情

4月23日中午，蒋某等三人相约一起到一家洗浴中心洗浴，服务员为三人开了一个房间，三人便将衣服及随身携带的手机、现金等物放在房间，锁好门后便去洗浴。约40分钟后，三人陆续回到房间，打开衣柜后，发现自己手提包的拉链是打开的，钱包露在外面。他们立即清点了包内物品，发现手机及衣兜内的现金不翼而飞。蒋某认为店方有责任赔付，但洗浴中心说其为顾客提供免费的寄存服务，如果在寄存过程中丢失了，他们肯定责无旁贷。蒋某等人并没有寄存，而且丢钱没有真凭实据，所以洗浴中心不会负责。

蒋某所遇到的这种情况究竟应该怎样处理呢？

### 法律链接

《消费者权益保护法》第7条：消费者在购买、使用商品和接受服务时享有人身、财产安全不受损害的权利。消费者有权要求经营者提供的商品和服务，符合保障人身、财产安全的要求。

《消费者权益保护法》第18条：经营者应当保证其提供的商品或者服务符合保障人身、财产安全的要求。对可能危及人身、财产安全的商品和服务，应当向消费者作出真实的说明和明确的警示，并说明和标明正确使用商品或者接受服务的方法以及防止危害发生的方法。

### 律师说法

该案中，蒋某作为消费者在洗浴中心消费，其财产安全应该得到有效的保护。洗浴中心作为经营者，在经营过程中也应当保护好消费者的人身和财产安全，这是法律对经营者规定的义务。而洗浴中心作为经营者，还有应该对可能发生的危险做到安全提示的义务。例如，在显著的位置提示消费者“保管好贵重财物谨防丢失”等字样。但是，实际中，洗浴中心并没有这样做。本案中，洗浴中心违反了《消费者权益保护法》中规定的保障消费者人身和财产安全的义务，应当承担由此带来的法律后果。

法律小贴士：

真凭实据很重要！

在公共场所丢失财物，如果想尽可能多地挽回自己的损失，一定要提供足够的证据。例如，在该案中，蒋某等人丢失的手机可以通过手机发票和通信公司记录等形式证明丢失的手机的价值，但是对于现金很难提供证据证实自己在更衣室内丢了钱，而且具体的数额也不好确定，因此给维权造成了不少阻碍。所以，到洗浴中心洗浴的时候，贵重物品一定要提前寄存，以免到时候出现举证方面的困难。

## 消费摔伤可索赔

（商家有保护消费者人身权不受侵害的义务，当遇到伤害时应当如何维权）

### 基本案情

2010年1月22日，李某和朋友到某餐厅用餐。用餐完毕下楼时，李某在该餐厅楼梯拐角处不慎摔倒。经医院诊断为踝骨粉碎性骨折。李某认为饭店没有提供安全、放心的就餐环境，致使其在下楼时不慎摔伤，身体受到侵害，并且提出要求餐厅依法赔偿损失的请求。事发后，消费者于当日投诉到石家庄市消费者协会，市消费者协会随即赶到现场，经勘察，发现该餐厅楼梯拐角有一处将近20度的小陡坡，坡面地砖与平面地砖颜色相同，让人很难分辨出来，很容易产生错觉，而且周围也没有设立任何安全警示标识来提示消费者。经过市消费者协会调解，由该餐厅一次性赔偿消费者医药费、误工费、护理费和交通费等5 000元。

### 法律链接

《消费者权益保护法》第18条：经营者应当保证其提供的商品或者服务符合保障人身、财产安全的要求。对可能危及人身、财产安全的商品和服务，应当向消费者作出真实的说明和明确的警示，并说明和标明正确使用商品或者接受服务的方法以及防止危害发生的方法。经营者发现其提供的商品或者服务存在严重缺陷，即使正确使用商品或者接受服务仍然可能对人身、财产安全造成危害的，应当立即向有关行政部门报告和告知消费者，并采取防止危害发生的措施。

### 律师说法

本案涉及经营者对消费者的安全保障义务，用《消费者权益保护法》完全可以解决。该案中，餐厅没有对拐角处可能对消费者人身造成损害的危险做出明示，致使消费者没有注意到可能发生的危险，造成身体伤害。餐厅应该为此承担相应的责任。

法律小贴士：

经营者保障消费者人身权和财产安全的义务主要包括：（1）确保商品和服务符合安全标准。经营者保证自己提供的商品或者服务符合国家标准，没有国家标准也要符合行业标准，保证商品和服务具有安全性。（2）对可能给消费者造成损害的商品和服务做出说明或者明确的提示。（3）商品和服务存在缺陷时要采取必要的补救措施，包括召回或者及时向有关部门报告等。

## 消协究竟有何用

（消费者在遇到权利受到侵害时，经常求助于消协，消协究竟有什么职能）

### 基本案情

某日，消费者高某带着自己9岁的孩子前往某大型超市购物，行至超市入口处时，一根悬挂广告的铁棍突然从屋顶掉落地上，正好砸中孩子头部，顿时孩子鲜血直流。高某将孩子紧急送往医院治疗，经过几个月的治疗，孩子得以恢复，高某共支出费用2 800余元。在此期间，高某多次找到该超市协商解决此事，但一直协商不成，高某不知如何是好。这时高某的邻居建议可以找消协，可高某只是听说过消协，具体是怎么回事还真不清楚。

消协究竟是一个什么样的组织呢？

### 法律链接

《消费者权益保护法》第32条：消费者协会履行下列职能：

（一）向消费者提供消费信息和咨询服务；

（二）参与有关行政部门对商品和服务的监督、检查；

（三）就有关消费者合法权益的问题，向有关行政部门反映、查询，提出建议；

（四）受理消费者的投诉，并对投诉事项进行调查、调解；

（五）投诉事项涉及商品和服务质量问题的，可以提请鉴定部门鉴定，鉴定部门应当告知鉴定结论；

（六）就损害消费者合法权益的行为，支持受损害的消费者提起诉讼；

（七）对损害消费者合法权益的行为，通过大价传播媒介予以揭露、批评。

各级人民政府对消费者协会履行职能应当予以支持。

### 律师说法

消费者协会是一个非营利性的、公益性的社团，是对商品和服务进行社会监督和保护消费者合法权益的社会团体。同时，消费者协会的产生也是消费者依法行使结社权的具体体现。它的主要职能就是根据《消费者权益保护法》第32条规定的七项内容，包括咨询、调解、调查等职能，但是需要说明的是，消费者协会虽然可以支持消费者起诉，但是并不能代替消费者起诉，也就是说，消协不能以原告的身份代替消费者提起诉讼。

法律小贴士：

随着社会的不断发展，市场经济所带来的问题也越来越多，而这些问题又不能全部通过法院来逐一解决。因此，在商品买卖纠纷中，消费者协会的作用就更加凸显出来，而消费者协会的职能也会随着社会的发展而逐步完善，在保护消费者权益方面会发挥更重要的作用。

## 虚假广告怎么办

（我们经常在购物时看到四处宣传的广告，其中不少是虚假宣传，
消费者轻信虚假广告后应当如何维权）

### 基本案情

2011 年 7 月，张某从杂志上看到一则招生广告：经某省卫生厅及教育厅批准，本校第 9 期厨师函授培训班开始面向全国招生，学费（含教材费）250 元，学习期满后经过统一考试，成绩合格者，发给正式的毕业证和厨师证书，并且保证此证书在全国各大宾馆饭店均承认，对于成绩优秀者，学校负责推荐工作，报名者从速，名额有限。本广告如有不实之处，退赔报名者全部学费。张某看了这则广告后立即报了名，并交了 250 元学费。

半年多后，张某也没有收到任何信息，后联系学校，学校说：教材再过一段时间即可寄出。但是两个多月后，学校还是没有把教材寄来，张某再次催要。过了几天，学校寄来了教材，打开一看，这些教材全部是东拼西凑来的菜谱，错字漏印特别多，广告上说的彩图插页也没有，全是黑白附图，而且模糊难辨。当张某再联系学校，要求退还学费时，学校就没有了音信。

### 法律链接

《消费者权益保护法》第 19 条：经营者应当向消费者提供有关商品或者服务的真实信息，不得作引人误解的虚假宣传。经营者对消费者就其提供的商品或者服务的质量和使用方法等问题提出的询问，应当作出真实、明确的答复。

《消费者权益保护法》第 22 条：经营者以广告、产品说明、实物样品或者其他方式表明商品或者服务的质量状况的，应当保证其提供的商品或者服务的实际质量与表明的质量状况相符。

### 律师说法

培训学校的行为已经触犯了《消费者权益保护法》的有关规定。该案涉及的是经营者的虚假宣传行为。该案中，学校本应当在收到报名费之后就及时地按照宣传的说法及时邮寄教材，但是学校方面不仅没有及时履行承诺，而且经再三催促后，其履行的效果也不是宣传中所描述的样子。从学校以上的行为中可以看出，学校不仅在杂志上提供了不真实的信息，而且在履行时也没有按照之前的宣传，应该承担相应的责任。

法律小贴士：

救济方式：根据《消费者权益保护法》第 39 条的规定，消费者因经营者利用虚假广告提供商品或者服务，其合法权益受到损害的，可以向经营者要求赔偿。广告的经营者发布虚假广告的，消费者可以请求行政主管部门予以惩处。广告的经营者不能提供经营者的真实名称、地址的，应当承担赔偿责任。可以看出，对于虚假宣传的责任方式主要有民事责任和行政责任两种。具体到本案中的张某可以向培训

学校主张退还学费及其利息。此外，张某还可以请求当地的工商行政管理部门对刊登该广告的杂志依据《广告法》的有关规定，给予行政处罚，并吊销其广告经营许可证。

## 言语过激引处罚

（消费者在消费时遇到商家的言语攻击，商家是否承担责任）

### 基本案情

2011年9月25日，消费者穆女士来到一家美容美发店做头发，因为是第一次染发，对各种染发剂的价格和性能等方面的情况不甚了解，向美容店店主咨询时间稍长，店主因为还有其他顾客便对穆女士的问题有些不耐烦，说了一些偏激的话，于是穆女士便与店主发生了争吵。店主居然用贬损的语言对穆女士说："想用好的就多花钱，用不起好的，舍不得花钱就别来，没有钱，还想美?!"一气之下，穆女士来到工商行政管理部门进行投诉，工商行政管理部门责令店主对穆女士赔礼道歉。

### 法律链接

《消费者权益保护法》第13条：消费者享有获得有关消费和消费者权益保护方面的知识的权利。消费者应当努力掌握所需商品或者服务的知识和使用技能，正确使用商品，提高自我保护意识。

《消费者权益保护法》第14条：消费者在购买、使用商品和接受服务时，享有其人格尊严、民族风俗习惯得到尊重的权利。

《消费者权益保护法》第43条：经营者违反本法第25条规定，侵害消费者的人格尊严或者侵犯消费者人身自由的，应当停止侵害、恢复名誉、消除影响、赔礼道歉，并赔偿损失。

### 律师说法

在该案中，美发店主要侵犯了消费者的知悉真情权和受尊重权。穆女士由于是第一次染发，对相关情况不了解向经营者进行商品性能、价格、用途等各方面的咨询属于行使自己的知情权，只有这样才能保障消费者在购买商品或者服务时知己知彼并表达其真实意思。美发店店主应当如实告知相关信息。而实际上，店主却很不耐烦，还与消费者争吵，甚至说一些歧视、侮辱的言语，使消费者人格尊严受到损害。其行为也严重侵犯了穆女士的获得尊重权。店主应当赔礼道歉。

法律小贴士：

现在市场竞争越来越激烈，各个商家想尽各种办法在经营方式、经营手段、商品质量和知名度等各方面不断翻新，以求在竞争中立于不败之地。可就在大家努力提升硬件水平时却忽略了商家的软实力，建立一个良好的沟通环境，提升服务的质量和态度，尊重消费者的人格尊严和风俗习惯也是提升商家竞争力的重要方面。

## 赠品瑕疵可获赔

（消费者因购买赠品而受到伤害，能否向商家主张赔偿）

### 基本案情

张某在电脑城看见某商家的促销告示牌，上面写着“买一送一”的承诺，后张某在这家店面看中一台电脑，并立即向该商家购买了一台品牌液晶显示器，并得到该商家按照承诺赠送的价值500元的移动硬盘。回家后，张某发现所赠移动硬盘并不好使，最后通过网络信息查询，发现该商品为次品，便与该商家磋商，要求更换移动硬盘或依法赔偿，遭到拒绝。经多次协商无果，张某诉至法院，要求该商家给付正版移动硬盘。该商家辩称移动硬盘是原告购买显示器的受赠品，此移动硬盘为次品，不是经营者的责任，不能更换。

法院经审理后认为，该商家与张某就移动硬盘而发生的关系为赠与法律关系。张某向该商家购买了显示器，移动硬盘虽系商家赠品，但实际上是张某向商家购买显示器时的附加条件，即商家附属义务，张某虽没有付移动硬盘款给商家，但只要张某购买该产品，商家就有义务按照约定赠与移动硬盘。因此，经营者也要负担由赠品带来的民事责任，即赠品不符合条件要及时更换或赔偿。

### 法律链接

《合同法》第191条：赠与的财产有瑕疵的，赠与人不承担责任。附义务的赠与，赠与的财产有瑕疵的，赠与人在附义务的限度内承担与出卖人相同的责任。赠与人故意不告知瑕疵或者保证无瑕疵，造成受赠人损失的，应当承担损害赔偿责任。

### 律师说法

本案涉及的主要问题是赠品的瑕疵责任，通过我国《合同法》的有关规定是可以满足张某的要求的。本案中，商家与张某之间发生的法律关系为赠与合同法律关系。移动硬盘虽系赠品，但实际上是张某向商家购买显示器时的附加条件，也是商家的义务。根据上述法律条文，附义务的赠与，赠与人（商家）不按照约定履行义务的，受赠人（张某）可请求其履行。同样，赠与人（商家）应在所附义务的限度内，承担与买卖合同中的出卖人同一的瑕疵担保责任。结合本案，商家对赠品不符合标准而带来的后果应当承担民事责任。

法律小贴士：

建议大家今后在参与“买一送一”等多种形式的商场促销活动时，要仔细审核赠品的产品质量，如果赠品确实未达到相关质量标准的，给自己或他人造成财产或人身损失的，应当及时保留相关证据，如发票、质量证书等，以便更好地维护自身的合法权益。

# 展销会上买假货

（消费者在展销会上购买到了假货应当如何主张自己的权利）

## 基本案情

张某最近在股市上小赚了一笔钱，想给自己买件衣服。上个星期天，得知会展中心开了个展销会，便一个人去淘点物美价廉的东西。她看了一大圈，相中了一件裘皮大衣。“那件裘皮大衣，特别好看，对方当时开价要2.1万元，后经过讨价还价，答应7 000元出售。”张某说，自己当时身上没带太多钱，立马回家凑钱。很快她回到展销会现场，一次性全额支付了7 000元钱的货款，不想参展商不给发票，参展商还明确告知展销会都没有发票，张某也没有多想就买下了衣服。

不到一个月，张某发现裘皮大衣的领口处开始有毛发脱落，后经鉴定，这件裘皮大衣是处理过的，并非裘皮，一般人凭肉眼无法分辨。

张某当即打电话联系参展商讨个说法，参展商见是张某来的电话，匆匆挂了电话。张某再拨打对方手机，对方手机已经显示为关机状态。张某立马去展销会找人，结果在展销会上转了一圈，也没找到那位参展商，后在现场打听一番，才得知那位参展商已经溜之大吉。

## 法律链接

《消费者权益保护法》第38条：消费者在展销会、租赁柜台购买商品或者接受服务，其合法权益受到损害的，可以向销售者或者服务者要求赔偿。展销会结束或者柜台租赁期满后，也可以向展销会的举办者、柜台的出租者要求赔偿。展销会的举办者、柜台的出租者赔偿后，有权向销售者或者服务者追偿。

## 律师说法

本案涉及消费者在展销会上买到假货的救济方法，通过《消费者权益保护法》第38条的有关规定完全可以解决这个问题。展销会上的展销商走了，我们如果有足够的证据证明购买的商品是在展销会上售卖的，那么就可以向举办展会的公司或个人提出赔偿要求，即使举办者也撤离了，我们还可以找场地的出租者。而出租者就不能推卸责任了，他们有义务先行垫付赔偿款，然后再向有责任的人（展销商或者是举办者）进行追偿。

法律小贴士：

随着我国经济的发展，各种展销会越来越多，展会上的商品也越来越丰富，里面自然也会掺杂各种残次品或者不合格产品，因此，我们在展销会上购物时一定要小心，对于价格明显低于市场平均价的商品更要提高警惕。此外，应该注意保留好消费凭证，以作为将来发生纠纷时的直接证据。

# 照相消费需谨慎

（照片被照相馆遗失，消费者应当如何主张权利）

## 基本案情

2011 年 7 月 15 日是钱先生父亲的百岁寿辰，钱先生特地找了一家专业影楼为父亲预订了一套 866 元的“百岁寿辰套餐”，并且交了 200 元订金。父亲百岁寿辰当天，钱先生带着父亲去影楼拍照，拍完后因为工作人员称会赠送光盘，钱先生就没有拷贝底片。一个月后钱先生的父亲因意外去世了，在忙碌完丧事之后，钱先生才想起父亲的百岁寿辰照片，打电话一问才得知底片因为影楼的电脑中病毒丢失了，只能再补拍一次。但钱先生认为，百岁寿辰时父亲的表情、动作已经无法再现，且该照片对于钱先生而言具有特殊纪念意义。对此，钱先生要求影楼赔偿损失，并对其进行精神损害赔偿，但双方协商无果。

## 法律链接

《民法通则》第 106 条：公民、法人违反合同或者不履行其他义务的，应当承担民事责任。

公民、法人由于过错侵害国家的、集体的财产，侵害他人财产、人身的，应当承担民事责任。

没有过错，但法律规定应当承担民事责任的，应当承担民事责任。

最高人民法院《关于确定民事侵权精神损害赔偿责任若干问题的解释》第 4 条：具有人格象征意义的特定纪念物品，因侵权行为而永久性灭失或者毁损，物品所有人以侵权为由，向人民法院起诉请求赔偿精神损害的，人民法院应当依法予以受理。

## 律师说法

在该案中，钱先生的主张可以得到法院的支持。钱先生来影楼消费的事实，使钱先生与影楼之间形成合同关系。根据合同，影楼有交付照片的义务，然而影楼却因为自身原因导致照片灭失无法履行交付义务。根据《民法通则》第 106 条的规定，影楼应当承担相应的民事责任。同时，因为钱先生的该组照片具有特定的百岁寿辰纪念意义，而且因为父亲已经去世，也没有办法再补照，这些照片的丢失给钱先生精神上带来了痛苦，因此，根据最高人民法院《关于确定民事侵权精神损害赔偿责任若干问题的解释》，钱先生可以向法院起诉要求影楼对钱先生进行精神损害赔偿。

法律小贴士：

现在的生活到处充满着电子产品：电子照片、电子信件。这给生活带来了便利，但同时也极易丢失，因此，对于一些重要的电子信息我们平时要多留备份，以免丢失，造成不必要的经济纠纷和损失。特别是对我们有重要纪念意义的电子物品，它们的灭失对我们来说更多的是精神上的痛苦。

## 知残买残自担责

（消费者在明知是残次品而购买后，能否再向商家主张责任）

**基本案情**

毕某患有皮肤病多年，他在2011年1月向某医疗器械公司购买了五台专门治疗皮肤病的纳米微波治疗仪，但经过长期治疗发现该治疗仪对皮肤病无疗效，遂向医疗器械公司提出退货要求。经多次交涉，一直未果。2011年7月24日，毕某将其中一台大型治疗仪折价1.5万元“转让”给知情的朋友孟女士。2011年12月，毕某向法院起诉，以该公司虚构治疗仪的疗效要求另外几台治疗仪退一赔一，法院判决毕某胜诉并获赔45 624元。孟女士得知该诉讼情况后，也向法院起诉要求退一赔一，请求判令给付3万元。

**法律链接**

《消费者权益保护法》第19条：经营者应当向消费者提供有关商品或者服务的真实信息，不得作引人误解的虚假宣传。

《消费者权益保护法》第22条：经营者应当保证在正常使用商品或者接受服务的情况下其提供的商品或者服务应当具有的质量、性能、用途和有效期限，但消费者在购买该商品或者接受该服务前已经知道其存在瑕疵的除外。

**律师说法**

该案中，孟女士的主张是不能得到法院的支持的。根据《消费者权益保护法》第22条的规定，消费者在购买商品时明知道该商品存在瑕疵而购买的，经营者对该商品质量、性能不能给予充分保障。本案中，孟女士作为毕某的朋友已经知道该治疗仪器在治疗皮肤病时没有疗效，而坚持购买该产品，应当对该商品的瑕疵可能带来的后果承担责任。同样，既然孟女士在购买该产品时已经知道该产品没有治疗效果，因此，对孟女士来说并不存在厂家对治疗效果的虚假宣传和欺诈行为。所以，孟女士以该治疗仪没有治疗疗效而起诉该厂商要求赔偿是不能得到法律的支持的。

法律小贴士：

买东西时的注意事项：

1. 注意所购买物品的包装是否完整。
2. 着重查看食品的生产日期、电器的产品序列号等标识。
3. 查看商品标签价格和实际缴费价格是否一致。
4. 索要发票等收据并妥善保存。

## 知假买假不获赔

（消费者知道是假冒伪劣商品而购买，发生纠纷还能否找商家承担责任）

**基本案情**

2010年7月19日，石某在某超市卖场看见其出售的标识为某酒厂保健酒的外包装的“说明书”和“合格证”上未标明该保健食品的保健作用、适宜人群及有关注意事项，她知道这不符合卫生部颁发的《保健食品管理办法》的要求，便购买了一瓶，价值357元。但石某购买后并未饮用，而是直接向法院起诉称该酒标签和说明书上内容违反规定，侵犯了其依《消费者权益保护法》规定所享有的知悉权，诉请法院依《消费者权益保护法》第49条判令被告退还货款，自愿放弃双倍赔偿，并要被告在新闻媒介上公开向其赔礼道歉。

**法律链接**

《消费者权益保护法》第2条：消费者为生活消费需要购买、使用商品或接受服务，其权益受本法保护。

**律师说法**

本案是一起典型的知假买假索赔案。对于这种知假买假案，主要还是涉及《消费者权益保护法》的适用问题。在现实生活中，并非所有的购买商品的人都算是消费者，例如经营者从生产者手中购买商品以出售获利和本案中以求得赔偿为目的的购买商品的人都不是消费者。本案中，石某购买商品不是出于生活消费需要，而是为了索赔或监督，并不是《消费者权益保护法》中所称的消费者，不能用该法来调整此纠纷。因此，本案在法律选择和适用上就不能以《消费者权益保护法》为依据。石某的主张是不能得到法院的支持的。

法律小贴士：

本案原告在主张权利时引用的是《消费者权益保护法》第49条，适用该条的条件应包括以下几方面：(1) 要确定消费者的概念，也就是说只有以生活消费为目的的购买才可能受到《消费者权益保护法》的调整。(2) 把握经营者的概念，只有在消费者与经营者订立消费合同时，经营者有欺诈行为，方可适用《消费者权益保护法》第49条。(3) 一定要存在欺诈行为，即经营者故意告知对方虚假情况，或者故意隐瞒真实情况，诱使对方当事人作出错误的意思表示。《消费者权益保护法》第49条旨在对经济上处于弱者地位的消费者给予特别保护，更好地维护公平有序的市场秩序。由于其涉及惩罚性赔偿问题，因此对该条款应准确把握，以免滥用。

# 房产交易

近年来，随着市场经济的日益发展，房屋交易市场异常活跃起来。然而，在房屋交易量上升的同时，其交易纠纷的数量也在不断增长，纠纷的类型也变得日趋多样。大量增长的纠纷数量反映出房屋交易市场尚存在很多问题，亟待规范。

作为老百姓，面对纠纷日益多样化、复杂化的房屋交易环境，一旦遭遇房产纠纷，该如何来保护自己的权益呢？本篇撷取了现实生活中最常见、最经典的30余种纠纷类型供读者参考，以期读者朋友能够从中受益，为您的生活带去些许便利。

## 何时取得所有权

（房屋已交付但没有办理过户手续，这种情况下房屋的所有权转移了吗）

### 基本案情

王某和曲某签订房屋买卖合同后，王某将房屋的钥匙交付给了曲某，曲某一次性将购房款全部交付给了王某，但双方一直没有办理房屋过户登记手续。事后不久，曲某因做生意急需一笔款项，于是准备将房屋抵押给银行进行贷款。但结果曲某被告知，因自己不是房屋的所有权人，所以不能进行抵押。对此，曲某很是不解，自己明明付钱买了房子，并且和卖方王某白纸黑字地签了合同，怎么就没有取得所有权呢？

### 法律链接

《物权法》第9条第1款：不动产物权的设立、变更、转让和消灭，经依法登记，发生效力；未经登记，不发生效力，但法律另有规定的除外。

《物权法》第15条：当事人之间订立有关设立、变更、转让和消灭不动产物权的合同，除法律另有规定或者合同另有约定外，自合同成立时生效；未办理物权登记的，不影响合同效力。

《城市私有房屋管理条例》第6条第1款：城市私有房屋的所有人，须到房屋所在地房管机关办理所有权登记手续，经审查核实后，领取房屋所有权证；房屋所有权转移或房屋现状变更时，须到房屋所在地房管机关办理所有权转移或房屋现状变更登记手续。

### 律师说法

在本案中，曲某并没有取得房屋的所有权。

根据《物权法》的规定，房屋所有权须经登记这一程序才能转移。如果没有进行登记，虽然并不影响买卖合同的效力，但买方并不能取得房屋的所有权。因此，在房屋买卖中，并不是买卖双方相互交了钱付了房，就算所有权转移了，还需要进行下一个重要的步骤，即向房屋登记机关办理房屋过户登记手续，只有依法办理了过户登记手续，才能转移所有权。据此，曲某还没有取得房屋的所有权。

法律小贴士：

房屋所有权的取得，分为原始取得和继受取得两种方式：

1. 原始取得。原始取得是指由于一定的法律事实，根据法律的规定，取得新建房屋、无主房屋的所有权，或者不以原房屋所有的人的权利和意志为根据而取得房屋的所有权，主要包括以下情形：(1) 依法建造房屋；(2) 依法没收房屋；(3) 收归国有的无主房屋；(4) 合法添附的房屋（如翻建、加层）。

2. 继受取得。继受取得又称传来取得，是指根据原房屋所有人的意思接受原房屋所有人转移之房屋所有权，是以原房屋所有人的所有权和其转让所有权的意志为根据的，主要包括以下情形：(1) 房屋买卖（包括拍卖）；(2) 房屋赠与；(3) 房屋相互交换。

## 买卖合同的效力

（房屋买卖合同自何时生效）

### 基本案情

2010年，刘某将自己的房屋卖给宋某，双方签订了房屋买卖协议书，约定：房价为155万元，有关交易费用均由宋某承担，办理手续的同时宋某一次性交付所有房款给刘某。其后，刘某收到房款后便从该房屋搬出，并将房产证交给了宋某。随后宋某搬入该房屋居住至今，其间宋某多次催促刘某去办理过户手续，但刘某均以各种理由推辞。这个时候宋某应该怎么做呢？

### 法律链接

《合同法》第44条：依法成立的合同，自成立时生效。

法律、行政法规规定应当办理批准、登记等手续生效的，依照其规定。

《合同法》第135条：出卖人应当履行向买受人交付标的物或者交付提取标的物的单证，并转移标的物所有权的义务。

### 律师说法

刘某不与宋某办理房屋过户手续的行为是不合法的。

根据《合同法》第44条和第135条规定，宋某和刘某之间的房屋买卖合同合法有效。因为双方签订的合同是依法成立的，合同自成立时生效，并且刘某和宋某已经分别将房产证和房款交付给了对方。在合同有效的前提下，刘某应及时办理房屋过户手续。如果刘某不履行该项义务，宋某可以诉诸法院，请求法院判决刘某积极配合办理过户手续。

法律小贴士：

关于如何办理房屋过户手续，主要存在两个问题：一个问题是办理过户手续的费用应由谁承担，买卖合同双方当事人应在合同中明确约定。另一个问题是，双方均应主动配合对方办理相关手续，特别是卖方在此环节上居于主导地位，因为办理过户手续时，卖方需要提供与原产权相关的各项证明文件，如原产权是否属于共有，其他共有或受益人对转移产权所出具的证明文件等。因此，卖方更应该主动配合。当然买方不配合也会影响过户手续的办理。此行为可视为一种违反合同附随的协助义务的行为，但不影响买卖合同效力的认定。

## 一房二卖该如何

（一房二卖，买方应如何维护自身权益）

**基本案情**

张某打算卖掉自家房子。王某经人介绍，找到张某，表示愿意购买房子。双方经协商，以60万元成交，二人遂签订了房屋买卖合同。张某遂将房屋的钥匙交给王某，但因产权证存放在单位，张某提出稍后再办理产权过户登记。后张某得知该房价格已经上涨，遂找到王某，要求增加价款才能去办理过户登记手续，王某不同意，张某便将该房以63万元卖给了李某，并与李某办理了过户登记手续。李某找到王某要求其搬走，这个时候王某应该如何维护自己的权益呢？

**法律链接**

《物权法》第9条第1款：不动产物权的设立、变更、转让和消灭，经依法登记，发生效力；未经登记，不发生效力，但法律另有规定的除外。

《物权法》第15条：当事人之间订立有关设立、变更、转让和消灭不动产物权的合同，除法律另有规定或者合同另有约定外，自合同成立时生效；未办理物权登记的，不影响合同效力。

最高人民法院《关于审理商品房买卖合同纠纷案件适用法律若干问题的解释》第8条：具有下列情形之一，导致商品房买卖合同目的不能实现的，无法取得房屋的买受人可以请求解除合同、返还已付购房款及利息、赔偿损失，并可以请求出卖人承担不超过已付购房款一倍的赔偿责任：

（一）商品房买卖合同订立后，出卖人未告知买受人又将该房屋抵押给第三人；

（二）商品房买卖合同订立后，出卖人又将该房屋出卖给第三人。

**律师说法**

王某与张某签订的房屋买卖合同合法有效。“一房二卖”是指出卖人先后或同时以两个买卖合同，将同一特定的房屋出卖给两个不同的买受人，又称房屋的二重买卖。

《物权法》规定，不动产的买卖合同，自合同成立时生效，未办理物权登记不影响合同的效力。王某购买张某房子的行为属于不动产买卖的范畴，按照《物权法》的规定是合法有效的。但是，《物权法》同时规定，不动产物权的设立、变更、转让、消灭只有经过登记才发生法律效力，不经登记不发生物权效力。王某虽然和张某签订了买卖合同，但未办理登记，所以没有取得房屋的所有权。而李某已经和张某办理了过户登记手续，取得了房屋的所有权。这个时候，李某可以根据商品房买卖合同的相关规定，请求解除合同、返还已付购房款及利息、赔偿损失，而不能要求根据买卖合同取得房屋的所有权。

法律小贴士：

购房人应提高警惕，做好以下防范及补救措施：

1. 防止“一房二卖”的最好办法是：买房人在办理房产过户手续前，根据《物权法》第20条的规定向房屋登记主管部门申请预告登记，预告登记后，未经预告登记的权利人（即买房人）的同意，卖房人无权再将房屋卖给出价更高的人。

2. 签订合同前做好调查，明确欲购房屋的性质，避免合同因此无效或者履行不能。

3. 认真准备，细化合同条款，方便合同履行。

4. 特别注意合同解除、违约责任及救济途径等条款，如明确“一房二卖”禁止性内容，并加重此种行为的违约责任，力求对卖房人的逐利心理产生震慑作用。

## 房屋登错怎么办

（姐姐的房屋登记在弟弟的名下，姐姐可以通过哪些渠道维权）

### 基本案情

某处房屋目前登记在宋某的名下，而且宋某想将其转让，但是宋某的姐姐认为登记错误，自己才是房屋的真正所有权人。经过几次协商，问题都没有最终解决。对此，姐姐感觉非常无奈，但又不太愿意直接向法院起诉，以免伤害到姐弟间的感情。这时，姐姐可以通过哪些渠道维护自己的权益？

### 法律链接

《物权法》第19条：权利人、利害关系人认为不动产登记簿记载的事项错误的，可以申请更正登记。不动产登记簿记载的权利人书面同意更正或者有证据证明登记确有错误的，登记机构应当予以更正。

不动产登记簿记载的权利人不同意更正的，利害关系人可以申请异议登记。登记机构予以异议登记的，申请人在异议登记之日起十五日内不起诉，异议登记失效。异议登记不当，造成权利人损害的，权利人可以向申请人请求损害赔偿。

### 律师说法

姐姐可以通过更正登记和异议登记来维护自己的权益。

根据《物权法》第19条的规定可知，姐姐可以向登记机关申请更正登记，如果宋某书面同意更正或者姐姐有充分的证据能够证明自己是房屋的所有权人，登记机关应当予以更正。

如果宋某不同意更正，则姐姐可以申请异议登记。这样，宋某在卖房时，别人就会看到宋某和他姐姐对房子产权的异议，房管部门将会暂缓办理转让登记。但是，异议登记不具有永久效力，姐姐必须在异议登记之日起十五日内起诉，否则，异议登记失效。如姐姐败诉，异议登记将被撤销；如姐姐胜诉，法院确认其对登记房屋的权利，房管部门可对错误内容进行变更。

法律小贴士：

1. 申请更正登记所需材料。

权利人、利害关系人认为房屋登记簿记载的事项有错误的，可以提交下列材料，申请更正登记：登记申请书；申请人的身份证明；证明房屋登记簿记载错误的材料。利害关系人申请更正登记的，还应当提供权利人同意更正的证明材料。

2. 申请异议登记所需材料。

利害关系人认为房屋登记簿记载的事项错误，而权利人不同意更正的，利害关系人可以持登记申请书、申请人的身份证明、房屋登记簿记载错误的证明文件等材料申请异议登记。

## 最长租期多少年

（房屋租赁在法律上有期限限制吗？租赁双方能否根据自己的意志随意决定租赁期限）

### 基本案情

江某由于家庭负担较重，无力支付高额房款，准备租房住。经人介绍，江某与赵某达成房屋租赁协议。赵某将自己名下的一套三室两厅的房子租给了江某。为避免日后出现搬家困扰，生活能够安定下来，再加上赵某的房子地理位置比较好，小孩上学、大人上班都比较便利，江某遂准备常年租赵某的房子。那么，江某租赁赵某的房子最长期限可为多少年？

### 法律链接

《合同法》第 214 条：租赁期限不得超过二十年。超过二十年的，超过部分无效。

租赁期间届满，当事人可以续订租赁合同，但约定的租赁期限自续订之日起不得超过二十年。

### 律师说法

江某租赁赵某的房子最长期限可为二十年。

江某虽然想长期租赁赵某的房子，但最长期限只能是二十年，即使双方均同意租赁期限为二十年以上，超过的部分在法律上也不具有效力。如果江某想租赁期超过二十年，唯一的方法是，待二十年租赁期满后，和赵某续订租赁合同，但这个时候，续订的租赁期限自续订之日起也不得超过二十年。

法律小贴士：

定期租赁和不定期租赁的区别很简单，就是在合同期限是否明确方面不同，定期租赁在签订合同时有一个明确的期限约定，而不定期租赁则没有这个明确的期限。

定期租赁和不定期租赁之间的差别虽然不大，但在实践中对租赁合同双方当事人的权利影响很大，定期租赁的，在约定期限到来前，无法定或约定理由，一方提出解除合同的，属于违约行为，另一方可以拒绝或要求其承担违约责任。而不定期租赁任何一方均可以随时提出解除合同，只要给对方合理的准备时间即可。

## 私自转租可解约

（房屋被转租，房主可以解约吗）

**基本案情**

刘某将自己的房屋租给了李某，双方的房屋租赁合同约定：此房屋李某只有使用权，不得转租。后来，李某在未经刘某同意的情况下，私自将房屋转租给了王某。王某租住一段时间后，刘某才知道李某的转租事实。这个时候刘某怎么才能更好地维护自己的权益？

**法律链接**

《合同法》第97条：合同解除后，尚未履行的，终止履行；已经履行的，根据履行情况和合同性质，当事人可以要求恢复原状、采取其他补救措施，并有权要求赔偿损失。

《合同法》第224条：承租人经出租人同意，可以将租赁物转租给第三人。承租人转租的，承租人与出租人之间的租赁合同继续有效，第三人对租赁物造成损失的，承租人应当赔偿损失。

承租人未经出租人同意转租的，出租人可以解除合同。

**律师说法**

刘某可以要求解除与李某的房屋租赁合同，并可以要求李某返还转租房屋所得的超额收益。

通常情况下，承租人只享有房屋的承租权和使用权，没有经过房东的许可，无权转租房东的房子，如果承租人违反规定，房东可追究承租人的法律责任。对此，《合同法》已经做出明确规定：承租人转租房屋时必须要经过出租人的同意，如果出租人没有同意而承租人擅自转租的，则出租人有权予以解除合同。联系本案，李某将房屋转租给王某时，并没有征得房屋所有人刘某的同意，属于私自转租，这个时候，刘某有权解除和李某之间的房屋租赁合同，并有权要求李某返还转租房屋所得的超额收益。这里的超额收益是指：比如，房东刘某将房屋以每月2 000元的价格租给李某，李某又以每月2 500元的价格转租给王某，一旦刘某解除与李某之间的房屋租赁合同，那么，李某多收的每月500元的差价就应当返还给刘某。

法律小贴士：

在房屋租赁过程中，承租人私自转租并从中渔利的事例并不少见。为了避免自己遭遇这样的困扰，在房屋租赁过程中，当事人应着重注意以下几点：

1. 对于出租人而言，应该经常检查出租房屋的情况，发现私自转租，有权解除租赁合同。

2. 对于租房人而言，租房时一定要签订租房合同，并确认出租人与产权人是否一致，同时还要明确租房期限等详细条款，以免日后发生纠纷。

## 租房漏雨该谁管

（房屋在租赁期间漏雨，应由房东还是承租人承担修理责任）

### 基本案情

退休工人郑师傅有一栋20世纪60年代盖的老房子。因郑师傅的儿女都在外地工作，郑师傅跟着几个儿女住，长期不在家，房子遂无人居住，于是郑师傅把房子租给了范某，租期两年。就在范某搬进去不到半年，郑师傅听说有人出的租金更高，就要求范某搬走，遭到范某的拒绝。事过几个月，普降大雨，郑师傅租给范某住的房屋因年久失修漏雨严重，致使家里放的30袋化肥严重受潮，直接经济损失2 000余元。范某于是找到郑师傅，要求他维修房子屋顶，并适当赔偿自己的化肥损失。郑师傅因介意几个月前的事，坚决不同意，并提出解除与范某之间的房屋租赁合同。范某无奈，只得先自行掏钱修缮房屋，共支付维修费用300元。面对这些损失，范某的权益如何维护？

### 法律链接

《合同法》第220条：出租人应当履行租赁物的维修义务，当事人另有约定的除外。

《合同法》第221条：承租人在租赁物需要维修时可以要求出租人在合理期限内维修。出租人未履行维修义务的，承租人可以自行维修，维修费用由出租人负担。因维修租赁物影响承租人使用的，应当相应减少租金或者延长租期。

《城市房屋租赁管理办法》第21条：出租住宅用房的自然损坏或合同约定由出租人修缮的，由出租人负责修复。不及时修复，致使房屋发生破坏性事故，造成承租人财产损失或人身伤害的，应当承担赔偿责任。

### 律师说法

郑师傅对自己出租的房屋不修缮的行为是不合法的，并应当承担承租人范某因漏雨而遭受的损失及支付的维修费用。

根据《合同法》第220条、第221条和《城市房屋租赁管理办法》第21条的规定可知，郑师傅和范某当初并没有做出房屋维修事宜的约定，在没有当事人约定的情况下，应当按照法律的规定办理。郑师傅作为房屋的出租人，应当承担维修房屋的义务，以保护承租人范某的权益。郑师傅不履行该房屋维修义务时，承租人范某有权要求其履行义务，对于漏雨造成的损失 2 000 余元和维修房屋的费用 300 元，可以要求郑师傅予以赔偿。

郑师傅单方面提出解除房屋租赁合同的要求是不符合法律规定的。根据法律规定，出租人在租赁期限内，确需提前收回房屋时，应当事先征得承租人同意，给承租人造成损失的，应当予以赔偿。本案中不存在郑师傅“确需提前收回房屋”的情形，并且也没有事先征得承租人范某的同意，所以不能单方面解除房屋租赁合同。

法律小贴士：

1. 实际生活中，承租人在租房时，最好与出租人在租赁合同中对房屋维修义务作出明确约定，这样可以最大限度地避免纠纷的出现。

2. 如果双方没有对房屋维修义务作出约定，通常情况下，出租人应对房屋及设备进行及时、认真的检查和修缮，以保证房屋居住和使用的安全。当出现出租人对租赁的房屋确实无力修缮的情况时，可以与承租人合修，或者请承租人代为修缮，承租人所付出的修缮费用，可以充抵房屋租金，或由出租人分期偿还。

## 证簿面积不一致

（房屋产权证和土地登记簿上记载的房屋面积不一致，应以哪一个为准）

### 基本案情

孙某（卖方）和李某签订了一份房屋买卖合同，每平方米 1 万元，产权证上注明的房屋面积是 89 平方米，李某遂向孙某支付了 89 万元。在双方办理房屋产权变更登记手续时，李某发现土地登记簿上记载的该房屋的面积是 86 平方米，于是李某要求孙某减少购买房屋价款 3 万元，但孙某不同意，这个时候李某向法院起诉请求判决孙娟减少价款能得到支持吗？

### 法律链接

《物权法》第 16 条：不动产登记簿是物权归属和内容的根据。不动产登记簿由登记机构管理。

《物权法》第 17 条：不动产权属证书是权利人享有该不动产物权的证明。不动产权属证书记载的事项，应当与不动产登记簿一致；记载不一致的，除有证据证明不动产登记簿确有错误外，以不动产登记簿为准。

### 律师说法

李某请求孙某减少价款的请求能够得到法院的支持。我国《物权法》规定，不动产权属登记证书即房产证与土地登记簿记载不一致的，以土地登记簿为准。根据此规定联系本案，房产证上登记的面积比登记簿上登记的面积少了 3 平方米，应当以登记簿上记载的 86 平方米为准，这个时候，房屋价款也应当随着面积的修正而有所改变，即相应地减少 3 平方米的价款 3 万元。

法律小贴士：

1. 什么是房产登记簿？

房产登记簿是不动产登记簿的一种，是记载房产的权利状况并备存于房管部门的簿册。除了房产纠纷中的举证，日常涉及房屋产权的事务也以登记簿为准。

2. 房产证在房产纠纷中有什么用处？

房产证是证明业主权属的初步证明。具体来说，发生纠纷时，如果出现“一房两证”的情况，登记簿就起决定性作用，否则房产证上的产权人就是业主。

## 买卖不破租赁

（房屋在租赁期间被买卖，承租人有权继续承租吗）

### 基本案情

刘某看中了一套位于高档社区的二手房，在购买前，业主汪某就告诉他该房目前被单某承租，租期三年，还有一年才到期。但是，刘某以为自己购买了房屋后就有权随时要求原业主的承租人搬离，于是毫不犹豫地与汪某签订了房屋买卖合同，并办理了房屋过户手续。随后，刘某要求单某搬离，但是，在与单某交涉限期搬离的过程中，单某提出了一个概念——买卖不破租赁，并根据该概念要求继续承租。单某的提法有法律依据吗？

### 法律链接

《合同法》第229条：租赁物在租赁期间发生所有权变动的，不影响租赁合同的效力。

《城市房屋租赁管理办法》第11条：租赁期限内，房屋出租人转让房屋所有权的，房屋受让人应当继续履行原租赁合同的规定。

### 律师说法

在该案例中，承租人单某提出要求继续租赁的要求是合法的。

“买卖不破租赁”是一专业法律术语，作为法律保障承租人权利的一项规定，很好地起到了保护承租人合法权益的作用。“买卖不破租赁”具体是指：在租赁关系存续期间，即使出租人将租赁物让与第三人，对租赁关系也不产生任何影响，买受人不能以其已成为租赁物的所有人为由否认原租赁关系的存在并要求承租人返还租赁物。其构成要件包括：须有房屋租赁合同；须房屋已交付承租人使用；须房屋被买卖。

对此，《合同法》和《城市房屋租赁管理办法》做出了明确规定：租赁物在租赁期间发生所有权变动的，不影响租赁合同的效力。联系本案，单某与汪某的房屋租赁在前，刘某与汪某的房屋买卖在后，根据“买卖不破租赁”原则，单某提出要求继续租赁的要求是合法的，其利益应该受到法律的保护，刘某无权要求单某限期搬离，但是有权要求单某支付租金，因为，刘某在取得该房屋所有权的同时也取得了该房屋的收益权。

法律小贴士：

买受人应当在购房前充分了解要购买的房屋是否已经出租，如果出租，租赁期限是否快到期，以免影响自己的购房用途或自己的投资计划。

## 借名买房权属谁

（以他人的名义买的房屋，所有权属于谁）

**基本案情**

外地人李某在某市经过多年闯荡，攒下一笔钱，想通过按揭的方式购买一套住房，可因为她是外地人，在本地没有固定工作，不具备个人住房贷款借款人的条件，于是找到本地人杨某商量，想以杨某的名义贷款购房，杨某表示愿意。谁知几年后，杨某竟然私自将房屋转让给了不知情人夏某，当夏某上门要求李某搬离时，李某十分气愤，遂向法院起诉，要求法院判决房屋归自己所有。

**法律链接**

《合同法》第 402 条：受托人以自己的名义，在委托人的授权范围内与第三人订立的合同，第三人在订立合同时知道受托人与委托人之间的代理关系的，该合同直接约束委托人和第三人，但有确切证据证明该合同只约束受托人和第三人的除外。

《合同法》第 404 条：受托人处理委托事务取得的财产，应当转交给委托人。

《物权法》第 9 条：不动产物权的设立、变更、转让和消灭，经依法登记，发生效力。未经登记，不发生效力，但法律另有规定的除外。

**律师说法**

杨某购买的涉案房屋是基于李某的委托，以自己的名义实施的代理行为，是一种隐名代理行为，杨某作为受托人应当将处理委托事务取得的财产转交给委托人李某。因此，李某请求法院将房屋判决归自己所有，是应该得到支持的。

根据《合同法》第 402 条的规定可知，所谓隐名代理是指受托人在享有代理权的前提下，既不披露本人的姓名，也不表明自己的受托人身份；或者披露自己的受托人身份，但并不以本人名义与第三人进行法律行为，而本人仍将承担代理行为的法律后果。

隐名代理中基于委托关系而为的代理行为的法律后果，应当由委托人承担，取得的财产也应当为委托人所有。因此，按照《合同法》第 404 条的规定，杨某基于代理行为所取得的财产应当向李某转交，所以，该房屋的所有权人是李某而不是杨某。

法律小贴士：

目前，全国各地因借他人名义购房而反目对簿公堂的案例举不胜举。对此，律师特别提醒这类购房者，借他人名义买房风险大，不值得提倡。在法律上，借名买房中存在着诸多风险，例如：

1. 登记购房人反悔，不承认借名买房之事或者登记购房人死亡，其继承人不了解借名之事，不承认借名之事。

2. 第三人对登记购房人转移房产给事实购房人的行为提出异议，实践中，借名买房双方进行约定时，事实购房人认为借名与登记购房人的配偶没有关系，真正的房主是自己，但登记购房人的配偶往往以《婚姻法》的规定提出异议，否认借名买房的事实，确认该房产为夫妻共同财产。

3. 房产被登记购房人处分（转让或抵押）或被法院执行。

## 租赁权益可“继承”

（承租人于房屋租赁期间死亡，其家属是否有权继续租住该房屋）

**基本案情**

2010 年，孙某将自己的一套两室一厅的房子租给了陈某，双方在房屋租赁合同中约定：孙某将房子租给陈某一家四口使用，租期为 3 年。2011 年，陈某在一次交通事故中去世。陈某去世后不久，孙某就要求陈某的家人限期搬离。陈某家人认为，房屋租赁合同的签订人陈某虽然已经去世，但由于该房在签订合同时就已经明确约定由陈某一家四口使用，在房屋租赁合同还未到期的情况下，孙某无权要求陈某家人搬离。

陈某家人有权继续租住该房屋吗?

**法律链接**

《合同法》第 234 条：承租人在房屋租赁期间死亡的，与其生前共同居住的人可以按照原租赁合同租赁该房屋。

最高人民法院《关于贯彻执行〈中华人民共和国民法通则〉若干问题的意见（试行)》第 119 条第 1 款：承租户以一人名义承租私有房屋，在租赁期内，承租人死亡，该户共同居住人要求按原租约履行的，应当准许。

《城市房屋租赁管理办法》第 11 条：租赁期限内，房屋出租人转让房屋所有权的，房屋受让人应当继续履行原租赁合同的规定。

出租人在租赁期限内死亡的，其继承人应当继续履行原租赁合同。

住宅用房承租人在租赁期限内死亡的，其共同居住两年以上的家庭成员可以继续承租。

**律师说法**

陈某家人有权继续租住该房屋。根据《合同法》第 234 条和最高人民法院《关于贯彻执行〈中华人民共和国民法通则〉若干问题的意见（试行)》第 119 条第 1 款的规定可知，承租人在房屋租赁期间死亡的，与其生前共同居住的人可以按照原租赁合同租赁该房屋。本案中，虽然签订房屋租赁合同的陈某已死亡，但该合同还没有到期，在这种情况下，与陈某共同居住的家人有权继续租住该房屋，直到 3 年租赁期满为止。

法律小贴士：

陈某去世之后，在房屋的租赁期内，陈某家人依法享有该房屋的继续承租权，成为法律意义上的承租人，房东不能单方解除租赁协议。

## 定金一字值千金

（卖方违约，买方是否可以要求双倍返还定金）

**基本案情**

宋某和马某达成了一个口头约定，宋某将自己的房屋以 80 万元的价格卖给马某，双方于 10 日后签订正式的书面购房合同和对其他条款进行协商。为了确保书面合同的签订，宋某和马某签订了书面协议，约定由马某支付宋某 3 万元定金。马某当场支付了 3 万元定金给宋某。但是，宋某收了马某的 3 万元定金后并没有与马某协商其他条款，也没有与马某签订房屋购买合同，而是以 85 万元的价格将房屋卖给了孙某。马某要求宋某履行约定遭到宋某的拒绝，于是向法院起诉，要求宋某双倍返还定金 6 万元。马某提出的要宋某双倍返还定金 6 万元的要求成立吗？

**法律链接**

最高人民法院《关于适用〈中华人民共和国担保法〉若干问题的解释》第 115 条：当事人约定以交付定金作为订立主合同担保的，给付定金的一方拒绝订立主合同的，无权要求返还定金；收受定金的一方拒绝订立合同的，应当双倍返还定金。

**律师说法**

马某可以要求宋某双倍返还自己定金 6 万元。

本案是一起定金合同纠纷，争议的焦点是马某预先交付 3 万元定金的性质及该定金的效力问题。

定金是指合同当事人为了担保合同的履行，依据合同的约定，由一方预先给付对方一定数额的金钱，数额不得超过合同标的额的 20%。定金合同必须采用书面形式，在性质上属于担保合同。根据给付目的和效力的不同，定金分为证约定金、立约定金、成约定金、违约定金和解约定金。立约定金是指为担保订立合同而交付的定金，定金交付后，如果当事人无故拒绝签订合同，则丧失定金或加倍返还定金。在本案中，宋某和马某口头约定了房屋买卖合同的基本条款——房屋和价款，并约定了为保证双方签订正式合同，马某向宋某交付 3 万元定金。从该约定上看，双方之间并未形成具体的房屋买卖合同关系，仅是对房屋买卖达成了初步意向并约定双方继续协商其他条款后最终订立正式的书面合同。很明显，该定金从性质上判断，属于立约定金，那么该立约定金的效力又如何认定呢？

根据合同法基本理论，合同可分为预约合同和本约合同，两者是相对而言的。所谓预约合同是约定将来订立一定合同的合同，本约合同则是为履行该预约合同而订立的合同。对于立约定金而言，其所担保的不是双方当事人履行本约合同中约定的义务，而是担保双方当事人履行在预约合同中约定的订立本约合同的义务，即立约定金合同的主合同为预约合同。在本案中，双方书面订立了预约合同，且预约合同中对本约的基本内容进行了约定，同时不存在导致合同无效的情形，因此预约合同是有效的，立约定金的约定也是有效的。由于宋某拒绝履行预约合同约定的订立合同的义务，故根据最高人民法院《关于适用〈中华人民共和国担保法〉若干问题的解释》第115条的规定，宋某应当双倍返还给马某定金6万元。

法律小贴士：

所谓“双倍返还定金”罚则，即收受定金的一方如果不履行合同约定，必须双倍返还定金。该法则在买卖纠纷中较为常见，能够有效地防止收受定金方违约，维护支付定金方利益，具有很大的震慑作用。但是需要注意的是：适用这项罚则是有前提条件的，并不是只要收受定金方违约就适用，只有满足了一定的条件，受害方才能拿到双倍返还的定金。关于该罚则的前提条件，我国担保法及其司法解释做了专门规定，明确了四大适用条件：

1. 定金合同合法、成立。
2. 必须有违约行为的存在。
3. 必须有合同目的落空的事实。
4. 违约行为与合同目的落空之间有因果关系。

## 房贷利息谁买单

（买方因房屋质量问题主张退房，房贷利息由谁买单）

### 基本案情

冯某在某房地产开发公司看中了一套一室一厅的房子，但是由于总房款太高（100万元）而一直犹豫着是否购买。房地产开发公司的员工闫某看出冯某的心思后，建议冯某向银行贷款，按揭买房。冯某听取了闫某的建议，向银行贷款70万元，首付30万元，与房地产开发公司签订了房屋买卖合同。一年后，房地产开发公司通知冯某接房。冯某发现房屋的面积误差比例几乎达到4%，主体结构质量存在严重问题，便要求房地产开发公司退房。几经周折后，房地产开发公司才答应给冯某退房。但退房距购房之日已一年半，此间，冯某共向银行支付了5万元贷款利息。那么，冯某向银行支付的这5万元利息，应由谁买单呢？

### 法律链接

《合同法》第94条：有下列情形之一的，当事人可以解除合同：

（一）因不可抗力致使不能实现合同目的；

（二）在履行期限届满之前，当事人一方明确表示或者以自己的行为表明不履行主要债务；

（三）当事人一方迟延履行主要债务，经催告后在合理期限内仍未履行；

（四）当事人一方迟延履行债务或者有其他违约行为致使不能实现合同目的；

（五）法律规定的其他情形。

《合同法》第 113 条第 1 款：当事人一方不履行合同义务或者履行合同义务不符合约定，给对方造成损失的，损失赔偿额应当相当于因违约所造成的损失。

最高人民法院《关于审理商品房买卖合同纠纷案件适用法律若干问题的解释》第 12 条：因房屋主体结构质量不合格不能交付使用，或者房屋交付使用后，房屋主体结构质量经核验确属不合格，买受人请求解除合同和赔偿损失的，应予支持。

最高人民法院《关于审理商品房买卖合同纠纷案件适用法律若干问题的解释》第 13 条：因房屋质量问题严重影响正常居住使用，买受人请求解除合同和赔偿损失的，应予支持。交付使用的房屋存在质量问题，在保修期内，出卖人应当承担修复责任；出卖人拒绝修复或者在合理期限内拖延修复的，买受人可以自行或者委托他人修复。修复费用及修复期间造成的其他损失由出卖人承担。

最高人民法院《关于审理商品房买卖合同纠纷案件适用法律若干问题的解释》第 14 条：出卖人交付使用的房屋套内建筑面积或者建筑面积与商品房买卖合同约定面积不符，合同有约定的，按照约定处理；合同没有约定或者约定不明确的，按照以下原则处理：

（一）面积误差比绝对值在 3% 以内（含 3%），按照合同约定的价格据实结算，买受人请求解除合同的，不予支持；

（二）面积误差比绝对值超出 3%，买受人请求解除合同、返还已付购房款及利息的，应予支持。

**律师说法**

应由房地产开发公司买单。房地产开发公司除退还冯某房款和赔偿 5 万元利息损失外，还应按照银行同期存款利率赔偿冯某 30 万元首付款的存款利息。

按照合同法原理，违约分为根本违约和非根本违约。根本违约是指一方的违约致使另一方的合同目的不能实现或违约行为后果严重。联系本案，房地产开发公司的违约行为致使冯某买房入住的目的得不到实现，属于根本违约。根据《合同法》第 94 条的规定，冯某享有单方解除权，房地产开发公司应退还冯某所交的房款。根据《合同法》第 113 条第 1 款和最高人民法院《关于审理商品房买卖合同纠纷案件适用法律若干问题的解释》第 12、13、14 条的规定，冯某因房地产开发公司的违约行为，损失的 5 万元的贷款利息以及首付款的存款利息，房地产开发公司应如数支付。

综上所述，冯某有充分的理由要求房地产开发公司退还房款、赔偿 5 万元的贷款利息和首付款的存款利息。

法律小贴士：

实践中，消费者遭遇退房事宜时，可以通过以下途径解决房贷利息问题：其一，消费者与房地产开发公司双方可以协商处理，不能协商的，谁有过错谁承担房贷利息。如果是由于房地产开发公司的责任导致的退房，那么房地产开发公司应当承担退房造成的损失，包括贷款利息、首付款的存款利息、购房的税费等。其二，通常情况下，房地产买卖合同往往会约定违约责任。如果是因房地产开发公司的过错引起的退房，房地产开发公司应承担合同约定的违约责任，如果合同约定的违约金不足以弥补实际损失的，应当补足实际损失；反之，如果是消费者的原因引起的合同解除，应当由消费者自行承担各类损失，并且还要依据房地产买卖合同承担违约责任。

## 租赁合同未登记

（房屋租赁合同在没有到相关部门登记备案的情况下是否有效）

### 基本案情

孙某是某房屋的所有人。后孙某将房屋出租给杨某并与之签订了房屋租赁合同，但孙某和杨某并没有就该房屋租赁合同去相关部门登记备案。

孙某和杨某之间的房屋租赁合同在没有到相关部门登记备案的情况下有效吗？

### 法律链接

《房地产管理法》第 53 条：房屋租赁，出租人和承租人应当签订书面租赁合同，约定租赁期限、租赁用途、租赁价格、修缮责任等条款，以及双方的其他权利和义务，并向房产管理部门登记备案。

《城市私有房屋管理条例》第 15 条：租赁城市私有房屋，须由出租人和承租人签订租赁合同，明确双方的权利和义务，并报房屋所在地房管机关备案。

《城市房屋租赁管理办法》第 9 条：房屋租赁，当事人应当签订书面租赁合同。

《城市房屋租赁管理办法》第 13 条：房屋租赁实行登记备案制度。签订、变更、终止租赁合同的，当事人应当向房屋所在地市、县人民政府房地产管理部门登记备案。

《城市房屋租赁管理办法》第 14 条：房屋租赁当事人应当在租赁合同签订后 30 日内，持本办法第 15 条规定的文件到市、县人民政府房地产管理部门办理登记备案手续。

《城市房屋租赁管理办法》第 16 条：房屋租赁申请经市、县人民政府房地产管理部门审查合格后，颁发房屋租赁证。

《合同法》第 44 条：依法成立的合同，自成立时生效。

### 律师说法

孙某和杨某之间的房屋租赁合同虽然没有进行登记备案，但依然是有效的。

本案的焦点在于，租赁合同未经登记备案是否有效。对此，《房地产管理法》第 53 条，国务院 1983 年发布的《城市私有房屋管理条例》第 15 条，建设部《城市房屋租赁管理办法》第 9、13、14、16 条都做出了规定，即：房屋租赁，出租人和承租人应当签订书面租赁合同，并向房产管理部门登记备案。

分析如上法律规定，我们可以知道：

首先，对于房屋租赁合同，出租人和承租人应当以书面形式签订房屋租赁合同。

其次，双方当事人在签订房屋租赁合同后的30日内，应当持有关文件和证件，到所在市、县的房地产管理部门办理房屋租赁登记手续。经房地产管理部门审查合格后，发给房屋租赁证。

由此可知，有关的法律和行政法规都仅规定房屋租赁合同应当到有关部门办理登记备案，而没有规定房屋租赁合同办理登记备案才生效，因此，对于房屋租赁合同，没办理登记备案并不影响房屋租赁合同的效力。再者，根据《合同法》第44条的规定，房屋租赁合同自成立时起生效，未办理登记备案并不影响合同的效力。

联系本案，孙某和杨某之间的房屋租赁合同虽然未经登记备案，但仍然是有效的。

法律小贴士：

1. 房屋租赁，当事人应当签订书面租赁合同，租赁合同应当具备以下条款：

（1）当事人姓名或者名称及住所；

（2）房屋的坐落、面积、装修及设施状况；

（3）租赁用途；

（4）租赁期限；

（5）租金及交付方式；

（6）房屋修缮责任；

（7）转租的约定；

（8）变更和解除合同的条件；

（9）违约责任；

（10）当事人约定的其他条款。

2. 申请房屋租赁登记备案应当提交下列文件：

（1）书面租赁合同；

（2）房屋所有权证书；

（3）当事人的合法证件；

（4）城市人民政府规定的其他文件。

出租共有房屋，还须提交其他共有人同意出租的证明。

出租委托代管房屋，还须提交委托代管人授权出租的证明。

## 定期转为不定期

（租期过后双方未续租，租赁方是否有权随时让承租方搬离）

### 基本案情

2010年2月，宋某租赁王某的一套房子，租期为1年，双方签订了房屋租赁合同。2011 年 2 月宋某和王某的房屋租赁合同到期，但宋某并没有搬离王某的房屋，也没有和王某续签房屋租赁合同。2011 年 9 月，王某突然来找宋某，声称宋某的租赁早已到期，要宋某立刻搬离。但宋某认为，双方的租赁合同依然有效，自己仍然可以继续租用该房子。宋某的说法正确吗？他和王某之前签订的房屋租赁合同依然有效吗？

**法律链接**

《合同法》第 232 条：当事人对租赁期限没有约定或者约定不明确，依照本法第 61 条的规定仍不能确定的，视为不定期租赁。当事人可以随时解除合同，但出租人解除合同应当在合理期限之前通知承租人。

《合同法》第 236 条：租赁期间届满，承租人继续使用租赁物，出租人没有提出异议的，原租赁合同继续有效，但租赁期限为不定期。

**律师说法**

宋某的说法正确，他和王某之前签订的房屋租赁合同依然有效。

《合同法》明确规定，租赁期间届满，如果承租人继续使用租赁物，并且出租人没有提出异议，那么，原租赁合同继续有效，变化的是租赁合同由定期租赁转变为不定期租赁。针对该不定期租赁，当事人双方可以随时解除合同，但出租人要求解除合同的，需要给予承租人一定的合理期限。联系本案，宋某和王某之间签订的是 1 年租期的合同，在 1 年期限到期后，宋某继续使用房子，王某也没有提出异议，那么双方原来的 1 年期租赁合同依然有效，但转变为不定期租赁。如果王某要解除与宋某之间的合同，虽然不视为违约，但应当给予宋某一定的合理期限，不能让他马上搬离。

法律小贴士：

1. 租赁合同通常分为定期合同和不定期合同两种。租赁期限在 6 个月以上的，应当采用书面形式。当事人未采用书面形式的，视为不定期租赁。

2. 针对不定期租赁，当事人可以随时解除合同，但应当在合理期限之前通知承租人，这里所指的合理期限通常为 1 个月。

## 二金必须二选一

（当事人是否可以既主张违约金又主张定金）

**基本案情**

牛某在某中介公司看中了一套二手房，并与该房的所有人区某签订了一份房屋买卖意向书。牛某和区某在意向书中约定房屋的总价为 80 万元，签订意向书时牛某先向区某交付定金 1 万元，15 日后双方再签订正式的房屋购买合同。此外，意向书中还作了如下约定：如果区某违反意向书不卖房，除了遵守定金法则向牛某双倍返还定金外，还需向牛某支付总房价 5% 的违约金；反之，如果牛某不买房，区某除有权没收牛某支付的 1 万元定金外，还有权要求牛某向其支付总房价 5% 的违约金。后牛某向区某支付了1万元定金。谁知一周后，中介公司通知牛某说区某不卖房了，并愿意向牛某双倍返还定金。但是牛某认为，按照意向书约定，区某除了应该双倍返还定金外，还应当向自己支付总房价5%的违约金（4万元），于是要求区某支付定金2万元和违约金4万元，共计6万元。牛某的说法有道理吗？

**法律链接**

《合同法》第115条：当事人可以依照《担保法》约定一方向对方给付定金作为债权的担保。债务人履行债务后，定金应当抵作价款或者收回。给付定金的一方不履行约定的债务的，无权要求返还定金；收受定金的一方不履行约定的债务的，应当双倍返还定金。

《合同法》第116条：当事人既约定违约金，又约定定金的，一方违约时，对方可以选择适用违约金或者定金条款。

《担保法》第89条：当事人可以约定一方向对方给付定金作为债权的担保。债务人履行债务后，定金应当抵作价款或者收回。给付定金的一方不履行约定的债务的，无权要求返还定金；收受定金的一方不履行约定的债务的，应当双倍返还定金。

**律师说法**

牛某的说法没有道理，不符合法律的规定。

所谓定金，是指合同一方当事人为了担保其债务的履行而向对方给付的一定金钱或其他替代物。所谓违约金，是指按照当事人的约定或者法律直接规定，一方当事人违约的，应向另一方支付的金钱。本案的关键在于守约方牛某能否同时向违约方区某要求双倍返还定金和违约金。根据《合同法》第115、116条和《担保法》第89条的规定可知，收受定金的一方不履行约定的债务的，应当双倍返还定金；当事人既约定违约金，又约定定金的，一方违约时，对方可以选择适用违约金或者定金罚则。联系本案，双方既约定了定金又约定了违约金，当收受定金的一方即区某违约时，守约方牛某可以要求区某双倍返还定金或者要求区某交付违约金，但不能既要求双倍返还定金又要求违约金。牛某可以本着对自己有利的原则，从定金罚则和违约金罚则中选择其一来索赔。具体是：根据法律规定，当事人一方违约时究竟是适用定金罚则还是违约金罚则，其选择权在守约方，即违约方（即本案中的区某）无权决定。本着最有利的原则，本案中的牛某最好选择违约金罚则，即要求区某返还1万元定金，同时要求区某支付4万元违约金，共计5万元。因为，如果牛某选择了定金罚则，他只能要求区某双倍返还定金，即最终只能得到2万元。

法律小贴士：

1. 定金应当以书面形式约定。当事人在定金合同中应当约定交付定金的期限。定金合同从实际交付定金之日起生效。

2. 购买二手房者应该注意，约定定金或违约金条款时不能盲目地为防止对方违约而不恰当地约定定金或违约金的金额。我国法律规定，定金不应超过合同标的额的20%，违约金不应超过合同标的额的30%，除非造成的实际损失超过或达到约定标准，否则过高的部分法院不予支持。

## 卖方隐瞒玩欺诈

（卖方欺诈，买方可以要求卖方承担双倍返还责任吗）

**基本案情**

单某在某房地产开发公司买了一套预售商品房，双方在房屋买卖合同中载明该商品房手续合法，卖方已经取得了商品房预售许可证。房地产开发公司在签订合同时向单某出示了商品房预售许可证明。合同签订后，单某依约向房地产开发公司交付了房款60万元，房地产开发公司也依约向单某交付了房屋。后来，单某去房屋主管部门办理房屋所有权证时被告知其购买的商品房并没有取得商品房预售许可证，暂时无法办理房屋所有权证。一气之下，单某以房地产开发公司恶意虚构事实、隐瞒真相，构成欺诈为由向法院起诉，要求房地产开发公司返还房款及利息，并承担双倍赔偿责任。

单某的主张能否得到法院支持？

**法律链接**

最高人民法院《关于审理商品房买卖合同纠纷案件适用法律若干问题的解释》第2条：出卖人未取得商品房预售许可证明，与买受人订立的商品房预售合同，应当认定无效，但是在起诉前取得商品房预售许可证明的，可以认定有效。

最高人民法院《关于审理商品房买卖合同纠纷案件适用法律若干问题的解释》第9条：出卖人订立商品房买卖合同时，具有下列情形之一，导致合同无效或者被撤销、解除的，买受人可以请求返还已付购房款及利息、赔偿损失，并可以请求出卖人承担不超过已付购房款一倍的赔偿责任：

（一）故意隐瞒没有取得商品房预售许可证明的事实或者提供虚假商品房预售许可证明；

（二）故意隐瞒所售房屋已经抵押的事实；

（三）故意隐瞒所售房屋已经出卖给第三人或者为拆迁补偿安置房屋的事实。

**律师说法**

单某的主张成立。

所谓欺诈，是指故意陈述虚假事实或隐瞒真实情况，导致他人作出错误的意思表示行为。根据最高人民法院《关于审理商品房买卖合同纠纷案件适用法律若干问题的解释》第9条的规定，出卖人故意隐瞒没有取得商品房预售许可证明的事实或者提供虚假商品房预售许可证明，买受人可以请求返还已付购房款及利息、赔偿损失，并可以请求出卖人承担不超过已付购房款一倍的赔偿责任即双倍返还责任。联系本案，房地产开发公司故意隐瞒没有取得商品房预售许可证的事实，导致其与单某签订的房屋买卖合同无效或被撤销、解除，对此，买受人单某如果选择不要商品房，可以起诉房地产开发公司，要求返还自己的房款60万元及利息，另要求赔偿60万元。需要特别指出的是，根据最高人民法院《关于审理商品房买卖合同纠纷案件适用法律若干问题的解释》第2条的规定，若房地产开发公司在单某起诉前取得商品房预售许可证，单某不能要求解除商品房买卖合同及要求双倍赔偿。

法律小贴士：

实践中，房屋买卖欺诈的现象较为多发。那么，买房人如何防止被欺诈呢？

1. 商品房买卖中欺诈行为的防范：

（1）查看以确定开发商是否具有商品房销售许可证；

（2）在合同签订前不要交钱；

（3）不轻信广告；

（4）要提防代理商（中介）的欺诈。

2. “二手房”买卖中欺诈行为的防范：

（1）应了解有些特定的“二手房”是不能买卖的；

（2）应搞清楚“二手房”的权属关系；

（3）应搞清楚“二手房”是否出租或是否办理过抵押。

## 不可抗力为何物

（“冬季雨雪较多，影响了工程施工”，属于不可抗力的情形吗）

### 基本案情

2009年1月，王某和某房地产开发公司签订了房屋买卖合同。双方在合同中约定的交房日期为2010年12月1日。可是到了2010年12月1日，房地产开发公司并没有交房。经过王某多次催促，房地产开发公司才于2011年2月1日交了房。王某于是以逾期交房导致违约为由要求房地产开发公司承担违约责任。但房地产开发公司辩称己方之所以逾期交房是因为冬季雨雪较多，影响了工程施工，属于不可抗力，不承担违约责任。房地产开发公司的主张成立吗？

### 法律链接

《民法通则》第107条：因不可抗力不能履行合同或者造成他人损害的，不承担民事责任，法律另有规定的除外。

《民法通则》第153条：本法所称的“不可抗力”，是指不能预见、不能避免并不能克服的客观情况。

《合同法》第107条：当事人一方不履行合同义务或者履行合同义务不符合约定的，应当承担继续履行、采取补救措施或者赔偿损失等违约责任。

### 律师说法

房地产开发公司的主张不成立。根据《民法通则》第153条可知，所谓“不可抗力”，是指不能预见、不能避免并不能克服的客观情况。而在本案中，冬季雨雪多是正常的季节性特点，属于房地产开发公司能够预见、能够通过一些措施克服的正常天气情况，不属于“不可抗力”的范畴。所以，房地产开发公司不能以“不可抗力”的理由来逃避自己的责任，而应该根据《合同法》第107条的规定，向王某承担逾期交房的违约责任。

法律小贴士：

购房者面对开发商逾期交房的情况，可以按下述三步处理：

第一步，应当审查自己是否已按合同约定履行了自己的义务，主要体现在是否已按期支付了各期房款。

第二步，应当了解开发商逾期交房的原因，要求开发商作出解释并提供相关证据。法律规定开发商只有同时具备以下两个条件，才能不承担逾期交房的违约责任：(1) 发生了法律规定或双方约定的可以逾期交房的事实，通常双方会在商品房买卖合同中作出约定。(2) 开发商已将此情况按合同约定通知了购房者。

第三步，在确定了上述两项后，如开发商逾期交房确无正当理由，购房者可以根据合同的具体约定，选择以下处理方法：要求开发商继续履行合同并承担逾期交房的违约金或者要求解除合同，并由开发商承担违约金。

## 提前还款违约吗

（提前向银行还房贷，属于违约行为吗）

**基本案情**

从事服装生意的刘某去年买了一套房子，申请了某银行的房贷，期限15年。幸运的是，两年下来，刘某店铺生意好，稳赚了十几万元。于是，他就想提前还清房贷。然而，该银行却告知他：如果提前还贷，须一次性支付2万元违约金。对此，刘某很不解，提前还款还违约？

**法律链接**

《贷款通则》第32条：贷款归还：

借款人应当按照借款合同规定按时足额归还贷款本息。

贷款人在短期贷款到期1个星期之前、中长期贷款到期1个月之前，应当向借款人发送还本付息通知单；借款人应当及时筹备资金，按期还本付息。

贷款人对逾期的贷款要及时发出催收通知单，做好逾期贷款本息的催收工作。

贷款人对不能按借款合同约定期限归还的贷款，应当按规定加罚利息；对不能归还或者不能落实还本付息事宜的，应当督促归还或者依法起诉。

借款人提前归还贷款，应当与贷款人协商。

《合同法》第44条：依法成立的合同，自成立时生效。

法律、行政法规规定应当办理批准、登记等手续生效的，依照其规定。

《合同法》第107条：当事人一方不履行合同义务或者履行合同义务不符合约定的，应当承担继续履行、采取补救措施或者赔偿损失等违约责任。

**律师说法**

提前还款是一种违约行为，如果刘某提前还款，应该向银行承担违约责任。

根据《贷款通则》第 32 条的规定可知，借款人应当按照借款合同规定按时足额归还贷款本息，提前归还贷款的，应当与贷款人协商。联系本案，购房人作为借款人应当按照合同规定按时足额归还银行的贷款本息，如果提前还贷，应当与银行进行协商。这说明法律是允许提前还贷的。

另外，根据《合同法》第 44 条和第 107 条的规定，合同成立即生效，当事人双方应当按照合同的规定各自履行自己的责任。作为银行方，应当按期向购房人提供贷款；而作为购房人，应当按期按照合同约定的时间、数目向银行还款。如果一方履行合同义务不符合约定，应当承担违约责任。本案中，双方当事人约定的还款期限为 20 年，如果购房人提前还款，则属于“履行合同义务不符合约定”的情形，所以应当承担违约责任。

再者，作为银行方，在为购房人办理房贷事项时付出了一定的成本，如果购房人提出提前还款的申请，势必会影响银行的工作计划。因此，银行要求购房人在提前还款的情况下承担一定的违约责任是符合常理的。

法律小贴士：

1. 提前还贷的程序：

（1）首先要找放款银行协商；

（2）提前还房贷，购房人需承担一定的违约责任，通常会根据贷款的数目来确定违约金的多少；

（3）征得放款银行同意后，购房人支付违约金，和银行签订提前还款协议。

2. 如何办理提前还贷手续：

借款人持本人身份证、借款合同到银行提交提前还贷申请，填写完申请表格资料，按照银行规定的日期存入足够的还款款项即可。如果是一次性全部还清贷款，还需要在存入足够还款款项后，持还款凭证到银行办理他项权证撤销申请，取回原先抵押给银行的房产证。如果房屋为期楼，则在银行办理他项权证备案撤销申请，等房产证办理手续完毕就可到房产部门取回房产证。按不同银行规定及具体个案，提前还贷申请提出后，最快只需要数个工作日，最迟 1 个月内可办理完毕。

## 共有房产的抵押

（共有房屋的抵押应遵循哪些程序）

**基本案情**

孙某和父母共同出资购买了一套房屋并取得产权证，产权人登记为孙某，孙某父母为共有人。2011 年，孙某为做生意筹集资金，想把该房屋抵押给银行，但遭到了父母的强烈反对。孙某想反正房产证上登记的是自己的名字，何不偷拿房产证去办理抵押，于是瞒着父母，拿着房产证去银行申请抵押。

孙某能否不经父母同意办理抵押贷款呢？

**法律链接**

最高人民法院《关于贯彻执行〈中华人民共和国民法通则〉若干问题的意见（试行）》第 89 条：共同共有人对共有财产享有共同的权利，承担共同的义务。在共同共有关系存续期间，部分共有人擅自处分共有财产的，一般认定无效。但第三人善意、有偿取得该财产的，应当维护第三人的合法权益，对其他共有人的损失，由擅自处分共有财产的人赔偿。

《城市房地产抵押管理办法》第 19 条：以共有的房地产抵押的，抵押人应当事先征得其他共有人的书面同意。

**律师说法**

孙某不经父母同意办理抵押贷款在法律上是行不通的。

房地产抵押是指抵押人以其合法的房地产以不转移占有的方式向抵押权人提供债务履行担保的行为。抵押人必须是对房屋享有完全所有权或使用经营权的人。

根据最高人民法院《关于贯彻执行〈中华人民共和国民法通则〉若干问题的意见（试行）》第 89 条和《城市房地产抵押管理办法》第 19 条的规定可知，在共同共有关系存续期间，部分共有人擅自处分共有财产的，一般认定无效。以共有的房地产抵押的，抵押人应当事先征得其他共有人的书面同意。联系本案，该房屋由孙某及其父母共有，孙某对于该房屋并不享有完全的所有权，在没有取得其他共有人即孙某父母一致同意的情况下，孙某无权设立抵押。因此，如果孙某想对该房屋进行抵押贷款，需要征得父母的书面同意，否则无法办理抵押手续。

法律小贴士：

办理共有房屋抵押登记的资料：

1. 房屋所有权证书原件和土地使用证原件及复印件；
2. 企、事业单位提供本单位法人资格证明原件及复印件；
3. 共有房屋须提供共有人同意抵押的书面证明原件；
4. 抵押当事人对所抵押的房产价值无法协商一致时，应由房产评估机构确定，并提供评估报告；
5. 国有企、事业单位房地产抵押的，须提交国有资产管理部门同意的书面证明原件；
6. 集体所有制企业房地产抵押的，须提交企业职工（代表）大会通过的决议原件；
7. 中外合资企业、合作经营企业和外商独资企业房地产抵押的，须提交董事会通过的决议原件；
8. 有限责任公司、股份有限公司房地产抵押的，须提交董事会或股东大会通过的决议原件。

# 房屋质量谁担责

（房屋质量出现问题，能要求退房并赔偿吗）

## 基本案情

田某准备购房结婚。经过考察，田某最终与开发商签订了房屋买卖合同，并于合同签订当日将100余万元房款全部付清。之后，田某又向开发商缴纳了公共设施维修费等各种费用。两年后，田某搬进了新买的房子，但想不到的是，本该甜蜜幸福地过着新婚生活的小两口却因为房子问题而愁云满布。原来，搬进新房后他们便发现房屋开始漏水，墙壁上出现了十几条裂缝，最长的一条横贯东西，可能对房屋的使用寿命产生致命影响。经鉴定，该房屋由于施工不当存在严重的质量问题。田某多次找开发商理论，一直不能就维修和赔偿问题达成一致意见。田某一气之下将开发商告上法庭，请求解除自己与开发商之间的房屋买卖合同并要求开发商赔偿损失，田某的请求能得到支持吗?

## 法律链接

最高人民法院《关于审理商品房买卖合同纠纷案件适用法律若干问题的解释》第12条：因房屋主体结构质量不合格不能交付使用，或者房屋交付使用后，房屋主体结构质量经检验确属不合格，买受人请求解除合同和赔偿损失的，应予支持。

最高人民法院《关于审理商品房买卖合同纠纷案件适用法律若干问题的解释》第13条：因房屋质量问题严重影响正常居住使用，买受人请求解除合同和赔偿损失的，应予支持。交付使用的房屋存在质量问题，在保修期内，出卖人应当承担修复责任；出卖人拒绝修复或者在合理期限内拖延修复的，买受人可以自行或者委托他人修复，修复费用及修复期间造成的其他损失由出卖人承担。

## 律师说法

田某有权请求解除房屋买卖合同并要求开发商赔偿损失。本案是一起房屋买卖合同纠纷，田某所购房屋的质量出现了严重问题，以致影响了其正常使用，根据最高人民法院《关于审理商品房买卖合同纠纷案件适用法律若干问题的解释》第12条和第13条的规定，购房者可以要求退房并得到相应赔偿。买房子固然是喜事，但一旦出现房屋质量问题，我们该拿起法律武器来保护自己的合法权益。

法律小贴士：

1. 保管好重要的证据。

房屋有质量问题，购房者一定要在保修期内，就该质量问题通知开发商与物业公司，以便尽快进行修复。必要时，通过拍照、录像、文字记录等方式留下证据，文字性的记录最好要有开发商的员工或第三人见证，以增强证据的效力。另外，要保留相关的证据，包括房屋出现质量问题的证据，开发商进行修复的证据，房屋质量问题对业主造成损失的证据等。

2. 维护权益的四种渠道。

出现房屋质量问题后，购房者有四种渠道来维护权益：向有关建设行政主管部门投诉；调解和协商；仲裁，不过房地产纠纷交付仲裁的前提是双方当事人在合同中订有仲裁条款，或者事后达成了书面仲裁协议，否则仲裁机构无权仲裁；最后一种渠道是打官司，这是迫不得已的一种渠道。

## 交付面积误差大

（房屋面积误差大，可否要求房地产公司双倍赔偿）

### 基本案情

2010 年，宋某根据某房地产开发公司公开发放的商业街平面配置参考图等售房广告与该公司订立商品房买卖合同一份，认购售楼书中所标明的 A26 房屋，合同约定面积为 100 平方米，但没有对面积不符的情况作出约定。合同订立后，宋某分 10 次向该公司付清了全部房款（100 万元）。在合同履行过程中，宋某发现该公司交付的 A26 房屋实际面积为 88 平方米，与合同约定的面积相差 12 平方米，面积误差达到了 12%。后来，宋某与该公司就所差面积的问题进行协商，但没有达成一致意见。为此，宋某向法院起诉，要求该公司双倍返还购房款。宋某的主张会得到法院的支持吗？

### 法律链接

最高人民法院《关于审理商品房买卖合同纠纷案件适用法律若干问题的解释》第 14 条：出卖人交付使用的房屋套内建筑面积或者建筑面积与商品房买卖合同约定面积不符，合同有约定的，按照约定处理；合同没有约定或者约定不明确的，按照以下原则处理：

（一）面积误差比绝对值在 3% 以内（含 3%），按照合同约定的价格据实结算，买受人请求解除合同的，不予支持。

（二）面积误差比绝对值超出 3%，买受人请求解除合同、返还已付购房款及利息的，应予支持。买受人同意继续履行合同，房屋实际面积大于合同约定面积的，面积误差比在 3% 以内（含 3%）部分的房价款由买受人按照约定的价格补足，面积误差比超出 3% 部分的房价款由出卖人承担，所有权归买受人；房屋实际面积小于合同约定面积的，面积误差比在 3% 以内（含 3%）部分的房价款及利息由出卖人返还买受人，面积误差比超过 3% 部分的房价款由出卖人双倍返还买受人。

### 律师说法

宋某的主张会在有条件的前提下得到法院的支持，具体是：宋某可以要求房地产公司返还“面积误差比在 3% 以内（含 3%）部分的房价款及利息”，同时可以要求房地产公司双倍返还“面积误差比超过 3% 部分的房价款”。

根据最高人民法院《关于审理商品房买卖合同纠纷案件适用法律若干问题的解释》第 14 条的规定可知，出卖人交付使用的房屋套内建筑面积或者建筑面积与商品房买卖合同约定面积不符，合同有约定的，按照约定处理；合同没有约定或者约定不明确的，按照法律处理。在本案中，宋某和房地产公司并没有就面积不符的情形作出约定，所以应当按照法律的规定处理。由于房地产公司交付给宋某的房屋面积误差为12%，大于3%，所以，按照法律规定，宋某可以要求房地产公司返还房款共计21万元，具体返还情况是：（1）要求返还100万元乘以3%的原房价，即3万元；（2）要求房地产公司承担（100-88）-（100×3%）万元部分的双倍返还责任，即18万元。

法律小贴士：

买房如何避免房屋面积纠纷呢？需注意以下几点：

1. 买房时要注意看清预售合同的每一项条款，如果对其中的有关条款不满意，可以与开发商协商修改该条款，并将修改内容写入合同中。

2. 如果在交接时，开发商通知补交增加面积的房款，消费者应要求开发商出具正式测量结果及有关文件。

3. 如面积相差悬殊，消费者可委托公正的第三方测量机构考察交付房屋的设计与原合同的图纸设计是否相符，如不相符，可按合同追究开发商的违约责任。

## 卖完房子反悔了

（在已经签订合同但还未办理过户手续的情况下，卖方可以反悔吗）

### 基本案情

马某买了宋某的一套房子，已经支付了1/4价款，双方约定余款待过户手续办完之后付清。后在办理过户手续前宋某反悔，要求解除合同，马某不同意，向法院起诉要求宋某继续履行合同，转移房屋的所有权。在已经签订合同但还未办理过户手续的情况下，宋某可以反悔吗？

### 法律链接

《合同法》第44条：依法成立的合同，自成立时生效。

法律、行政法规规定应当办理批准、登记等手续生效的，依照其规定。

《合同法》第107条：当事人一方不履行合同义务或者履行合同义务不符合约定的，应当承担继续履行、采取补救措施或者赔偿损失等违约责任。

《物权法》第15条：当事人之间订立有关设立、变更、转让和消灭不动产物权的合同，除法律另有规定或者合同另有约定外，自合同成立时生效；未办理物权登记的，不影响合同效力。

### 律师说法

宋某可以反悔，但应该向马某承担违约责任。

本案中，马某已经支付了1/4价款，关于余款双方约定“待过户手续办完之后付清”，可见，双方的意思表示一致，合同成立，根据《合同法》第44条的规定，双方之间的合同自成立时起即已生效。另根据《物权法》第15条的规定，马某和宋某虽然没有去办理房屋过户手续，但并不影响合同的效力。该生效的合同对宋某和马某都有约束力，任何一方不得反悔，否则应承担违约责任。根据《合同法》第107条的规定，马某有权要求宋某承担继续履行、采取补救措施或者赔偿损失等违约责任。这里需要注意的是，《合同法》第107条对违约责任规定了三种责任承担方式，该三种方式有适用上的先后顺序之分，在可以履行的情况下，首先应当适用“继续履行”的方式，只有在继续履行合同有困难的情况下，才能要求采取补救措施或者赔偿损失等。

法律小贴士：

在房屋买卖中，卖方可以反悔，但要承担违约责任，不过如果买方坚持要房，可以要求卖方继续履行合同，并办理房屋过户手续；如果在此期间卖方又将房子卖给第三方并办理了房屋过户手续，则买方只能要求卖方承担采取补救措施或赔偿损失等违约责任了。

## 丈夫瞒妻擅卖房

（房屋的共有人擅自买卖房屋，其效力如何）

### 基本案情

刘某（男）和李某结婚后购得房屋一套，仅以刘某的名义进行了登记。后刘某和李某感情不和，刘某擅自将房屋以时价出售给不知情的孙某，并办理了房屋所有权变更登记手续。对于刘某擅自卖方的行为，李某极力反对。在此情况下，刘某和孙某之间的房屋买卖合同效力如何？此时谁是该房屋的所有权人？

### 法律链接

《合同法》第51条：无处分权的人处分他人财产，经权利人追认或者无处分权的人订立合同后取得处分权的，该合同有效。

《物权法》第97条：处分共有的不动产或者动产以及对共有的不动产或者动产作重大修缮的，应当经占份额三分之二以上的按份共有人或者全体共同共有人同意，但共有人之间另有约定的除外。

《物权法》第106条：无处分权人将不动产或者动产转让给受让人的，所有权人有权追回；除法律另有规定外，符合下列情形的，受让人取得该不动产或者动产的所有权：

（一）受让人受让该不动产或者动产时是善意的；

（二）以合理的价格转让；

（三）转让的不动产或者动产依照法律规定应当登记的已经登记，不需要登记的已经交付给受让人。

受让人依照前款规定取得不动产或者动产的所有权的，原所有权人有权向无处分权人请求赔偿损失。

当事人善意取得其他物权的，参照前两款规定。

**律师说法**

刘某和孙某之间的房屋买卖合同无效，此时孙某是房屋的所有权人。这里涉及《物权法》的共有制度与善意取得制度。

房子是刘某和李某婚后共同购买的，虽然房屋所有权登记在刘某名下，但根据《婚姻法》的规定，该房是夫妻共同财产，属于刘某和李某共同共有。根据《物权法》第97条的规定可知，处分共有的不动产，应当经全体共同共有人同意，否则属于无权处分。本案中，刘某处分作为夫妻共同财产的房屋，没有经过共同共有人李某的同意，属于无权处分。根据《合同法》第51条的规定，无处分权的人处分财产，经权利人追认该合同有效。但在本案中，刘某擅自处分房屋的行为并没有取得李某的事后追认，所以他与孙某之间的房屋买卖合同是无效的。

刘某与孙某之间的房屋买卖合同虽然无效，但孙某仍有权取得房屋的所有权。根据《物权法》第106条的规定可知，无处分权人将不动产转让给受让人的，所有权人有权追回；除法律另有规定外，受让人以合理的价格受让、受让该不动产时是善意的，并且该不动产已经登记为受让人名下，此时，受让人取得该不动产所有权。在本案中，受让人孙某以合理的价格——“时价”购买房屋，已经办理了登记手续，并且受让时是善意的，所以其已经取得了该房屋的所有权，成为该房屋的所有权人。

在这种情况下，李某应该如何维护自己的权益呢？《物权法》第106条规定：受让人依照前款规定取得不动产的所有权的，原所有权人有权向无处分权人请求赔偿损失。据此，原所有权人李某无权向孙某要回房屋，只能向刘某请求赔偿损失。

法律小贴士：

1. 共有关系——财产大家可共有，权利义务须分明。

共有关系分为按份共有和共同共有。按份共有是共有人按照各自应有的份额对共有物共同享有权利、承担义务。共同共有是两个或两个以上的民事主体，根据某种共同关系而对某项财产不分份额地共同享有权利、承担义务。所谓“某种共同关系”，目前一般认为主要包括夫妻共有、家庭共有和遗产分割前的共有这几种情形。在共同共有关系中，共有人享有平等的权利义务，不分所谓份额。

2. 管理权责——有约定按约定，无约定共承担。

共有人按照约定管理共有的不动产或者动产；没有约定或者约定不明确的，各共有人都有管理的权利和义务。对共有物的管理费用以及其他负担，有约定的，按照约定；没有约定或者约定不明确的，按份共有人按照其份额负担，共同共有人共同负担。

3. 处分前提——共同商定方可，擅自处分无效。

处分共有的不动产或者动产以及对共有的不动产或者动产作重大修缮的，应当经占份额三分之二以上的按份共有人或者全体共同共有人同意，但共有人之间另有约定的除外。按份共有人可以转让其享有的共有的不动产或者动产份额。其他共有人在同等条件下享有优先购买的权利。

## 想要退掉按揭房

（支付了首付及部分按揭的房子能够退掉吗）

### 基本案情

杨某在B市与某开发商签订了房屋买卖合同，购得了一套商品房，向银行申请了按揭住房贷款。在支付了首付和部分按揭款共计18万元后，杨某因工作调动迁往J市居住，遂打算退掉该套房子。杨某可以擅自退掉该房子吗？

### 法律链接

《合同法》第8条：依法成立的合同，对当事人具有法律约束力。当事人应当按照约定履行自己的义务，不得擅自变更或者解除合同。

依法成立的合同，受法律保护。

《合同法》第107条：当事人一方不履行合同义务或者履行合同义务不符合约定的，应当承担继续履行、采取补救措施或者赔偿损失等违约责任。

### 律师说法

杨某无法擅自退房，只能与开发商及银行协商解决。

根据《合同法》第8条的规定可知，依法成立的合同，对当事人具有法律约束力。当事人应当按照合同履行自己的义务，不得擅自变更或者解除该合同。在本案中，杨某与开发商签订了房屋买卖合同，又与银行签订了按揭贷款合同，就应当按照约定履行自己的义务，否则应按照《合同法》第107条的规定承担违约责任。所以，杨某不能擅自退房，而应当与开发商和银行进行友好协商，必要时支付一定的赔偿金或补偿金。

法律小贴士：

如果购房人无理由退房，则需承担违约金。在以下情况下，购房人有权要求退房，不用支付违约金：

1. 实测面积与合同约定面积误差绝对值超过3%。
2. 开发商逾期交房构成根本违约，即逾期交房达到合同约定的退房日期。
3. 开发商变更规划、设计影响房屋结构、户型、空间尺寸、朝向的。
4. 开发商预售未取得商品房预售许可证的房屋的（故意隐瞒未取得预售许可证的除外）。
5. 开发商交付的房屋主体结构质量不合格或房屋质量严重影响房屋正常使用的。
6. 不能或不能按期办理产权过户的。
7. 购房人贷款申请未批准，合同双方对付款方式不能协商一致的。
8. 合同中约定的其他退房条件出现时。

# 购房面积怎么算

（将公摊面积计算到房屋总面积中，是违反法律规定的欺诈行为吗）

## 基本案情

2010 年，区某与甲房地产公司签订了一份房屋买卖合同，合同约定甲房地产公司将一套二居室的房子卖给区某，该房建筑面积约 80 平方米，每平方米价格 1 万元，总房款为 80 万元。2011 年，甲房地产公司将房屋交付给区某。区某到房产交易所领取房产证时发现房产证上记载的建筑面积为 76 平方米，比合同约定的建筑面积少了 4 平方米。于是，区某以面积短少、甲房地产公司存在欺诈为由向法院起诉，要求甲房地产公司双倍返还多付的 4 平方米的房款共 8 万元。甲房地产公司辩称公摊面积应计算到房屋总面积中，该公司不存在欺诈行为。甲房地产公司的辩解在法律上成立吗？如果不成立，区某应该如何维护自己的权益？

## 法律链接

《商品房销售面积计算及公用建筑面积分摊规则》第 5 条：商品房按“套”或“单元”出售，商品房的销售面积即为购房者所购买的套内或单元内建筑面积与应分摊的公用建筑面积之和。

商品房销售面积=套内建筑面积+分摊的公用建筑面积

《合同法》第 54 条：下列合同，当事人一方有权请求人民法院或者仲裁机构变更或者撤销：

（一）因重大误解订立的；

（二）在订立合同时显失公平的。

一方以欺诈、胁迫的手段或者乘人之危，使对方在违背真实意思的情况下订立的合同，受损害方有权请求人民法院或者仲裁机构变更或者撤销。

当事人请求变更的，人民法院或者仲裁机构不得撤销。

《合同法》第 55 条：有下列情形之一的，撤销权消灭：

（一）具有撤销权的当事人自知道或者应当知道撤销事由之日起一年内没有行使撤销权；

（二）具有撤销权的当事人知道撤销事由后明确表示或者以自己的行为放弃撤销权。

## 律师说法

甲房地产公司不存在欺诈行为，其辩解在法律上成立。

关于购房面积如何计算，国家有关法律作出了一系列规定。区某所购买的一套二居室，其建筑面积应当包括公摊面积，所以，甲房地产公司并没有欺诈行为。

然而，在实际生活中，关于“购房面积”的法律规定，业内人士如房地产公司销售人员可能比较熟悉，但是对普通购房者来说，却可能很陌生，因此闹出了许多矛盾。在本案中，区某签订房屋买卖合同时，并不知道房屋建筑面积包括公摊面积，一来是由于他不熟悉有关规定，二来是因为在与甲房地产公司签订的合同中也未写明住宅的建筑面积是否包括公摊面积。区某认为二居室的套内建筑面积应是80平方米，属于本人重大误解，而不是甲房地产公司欺诈。因此，区某以甲房地产公司欺诈为由请求法院判令其双倍返还多收房款是不会得到法院支持的。

如果区某认为花了80万元的钱买了70多平方米的房子有点亏，不想继续购买该套房屋，可以以重大误解为由请求法院撤销该房屋买卖合同。但需注意，该项撤销权是有严格时间限制的。根据《合同法》第55条的规定可知，具有撤销权的当事人应当自知道或者应当知道撤销事由之日起1年内行使撤销权，否则该撤销权消灭。

法律小贴士：

房屋买卖合同事关重大，在进行交易时，购房者应当慎重对待，应该搞清楚有关规定或在合同中对房屋面积进行详细约定，发现问题之后慎重选择诉讼思路，才能保护自己的合法权益。如果因为重大误解签订了对自己不利的合同，应当在知道撤销事由1年内请求法院或者仲裁机构予以变更或者撤销。

## 私下转让经适房

（私下转让还在5年禁止转让期内的经济适用房的行为，在法律上是否有效）

### 基本案情

2010年8月，王某和张某签订了一份房屋买卖合同，由王某将自己于2009年所购的一套经济适用房转让给张某，双方在合同中约定：该房屋的转让价格为70万元，由张某在合同签订时支付给王某30万元，余款待2011年3月办理房屋过户登记手续时一次性付清，王某应于2011年4月将房屋交付给张某。合同签订后，张某依照约定向王某支付了30万元。后因王某没有准时和张某办理房屋过户登记手续并交付房屋，张某将王某告上法庭，要求继续履行该房屋买卖合同。王某和张某私下转让还在5年禁止转让期内的经济适用房的行为，在法律上有效吗？王某要求继续履行房屋买卖合同的行为会得到法院的支持吗？

### 法律链接

《经济适用住房管理办法》第30条：经济适用住房购房人拥有有限产权。

购买经济适用住房不满5年，不得直接上市交易，购房人因特殊原因确需转让经济适用住房的，由政府按照原价格并考虑折旧和物价水平等因素进行回购。

购买经济适用住房满5年，购房人上市转让经济适用住房的，应按照届时同地段普通商品住房与经济适用住房差价的一定比例向政府交纳土地收益等相关价款，具体交纳比例由市、县人民政府确定，政府可优先回购；购房人也可以按照政府所定的标准向政府交纳土地收益等相关价款后，取得完全产权。

上述规定应在经济适用住房购买合同中予以载明，并明确相关违约责任。

《合同法》第52条：有下列情形之一的，合同无效：

（一）一方以欺诈、胁迫的手段订立合同，损害国家利益；

（二）恶意串通，损害国家、集体或者第三人利益；

（三）以合法形式掩盖非法目的；

（四）损害社会公共利益；

（五）违反法律、行政法规的强制性规定。

**律师说法**

王某和张某私下转让还在5年禁止转让期内的经济适用房的行为，在法律上无效。王某要求继续履行房屋买卖合同的行为不会得到法院的支持。

王某所有的房屋属于经济适用房，根据《经济适用住房管理办法》第30条的规定可知，经济适用房属于政策性住房，在购房者购得房屋后的5年内，购房者只拥有有限产权，不得进行处分，否则处分行为无效。在本案中，王某于2009年购买了经济适用房，至2010年8月与张某签订房屋买卖合同时，并没有超过5年的禁止转让期限。另根据《合同法》第52条的规定可知，损害社会公共利益，违反法律、行政法规的强制性规定的合同无效。所以，王某私下处分该经济适用房，与张某签订房屋买卖合同的行为因损害社会公共利益、违反法律的规定而无效。所以，原告张某要求被告王某继续履行房屋买卖合同的诉讼请求没有法律依据，法院无法支持，应判决驳回张某的诉讼请求。

法律小贴士：

在日常生活中，由于经济适用房5年内禁止转让的特殊性，以及房地产市场在5年内走势难以把握，因此极易发生房价或涨或跌的现象，像张某这种由于交易一方反悔不愿过户的情况时有发生。因此，希望从私人手中购买经济适用房的购房者应该做到：

1. 在购房时，一定要弄清房屋的性质，是不是经济适用房？如果是，是否已过5年的禁止转让期？

2. 在签订房屋买卖合同前，最好可以跟了解相关法律知识的朋友或者律师进行咨询和请教，以免日后产生麻烦。

## 房屋被烧险谁担

（已交付但没过户的商品房发生火灾，风险应由谁承担）

**基本案情**

2010年5月，王某与某房地产开发公司签订了一份房屋买卖合同。双方约定：在2011年5月之前，开发商办理过户手续。2010年7月，开发商将房屋交付王某使用，王某搬进去居住。2010年12月，王某所购房屋在一次意外火灾中被烧毁。事发后，王某找开发商理论，要求开发商更换一套住房给自己，理由是所买房屋还未办理过户手续。开发商则认为房子已经卖给王某，并已经交付，房屋被烧风险应由王某自行承担。

已交付但没过户的商品房发生火灾，风险到底应由谁承担呢？

**法律链接**

《合同法》第142条：标的物毁损、灭失的风险，在标的物交付之前由出卖人承担，交付之后由买受人承担，但法律另有规定或者当事人另有约定的除外。

**律师说法**

风险应由王某自行承担。

《合同法》第142条明确规定：标的物毁损、灭失的风险，在标的物交付之前由出卖人承担，交付之后由买受人承担，但法律另有规定或者当事人另有约定的除外。由此可见，我国的标的物风险承担采取“交付主义”。其意思是说，如果房屋买卖合同双方当事人事前对风险承担有约定，则从其约定，没有约定，则依据“交付标准”确定风险承担者。如果在房屋被烧之前，开发商已经将房屋交付给购房者使用，即使没有办理过户手续，也应当由购房者承担。原因是：开发商交付房屋后，表示其已经履行了自己最主要的义务，房屋已实际由购房者控制，购房者可以对房屋直接行使占有、使用、收益等权利。并且，此时购房者管理房屋最为方便，在很大程度上，能有效地防范风险的发生。这个时候，如果再让开发商来承担风险，对开发商来说是极不公平的。由此可知，在房屋买卖合同签订后、产权登记前，开发商是否履行了交付房屋的义务就成为房屋风险由谁承担的关键所在。只要当事人没有事先约定，房屋买卖中的风险转移就应以房屋的交付为转折点，交付之前，开发商承担风险；交付之后，购房者承担风险。在本案中，开发商已经将房屋交付给王某使用，所以，应由王某自行承担房屋被烧风险。

法律小贴士：

房屋毁损灭失的风险，具体由谁承担？通常情况下是：

1. 有约定，按照约定。房屋买卖合同的双方如果对该项做了详细规定，则按照合同的约定承担责任。

2. 无约定，按法定。房屋买卖合同的双方如果没有对该项做出规定，则按照法律的规定承担责任，即在房屋交付之前由卖方承担，在交付之后由买方承担。

## 法院判决的效力

（法院把房屋判决给了成某，成某能即时取得该房屋的所有权吗）

**基本案情**

成某和姜某因房屋所有权的归属发生纠纷，诉至法院。法院经过审理，判决房屋归成某所有。判决生效后，成某一直没有办理房屋产权登记手续。在这种情况下，成某拥有该房屋的所有权吗？

**法律链接**

《物权法》第28条：因人民法院、仲裁委员会的法律文书或者人民政府的征收决定等，导致物权设立、变更、转让或者消灭的，自法律文书或者人民政府的征收决定等生效时发生效力。

**律师说法**

自判决生效之日起，成某即取得该房屋的所有权。《物权法》虽然明确规定我国不动产的物权取得采用登记主义，否则不发生物权变动的效力。但是，此规定有一个例外，即根据《物权法》第28条的规定可知，因人民法院的法律文书导致物权设立、变更、转让或者消灭的，自法律文书生效时发生效力。在本案中，法院把房屋判给了成某，成某虽然没有办理产权登记手续，但根据法律规定，自判决生效之日起即取得了房屋的所有权。

法律小贴士：

关于不动产如房屋的物权变动，共有两种变动方式：其一是基于法律行为的不动产物权变动方式；其二是非基于法律行为的不动产变动方式。

基于法律行为的不动产物权变动方式，其条件主要有四个：

1. 当事人具有处分权；
2. 须有物权变动的意思表示；
3. 不动产物权行为是法定要式行为，必须以书面形式为意思表示；
4. 必须在国家主管机关履行登记手续。

非基于法律行为的不动产变动方式，主要有继承、强制执行、公用征收、法院判决等。基于此种法律事实的发生而取得物权者，虽不经登记而生效，但对该原因事实的存在，须负举证责任。

1. 继承。从被继承人死亡时，继承人即继承被继承人财产上的一切权利义务，当然也包括不动产物权。

2. 强制执行。强制拍卖的不动产，买受人自领得执行法院所发给的权利移转证书之日起，即取得该不动产的所有权。

3. 公用征收。因公用征收而取得不动产所有权的时间，为征收补偿费发完之时。

4. 法院的判决。基于这种判决而取得不动产物权的时间，一般应为判决确定之时。

5. 因公权力取得不动产物权。

# 第五篇 交通出行

目前，随着科学技术的发展，人们的物质生活水平越来越高，交通的便利和私家车的普及使人们的出行更加便捷，而且虽着人们交往和活动范围的扩大，交通成为人们生活中不可或缺的一部分。与此同时，交通事故和纠纷也更加复杂化。一方面，我们应该严格遵守交通法规、规则；另一方面，如果发生交通纠纷，我们应该如何认定责任？如何索赔？如何使自己的权益得到最大程度的保护？这些都是我们应该深入了解的问题。

## 报废小巴送游客

（出事故旅行社赔偿）

**基本案情**

2010 年 8 月 2 日，吴女士与旅行社签订了自己及母亲、儿子三人游览青岛、崂山、烟台、长岛等地双卧五日游的旅游合同，约定交通工具为火车硬卧、当地旅游车。当日，吴女士交纳了 3 450 元旅游款，同时还自愿交纳了每人 10 元的人身意外伤害险，由旅行社向保险公司代缴。8 月 10 日，吴女士等三人所在旅行团在山东乘坐小型客车时发生交通事故，吴女士等三人身体受伤。经交通管理部门认定，小客车司机负事故全部责任。同月 12 日，吴女士等三人到北京医院诊治，共支付 3 502. 3 元医药费和 379 元交通费。吴女士于当月 12 至 26 日休病假两周，被扣发工资 1 306 元。吴女士丈夫为照顾儿子请假两周，被扣发工资 1 493 元。2011 年 7 月，吴女士诉至一审法院称，旅行社使用已报废的小公共汽车运送游客，后因刹车失灵发生交通事故，造成自己及其他游客不同程度受伤。因受伤，故第五天的旅游活动未能参加。旅行社至今未给办理保险理赔，故要求旅行社支付三人医药、交通、误工、护理等费用和精神抚慰金共计 8 180 余元，并支付 1 380 元违约金，赔偿 4 000 元人身意外伤害保险金。旅行社称，已为旅游团上了团体保险，保险公司未进行理赔，故不同意三人诉讼请求。

一审法院经审理判决后，旅行社不服，以赔偿损失应由保险公司支付为由上诉到中级人民法院。

**法律链接**

《合同法》第 107 条：当事人一方不履行合同义务或者履行合同义务不符合约定的，应当承担继续履行、采取补救措施或者赔偿损失等违约责任。

《合同法》第 302 条：承运人应当对运输过程中旅客的伤亡承担损害赔偿责任，但伤亡是旅客自身健康原因造成的或者承运人证明伤亡是旅客故意、重大过失造成的除外。

《道路交通安全法》第 14 条：国家实行机动车强制报废制度，根据机动车的安全技术状况和不同用途，规定不同的报废标准。

应当报废的机动车必须及时办理注销登记。

达到报废标准的机动车不得上道路行驶。报废的大型客、货车及其他营运车辆应当在公安机关交通管理部门的监督下解体。

**律师说法**

旅行社提供旅游服务应保证旅客人身安全，吴女士等三人基于与旅行社的合同关系，向其主张赔偿医药费等损失理由正当、合法。因吴女士等三人与保险公司没有直接法律关系，故旅行社上诉要求由保险公司承担赔偿损失法院不予支持，一审法院所作判决正确，应予维持。

法律小贴士：

实践中因跟团旅游发生纠纷的案例愈加增多，人们的维权意识正在逐步加强，为切实保护好自身利益，在发生纠纷时能够及时行权处分，就要做到未雨绸缪，在与旅行社签订合同时要仔细阅读合同中的重要条款，并对问题条款提出质疑，在签订合同前协商好合同内容，尤其违约责任最为重要。要保存好与合同有关的一切证据，以便更有力地维护自己的合法权益。

## 车祸后私订协议

（车祸后私订协议，保险公司拒赔）

**基本案情**

2010 年 1 月 26 日，某地发生了一起严重交通事故，一老妇骑自行车与行驶中的大货车相撞死亡，大货车也遭受严重损毁。责任认定：死者和司机负同等责任，双方各应承担损失的一半。事故发生后，司机自行支付了修理费，并于此后在交警大队的主持下，与死者家属达成民事调解。该大货车曾投保了车损险、第三者责任险和无过错损失补偿险等共计 8 个险种。在赔付死者家属，并自行支付了修理费等各种费用 20 余万元后，司机向保险公司索赔。不料，保险公司以投保人私自与第三方死者家属达成协议违反《保险法》相关规定为由，拒绝赔偿无过错损失补偿险部分的赔偿金 8 万余元。无奈之下，双方对簿公堂。

**法律链接**

《侵权责任法》第 48 条：机动车发生交通事故造成损害的，依照道路交通安全法的有关规定承担赔偿责任。

《道路交通安全法》第 76 条：机动车发生交通事故造成人身伤亡、财产损失的，由保险公司在机动车第三者责任强制保险责任限额范围内予以赔偿；不足的部分，按照下列规定承担赔偿责任：

（一）机动车之间发生交通事故的，由有过错的一方承担赔偿责任；双方都有过错的，按照各自过错的比例分担责任。

（二）机动车与非机动车驾驶人、行人之间发生交通事故，非机动车驾驶人、行人没有过错的，由机动车一方承担赔偿责任；有证据证明非机动车驾驶人、行人有过错的，根据过错程度适当减轻机动车一方的赔偿责任；机动车一方没有过错的，承担不超过百分之十的赔偿责任。

交通事故的损失是由非机动车驾驶人、行人故意碰撞机动车造成的，机动车一方不承担赔偿责任。

《保险法》第21条：投保人、被保险人或者受益人知道保险事故发生后，应当及时通知保险人。故意或者因重大过失未及时通知，致使保险事故的性质、原因、损失程度等难以确定的，保险人对无法确定的部分，不承担赔偿或者给付保险金的责任，但保险人通过其他途径已经及时知道或者应当及时知道保险事故发生的除外。

《保险法》第60条：因第三者对保险标的的损害而造成保险事故的，保险人自向被保险人赔偿保险金之日起，在赔偿金额范围内代位行使被保险人对第三者请求赔偿的权利。

前款规定的保险事故发生后，被保险人已经从第三者取得损害赔偿的，保险人赔偿保险金时，可以相应扣减被保险人从第三者已取得的赔偿金额。

保险人依照本条第一款规定行使代位请求赔偿的权利，不影响被保险人就未取得赔偿的部分向第三者请求赔偿的权利。

**律师说法**

保险合同中“无过错损失险”条款约定，对未追回的损失，在被保险人将对第三者的追偿权转让给保险公司后，保险公司负责支付该部分损失，但前提条件是要将向第三者追偿的权利转让给保险公司。而在该案中，司机与死者家属私下协商调解，放弃了追偿权，因此违反了合同的约定，保险公司的拒赔决定是合理的。

法律小贴士：

发生车祸后，尤其在有人员伤亡的情况下，应该及时报警，在交警责任认定后再做处理。

## 车停路边也担责

（车子停路边被撞坏，车主未设反光标识反赔5.9万多元）

**基本案情**

2010年12月20日晚9时45分许，小金酒醉驾驶一辆无牌摩托车行驶在路上，结果撞上一辆停靠在慢车道上未设置车身反光标识的中型普通货车。事故造成两车损坏，而小金也严重受伤，先后住院59天，不仅花了医疗费20多万元，还被鉴定为九级伤残。因为赔偿事宜谈不拢，小金将货车车主小张及货车所投保的保险公司告上法庭。小金诉称，经交警部门认定，小张承担事故的次要责任，因此对于他的损失，扣除交强险赔偿数额外，小张也要承担40%的赔偿责任。不过，小张未作答辩。法院一审判令保险公司支付小金交通事故责任强制保险赔偿款12万元，小张则赔偿小金5.9万多元，其中有5 000元属于精神损害抚慰金。

**法律链接**

《道路交通安全法》第73条：公安机关交通管理部门应当根据交通事故现场勘验、检查、调查情况和有关的检验、鉴定结论，及时制作交通事故认定书，作为处理交通事故的证据。交通事故认定书应当载明交通事故的基本事实、成因和当事人的责任，并送达当事人。

《道路交通安全法》第74条：对交通事故损害赔偿的争议，当事人可以请求公安机关交通管理部门调解，也可以直接向人民法院提起民事诉讼。

《机动车交通事故责任强制保险条例》第21条：被保险机动车发生道路交通事故造成本车人员、被保险人以外的受害人人身伤亡、财产损失的，由保险公司依法在机动车交通事故责任强制保险责任限额范围内予以赔偿。

道路交通事故的损失是由受害人故意造成的，保险公司不予赔偿。

《机动车交通事故责任强制保险条例》第30条：被保险人与保险公司对赔偿有争议的，可以依法申请仲裁或者向人民法院提起诉讼。

**律师说法**

包括医疗费、后续治疗费、残疾赔偿金等费用在内，小金的损失应为39.5万多元。在本起交通事故中，小金酒醉驾驶，且驾驶与准驾车型不符的无牌二轮摩托车，对事故的发生起主要作用，应承担80%的责任为宜；小张将未设置车身反光标识的机动车停放在机动车道上，对事故的发生起次要作用，应承担20%的责任为宜，即5.4万多元。

法律小贴士：

小张明明车子被撞，为啥还要赔钱呢？原因就在于他也有过错。只不过像他这种过错，很多机动车司机都会忽视。通过这一案例，希望司机朋友们注意到平时没有留意的一些问题，切实保护好财产，避免此类事故的发生。

## 车在车位也赔偿

（三轮撞上路边泊车骑车人死亡，轿车主人要赔10%）

**基本案情**

车主的车停在自家楼下马路边的正规车位里，结果一辆三轮板车撞了上去，骑车人重伤不治。交警告知机动车主，作为无责任车主，要依据《道路交通安全法》负担死者10%的死亡赔偿金。当事车主对此无法接受，发帖求助，希望大家给出出主意。“我应该赔吗？给个理由先……难道他撞到树，要找树赔吗？”“事发时我正在家里看电视，不知道楼下的车被撞了。还是交警打电话，让我赶紧下楼。到马路上一看，伤者已经被送走了，车上一大摊血，我的车被撞得也很严重。围观的人说，这骑三轮车得多快的速度撞上去啊，愣把自己撞死了……警察当时判我没有责任，可5天后警察又打电话通知我那人死了，我还要赔他！这是怎么回事呢？”

据说这辆二手三轮车是死者刚买的，事发中午死者又喝了点酒，向别人展示车况的时候，由于速度太快，才撞上停在路边的车，结果不治身亡。事发后，车主自己掏钱修了车。“我要是起诉对方赔修车钱，即便法院判了让对方赔，以他的家境可能也赔不起。我只能自认倒霉了，但是我自己修车也就算了，郁闷的是还要让我赔他！”

**法律链接**

《道路交通安全法》第76条：机动车发生交通事故造成人身伤亡、财产损失的，由保险公司在机动车第三者责任强制保险责任限额范围内予以赔偿；不足的部分，按照下列规定承担赔偿责任：

（一）机动车之间发生交通事故的，由有过错的一方承担赔偿责任；双方都有过错的，按照各自过错的比例分担责任。

（二）机动车与非机动车驾驶人、行人之间发生交通事故，非机动车驾驶人、行人没有过错的，由机动车一方承担赔偿责任；有证据证明非机动车驾驶人、行人有过错的，根据过错程度适当减轻机动车一方的赔偿责任；机动车一方没有过错的，承担不超过百分之十的赔偿责任。

交通事故的损失是由非机动车驾驶人、行人故意碰撞机动车造成的，机动车一方不承担赔偿责任。

**律师说法**

让人大为不解的无责赔偿，就源自饱受争议的《道路交通安全法》第76条，其中规定：机动车与非机动车驾驶人、行人之间发生交通事故，机动车一方没有过错的，承担不超过百分之十的赔偿责任。按照现行法律，车主应该赔偿，因为《道路交通安全法》第76条就没规定人、车之间发生事故机动车一方可以免责，除非行人故意为之。

法律小贴士：

从立法层面分析，《道路交通安全法》第76条确立的“无过错责任”原则是基于《民法通则》，机动车作为高速运输工具，驾驶机动车属于高度危险作业，机动车驾驶人在驾驶机动车时对别人造成的损害，理应承担无过错责任。有关法律应具体分析机动车处于不同状态的事实，对由此导致的赔偿责任作更为细化的规定。

根据《道路交通安全法》的规定，“道路”包括公路、城市道路和虽在单位管辖范围但允许社会机动车辆通行的地方，包括广场、公共停车场等用于公众通行的场所。车辆在道路上发生交通事故，必须严格按照《道路交通安全法》、《道路交通安全法实施条例》等规定执行。

不允许公众通行或不作为公共交通使用的道路，则不属于法律上的道路，如单位自建的不通行社会车辆的专用道路、乡间小道、大院内的甬道等不具有公共通行性质的道路，不属于道路交通管理法规中的道路。城市小区内的道路一般供该小区内的居民通行，不对外开放，不具有公共性，属于非道路，在城市小区内发生的交通事故也不属于道路交通事故，不属于交通部门的管辖和职责范围。

## 乘客下车遭车祸

（乘客中途下车遭车祸谁担责）

### 基本案情

2010 年 10 月 26 日，刘某乘坐被告陈某所有和经营的客车。当停车上下乘客时，刘某下车看放在该车顶部货架上的电视机。此时，被告王某驾驶无牌农用三轮车与刘某相撞，致刘某受伤并于次日死亡。交警大队作出交通事故责任认定，王某、刘某应各负事故的同等责任。

### 法律链接

《合同法》第 122 条：因当事人一方的违约行为，侵害对方人身、财产权益的，受损害方有权选择依照本法要求其承担违约责任或者依照其他法律要求其承担侵权责任。

《民法通则》第 106 条第 2 款：公民、法人由于过错侵害国家的、集体的财产，侵害他人财产、人身的应当承担民事责任。没有过错，但法律规定应当承担民事责任的，应当承担民事责任。

《民法通则》第 131 条：受害人对于损害的发生也有过错的，可以减轻侵害人的民事责任。

最高人民法院《关于审理人身损害赔偿案件适用法律若干问题的解释》第 3 条第 2 款：二人以上没有共同故意或者共同过失，但其分别实施的数个行为间接结合发生同一损害后果的，应当根据过失人小或者原因力比例各自承担相应的赔偿责任。

### 律师说法

本案属于违约行为与侵权行为的竞合，原告可以选择其一向法院起诉。该起交通事故发生后，虽然交警大队未对陈某作出责任认定，但损害结果的发生即刘某的死亡与陈某的不作为、王某及刘某的作为行为均有原因力。该三人应根据其过失大小或者原因力比例各自承担相应的赔偿责任。道路交通事故责任认定是一种事故的成因分析，交通事故责任认定中的“责任”并不等同于民事责任中指称的“责任”内涵。本案中，交警部门的交通事故责任认定只是就王某、刘某二人的行为与事故损害后果之间的因果关系进行了认定，而没有涉及被告陈某的不作为行为与王某、刘某的作为行为相互结合与刘某死亡之间的因果关系，因此，审理本案既有赖于交通事故责任认定，又不能将该认定作为确定被告承担民事责任的唯一依据。陈某作为承运人应当向旅客及时告知安全运输应当注意的事项，并将旅客安全运输到约定地点。根据最高人民法院《关于审理人身损害赔偿案件适用法律若干问题的解释》第 3 条第 2 款的规定，王某与陈某应依其过失大小或者原因力比例各自承担相应的赔偿责任。但刘某、王某与陈某的行为虽然对刘某的伤亡损害结果的发生均有原因力，但该原因不具有同时性，而是相互继起、各自独立，即构成损害结果的原因为间接原因而不是直接原因，而且二被告对造成事故没有共同的意思联络。据此，应当认定陈某的不作为行为与王某的作为行为的结合属于间接结合而非直接结合。

法律小贴士：

客运司机在中途停车让旅客下车办事的行为，在法律上存在很大的风险。其一，这种行为是违反客运规定的；其二，发生事故后司机的免责事项也不再适用，因此应当尽量避免旅客中途下车。

## 迟交保费索理赔

（未按时交纳保险费，保险公司是否应该理赔）

### 基本案情

2010 年 8 月 20 日，某运输公司驾驶员袁某驾驶一辆重型半挂牵引车沿国道由西向东行驶至一加油站准备加油时，牵引车上拉的集装箱右上前侧与加油站房顶左前角相刮，致加油站房屋损坏，经价格认证中心认定，加油站损失为 46 583 元。因该辆汽车于 2010 年 6 月 23 日在财产保险公司投保了第三者责任险，保险期限自 2010 年 7 月 4 日零时起至 2011 年 7 月 3 日 24 时止。事故发生后，保险公司指派工作人员对事故现场进行了查勘，但以双方虽订立合同，而运输公司未交纳保险费为由不予赔偿。8 月 22 日运输公司按约定交纳了保险费，但保险公司仍然拒赔。8 月 31 日，运输公司一次性赔偿加油站51 000元，再次到保险公司索赔，遭拒后诉至法院，请求法院依法判令保险公司给付赔偿款 51 000 元并承担诉讼费用。

### 法律链接

《保险法》第 14 条：保险合同成立后，投保人按照约定交付保险费；保险人按照约定的时间开始承担保险责任。

《保险法》第 17 条：订立保险合同，采用保险人提供的格式条款的，保险人向投保人提供的投保单应当附格式条款，保险人应当向投保人说明合同的内容。

对保险合同中免除保险人责任的条款，保险人在订立合同时应当在投保单、保险单或者其他保险凭证上作出足以引起投保人注意的提示，并对该条款的内容以书面或者口头形式向投保人作出明确说明；未作提示或者明确说明的，该条款不产生效力。

### 律师说法

本案争议的《保险法》第 17 条并非属于责任免除条款，而是责任范围条款。保险人在订立保险合同时应当向投保人明确说明，未明确说明的，该条款不发生效力。被告虽在保险单上作了重要提示，但并未主动向原告说明，也未以书面或口头形式向原告及其代理人作出相关解释，且无证据证明被告将机动车辆第三者责任保险条款交付和告知原告，该条款不产生效力。

保险合同成立后，投保人按照约定交付保险费，保险人按照约定的时间开始承担保险责任。保险人承担保险责任的时间是按合同约定，即以保险单上载明的合同生效时间为准，并非以投保人交付保险费为前提条件。本案中运输公司在保险公司投保了第三者责任险，虽开始没有交保费，但很快全额补齐，其主张的赔偿款51 000元有事实和法律依据，且在第三者责任险责任限额内。依据《合同法》、《保险法》的规定，一审法院依法判决财产保险公司给付运输公司赔偿款 51 000元。保险公司不服上诉至市中级人民法院，二审维持原判。

法律小贴士：

保险合同成立后，投保人按照约定交纳保险费，保险人按照约定的时间开始承担保险责任。保险人承担责任的时间是按合同约定，即以保险单上载明的合同生效时间为准，并非以投保人交付保险费为前提条件。保险人在订立保险合同时应当向投保人就免责条款进行明确说明，未明确说明的，该条款不发生效力。

## 搭车受伤索赔偿

（搭便车受伤能否请求赔偿）

### 基本案情

2010 年 6 月 3 日，孙某驾驶小货车回家途中，遇朋友赵某，在赵某的强烈要求下，孙某同意赵某搭便车回家。途中，孙某与人发生交通事故，造成赵某受伤。交通事故认定书认定，本次事故孙某负全责，赵某和第三方无责。赵某请求孙某承担赔偿责任，孙某拒绝赔偿，因此发生纠纷。

### 法律链接

《民法通则》第 131 条：受害人对于损害的发生也有过错的，可以减轻侵害人的民事责任。

《民法通则》第 106 条第 3 款：没有过错，但法律规定应当承担民事责任的，应当承担民事责任。

最高人民法院《关于审理人身损害赔偿案件适用法律若干问题的解释》第 2 条：受害人对同一损害的发生或者扩大有故意、过失的，依照《民法通则》第 131 条的规定，可以减轻或者免除赔偿义务人的赔偿责任。但侵权人因故意或者重大过失致人损害，受害人只有一般过失的，不减轻赔偿义务人的赔偿责任。适用《民法通则》第 106 条第 3 款规定确定赔偿义务人的赔偿责任时，受害人有重大过失的，可以减轻赔偿义务人的赔偿责任。

### 律师说法

本案涉及机动车损害赔偿法律制度中的好意同乘问题。所谓好意同乘，是指司机好意并无偿地邀请、允许他人搭乘该机动车的行为。好意同乘人与有偿同乘者不同，当同乘者有偿搭乘他人车辆并在搭乘过程中因交通事故造成人身伤害或财产损失的，同乘者既可以选择侵权赔偿也可以选择合同违约请求赔偿。而无偿搭乘者搭乘的机动车并非为营利目的让其搭乘，而是为了机动车驾驶者的目的行驶，搭乘者的目的与机动车行驶的目的仅仅是巧合，或者仅仅是顺路而已。好意同乘的双方不构成客运合同。因为合同成立需当事人达成合意，而好意同乘的机动车驾驶人往往是基于亲戚、朋友关系而给予要求搭车者无偿帮助，并没有搭乘客运合同的意思表示，也无法律上的效果意思，因此客运合同并不成立。

但需要注意的是，搭乘为专门迎送顾客或他人而营利的机动车，即使是无偿搭乘，也不是搭便车，不属于好意同乘。同时，构成好意同乘的同乘者应当经过机动车驾驶人的同意，未经同意而搭乘的，不是好意同乘。

法律小贴士：

搭便车在我们的日常生活中很常见，在驾驶人看来只是为朋友帮个忙，搭乘人往往也认为只是请朋友顺便帮个忙。所以，搭乘人因为搭便车发生交通事故遭受人身损害或财产损失后（尤其是被搭乘车辆驾驶人的责任导致的交通事故），驾驶人认为不应对搭乘人进行赔偿，搭乘人也往往自认倒霉，自掏腰包承担损失，殊不知即使是无偿搭乘，搭乘人的权益也是受到法律保护的。搭乘人可以根据交通事故责任的不同，明确赔偿主体，要求其承担侵权责任。

## 代驾时违章惹祸

（代驾时违章出车祸，代驾人赔偿没商量）

### 基本案情

张某与王某是同事，2010 年 6 月 5 日该公司老板请全体员工吃饭，张某喝了许多酒，而王某没有喝酒。回家时，王某见此情景，提出要帮张某代驾车辆，张某欣然同意。在二人回家的途中，由于王某违章行驶，发生了交通事故，与赵某驾驶的车辆相撞，张某因此赔偿了赵某 1 万元的经济损失。但张某认为，这 1 万元是由王某违章造成的，应由王某承担，故诉至法院，要求王某赔偿张某的 1 万元损失。

### 法律链接

《侵权责任法》第 3 条：被侵权人有权请求侵权人承担侵权责任。

《侵权责任法》第 6 条：行为人因过错侵害他人民事权益，应当承担侵权责任。

《侵权责任法》第 19 条：侵害他人财产的，财产损失按照损失发生时的市场价格或者其他方式计算。

《合同法》第 396 条：委托合同是委托人和受托人约定，由受托人处理委托人事务的合同。

《合同法》第 397 条：委托人可以特别委托受托人处理一项或者数项事务，也可以概括委托受托人处理一切事务。

《合同法》第399条：受托人应当按照委托人的指示处理委托事务。需要变更委托人指示的，应当经委托人同意；因情况紧急，难以和委托人取得联系的，受托人应当妥善处理委托事务，但事后应当将该情况及时报告委托人。

《合同法》第406条：有偿的委托合同，因受托人的过错给委托人造成损失的，委托人可以要求赔偿损失。无偿的委托合同，因受托人的故意或者重大过失给委托人造成损失的，委托人可以要求赔偿损失。

受托人超越权限给委托人造成损失的，应当赔偿损失。

**律师说法**

在本案中，根据《合同法》的相关规定，王某的代驾行为已经与张某形成了无偿的委托关系和委托合同，王某为受托人，张某为委托人。因为受托人的故意或者重大过失给委托人造成损失的，委托人可以要求赔偿损失。由于王某驾车时存在违章行为，造成的交通事故属于无偿代驾人主观上存在重大过失，故王某应当赔偿张某的1万元损失。

法律小贴士：

现实生活中，朋友之间经常会互相委托办理事情，一般不会收取报酬，但还得尽职尽责地办理，否则一旦出现闪失就不好交差。一般情况下，只要尽到了相应的责任，不存在过失的话就不需要赔偿，如果没有尽到责任或由于过失而发生意外，即便是“免费代理”，还是要赔偿。

## 代客泊车肇事案

（保安失踪谁来买单）

**基本案情**

2010年6月14日晚，王先生在某餐厅请客，由于暂时没有停车位，王先生接受了餐厅的代客停车服务，将车交给餐厅的接待员后就餐。一名无驾驶执照保安将王先生的车开出后，撞上停放在路边的本田车，发生交通事故，两车均损坏。经公安局交通队认定，该保安负担事故的全部责任，且由于其系无证驾驶，被交通队行政拘留7天。餐厅当场同意赔偿王先生车的全部损失，但未能与被撞本田车车主就损失达成一致意见。后本田车车主去专业维修公司维修，花去修理费4万元。本田车车主将该餐厅诉至法院，要求餐厅赔偿拖车费、停车费、修理费、交通费共计4.4万余元。

餐厅表示，驾车出事的保安并非该公司代客泊车人员，而是负责登记在餐厅用餐车辆的牌照和保管客人车辆钥匙的保安员，其将客人的车开出是个人行为。但对此，餐厅未提供充分证据证实。该保安在交通队的询问笔录中承认，其在餐厅做代客停车工作，领导知道其没有驾驶证，出事时他在代客人停车。据此，一审法院做出判决，餐厅赔偿原告本田车车主车辆修理费、拖车费等共计4.2万余元。餐厅不服，上诉至市中级人民法院。

**法律链接**

《侵权责任法》第 34 条：用人单位的工作人员因执行工作任务造成他人损害的，由用人单位承担侵权责任。

**律师说法**

保安人员作为餐厅雇员，其代客泊车的行为属于雇佣行为，根据《侵权责任法》相关规定，餐厅应对保安人员的行为负责。另外，餐厅老板明知保安人员没有驾驶执照依然让其从事该行为，存在主观过错，餐厅老板应与保安人员承担连带责任。

法律小贴士：

为解决客人就餐停车难问题，很多餐厅提供代客泊车服务，由专职保安代客人停车入位。作为餐厅应严格考察保安人员是否具有驾驶资格，不可因车只在小范围活动而忽略了法律的硬性规定。顾客前来停车也应尽量做到注意义务，可询问保安人员是否具有驾驶执照，否则应从安全角度考虑拒绝其为自己服务。

## 单位聚餐出车祸

（参加单位组织的聚餐回家出车祸是否属于工伤）

**基本案情**

2010 年 1 月 13 日，莎莎单位经理通知公司员工，下班后聚餐。当晚，莎莎准时参加了聚餐活动。晚上 9 点左右，莎莎骑自行车离开饭店回家途中，被一辆汽车撞死。事后，被告（市劳动和社会保障局）认定，莎莎是离开单位到饭店就餐后返家途中遭遇车祸，不在工作范畴之内，不属工伤保险条例“在上下班途中受到机动车伤害”规定的情形，因此不予认定为工伤。莎莎的家属不服，将被告起诉到法院。法院作出一审判决：撤销被告认定死者莎莎遭遇车祸不属工伤的通知书；判令被告自判决生效之日起两个月内重新作出工伤认定。

法院审理认为，公司经理组织聚餐与工作具有关联性，具有工作性质，是工作的延续。莎莎离开饭店返家途中遭遇车祸，应适用工伤保险条例“在上下班途中受到机动车伤害”规定的情形；被告不予认定工伤的结论，事实不清，证据不足，应予撤销。

**法律链接**

《工伤保险条例》第 14 条：职工有下列情形之一的，应当认定为工伤：

（一）在工作时间和工作场所内，因工作原因受到事故伤害的；

（二）工作时间前后在工作场所内，从事与工作有关的预备性或者收尾性工作受到事故伤害的；

（三）在工作时间和工作场所内，因履行工作职责受到暴力等意外伤害的；

（四）患职业病的；

（五）因工外出期间，由于工作原因受到伤害或者发生事故下落不明的；

（六）在上下班途中，受到机动车事故伤害的；

（七）法律、行政法规规定应当认定为工伤的其他情形。

《工伤保险条例》第 18 条：提出工伤认定申请应当提交下列材料：

（一）工伤认定申请表；

（二）与用人单位存在劳动关系（包括事实劳动关系）的证明材料；

（三）医疗诊断证明或者职业病诊断证明书（或者职业病诊断鉴定书）。

工伤认定申请表应当包括事故发生的时间、地点、原因以及职工伤害程度等基本情况。

工伤认定申请人提供材料不完整的，劳动保障行政部门应当一次性书面告知工伤认定申请人需要补正的全部材料。申请人按照书面告知要求补正材料后，劳动保障行政部门应当受理。

**律师说法**

我国 2011 年新《工伤保险条例》第 14 条规定，上下班途中发生机动车事故的属于工伤。本案焦点在于，参加单位组织的聚餐是否属于工作内容。单位以通知的形式告知职工到某处聚餐，该通知具有行政命令的色彩，职工都应参加。它类似于单位组织参观学习，虽然表现形式不同，但仍属于工作性质，属于工作范畴。聚餐回家发生的交通事故等同于下班途中发生的交通事故，一审法院的判决是正确的。

法律小贴士：

2011 年 1 月 1 日开始实施的新《工伤保险条例》对之前的《工伤保险条例》做了很多修订，而且新条例更有助于保护职工的利益，敦促各企业单位及时为职工交纳工伤保险。劳动者如果遇到此类案件可参照新条例来维护自身权益。

## 调解协议须遵守

（保险公司拒绝支付精神抚慰金被诉）

**基本案情**

2010 年 3 月 19 日，原告王某驾驶在被告公司投保机动车交通事故责任强制保险的二轮摩托车途径某路段时，与相向行驶由兰某驾驶的二轮摩托车相撞，造成双方人员、车辆受损的交通事故。经司法鉴定中心鉴定，兰某伤残等级为六级。2010 年 5 月 29 日，经公安交警大队调解，原告和受害人兰某达成调解协议：由原告赔偿兰某医疗费、伤残补助金、后续治疗费、被抚养人生活费、护理费、误工费、精神抚慰金等共计 91 402.61 元。协议签订后，原告全部付清了兰某以上费用。当日下午，原告携带本起交通事故的有关证明和资料，向被告申请理赔。被告对其保险责任进行了核定，赔偿原告各项损失共计 64 382.1 元，但以精神抚慰金不是经过法院判决或调解赔偿为由，拒绝支付精神抚慰金 10 000 元。原告对赔偿数额不满，便将被告告上了法庭。

**法律链接**

《道路交通安全法》第 74 条：对交通事故损害赔偿的争议，当事人可以请求公安机关交通管理部门调解，也可以直接向人民法院提起民事诉讼。

经公安机关交通管理部门调解，当事人未达成协议或者调解书生效后不履行的，当事人可以向人民法院提起民事诉讼。

**律师说法**

本案受害人的精神抚慰金是原告与受害人在公安交警大队调解下达成的调解协议中规定的，该调解协议符合自愿、公平、合法的原则，内容并无不当，受害人因受伤致六级伤残而要求致害人赔偿 10 000 元精神抚慰金也属合理，被告应当赔偿原告承担的精神抚慰金。

法律小贴士：

许多交通事故都在交警部门的调解下得到解决，而不走诉讼程序，而交警部门在双方当事人协商的前提下做出的调解协议，经过双方确认签字，便是有效协议，双方当事人亦应当遵守，发生纠纷，根据法律规定，是可以据以提出诉讼的，故双方在调解协议的签订过程中就应明确主张权利，事后反悔就等于违约。

## 飞出车外被砸死

（乘客飞出车外被随车货物砸死，保险公司赔 26 万元）

**基本案情**

2010 年 7 月 31 日，文师傅驾驶大货车从云南往四川行驶，老乡杨某和周某搭便车返回四川。行驶途中，由于道路坡陡，车速较快，货车制动失灵，车头猛地撞到了公路右侧的塌方山体上。坐在驾驶室内的杨某一下子就“飞”出了挡风玻璃外，车厢内的货物也“飞”出压住了杨某，致使杨某当场死亡。文师傅和周某在车祸中受轻微伤。据查，大货车登记车主为成都某公司。2009 年 1 月，该公司在某财产保险股份有限公司为该车投了交强险和机动车险，保险期至 2011 年 1 月 26 日止。保险合同约定：车上人员险 2 座 5 万元；第三者责任险 50 万元，第三者不包括车上人员。“杨某虽为该车乘坐人员，但他被抛出驾驶室后，已从乘坐人员变成了第三者，然后死于车下，因此保险公司应按第三者责任险进行理赔！”事故发生后，成都某公司、文师傅、死者亲属找到财产保险股份有限公司要求赔偿。保险公司认为，杨某为搭乘人员，属车上人员险，不在第三者责任险的理赔范围内。双方为此僵持不下。杨某亲属将成都某公司、财产保险股份有限公司、文师傅起诉至人民法院，要求三被告给付各项赔偿费共计 297 329 元。

**法律链接**

《机动车交通事故责任强制保险条例》第 21 条：被保险机动车发生道路交通事故造成本车人员、被保险人以外的受害人人身伤亡、财产损失的，由保险公司依法在机动车交通事故责任强制保险责任限额范围内予以赔偿。

道路交通事故的损失是由受害人故意造成的，保险公司不予赔偿。

律师说法

杨某虽为车上乘坐人员，但发生交通事故时已置身于车外，死于车下，根据有关法律对保险合同的解释，符合机动车第三者责任险的特征。法院判决某财产保险股份有限公司赔偿杨某亲属各种损失共26万元是正确的。

法律小贴士：

机动车第三者责任险是指保险车辆因意外事故，致使他人遭受人身伤亡或财产直接损失时，保险人依照保险合同的规定给予赔偿。它对于维护受害者的合法权益具有重要作用。

## 父倒车撞死女儿

（粗心父亲倒车撞死6岁女儿，保险公司被判赔偿31万元）

基本案情

李某带着女儿在亲戚家吃完晚饭准备回家，当他倒车时，未曾注意女儿蹲在地上玩耍，致使女儿与车辆右前侧相撞倒地。心痛的李某将血泊中的女儿送至医院进行抢救，但是女儿再也没能醒来。事故发生后，李某向保险公司提出理赔，遭到保险公司拒绝，理由是受害人系驾驶员李某的女儿，不属于交强险与第三者责任险中的第三者的范围，况且李某与死者是父女关系，除医疗费支出外，李某无任何损失，没有损失要求赔偿有违保险法损失填补原则。无奈，承受着丧女之痛的李某夫妇将保险公司推上了被告席。

法律链接

《机动车交通事故责任强制保险条例》第21条：被保险机动车发生道路交通事故造成本车人员、被保险人以外的受害人人身伤亡、财产损失的，由保险公司依法在机动车交通事故责任强制保险责任限额范围内予以赔偿。

《道路交通安全法》第75条：医疗机构对交通事故中的受伤人员应当及时抢救，不得因抢救费用未及时支付而拖延救治。肇事车辆参加机动车第三者责任强制保险的，由保险公司在责任限额范围内支付抢救费用；抢救费用超过责任限额的，未参加机动车第三者责任强制保险或者肇事后逃逸的，由道路交通事故社会救助基金先行垫付部分或者全部抢救费用，道路交通事故社会救助基金管理机构有权向交通事故责任人追偿。

律师说法

本案的受害人在受害时既不是被保险机动车本车车上人员，也不是被保险人，理应属于保险公司承保的机动车交通事故责任强制保险与机动车第三者责任保险中的第三人，其因被保险车辆发生交通事故而造成的人身伤亡，被告保险公司应予以赔偿。

法律小贴士：

发生交通事故后，首先应请相关部门对事故责任进行鉴定，看是否属于交强险的赔偿范围，这样有利于减轻受害者的损失。

## 过期驾照勿使用

（持过期驾证驾车，保险公司被判免责）

### 基本案情

郭某于2003年8月15日申办了驾驶证，有效期至2009年11月15日，驾驶证到期后郭某一直没有去申请换证，仍然持该驾驶证驾车。2010年11月22日晚，郭某驾车将行人毛某撞倒后驾车逃逸，毛某被人发现后送往医院抢救无效死亡。11月23日，郭某投案自首，交警部门认定郭某负事故的全部责任，人民法院在审理郭某交通肇事刑事部分时，郭某与受害人家属达成协议约定，保险公司的赔偿款由受害人家属自行领取，郭某另行赔偿受害人家属120 400元。受害人家属在领取郭某的赔偿款后向法院起诉，要求保险公司在交强险限额内赔偿受害方死亡赔偿金和医疗费合计111 370元。

### 法律链接

《机动车交通事故责任强制保险条例》第22条：有下列情形之一的，保险公司在机动车交通事故责任强制保险责任限额范围内垫付抢救费用，并有权向致害人追偿：

（一）驾驶人未取得驾驶资格或者醉酒的；

（二）被保险机动车被盗抢期间肇事的；

（三）被保险人故意制造道路交通事故的。

有前款所列情形之一，发生道路交通事故的，造成受害人的财产损失，保险公司不承担赔偿责任。

### 律师说法

公安部《驾驶证申领和使用规定》规定：机动车驾驶证应在期满前90日内申请换证，超过1年未换证的，应当注销其机动车驾驶证，驾驶证原件未收回的，应当公告作废。郭某持有的驾驶证超过有效期1年以上，应为作废证件，故郭某在事故发生时应当认定未取得驾驶资格。根据《机动车交通事故责任强制保险条例》第22条的规定，驾驶人未取得驾驶资格的，保险公司只承担垫付抢救费用的责任，对因此造成受害人的财产损失不负赔偿责任，而根据最高人民法院的相关解释，该条款规定的财产损失包含人身伤亡造成的损失，故保险公司在本案中可以免责。

法律小贴士：

无证驾驶隐患多，不但给他人的安全带来极大的隐患，而且一旦发生交通事故也不利于维护自己的权益。因此，在未取得机动车驾驶证的情况下，不可以驾使机动车上路，否则将违反相应的法规而受到处罚。

## 横穿马路造事故

（行人横穿马路发生交通事故）

### 基本案情

2011 年 5 月 9 日 20 时，行人曹某在横过道路时，刘某在车道内行驶。刘某发现曹某后，在采取制动措施过程中，小客车前部与曹某身体接触，造成曹某当场死亡，小客车受损。曹某的家人以刘某和保险公司为被告向法院起诉要求其承担赔偿责任。

法院认为：首先，曹某的行为违反了《道路交通安全法》第 61 条“行人应当在人行道内行走，没有人行道的靠路边行走”，第 62 条“行人通过路口或者横过道路，应当走人行横道或者过街设施；通过没有交通信号灯、人行横道的路口，或者在没有过街设施的路段横过道路，应当在确认安全后通过”的规定，将其自身和他人的生命健康置于极其危险的境地，是交通事故发生的直接原因。其次，刘某在紧急状态下采取了一系列应变措施，刹车、鸣笛、避让，基本达到了作为机动车驾驶员在遇紧急状况时所应作出的必然反应，但刘某发现行人时与行人相距约 100 米，采取的措施是鸣笛、轻踩刹车而未及时踩死刹车，避让行人时与行人所行方向一致，且在采取措施过程中轻信行人可以快速前行避开其车辆，确有不当之处。曹某行为违法以及刘某采取的应变措施，共同构成减轻刘某应负赔偿责任的条件，应以减轻刘某对曹某之死之责任，承担 50% 赔偿责任为宜。刘某为其所有的小客车在保险公司投保了保险金额/赔偿限额为 5 万元的第三者责任险，承保刘某车辆的保险公司对死者曹某之近亲属在保险责任限额内具有法定赔偿义务。法院终审判决刘某一次性赔偿死者家属共计 10 万余元。刘某反诉请求死者家属赔偿其修车费得到法院支持，获赔修车费 664 元。

### 法律链接

《道路交通安全法》第 76 条：机动车发生交通事故造成人身伤亡、财产损失的，由保险公司在机动车第三者责任强制保险责任限额范围内予以赔偿；不足的部分，按照下列规定承担赔偿责任：

（一）机动车之间发生交通事故的，由有过错的一方承担赔偿责任；双方都有过错的，按照各自过错的比例分担责任。

（二）机动车与非机动车驾驶人、行人之间发生交通事故，非机动车驾驶人、行人没有过错的，由机动车一方承担赔偿责任；有证据证明非机动车驾驶人、行人有过错的，根据过错程度适当减轻机动车一方的赔偿责任；机动车一方没有过错的，承担不超过百分之十的赔偿责任。

交通事故的损失是由非机动车驾驶人、行人故意碰撞机动车造成的，机动车一方不承担赔偿责任。

**律师说法**

非机动车、行人存在过失时适当减轻机动车一方的责任属于过失相抵。我国《民法通则》第131条规定："受害人对于损害的发生也有过错的，可以减轻侵害人的民事责任。"这是我国民事法律对侵权行为法中适用过失相抵的明确规定。过失相抵既可以适用于过错责任，也可以适用于无过错责任。

在《道路交通安全法》第76条中规定了无论是机动车之间发生的交通事故，还是机动车和非机动车、行人之间发生的交通事故都可以适用过失相抵。

本案刘某在看到行车道上突然出现行人后采取了一系列应变措施，刹车、鸣笛、避让，基本达到了作为机动车驾驶员在遇紧急状况时所应作出的必然反应，应当说对于交通事故的发生没有过失，或即使予以苛责，其过失程度也是很低的，但是曹某却没有反应，仍我行我素，造成了交通事故的发生。根据无过失责任原则，刘某即使已经尽到注意义务，仍未避免交通事故的发生，应承担交通事故责任，但是受害人曹某有严重的违法行为，刘某已经采取了必要的处置措施，可以减轻刘某的责任。

法律小贴士：

机动车与非机动车、行人之间发生交通事故时，非机动车、行人一方有过失的，可以过失相抵。

## 机动车道勿打的

（到机动车道打的出事，乘客承担主要责任）

**基本案情**

2011年1月12日7时许，罗某驾驶出租车行至路口时，踩下刹车等候绿灯信号。乘客黄某走到该车所在机动车道上准备乘坐，她上前拉开出租车右前车门，进入车内。当黄某正用右手抓住出租车右前车门外缘准备关闭车门时，交通信号灯开始转换放行车辆，在出租车右侧稍前停放的一辆东风货车起步行驶，黄某来不及将手收回，货车左侧车厢与出租车右前车门和黄某右手发生碰刮，发生两车轻微受损、黄某右手受伤的交通事故。交管部门认为黄某违反《道路交通安全法实施条例》"不得在机动车道上拦乘机动车"及"开关车门不得妨碍其他车辆和行人通行"的规定，认定黄某应承担事故全部责任。其后，黄某将出租车司机罗某、出租车公司、保险公司以及货车驾驶员郑某等告上法庭，要求赔偿。一审法院判决后，黄某不服，提起上诉。

**法律链接**

《道路交通安全法实施条例》第77条：乘坐机动车应当遵守下列规定：

（一）不得在机动车道上拦乘机动车；

（二）在机动车道上不得从机动车左侧上下车；

（三）开关车门不得妨碍其他车辆和行人通行；

（四）机动车行驶中，不得干扰驾驶，不得将身体任何部分伸出车外，不得跳车；

（五）乘坐两轮摩托车应当正向骑坐。

《道路交通安全法实施条例》第87条：非机动车与非机动车或者行人在道路上发生交通事故，未造成人身伤亡，且基本事实及成因清楚的，当事人应当先撤离现场，再自行协商处理损害赔偿事宜。当事人对交通事故事实及成因有争议的，应当迅速报警。

**律师说法**

黄某作为一个完全民事行为能力人，对在机动车道上拦乘机动车的危险性应有足够认知能力，但却违反道路交通安全法律法规而为之，其对损害后果的发生有重大过错。罗某驾驶出租车在路口等待转换绿灯放行时，其行为本身并没有过错，对黄某忽然拉开车门的瞬间行为也不可能预见。当黄某拉开的出租车车门与货车发生碰刮时，罗某驾驶的出租车仍处于静止状态。因此，事故的发生不是罗某的行为引起的，而是黄某拉开的车门与郑某驾驶的货车相碰刮引起的，罗某与黄某之间不存在交通事故，罗某不应承担赔偿责任。由于罗某不承担责任，故与罗某有承包经营关系的出租车公司以及与出租车公司有保险合同关系的保险公司也不应承担责任。因此，法院认为，郑某在驾驶货车起步时，将黄某右手致伤，对黄某实施了侵权行为。法院判定黄某自行承担此次事故80%的责任，郑某未尽到谨慎注意义务，承担20%的责任。

法律小贴士：

公众或许对《道路交通安全法》有误解，误以为该法仅规范机动车驾驶员的行为，却不知道作为行人，普通公众也是该法规范的对象，故行人在平时的出行中亦应严格遵守《道路交通安全法》。行人也有很多被禁止的行为，即使发生车辆伤害行人的事故，也并非一概都由机动车驾驶人负责任，行人的违法错误行为亦可能使其自己处于责任人的地位。呼吁大家为自身的人身安全考虑，严格自己的行为，以防悲剧发生了，却还要自己担责。

## 警示标志需急设

（警示标志未设，车辆被损索赔获支持）

**基本案情**

2010年7月1日，季先生驾驶汽车突然被卡，下车后发现，路面有一约24厘米的高坎，在该路段没有设置警示标志，也未采取任何安全措施，造成季先生的汽车严重受损。季先生找公路局要求赔偿其损失，双发争执不下，季先生将公路局告上法庭。

**法律链接**

《侵权责任法》第2条：侵害民事权益，应当依照本法承担侵权责任。

本法所称民事权益，包括生命权、健康权、姓名权、名誉权、荣誉权、肖像权、隐私权、婚姻自主权、监护权、所有权、用益物权、担保物权、著作权、专利权、商标专用权、发现权、股权、继承权等人身、财产权益。

《侵权责任法》第3条：被侵权人有权请求侵权人承担侵权责任。

《侵权责任法》第6条：行为人因过错侵害他人民事权益，应当承担侵权责任。

根据法律规定推定行为人有过错，行为人不能证明自己没有过错的，应当承担侵权责任。

《侵权责任法》第19条：侵害他人财产的，财产损失按照损失发生时的市场价格或者其他方式计算。

《侵权责任法》第24条：受害人和行为人对损害的发生都没有过错的，可以根据实际情况，由双方分担损失。

《侵权责任法》第25条：损害发生后，当事人可以协商赔偿费用的支付方式。协商不一致的，赔偿费用应当一次性支付；一次性支付确有困难的，可以分期支付，但应当提供相应的担保。

**律师说法**

本案中公路局对给原告季先生造成的损失应承担赔偿责任。公路局承建该公路工程，其就是该公路段的管理人员，因其修路造成路面有24厘米的高坎，妨碍车辆通过，但是没有设置警示标志，致使原告驶入施工区域，造成车辆损坏。因为公路局的行为导致原告季先生的车辆受损，根据《侵权责任法》的相关规定，公路局存在过错，应当承担责任，其责任承担的界限为原告季先生的损失额度。公路局责任承担的方式可以是修复车辆，使车辆恢复原状，也可以赔偿修车费。

法律小贴士：

很多司机朋友遇到过因道路不平整而导致汽车刮蹭的事情，大多数人都觉得是自己倒霉，自己花钱修车，事情就过去了。其实当车辆的损坏是由于道路本身的缘故所造成时，道路的管理者是应当承担赔偿责任的。

## 救死扶伤遭索赔

（交通事故的第三者救死扶伤反被索赔）

**基本案情**

2010年12月晚，王某骑自行车在公路上正常行驶，在一交叉路口被一辆汽车从侧后方刮倒发生交通事故。倒地时，王某头部撞上路边的石桩，当场昏迷，肇事司机逃逸。后张某路过发现，并将其送往医院抢救。被害人家属赶到医院，双方就医疗费问题发生争议。张某向法院提起诉讼，要求被害人偿还自己先行垫付的医疗费。而被害人也提出反诉，要求张某承担侵权责任，并承担所有医疗费用。

由于案发当时张某只是送被害人去医院，没有报案。诉至法院时，现场已经被破坏，且无法获取有效证人证言。对于应该如何认定交通事故责任，当事人双方观点截然不同。

张某认为：自己作为第三者，看见王某受伤倒地，情况严重，才把他送到医院及时救治，是救死扶伤行为，其先行垫付的医药费应该由被害人家属偿还。

被害人家属认为：自己亲人王某本来好好的，突然就被张某送到医院救治，病情严重。肯定是张某撞伤了王某，才将她送来救治的，因此，不应该由被害人家属偿还垫付的医疗费，同时，继续治疗的医药费仍得由张某承担。

**法律链接**

《侵权责任法》第 2 条：侵害民事权益，应当依照本法承担侵权责任。

本法所称民事权益，包括生命权、健康权、姓名权、名誉权、荣誉权、肖像权、隐私权、婚姻自主权、监护权、所有权、用益物权、担保物权、著作权、专利权、商标专用权、发现权、股权、继承权等人身、财产权益。

**律师说法**

该案存在两个法律关系：一个是侵权法律关系，即张某撞伤被害人王某，侵犯了王某的生命健康权；另一个是债权债务法律关系，即张某先行垫付医疗费，从而在张某与王某之间形成债权债务关系。而交通事故侵权法律关系是否成立直接关系着债权债务法律关系是否成立。

根据谁主张、谁举证的法律原则，被害人及其家属需要举证证明张某即是本案的侵权人。本案中，虽然被害人是由张某送来医院的，但不能由此证明张某即肇事者。被害人及其家属没有更多证据来证明张某为肇事者，因此其诉讼请求不被支持。由此，本案的债权债务法律关系成立，张某可以依据其为王某先行垫付的医疗费票据凭证、其送王某到医院的证人证言和王某住院的实际现状等证据使其诉讼请求得到法院的支持。

法律小贴士：

一起看似复杂的交通事故救死扶伤反被索赔案，被法官正确运用举证责任分配而成功审理结案，这给目前社会上经常发生的见义勇为而导致的英雄流血又流泪的尴尬事件的处理提出了一个可行的解决办法。

## 开车门撞倒行人

（开车门撞倒行人，保险公司被判赔偿）

**基本案情**

2011 年 10 月 15 日 7 时许，朱女士骑自行车行至某小区门口，恰有某出租车公司的司机刘某驾驶出租车在该处停靠，刘某下车打开左前门时将朱女士撞倒受伤。此次事故经交警部门认定，刘某负全部责任，朱女士无责任。朱女士认为，刘某是某出租汽车公司的司机，其在履行职务过程中致自己受伤，该车辆在某保险公司投保，于是起诉要求出租车公司和保险公司赔偿自己医疗费、住院伙食补助费、误工费、护理费等6 000余元。被告出租车公司和保险公司均辩称，只对朱女士提出的诉讼请求的合理部分同意赔偿。

**法律链接**

《机动车交通事故责任强制保险条例》第3条：本条例所称机动车交通事故责任强制保险，是指由保险公司对被保险机动车发生道路交通事故造成本车人员、被保险人以外的受害人的人身伤亡、财产损失，在责任限额内予以赔偿的强制性责任保险。

《机动车交通事故责任强制保险条例》第21条：被保险机动车发生道路交通事故造成本车人员、被保险人以外的受害人人身伤亡、财产损失的，由保险公司依法在机动车交通事故责任强制保险责任限额范围内予以赔偿。

《机动车交通事故责任强制保险条例》第31条：保险公司可以向被保险人赔偿保险金，也可以直接向受害人赔偿保险金。但是，因抢救受伤人员需要保险公司支付或者垫付抢救费用的，保险公司在接到公安机关交通管理部门通知后，经核对应当及时向医疗机构支付或者垫付抢救费用。

**律师说法**

出租车公司的司机刘某驾驶公司的车辆与朱女士发生交通事故，造成朱女士受伤。由于该车辆在保险公司投保了交强险，保险公司应在交强险限额内对朱女士的合理损失进行赔偿，一审判决保险公司赔偿朱女士5 200余元。

法律小贴士：

发生交通事故，应及时报警，让交警部门到达现场进行责任认定。

## 两车共同撞一人

（两车同撞一人，不负连带责任）

**基本案情**

2010年4月的一个晚上，一货车沿某国道由南向北行驶，与行人李某相撞，后李某又被由北向南行驶的王某所驾轿车推出并辗轧，李某当场死亡。肇事后，货车驾驶人逃逸。

事故发生后，交警部门认定书认定：货车驾驶人驾驶机动车发生交通事故后逃逸，违反《道路交通安全法实施条例》第92条第1款的规定，由其承担事故发生的主要责任；王某违反《道路交通安全法》第38条的规定，负次要责任。李对该事故不负责任。后李某之妻儿诉至法院，要求保险公司及王某赔偿经济损失。

**法律链接**

《刑法》第133条：违反交通运输管理法规，因而发生重大事故，致人重伤、死亡或者使公私财产遭受重大损失的，处三年以下有期徒刑或者拘役；交通运输肇事后逃逸或者有其他特别恶劣情节的，处三年以上七年以下有期徒刑；因逃逸致人死亡的，处七年以上有期徒刑。

《道路交通安全法实施条例》第 92 条：发生交通事故后当事人逃逸的，逃逸的当事人承担全部责任。但是，有证据证明对方当事人也有过错的，可以减轻责任。

当事人故意破坏、伪造现场、毁灭证据的，承担全部责任。

《道路交通安全法》第 38 条：车辆、行人应当按照交通信号通行；遇有交通警察现场指挥时，应当按照交通警察的指挥通行；在没有交通信号的道路上，应当在确保安全、畅通的原则下通行。

最高人民法院《关于审理人身损害赔偿案件若干问题的解释》第 3 条第 2 款：二人以上没有共同故意或者共同过失，但其分别实施的数个行为间接结合发生同一损害后果的，应当根据过失大小或者原因力比例各自承担相应的赔偿责任。

**律师说法**

本案交通事故的主要责任人货车驾驶人驾驶机动车发生交通事故后逃逸，已无法找到，不能承担本案事故责任。李某已在本次交通事故中死亡，结合肇事车辆对造成事故的原因力大小，王某是本案事故次要责任方，根据本案交通事故造成李某死亡以及货车驾驶人逃逸的实际，王某承担 30% 的赔偿责任较为合理。

本案中货车与王某驾驶的轿车并没有发生碰撞，也没有接触，以上两车是分别碰撞、辗轧李某，不属于直接结合发生的事故，因此其责任也具有可分性。

法律小贴士：

交通肇事后一定不能逃跑，逃逸是交通肇事罪的加重条件，属于情况特别恶劣，要加重处罚，最少判处 3 年有期徒刑。

## “免费停车”，丢车照赔

（免费不能成为推卸责任的理由）

**基本案情**

2010 年 4 月 12 日晚，陈先生在一酒店参加亲戚的生日宴会时，按照酒店安保人员的要求，把小轿车停放在酒店门口的广场上。宴会结束后，他的小轿车不见了。警察很快确认，其车被盗。当地派出所和消协都出面调解过此事，但都因酒店方不肯承担责任而失败，随后陈先生将酒店告上法庭。

**法律链接**

《消费者权益保护法》第 11 条：消费者因购买、使用商品或者接受服务受到人身、财产损害的，享有依法获得赔偿的权利。

《合同法》第 374 条：保管期间，因保管人保管不善造成保管物毁损、灭失的，保管人应当承担损害赔偿责任，但保管是无偿的，保管人证明自己没有重大过失的，不承担损害赔偿责任。

**律师说法**

根据《消费者权益保护法》第 11 条的规定，作为消费者的陈先生，按酒店的要求停放车辆，已与酒店形成了保管合同，该合同为无偿保管合同。无偿保管合同，是寄存人无须支付保管费的保管合同。无偿保管合同是单务合同。如果保管合同明确约定保管是无偿的，寄存人无须支付保管费；如果保管合同对保管费没有约定或者约定不明确，事后无法达成补充协议，且依合同意旨和惯例也无法确定是否应当支付保管费的，则该保管合同推定为无偿，寄存人无须支付保管费用。酒店的看车是为了招徕消费者前来消费，以提高酒店的营业额。酒店对顾客物品的保管，属特定场合下的保管合同。不论其保管是有偿还是无偿，保管人都应负有过失责任，酒店不能以免费看车为由拒绝赔偿。

法律小贴士：

现实生活中，很多商家都提供停车场，一般不会收费，但还得尽心照料，否则一旦出现闪失就不好交差。一般情况下，只要尽到了相应的责任，不存在过失的话就不需要赔偿，如果没有尽到责任或由于过失而发生意外，即便是“免费保管”，还是要赔偿的。

## 未买车票也获赔

（给人免票，出事照赔）

**基本案情**

李某与某运输公司的售票员曾某是朋友，2011 年 9 月 21 日，李某准备搭乘该运输公司的客车外出办事。上车后，经售票员曾某同意，李某未买车票。运行途中，客车发生翻车事故，致李某受伤，经住院治疗后鉴定构成八级伤残。为此，李某在多次要求运输公司赔偿无果后，一纸诉状将运输公司告上法庭，要求被告赔偿各种损失共 109 538 元。

**法律链接**

《合同法》第 290 条：承运人应当在约定期间或者合理期间内将旅客、货物安全运输到约定地点。

《合同法》第 302 条：承运人应当对运输过程中旅客的伤亡承担损害赔偿责任，但伤亡是旅客自身健康原因造成的或者承运人证明伤亡是旅客故意、重大过失造成的除外。

前款规定适用于按照规定免票、持优待票或者经承运人许可搭乘的无票旅客。

**律师说法**

本案被告运输公司要承担原告李某提出的赔偿责任。被告客车售票员是被告与旅客签订客运合同的执行者，其同意原告不购票乘车的行为，是代表被告实施的签约行为，因而尽管原告搭乘被告之车未购买车票，但原、被告之间仍建立了客运合同关系。因此，根据《合同法》的相关规定，承运人应在约定期间或者合理期间内将旅客、货物安全运输到约定地点，旅客持票上了承运人的车、船、飞机等运输工具，承运人即负有将客货安全运输到目的地的任务，如果非因法定的免责原则而造成客货损害的，承运人应承担相应责任。

法律小贴士：

上了公共交通工具不买票、票丢失了或者丢弃了，但只要人在车上，运输合同就成立生效。有了车票，当出现纠纷时可以很简单、直接地证明运输合同关系，而没有车票就增加了证明合同存在的难度，但是没有车票不能说运输合同没有成立生效。

## 无证驾驶索理赔

（无证驾车伤人，保险公司该不该赔偿）

### 基本案情

2010年8月5日5时许，刘某无证驾驶三轮摩托车沿某国道驶入非机动车道，将站在非机动车道内的高某撞伤，高某受伤后被送往医院住院治疗22天，共支付医疗费19 347元。该事故经交通巡警大队认定，刘某负全部责任。刘某驾驶的机动车于2010年6月28日在某保险公司投保了机动车交通事故责任强制保险。高某就赔偿问题诉至法院，请求刘某与保险公司共同承担各项赔偿费用合计23 988.12元。

### 法律链接

《道路交通安全法》第76条：机动车发生交通事故造成人身伤亡、财产损失的，由保险公司在机动车第三者责任强制保险责任限额范围内予以赔偿；不足的部分，按照下列规定承担赔偿责任：

（一）机动车之间发生交通事故的，由有过错的一方承担赔偿责任；双方都有过错的，按照各自过错的比例分担责任。

（二）机动车与非机动车驾驶人、行人之间发生交通事故，非机动车驾驶人、行人没有过错的，由机动车一方承担赔偿责任；有证据证明非机动车驾驶人、行人有过错的，根据过错程度适当减轻机动车一方的赔偿责任；机动车一方没有过错的，承担不超过百分之十的赔偿责任。

交通事故的损失是由非机动车驾驶人、行人故意碰撞机动车造成的，机动车一方不承担赔偿责任。

### 律师说法

该案件在法律适用上产生了分歧。《机动车交通事故强制保险条例》与《道路交通安全法》均是现行有效的法律，而且施行时间均早于本案事故发生的时间，对于本案两部法律都有被适用的可能。如果依照《机动车交通事故强制保险条例》第22条中的规定，保险公司可以拒赔，但依照《道路交通安全法》第76条中的规定，保险公司应当承担责任，此时就涉及发生冲突时应当如何处理的问题。应该说，发生法律冲突时按特殊规定优于一般规定、后法优于前法、高层次法优于低层次法的规则处理。从后法优于前法来看，2007 年 12 月 29 日通过的《道路交通安全法》通过时间比《机动车交通事故强制保险条例》晚，故应当优先适用；从高层次法优于低层次法来看，《道路交通安全法》的法律位阶高于《机动车交通事故强制保险条例》，故应当优先适用。

另外，从设置交强险的意义上来看，适用《道路交通安全法》有利于道路交通事故受害人减少救济求偿的环节，获得及时有效的经济保障和医疗救治；有利于减轻交通事故肇事方的经济负担，有利于充分发挥保险的社会保障功能，维护社会稳定。综上，本案应当依据《道路交通安全法》第 76 条的规定判决保险公司也应当承担赔偿责任。

法律小贴士：

无证驾驶，虽然在某些时候不是特别严重的违章行为，也没有直接参与肇事，但却成为诱发一些交通事故的罪魁祸首，因此，很有必要重视无证驾驶因素所带来的危害并努力消除这一交通安全隐患。要提高驾驶人员的素质，培养驾驶员精湛的驾驶技艺和心理稳定性及高度负责的职业道德，提高驾驶员应付意外情况的能力。同时，加强全民交通安全教育和道德教育，让每一个交通参与者自觉维护交通秩序，共同创造良好的交通环境。

## 无证驾驶肇事故

（无证驾车肇事致人伤残，车辆出借人承担责任）

### 基本案情

小王和小李是邻居。2010 年 12 月 15 日小王新购了一辆摩托车，并办理了相关手续。12 月 28 日，小李因有事向小王借车，小王认为小李无驾驶证上路不安全，且有交警在公路上执勤，不愿出借，小李说自己曾多次驾驶摩托车，且本次所经路线均为乡村小路，路上无交警执勤。小王听了小李的话，同意出借车辆。小李驾驶摩托车上路途径一乡村十字路口时，因对路面情况观察不够，见相向行驶的自行车后车辆摇晃，采取紧急措施不力，导致与正常行驶的驾驶自行车的张某相撞，张某倒地受伤。交警部门经现场勘查后认定小李负事故的主要责任，张某负事故的次要责任，张某经法医鉴定为六级伤残。后张某向法院提起诉讼，要求小王和小李共同赔偿原告医疗费、误工费、护理费、营养费、残疾赔偿金等合计 8 万余元。

### 法律链接

《民法通则》第 130 条：二人以上共同侵权造成他人损害的，应当承担连带责任。

《道路交通安全法》第 19 条第 1 款：驾驶机动车，应当依法取得机动车驾驶证。

**律师说法**

本案争议的焦点在于机动车所有人小王和驾驶人小李是否构成共同侵权。本案中，摩托车所有人小王明知小李无驾驶证，驾车上路可能会发生交通事故，即已经预见到自己出借车辆的行为可能会有危险发生的情况下，仍将摩托车借给小李使用，小王在主观方面轻信可以避免危险的发生，属于过于自信的过失。小李违章驾驶摩托车，其主观方面也是轻信可以避免危险的发生。可见，小王、小李两人具有共同的过失，并造成了与张某发生交通事故的后果，致张某六级伤残，构成了共同侵权，小王应对小李的侵权损害赔偿承担连带责任。

法律小贴士：

本案对随意出借车辆给他人的车主们敲响了警钟。驾驶机动车，应当依法取得机动车驾驶证。明知他人没有机动车驾驶证而将车辆出借给他人的，将与借用人构成共同侵权，承担连带责任。

## 学员撞人教练责

（驾驶学员练车撞死人，教练构成交通肇事罪）

**基本案情**

徐某系某汽车驾驶员培训公司的教练员。2010 年 12 月 20 日，学员洪某驾驶重型普通货车在该培训公司院内练习坡道起步项目，身为教练的徐某未随车指导。洪某在倒车下坡的过程中，撞到站在围墙边的学员严某，致其当场死亡。当地公安局交警大队认定：徐某负此事故的全部责任。

**法律链接**

《道路交通安全法》第 101 条：违反道路交通安全法律、法规的规定，发生重大交通事故，构成犯罪的，依法追究刑事责任。

《道路交通安全法实施条例》第 20 条：在道路上学习机动车驾驶技能应当使用教练车，在教练员随车指导下进行，与教学无关的人员不得乘坐教练车。学员在学习驾驶中有道路交通安全违法行为或者造成交通事故的，由教练员承担责任。

《刑法》第 15 条：应当预见自己的行为可能发生危害社会的结果，因为疏忽大意而没有预见，或者已经预见而轻信能够避免，以致发生这种结果的，是过失犯罪。

过失犯罪，法律有规定的才负刑事责任。

《刑法》第 133 条：规定违反交通运输管理法规，因而发生重大事故，致人重伤、死亡或者使公私财产遭受重大损失的，处三年以下有期徒刑或者拘役；交通运输肇事后逃逸或者有其他特别恶劣情节的，处三年以上七年以下有期徒刑；因逃逸致人死亡的，处七年以上有期徒刑。

**律师说法**

徐某的行为构成交通肇事罪。徐某身为汽车培训教练员，未随车指导学员驾驶机动车辆而发生交通事故，致一人死亡，其犯罪的主观方面、客观方面、客体均与交通肇事罪的构成要件相符，其行为已经构成交通肇事罪。《道路交通安全法》第77条规定“车辆在道路以外通行时发生的事故，公安机关交通管理部门接到报案的，参照本法有关规定办理”，说明在非道路上发生严重交通事故致人死亡情况下可以参照在道路上发生的致人死亡的事故处理，按交通肇事罪定性。徐某的行为在主观上具有过失，在客观上有违反《道路交通安全法》等交通运输管理法规的行为，并由此造成了一名学员死亡的重大事故，侵权的客体是交通运输的正常秩序和安全。因此，本案中，徐某的行为应当定为交通肇事罪。

法律小贴士：

在道路上学习机动车驾驶技能应当使用教练车，在教练随车指导下进行，学员在学校驾驶中有交通安全违法行为或者造成交通事故的，由教练员承担责任，学员不承担责任。在教练场上发生严重交通事故致人死亡的情况下是可以参照在道路上发生的致人死亡的事故处理的。学员在学习机动车驾驶过程中，一定要谨慎驾驶，教练员要尽职尽责，避免此类悲剧的发生。

## 一次车祸两次赔

（一次车祸，能否获得两次赔偿）

### 基本案情

2010年10月27日，王某与某保险公司订立人寿保险合同，约定投保的主险为平安康寿险，保险金额为2万元；附加险为意外伤害险，保险金额为1万元；保险期间为终身，交费年限为20年。合同订立后，王某按时交付了保费。2011年8月6日，王某驾驶二轮摩托车与案外人驾驶的小客车相碰，造成王某受伤，经住院治疗，共产生医疗费用20 195.57元。该医疗费用由肇事车主支付了13 600元，原告支付了6 595.57元。此后，王某要求保险公司按合同约定支付保险金1万元，保险公司认为因原告在此事故中自己实际支付的医疗费用仅6 595.57元，其余费用非王某支付，故只向王某支付意外伤害医疗费6 595.57元。王某遂诉至法院要求保险公司补足余额3 404.43元。

### 法律链接

《保险法》第68条：人身保险的被保险人因第三者的行为而发生死亡、伤残或者疾病等保险事故的，保险人向被保险人或者受益人给付保险金后，不得享有向第三者追偿的权利。但被保险人或者受益人仍有权向第三者请求赔偿。

《合同法》第41条：对格式条款的理解发生争议的，应当按照通常理解予以解释。对格式合同有两种以上解释的，应当作出不利于提供格式条款的一方的解释。

### 律师说法

本案是一起典型的保险公司以投保人已经获得其他赔偿而依据所谓保险补偿原

则为由予以拒赔的案例，实质上是由于同一事实符合两个法律规范的赔偿要件所产生的请求权竞合。因此，本案的关键在于必须明确人身保险合同是否适用利益补偿原则。

平安康寿险及意外伤害险属于人身保险的范畴，在发生保险事故的情况下，权利人依法既可以向侵权人主张损害赔偿，还可以根据保险合同的约定向保险人主张权利，除非保险人与投保人在保险合同中约定在权利人已获得赔偿的情况下保险人不再承担保险责任。本案中，双方当事人在订立保险合同时未有上述约定，故保险公司对于责任范围内的保险事故，在既无法律依据又无合同约定的情况下，应当依法承担责任。据此，法院在多次调解未果的情况下判决支持原告的诉讼请求，判令保险公司补足保险金 1 万元，即再向原告支付保险金 3 404.43 元。

法律小贴士：

法律并不禁止投保人在获得保险金后，再向侵权人请求赔偿；反之，当侵权人已作赔偿后，投保人仍可同样向保险公司请求给付保险金。这就充分说明人身保险合同不是补偿性合同。人身保险合同不适用损害利益补偿原则，在没有法律依据或者合同依据的情况下，保险公司是不能依据所谓的保险利益补偿原则来拒绝理赔的。

# 医疗保险

随着生态条件的转变，各种新型、疑难疾病层出不穷，再加上某些医院管理不善、医生责任感丧失……使得医疗事故频频发生，医患矛盾不断升级。另外，随着物质生活水平的提高，人们对自身安全的要求也越来越高、越来越重视，于是医疗保险在老百姓中越来越受欢迎。在这种社会背景下，医疗保险方面的纠纷也越来越多、越来越复杂，特别是近年来，成为民事案件的新热点。在本篇中，我们将着重解析医疗事故、保险理赔等相关的法律纠纷，希望读者朋友能够从中得到些许启示。

## 腹中藏有止血棉

（止血棉被遗留在产妇的腹内，由此带来的损失和伤害，医院应该赔偿吗）

**基本案情**

2011年3月，准妈妈冯某住进某医院进行剖腹产手术。出院不久，冯某时常感觉腹部疼痛难耐，后来去医院检查，原来是在进行剖腹产手术时，医生用止血棉为其止血，但在伤口缝合时，由于粗心忘记将止血棉取出。经某医学会鉴定该医院的过失行为构成三级医疗事故，且该医院承担完全责任。于是，冯某将该医院告上法庭，要求赔偿损失。该医院应当对冯某进行赔偿吗？

**法律链接**

《医疗事故处理条例》第2条：本条例所称医疗事故，是指医疗机构及其医务人员在医疗活动中，违反医疗卫生管理法律、行政法规、部门规章和诊疗护理规范、常规，过失造成患者人身损害的事故。

《医疗事故处理条例》第49条：医疗事故赔偿，应当考虑下列因素，确定具体赔偿数额：

（一）医疗事故等级；

（二）医疗过失行为在医疗事故损害后果中的责任程度；

（三）医疗事故损害后果与患者原有疾病状况之间的关系。

不属于医疗事故的，医疗机构不承担赔偿责任。

《侵权责任法》第54条：患者在诊疗活动中受到损害，医疗机构及其医务人员有过错的，由医疗机构承担赔偿责任。

**律师说法**

该医院应当对冯某进行赔偿。

这是一起比较典型的医疗事故纠纷。根据《医疗事故处理条例》第 2 条的规定可知，本案中该医院的医生在行医时违反医疗卫生管理法律、行政法规、部门规章和诊疗护理规范、常规，本应将止血棉及时取出，却因过失而忘记取出，对冯某造成了人身伤害，属于医疗事故，应当对冯某承担赔偿责任。

法律小贴士：

医疗事故发生后，有关医疗事故的赔偿事宜，受害人可以利用以下途径求偿：

1. 可参照《医疗事故处理条例》双方进行协商。

2. 如果协商无果，还可到当地卫生部门投诉，由医学会组织专家进行医疗鉴定，并给出结果，然后以此结果来确定赔偿金额。

3. 通过司法途径来解决。

## 手术过失引偏瘫

（因手术过失引发偏瘫，医院应该赔偿吗）

**基本案情**

2011 年 2 月，张某因“右侧鼻窦炎鼻息肉”入住某医院治疗，医生为张某在局部麻醉下进行“右侧上颌窦根治术，右侧筛窦开放术，右侧鼻息肉摘除术”。由于医生在术前对张某的脑血管病的高发因素估计不足，不仅未告知张某及其家人手术风险，说明张某是脑血管病的高危人群，且在手术时也未采取必要的预防措施，直接为张某实施手术，致使手术结束时出现“左侧脑梗塞”，即我们通常所说的“偏瘫”。同年 4 月，张某在医院处结束治疗，出院回家，其间共花费医药费 2 万元。后经某鉴定所认定，张某的损伤已达三级伤残，于是张某将法院告上法庭。医院应该对张某的“偏瘫”进行赔偿吗？

**法律链接**

《医疗事故处理条例》第 2 条：本条例所称医疗事故，是指医疗机构及其医务人员在医疗活动中，违反医疗卫生管理法律、行政法规、部门规章和诊疗护理规范、常规，过失造成患者人身损害的事故。

《民法通则》第 119 条：侵害公民身体造成伤害的，应当赔偿医疗费、因误工减少的收入、残废者生活补助费等费用；造成死亡的，并应当支付丧葬费、死者生前扶养的人必要的生活费等费用。

《侵权责任法》第 54 条：患者在诊疗活动中受到损害，医疗机构及其医务人员有过错的，由医疗机构承担赔偿责任。

**律师说法**

医院应该对张某的“偏瘫”进行赔偿。

张某因“右侧鼻窦炎鼻息肉”进医院治疗，双方即建立起一种医疗服务合同关系，医院应依合同为张某提供安全可靠的服务。而医院的工作人员却由于工作疏忽大意，术前对张某没有进行风险告知，且手术中对张某的脑血管病的高发因素估计不足，没有采取必要的预防措施，导致张某手术结束时偏瘫，其生命健康权受到了侵犯。由此可知，医院方在为张某进行手术时有医疗过失行为，且张某的损害结果与医院方的医疗过失有因果关系。因此，根据《民法通则》第119条、《医疗事故处理条例》第2条的规定，医院应该对张某的“偏瘫”进行赔偿。

法律小贴士：

患者在治疗时，要对诊断方式、治疗措施等方面多和医生沟通，必要时可以查看相关书籍及法律知识，患者对自己的病情有知情权，医生也有告知的义务。

当发生医疗纠纷时，患者和医院应尽力进行沟通和协商。如果患者对协商的结果不满意，可以向卫生行政主管部门提请医疗事故鉴定或者向法院提起医疗纠纷诉讼。

另外，患者应注意收集和保留一些相关证据，尤其是治疗终结时要第一时间复印、保存病历，一旦引起纠纷就可以凭此充分主张自己的权利。

## 私诊就医出意外

（到私人诊所就医引发药物中毒，算医疗事故吗）

**基本案情**

一天，钱某因胃病去一家由陈某开的私人诊所（无执业许可证）就医，陈某根据据说能够治愈百病的祖传秘方为钱某配了8副药。钱某服下该药后，当晚就出现不良反应，赶紧到一家正规医院看，被诊断为药物中毒。后钱某以医疗事故的名义向法院起诉陈某。钱某的起诉会得到法院的受理吗？

**法律链接**

《医疗事故处理条例》第2条：本条例所称医疗事故，是指医疗机构及其医务人员在医疗活动中，违反医疗卫生管理法律、行政法规、部门规章和诊疗护理规范、常规，过失造成患者人身损害的事故。

《医疗事故处理条例》第60条第1款：本条例所称医疗机构，是指依照《医疗机构管理条例》的规定取得《医疗机构执业许可证》的机构。

《医疗事故处理条例》第61条：非法行医，造成患者人身损害，不属于医疗事故，触犯刑律的，依法追究刑事责任；有关赔偿，由受害人直接向人民法院提起诉讼。

**律师说法**

钱某的起诉不会得到法院的受理。

医疗事故法律关系的形成，需要双方具备相应的主体要件。按照我国《医疗事故处理条例》的规定，医疗事故的主体应是医疗机构及其医务人员。本案中陈某的私人诊所没有执业许可证，不属于医疗机构，陈某不具备医疗事故的主体条件，因此本案不能按医疗事故处理，而只能按非法行医处理。所以，钱某如果以医疗事故的名义向法院起诉，是不会得到法院的受理的。

法律小贴士：

生病就医不是小事，不能马马虎虎随便找个私人诊所诊治，应该去一些比较正规的医院。因为很多私人诊所不正规，其所谓的“医生”很多是“江湖郎中”，没有执业资格证，其诊治程序也十分杂乱。一旦发生纠纷，患者不易保留证据，难以及时、合法地维护自己的权益。

## 拒给老人做手术

（面对危重病人，医院有权说“不”吗）

### 基本案情

一天，80 岁的老人赵某被邻居送进医院救治，此时赵某已进入糖尿病并发症晚期，急需手术治疗。面对手术 50% 以上的死亡率，根据相关规定，医院必须事先征得家属同意，然而赵某的家属一直联系不到。医院怕出意外担责，于是迟迟不给赵某做手术，结果赵某因救治延误而死亡。后来，赵某的家属认为医院拒绝救治赵某而导致赵某死亡，要求医院赔偿。而医院认为之所以迟迟没有给赵某做手术是因为赵某的家属没有签字。双方争执不下，闹上法庭。面对危重病人，没有病人家属的签字，医院有权拒绝收治吗?

### 法律链接

《侵权责任法》第 56 条：因抢救生命垂危的患者等紧急情况，不能取得患者或者其近亲属意见的，经医疗机构负责人或者授权的负责人批准，可以立即实施相应的医疗措施。

《执业医师法》第 24 条：对急危患者，医师应当采取紧急措施进行诊治；不得拒绝急救处置。

### 律师说法

医院无权拒绝收治危重病人。

根据《侵权责任法》第 56 条和《执业医师法》第 24 条的规定，医院对病人具有救治义务，即使是在无病人家属签字的情况下，也不得拒绝对危重病人的急救处置。在本案中，医院本有义务收治赵某，及时给他做手术，却忽视自己的救人义务，没有对赵某实施及时抢救而导致其死亡，赵某的死亡与医院的不作为有直接因果关系，医院应承担责任，依法给予赔偿。

法律小贴士：

抢救生命是医院的第一要务，医院不能因为没有通知到家属，就不进行救治。当医院无法取得患者及家属意见时，在紧急情况下为抢救垂危患者生命而采取紧急医学措施是正当的。即使患者出现了意外，医院如果没有过错，也不用承担任何责任。

## 可憾生下畸形儿

（B超检查多次失误，导致生下残疾儿，医院应就此赔偿吗）

### 基本案情

2010年7月，王某因“停经37周、下身见红2小时”赴某医院就诊，当日，经剖宫产产下一个男婴。当孩子呱呱坠地后，王某及其家人都惊呆了：男婴左手缺失，左前臂也只有极短极细的一小段；另外，他的脊柱也是变形的。说白了，男婴就是一个先天残疾儿（畸形儿）。痛心之余，令王某及其家人非常不解的是，王某在怀孕期间曾经做过6次B超检查，每次检查医院都说胎儿完好，没有什么问题。据此，王某及其家人认为医院没有履行相关医疗责任，多次B超检查时没有如实掌握男婴的情况，给她们一家人带来了痛苦和遗憾，遂将医院告上了法庭，要求医院承担责任，进行赔偿。医院对此负有责任，应该赔偿吗？

### 法律链接

《母婴保健法》第17条：经产前检查，医师发现或者怀疑胎儿异常的，应当对孕妇进行产前诊断。

《母婴保健法》第18条：经产前诊断，有下列情形之一的，医师应当向夫妻双方说明情况，并提出终止妊娠的医学意见：

（一）胎儿患严重遗传性疾病的；

（二）胎儿有严重缺陷的；

（三）因患严重疾病，继续妊娠可能危及孕妇生命安全或者严重危害孕妇健康的。

### 律师说法

医院对此负有责任，应该赔偿。

这是一个关于不当出生的医疗纠纷案件。不当出生，是指医务人员或医疗机构没有提供有关信息或向父母提供了错误的或不准确的信息，致使父母以为胎儿发育正常而生下的残疾儿。根据《母婴保健法》第17、18条的规定，经产前诊断，发现胎儿有严重缺陷的，医院应当向夫妻双方说明情况，并提出终止妊娠的医学意见。医院对王某连续做了6次超声波产前检查，均未发现胎儿有异常情况，直到孩子出生以后，才看到他是畸形儿，这无疑给王某及其家人带来了莫大的打击和伤害。关于医院方，无论是由于医生个人的技术原因还是疏忽大意，未能在产前发现胎儿先天畸形并告知家属，而造成畸形儿出生后果发生，虽然对畸形儿的残疾本身没有过错，但对畸形儿的出生存在医疗行为过错，侵犯了王某的生育选择权，对其后所产生的家庭负担，院方应负赔偿责任。

法律小贴士：

防止和减少缺陷人口出生，提高出生人口素质是我国的一项基本国策，也是

《母婴保健法》的立法宗旨，为此法律规定医疗机构有义务提供胎儿保健。依据产科检查流程的医疗常规，产前检查怀疑胎儿异常应当进行产前诊断，产前诊断确诊胎儿有缺陷，应当向夫妻说明并提出终止妊娠意见，否则有悖于社会公共利益。从育龄夫妻方来说，生育健康后代是义务，更是权利，说是义务在于育龄夫妻有义务在围产期接受保健机构的检查，根据意见采取相应的措施，说是权利在于育龄夫妻有权利依据产前诊断后果决定放弃缺陷胎儿。由于胎儿是否健康完全依赖医方的产前检查，所以尽管是否终止妊娠是夫妻选择的结果，但医方进行产前检查时的误诊、漏诊势必侵犯夫妻选择健康后代的权利。因此，从《母婴保健法》和计划生育国策看，医方此时的误诊、漏诊侵犯了夫妻选择健康后代的权利，构成侵权。

## 红疹诊成艾滋病

（红疹被诊断为艾滋病，在这种情况下，医院应对患者承担什么责任）

### 基本案情

14 岁的中学生汪某因背部起红疹去某医院诊治。医院抽取汪某的血液进行化验，结果显示，汪某患上了“艾滋病”，并要求其住院治疗，花去医药费 3 万元。后汪家的亲友及邻居都得知了汪某患上“艾滋病”的“事实”，有的表示关切，有的则说三道四，给汪家尤其是汪某带来了很大的精神困扰。在诊治的过程中，汪某的父母始终无法接受这一现实，于是领着汪某去了其他几家医院进行诊断，结果却一切都正常，只不过是皮肤过敏。汪家一气之下，以汪某的名义将做出“艾滋病”诊断的那家医院告上法庭，要求其赔偿自己的物质和精神损失。医院应对汪某承担什么责任？

### 法律链接

《民法通则》第 120 条第 1 款：公民的姓名权、肖像权、名誉权、荣誉权受到侵害的，有权要求停止侵害，恢复名誉，消除影响，赔礼道歉，并可以要求赔偿损失。

最高人民法院《关于确定民事侵权精神损害赔偿责任若干问题的解释》第 1 条：自然人因下列人格权利遭受非法侵害，向人民法院起诉请求赔偿精神损害的，人民法院应当依法予以受理：

……

（二）姓名权、肖像权、名誉权、荣誉权；

……

### 律师说法

医院应该向汪某承担恢复名誉、消除影响、赔礼道歉、赔偿损失的责任。

这是一起医院侵犯患者名誉权的侵权案件。医院将汪某因皮肤过敏而起的红疹错误地诊断为艾滋病，给汪某的名誉带来了极大的伤害，侵犯了汪某的名誉权。根据《民法通则》第 120 条第 1 款的规定，医院应主动恢复汪某的名誉，为其消除影响，向其赔偿道歉并赔偿损失。需注意的是，此处的“损失”既包括物质损失——汪某因被误诊而花去的3万元，也包括精神损失——根据最高人民法院《关于确定民事侵权精神损害赔偿责任若干问题的解释》第1条的规定，医院侵犯了汪某的名誉权，应当依法向汪某支付一定的精神损害赔偿金。

法律小贴士：

首先要明确的是，误诊是医学概念，不是法律概念。误诊是指医生的诊断与患者的实际情况不一致。由于患者情况各异，许多疾病外在表现形式的相似性，以及医生的经验、水平的差异，目前医疗技术发展的局限性等因素，导致误诊现象不可避免。我国并没有权威统计，但是国外一些发达国家的误诊率达到30%左右。误诊不一定承担民事责任，不能仅仅根据诊断及治疗的结果来判断医疗机构的责任。根据侵权法理论，承担民事责任的前提是医疗行为有过错，并且与损害后果有因果关系。因此，只有有过错的误诊，并且导致了后果的产生，在两个条件都具备的情况下医疗机构才承担赔偿责任。

## 手术进行中停电

（手术进行中停电导致病人留下后遗症，医院应否赔偿）

**基本案情**

一天，祝某忽然觉得肚子疼，家里人赶紧把她送到了医院，医生说是胆结石引起的胰腺炎，必须马上进行手术。于是祝某被推进了手术室，正在做手术的过程中，忽然停电，而不巧的是，医院的照明设备也处于维修状态。无奈，护士只好找来手电筒进行照明，才勉强将手术做完。手术过程的中断，导致祝某产生了很多后遗症，经受了很多身心折磨。后来经查得知，手术中停电是由于医院电力系统管理混乱、医生私拉电线所致。对于祝某因此次手术所引发的后遗症，医院是否应该赔偿？

**法律链接**

《医疗事故处理条例》第2条：本条例所称医疗事故，是指医疗机构及其医务人员在医疗活动中，违反医疗卫生管理法律、行政法规、部门规章和诊疗护理规范、常规，过失造成患者人身损害的事故。

《民法通则》第106条：公民、法人违反合同或者不履行其他义务的，应当承担民事责任。

公民、法人由于过错侵害国家的、集体的财产，侵害他人财产、人身的，应当承担民事责任。

**律师说法**

这是一起医疗事故纠纷案，医院应该赔偿。

对于案件的定性，关键要弄清楚停电的原因。如果停电是因为第三者的原因引起，则不应被定性为医疗事故，医院不承担责任。但是在本案中，停电原因是医院内部电力系统管理混乱、医生违规私拉电线。因此，医院的行为应被定性为违反医疗卫生管理法律、行政法规、部门规章和诊疗护理规范、常规，过失造成患者人身损害的医疗事故。根据《民法通则》第106条的规定，医院应就自己的过错向祝某承担损害赔偿责任。

法律小贴士：

其实，医疗机构任何一个人存在不规范的行为，都有可能引发医疗事故，本案就是典型的案例。为防范这一类医疗纠纷，医院、患者及社会（包括司法）都应作出努力。医院应当加强自身建设，尤其是制度建设，以此不断提高医务人员的医疗技术及法律意识。患者应正确判断情况，如果医疗行为不存在过错，应理解这一意外发生；反之，要依法维护自己的正当权益。社会方面要正确进行宣传和引导，努力营造一种运用法律手段解决医疗纠纷的社会氛围。

## 美容不成反毁容

（本想美容却毁了容，美容院应该赔偿精神损失吗）

### 基本案情

为变成一个“小脸美女”，孙某听信某医院的宣传广告，与该医院签下了做“双侧下颌角磨除术”的合同。手术后，孙某竟然发现她的双侧颧骨不对称，面部还起了硕大的肿胞，天气一热，肿胞就会破裂流脓。这种结果给孙某带来了极大的精神打击，本想美容结果却毁了容！后经调查后得知，医院的技术水平本没有达到国家规定标准，并且在为她进行手术时，擅自增加了两项手术，导致孙某皮囊严重受损。孙某于是将该医院告上法庭，要求赔偿精神损失。孙某可以要求医院赔偿精神损失吗？

### 法律链接

《侵权责任法》第2条：侵害民事权益，应当依照本法承担侵权责任。

本法所称民事权益，包括生命权、健康权、姓名权、名誉权、荣誉权、肖像权、隐私权、婚姻自主权、监护权、所有权、用益物权、担保物权、著作权、专利权、商标专用权、发现权、股权、继承权等人身、财产权益。

最高人民法院《关于确定民事侵权精神损害赔偿责任若干问题的解释》第1条：自然人因下列人格权利遭受非法侵害，向人民法院起诉请求赔偿精神损害的，人民法院应当依法予以受理：

（一）生命权、健康权、身体权；

（二）姓名权、肖像权、名誉权、荣誉权；

……

### 律师说法

孙某可以要求医院赔偿精神损失。

本案中，该医院没有达到国家规定的技术标准，并且又违反与孙某之间的合同，擅自增加两项手术，导致孙某皮囊严重受损，给孙某的身心健康带来了极大损害和痛苦，侵犯了其健康权。根据《侵权责任法》第 2 条的规定，孙某依法可以要求医院赔偿精神损失。

法律小贴士：

想美容结果毁容，不仅会给消费者带来物质损失，还会带来巨大的精神伤害。实践中，一旦发生毁容纠纷时，消费者可以通过以下途径进行求偿：

1. 如果美容院是经过卫生行政部门登记核准的，可以按照《医疗事故处理条例》进行求偿，申请医疗事故鉴定，并有权要求美容院赔偿你因就医治疗支出的各项费用以及因误工减少的收入，包括医疗费、误工费、护理费、交通费、住宿费、住院伙食补助费、必要的营养费等。如果所受伤害已符合伤残评定的标准，还可在评残后要求美容院承担伤残生活补助费。伤残生活补助费是指因增加生活上需要所支出的必要费用以及因丧失劳动能力导致的收入损失。

2. 如果美容院没有经登记核准，或者无相应的资质，或者实施美容手术的人员无医师资格，那么就属于欺诈行为，依据《消费者权益保护法》，美容院应双倍返还手术费，并赔偿第一项所列费用。

3. 美容手术失败会给消费者带来巨大的精神伤害，并且这种痛苦可能会相伴终身，故消费者可根据最高人民法院的规定，要求对方赔偿精神损失。

## 药品致损谁担责

（未将药物风险告知患者导致患者死亡，医院承担法律责任吗）

### 基本案情

2011 年 8 月 20 日，黄某突发急病，家人当即拨打 120，随后黄某被送到某医院接受诊治。同年 8 月 25 日，黄某经抢救无效死亡。黄某家人认为医院延误了最佳治疗时间，未按照药品使用说明书中的要求开具处方，使用禁忌药品硝酸甘油注射剂时未履行告知义务，造成了黄某死亡的严重后果，故起诉要求医院赔偿各项损失 80 万元。经鉴定，黄某因患高血压而脑出血，病情严重，在医院抢救无效死亡是自身疾病所致，不属于医疗事故。但在对黄某使用硝酸甘油时医院存在告知不完善的医疗缺陷，理论上不能排除硝酸甘油对黄某死亡有一定的促进作用。黄某的家人要求医院方赔偿，但医院方以不属于医疗事故且医院无用药过错为由加以拒绝。黄某的家人一纸诉状将该医院告上法庭。在这种情况下，医院应当对黄某的死亡承担赔偿责任吗？

### 法律链接

《侵权责任法》第 54 条：患者在诊疗活动中受到损害，医疗机构及其医务人员有过错的，由医疗机构承担赔偿责任。

《侵权责任法》第 55 条：医务人员在诊疗活动中应当向患者说明病情和医疗措施。需要实施手术、特殊检查、特殊治疗的，医务人员应当及时向患者说明医疗风险、替代医疗方案等情况，并取得其书面同意；不宜向患者说明的，应当向患者的近亲属说明，并取得其书面同意。

医务人员未尽到前款义务，造成患者损害的，医疗机构应当承担赔偿责任。

《医疗机构管理条例实施细则》第62条：医疗机构应当尊重患者对自己的病情、诊断、治疗的知情权利。在实施手术、特殊检查、特殊治疗时，应当向患者作必要的解释。因实施保护性医疗措施不宜向患者说明情况的，应当将有关情况通知患者家属。

**律师说法**

医院应当对黄某的死亡承担赔偿责任。

告知患者或其家属等医疗风险是医疗机构的法定义务，对此，《侵权责任法》第55条和《医疗机构管理条例实施细则》第62条有明确规定。而本案医院却没有向黄某及其家人就相关治疗作出相应告知义务。尽管鉴定结果表明，黄某的死亡后果是自身疾病恶化所致，医院给黄某使用硝酸甘油无过错，但硝酸甘油使用说明书上明确标明重症脑出血患者禁忌使用硝酸甘油，而医院方并未将药物说明书上标明的风险告知黄某，应视为医院方存在医疗缺陷，应承担对黄某死亡有一定加重和促进作用的因果关系的责任。

法律小贴士：

在医疗活动中，医疗机构及医务人员应当将患者的病情、医疗措施、医疗风险等如实告知患者，及时解答其咨询。这是医疗机构及医务人员应该遵守的医疗服务职业规范，是医疗机构应该履行医疗服务合同的附随义务，是医务人员应恪守的职业道德，亦是患者享有医疗服务知情权的法律规定。

## 救护途中病人死

（病人救护途中死亡，医院应当赔偿吗）

**基本案情**

一天，成某在家中昏倒，其家人赶紧拨打了某区级医院的电话。后该医院派救护车接到成某后，途中救护人员考虑到成某病情严重，该院救治风险太大，于是在没有采取任何紧急救助措施，也未与成某家人商量的情况下，擅自决定将成某送往另一较大的市级医院，但因贻误时机，成某死于途中。成某的家人悲愤之下，将该区级医院告上法庭，要求进行赔偿。成某死于救护途中，该区级医院应当对其死亡承担赔偿责任吗？

**法律链接**

《侵权责任法》第54条：患者在诊疗活动中受到损害，医疗机构及其医务人员有过错的，由医疗机构承担赔偿责任。

**律师说法**

该区级医院应当对成某的死亡承担赔偿责任。

尽管该区级医院工作人员的初衷是为病人考虑，但作为医护人员，既然已经认识到病人病情严重，却在没有采取任何救治措施以及未与病人家属商量的情况下将病人转院治疗，造成病人因未得到及时救治而死亡，因此该区级医院对成某的死亡存在一定的过错，按照《侵权责任法》第54条的规定，应当承担赔偿责任。

法律小贴士：

现实中，医院派车出诊，就应该履行抢救的义务，也就是说，在出车后，首先应医护同行，见到病人后，要进行相关初步诊断，运送途中，医护人员应密切监测病人的病情，及时采取必要的救治措施，直到将病人送至急诊室。在本案中，这家医院接诊后的急救措施显然不当，应承担一定责任。

## 越权接生致人死

（医生超出职务进行接生导致孕妇死亡，应该由谁承担责任）

### 基本案情

2010年，牛某怀孕，即将临产，但她并没有到医院办理正规入院手续接受医疗服务，而是通过在某医院工作的熟人找到该医院妇科医生冯某，让冯某为其接生。冯某明知自己所在的医院不具备接生服务资格，不能从事接生业务，却在院方不知晓且牛某未办理入院手续的情况下，私自将牛某接入自己的妇科诊室进行剖宫产手术。手术中，因操作失误导致牛某子宫坏死，牛某不得已又进行了子宫次切手术，将子宫切除掉。事故发生后，经法医鉴定：牛某子宫次切术已构成七级伤残。于是，牛某将冯某及其所在医院告上了法庭，要求二被告赔偿损失。牛某的损失具体应该由谁承担？

### 法律链接

《医疗事故处理条例》第61条：非法行医，造成患者人身损害，不属于医疗事故，触犯刑律的，依法追究刑事责任；有关赔偿，由受害人直接向人民法院提起诉讼。

《执业医师法》第37条：医师在执业活动中，违反本法规定，有下列行为之一的，由县级以上人民政府卫生行政部门给予警告或者责令暂停六个月以上一年以下执业活动；情节严重的，吊销其执业证书；构成犯罪的，依法追究刑事责任：

（一）违反卫生行政规章制度或者技术操作规范，造成严重后果的；

……

### 律师说法

对于牛某的损失，应由冯某承担大部分责任，牛某自己承担小部分责任。

本案中，冯某作为医院的执业医师，明知本医院不具备接生服务资格，不能开展此项业务，仍擅自为牛某接生，超出了自身的职务范围，根据《医疗事故处理条例》第61条和《执业医师法》第37条的规定，应当承担法律责任。另外，针对冯某对牛某实施接生的行为，医院方完全不知情，并且牛某一直没有办理正规的入院手续。由此，仅凭牛某就医地点在该医院就把冯某不当医疗行为的后果转嫁给院方，显然扩大了院方的责任，违背了权利义务相一致的原则，所以，该接生行为只能认定为冯某的个人行为。因此，只能由冯某对损害后果承担赔偿责任，医院不承担赔偿责任。由于牛某在没有办理正规入院手续情况下即接受冯某的接生服务，主观上对损害风险的发生也有一定过错，故也应当承担一部分责任。

法律小贴士：

行医是一种关系人民生命健康的专业性很强的特殊职业。医生肩负着治病救人、救死扶伤的重大责任。国家对从事医生职业的人有严格的要求。1994 年 2 月 26 日国务院颁布了《医疗机构管理条例》及实施细则。条例规定，医疗机构执业，必须依法登记，领取《医疗机构执业许可证》，才能开展诊疗活动。只有具备国家规定条件的人，国家卫生行政主管部门才授予其行医资格。未依法取得医生执业资格，医务活动违反《医疗机构管理条例》规定的条件即为非法行医。本案中冯某虽然拥有医生职业资格，但超越职务范围，造成他人伤害，理应承担不利的法律后果。

## 不必要检查之责

（就医时遭遇“不必要检查”，医院应当承担赔偿责任吗）

### 基本案情

2011 年 2 月 26 日，姜某因身体不舒服到医院就诊。医生询问姜某哪里不舒服，姜某告诉医生有发热、头痛、咽痛等常见感冒症状，但医生除了给姜某测体温、做血常规等常规检查外，还给姜某做了脑 CT、X 光、彩超、艾滋病、梅毒等 13 项检查。姜某出于对医生的信任，加之以防万一，便遵照医生的嘱咐将 13 项检查都做了一遍，共花费 3 000 余元。回到家后，姜某越想越不对劲，觉着自己只是得了流行性感冒，没必要花那么多钱，怀疑自己遭遇了“不必要检查”，遂要求医院赔偿。医院应当赔偿姜某吗？

### 法律链接

《侵权责任法》第 63 条：医疗机构及其医务人员不得违反诊疗规范实施不必要的检查。

### 律师说法

医院的行为属于“不必要检查”，应当对姜某承担赔偿责任。

实践中，“不必要检查”一般分为两种：其一是依据医疗规则，本不需要检查的，却要求患者检查；其二是依据医疗规则，本可以采用简单诊疗技术检查，却用复杂、高成本的诊疗技术检查。本案中，根据姜某的症状，医生完全可以确认是感冒，仅需进行测体温、做血常规等常规检查，其要求做脑 CT、X 光、彩超、艾滋病、梅毒等项检查的行为，明显超出了诊疗规范，即属于“不必要检查”的第一种情况。对于该“不必要检查”行为，根据《侵权责任法》第 63 条的规定，医院应当对姜某的损失承担赔偿责任。通常情况下，对“不必要检查”的处理包括两大方面：如果没有造成患者新的人身损害，医疗机构应当赔偿患者不必要的检查费用；如果因“不必要检查”贻误了正常诊疗或造成患者新的人身伤害，则医疗机构应赔偿由此导致的人身损害、精神损失。

法律小贴士：

为避免过度检查，患者应该注意以下方面：

1. 可在就诊前向权威医疗机构或医疗卫生主管部门咨询，了解自己的病情应当做哪些必要的检查。

2. 注意保留就医过程中相关检查项目的收费凭证。由于医疗机构对于患者拥有绝对的专业优势，如发生诉讼，患者可以申请法院委托专门的司法鉴定机构对医疗行为的合理性进行鉴定，以维护自己的合法权益。

## 非法行医要担责

（黑诊所耽误治疗致患者伤残，应当如何承担赔偿责任）

**基本案情**

2010年3月23日，方某因雨天路滑不慎摔倒，造成左踝关节扭伤。事后，方某感觉伤势并无大碍，就没有到正规医院医治，而是来到陈某（无行医资格）所开的私人诊所（未办理执业许可证）医治。半个月后，诊疗效果不明显，且伤情恶化，后转到某医院住院治疗1个月，花去医疗费用2万余元。同年5月3日，经某司法鉴定中心鉴定方某伤残等级为十级，主要由于陈某的私人诊所的无效医疗行为，延误了最佳治疗时机。后方某要求陈某赔偿自己的损失，陈某拒赔，方某于是将陈某告上法庭。陈某应该对方某的损失进行赔偿吗？

**法律链接**

《医疗机构管理条例》第15条：医疗机构执业，必须进行登记，领取《医疗机构执业许可证》。

《医疗机构管理条例》第24条：任何单位或者个人，未取得《医疗机构执业许可证》，不得开展诊疗活动。

《医疗事故处理条例》第61条：非法行医，造成患者人身损害，不属于医疗事故，触犯刑律的，依法追究刑事责任；有关赔偿，由受害人直接向人民法院提起诉讼。

《执业医师法》第39条：未经批准擅自开办医疗机构行医或者非医师行医的，由县级以上人民政府卫生行政部门予以取缔，没收其违法所得及其药品、器械，并处十万元以下的罚款；对医师吊销其执业证书；给患者造成损害的，依法承担赔偿责任；构成犯罪的，依法追究刑事责任。

《侵权责任法》第26条：被侵权人对损害的发生也有过错的，可以减轻侵权人的责任。

**律师说法**

陈某应当适当赔偿方某的部分损失，另一部分损失应由方某自行承担。

本案中，陈某无证非法行医，且延误了方某的治疗，导致方某病情恶化，根据《医疗事故处理条例》第61条的规定，应对方某的损失承担相应的责任。另外，方某也有过错，自身扭伤，事后不主动到正规医疗机构医治，延误病程，致损失扩大，自身也有过错，也应承担适当责任。根据《侵权责任法》第26条的规定，方某也应当承担部分责任。依此，法院判决双方各担责任50%。

法律小贴士：

针对非法行医带来的伤害，患者应该马上到公安机关报案，在追究对方刑事责任的同时，可要求进行附带民事赔偿。

## 癌症患者被误诊

（癌症患者被误诊，医院应当如何承担责任）

**基本案情**

2010年11月25日，高某因腹部疼痛难忍到某区级医院就医，经该医院资深医师诊断为腰椎间盘突出，住院治疗1个月后出院。出院后高某仍然感到腰酸腹痛，于是就到更权威的医院就诊，经诊断为癌症，不久因医治无效去世。高某的家人认为该区级医院的误诊行为，延误了高某的诊断时机，导致高某没有经过治疗就去世，于是申请了鉴定，鉴定结果为，该区级医院的误诊行为医疗过失参与度为40%～60%。高某家人遂要求区级医院就其误诊行为进行赔偿，该医院予以拒绝，高某的家人便将该区级医院告上了法庭。该区级医院应否就高某的死亡进行赔偿？

**法律链接**

《侵权责任法》第54条：患者在诊疗活动中受到损害，医疗机构及其医务人员有过错的，由医疗机构承担赔偿责任。

《侵权责任法》第55条：医务人员在诊疗活动中应当向患者说明病情和医疗措施。需要实施手术、特殊检查、特殊治疗的，医务人员应当及时向患者说明医疗风险、替代医疗方案等情况，并取得其书面同意；不宜向患者说明的，应当向患者的近亲属说明，并取得其书面同意。

医务人员未尽到前款义务，造成患者损害的，医疗机构应当承担赔偿责任。

**律师说法**

该区级医院应该就高某的死亡进行赔偿。

本案中，该区级医院在给高某初期诊断治疗过程中误诊为腰椎间盘突出，致使高某不能正确及时地得到治疗，其误诊行为耽误了高某的及时医治，对于高某的死亡有不可推卸的责任。另外，医院作为占有社会医疗资源的一方，应当遵守医疗职业伦理，结合患者的病情做出全面细致的检查，综合判断患者病情并以此确定完整的治疗方案，对于在诊疗过程中存在的不足而给患者造成的损失应当承担相应的民事赔偿责任。所以，该区级医院应当对高某的死亡承担一定的责任，进行赔偿。

法律小贴士：

现实中，判断误诊既有医学过错又有法律过错，需要进行具体的分析，操作中可以从三个方面入手：

1. 在医院或医生采取特殊诊断方法时，如果有充分的医学理由并征得患者的同意，即使出现误诊，也不能认定其存在过错。

2. 误诊的过程是否符合诊疗规范。如果符合，即使得出不同的诊断包括误诊，医院或医生也没有法律上的过错；反之，则可能存在过错。

3. 判断误诊是否有法律上的过错，要考虑医院或医生的诊断能力，包括应有的医学知识水平、设备技术水准和专门的医疗经验等。医院在应有的诊断能力下，即使诊断是负责任的，仍难以避免误诊，可以认定其没有法律上的过错。而在医院应有的诊断水平前提下，因违反诊疗规范又没有充分的医学理由出现误诊，应认定医疗行为存在过错。

## 医院丢了病历单

（医院将患者的病历资料丢失，是否承担不利后果）

### 基本案情

2011年3月，司机黄某驾车外出发生车祸，被送往医院治疗。医院对黄某进行了系列检查，确认其为左股骨骨折，并准备进行手术。当日下午，黄某就被送入手术室，晚上7点钟，医院对黄某家属宣告黄某死亡。黄某死亡后，黄某家属向医院索赔100万元，医院不同意黄某家属提出的求偿数额，双方争执不下，黄某家属遂将医院诉至法院。

在审理过程中，法院委托某医疗事故技术鉴定办公室进行医疗事故技术鉴定，但医院没有能够提供影像学检查原始记录，即黄某在医院进行治疗时的X线片、抢救医嘱，由于鉴定资料不全，医疗事故技术鉴定工作办公室对该起鉴定不予受理。医疗事故技术鉴定不予受理的不利后果由谁承担？医院应向黄某承担赔偿责任吗？

### 法律链接

《侵权责任法》第61条：医疗机构及其医务人员应当按照规定填写并妥善保管住院志、医嘱单、检验报告、手术及麻醉记录、病理资料、护理记录、医疗费用等病历资料。

患者要求查阅、复制前款规定的病历资料的，医疗机构应当提供。

最高人民法院《关于民事诉讼证据的若干规定》第4条：下列侵权诉讼，按照以下规定承担举证责任：

……

（八）因医疗行为引起的侵权诉讼，由医疗机构就医疗行为与损害结果之间不存在因果关系及不存在医疗过错承担举证责任。

《医疗机构病历管理规定》第 4 条：在医疗机构建有门（急）诊病历档案的，其门（急）诊病历由医疗机构负责保管；没有在医疗机构建立门（急）诊病历档案的，其门（急）诊病历由患者负责保管。

住院病历由医疗机构负责保管。

**律师说法**

医疗事故技术鉴定不予受理的不利后果应由医院承担。

在医疗纠纷诉讼中，有关病历等资料灭失的话，作为患者一方该怎样维权呢？为此，《侵权责任法》、《民事诉讼法》、最高人民法院《关于民事诉讼证据的若干规定》等法律法规中，都进行了证据方面举证规则的规定：在医疗纠纷诉讼中，医疗机构承担一定的举证责任，即就其医疗行为与损害结果之间不存在因果关系及不存在医疗过错承担举证责任，提供病历资料是其法定义务，如果无法提供相关病历资料，则要承担不利后果。

在本案中，根据《医疗机构病历管理规定》第 4 条的规定，医院有责任、有义务保管好黄某的病历资料，在必要时应该予以提供，然而在进行医疗事故技术鉴定时，医院却无法提供，根据最高人民法院《关于民事诉讼证据的若干规定》第 4 条第 8 项的规定，医院应当承担不利的法律后果。

法律小贴士：

因医院无法提供相关病历资料，导致医疗事故技术鉴定办公室无法做出医疗事故技术鉴定，如果诉至法院，虽说应由医院承担举证不能的不利后果，但对患者来说也有一定的弊端。在此，提醒广大患者，医疗活动结束后，应随时复印、收集自己的病历资料，及时地固定、保存证据，以便一旦发生医疗纠纷时有据可查。

## 医保可买哪些药

（所有的药品都被纳入医疗保险的范围了吗）

**基本案情**

严某患有严重的神经性疾病，他为此苦恼不已。一次他听人讲，某种用中药泡制的药酒对于神经性疾病的治疗很有效，于是他便去当地医疗保险定点药店去购买，在刷卡消费时，药店工作人员却告诉他这种药酒不属于基本医疗保险范围内的药品，不能够刷卡消费。严某很气愤又很不解，这种药品为什么就不在医疗保险支付的范围内呢？百思不得其解的严某一气之下将该药店告上了法庭。严某的行为会得到法院的支持吗？

**法律链接**

《城镇职工基本医疗保险用药范围管理暂行办法》第 3 条：纳入《药品目录》的药品，应是临床必需、安全有效、价格合理、使用方便、市场能够保证供应的药品，并具备下列条件之一：

（一）《中华人民共和国药典》（现行版）收载的药品；

（二）符合国家药品监督管理部门颁发标准的药品；

（三）国家药品监督管理部门批准正式进口的药品。

《城镇职工基本医疗保险用药范围管理暂行办法》第4条：以下药品不能纳入基本医疗保险用药范围：

（一）主要起营养滋补作用的药品；

（二）部分可以入药的动物及动物脏器，干（水）果类；

（三）用中药材和中药饮片泡制的各类酒制剂；

（四）各类药品中的果味制剂、口服泡腾剂；

（五）血液制品、蛋白类制品（特殊适应症与急救、抢救除外）；

（六）劳动保障部规定基本医疗保险基金不予支付的其他药品。

**律师说法**

严某的行为不会得到法院的支持。

参加医疗保险的人员在治病购药时，并不是所有的药品都能够由医疗保险金来支付。根据《城镇职工基本医疗保险用药范围管理暂行办法》第3条的规定，纳入《药品目录》的药品，应是临床必需、安全有效、价格合理、使用方便、市场能够保证供应的药品，并且属于《中华人民共和国药典》（现行版）收载的，或符合国家药品监督管理部门颁发标准的，或国家药品监督管理部门批准正式进口的药品。另外，根据《城镇职工基本医疗保险用药范围管理暂行办法》第4条的规定，用中药材和中药饮片泡制的各类酒制剂不能纳入基本医疗保险用药范围。本案中，严某所要购买的中药泡制的药酒正属于“用中药材和中药饮片泡制的各类酒制剂”，所以，严某不能用医疗保险金支付。因此，严某的行为在法律上是不会得到支持的。

法律小贴士：

日常购买药品时，使用医疗保险金进行支付，既方便又实惠，但是我们还需弄明白的是，有些药品是不属于医疗保险的支付范围的。所以，在购药时，应该先查明所购药品是否可用医疗保险金支付，以免给自己带来一些不便。

## 保险利益为哪般

（没有征得被保险人同意，是否可以替其购买人身保险）

**基本案情**

欧某和郝某是男女朋友关系。郝某的生日快要到了，欧某为了给女朋友一个惊喜，可谓绞尽脑汁。一天，欧某听自己的朋友孙某说，在三八节那天孙某为自己的妻子买了一份人身保险，让妻子开心无比，连夸这礼物又新颖又实惠。欧某便想借鉴一下这个方法，于是也想为郝某买份人身保险，等郝某生日那一天再告诉她这一消息。欧某可以事先不经过郝某的同意，替郝某购买人身保险吗？

**法律链接**

《保险法》第12条：人身保险的投保人在保险合同订立时，对被保险人应当具有保险利益。

财产保险的被保险人在保险事故发生时，对保险标的应当具有保险利益。

人身保险是以人的寿命和身体为保险标的的保险。

财产保险是以财产及其有关利益为保险标的的保险。

被保险人是指其财产或者人身受保险合同保障，享有保险金请求权的人。投保人可以为被保险人。

保险利益是指投保人或者被保险人对保险标的具有的法律上承认的利益。

《保险法》第31条：投保人对下列人员具有保险利益：

（一）本人；

（二）配偶、子女、父母；

（三）前项以外与投保人有抚养、赡养或者扶养关系的家庭其他成员、近亲属；

（四）与投保人有劳动关系的劳动者。

除前款规定外，被保险人同意投保人为其订立合同的，视为投保人对被保险人具有保险利益。

订立合同时，投保人对被保险人不具有保险利益的，合同无效。

**律师说法**

如果欧某事先没有经过郝某的同意，则无权为郝某购买人身保险。

《保险法》第12条明确规定：投保人对保险标的应当具有保险利益，投保人对保险标的不具有保险利益的，保险合同无效。保险标的是保险利益的载体，也就是被保险的对象，投保人没有保险利益的，保险合同成立和生效的基础就不存在。法律之所以规定投保人必须具有保险利益，是因为如果没有保险利益，投保人就可以随意以他人的生命、身体或财产进行投保，当他人的生命、身体或财产受到损害的时候，投保人却可以获得保险金，这容易引起投保人对他人生命、身体或财产进行人为的伤害，引发违法犯罪行为。由此可以得知，案例中欧某若想为郝某购买人身保险，则需要满足“欧某具有保险利益”这一条件。欧某作为郝某的男朋友，是否具有保险利益呢？

根据《保险法》第31条的规定可知，由于欧某和郝某之间只存在恋爱关系，二者之间并没有法律上承认的保险利益，所以，除非欧某事先征得郝某本人的同意，否则不能为其购买人身保险。

法律小贴士：

保险利益是保险中一个最重要的因素，是指投保人对保险标的具有经济上的利害关系，并且这种利害关系被法律所承认。在现实中，因保险利益而产生的矛盾屡见不鲜，所以准确认知什么是保险利益以及在什么情况下投保人不具有保险利益是购买有效保险的前提。

## 妻子代签保险书

（妻子代签名的人身保险合同是否有效）

**基本案情**

2010年，某保险公司的员工到刘某家推销保险，当时只有刘某的妻子曾某在家。由于曾某已经购买了一份保险，该员工便游说曾某为刘某买一份以死亡为给付条件的人身保险。曾某禁不住该员工的游说，动了心，准备为刘某买一份以死亡为给付条件的人身保险。当曾某询问是否可以代丈夫刘某在被保险人一栏签字时，该员工告诉她可以代签。于是曾某就替丈夫签了保险合同，第二天去缴纳了一年的保费3 000余元。2011年的一天，刘某接到了一份来自该保险公司的保费催缴通知，这才知道妻子为自己买保险的事。刘某考虑到自己在单位已经买了医疗保险等，不想再要这份人身保险，于是要求退保，但是该保险公司的员工称如果退保的话需要扣除80%～90%的违约金。该保险公司应该如数退还刘某保费吗？

**法律链接**

《保险法》第56条第1款：以死亡为给付保险金条件的保险合同，未经被保险人亲笔签字或有书面同意并认可保险金额的，该保险合同无效。

**律师说法**

保险公司应当如数退还刘某保费，无权扣除违约金。根据《保险法》第56条第1款的规定可知，以死亡为给付条件的保险合同必须有被保险人的亲笔签名或有被保险人的书面授权；否则，该保险合同就不具有法律效力。本案中，曾某为丈夫刘某所买的正是以死亡为给付条件的人身保险，在签订保险合同时，应当有刘某亲笔签名或者刘某的书面授权。然而，曾某在没有刘某亲笔签名和书面授权的情况下，替刘某签了字，则该保险合同属于无效合同。因此，该保险公司应该依法如数退还刘某已经缴纳的保费。

法律小贴士：

法律规定投保人将第三人作为被保险人而与保险人签订以死亡为给付保险金条件的合同时必须要有被保险人的书面同意。投保人在办理以死亡为给付保险金条件的合同时最好是由被保险人亲笔签名，否则有可能被认为保险合同无效。

## 免责条款惹争议

（双方针对免责条款引发争议，纠纷应该如何解决）

**基本案情**

2010年，马某作为投保人和某保险公司签订了终身保险及附加住院医疗保险和附加意外伤害医疗保险。附加住院医疗保险条款中约定：在本附加合同有效期间内，被保险人因遭受意外伤害，或自本附加合同生效之日起 90 日后，因患疾病"经保险公司指定或认可的医院住院期间的医疗费用"，按照相关规定给予医疗保险金。合同签订后，马某根据合同的约定向该保险公司缴纳了保费。2011 年，马某因病住入与该保险公司约定的医院，该医院出具诊断证明书确认马某为宫外孕、卵巢妊娠。马某住院期间共花费医疗费 1 万元。出院后，马某便根据保险合同的约定向保险公司提出理赔申请，但保险公司拒绝理赔，因为其认为该理赔申请不属于合同规定的保险责任的范畴。马某认为，出险的情况是宫外孕、卵巢妊娠，附加住院医疗保险条款是采取列举方式载明的免责条款，自己的情况不符合该条款所列举的事项，即使属于免责条款的范围，保险公司在马某投保时也没有就免责条款对马某作出解释，所以应该予以理赔。为此，马某将保险公司诉至法院，要求其承担理赔责任。保险公司应该对马某承担理赔责任吗？

**法律链接**

《合同法》第 8 条：依法成立的合同，对当事人具有法律约束力。当事人应当按照约定履行自己的义务，不得擅自变更或者解除合同。依法成立的合同，受法律保护。

《合同法》第 41 条：对格式条款的理解发生争议的，应当按照通常理解予以解释。对格式条款有两种以上解释的，应当作出不利于提供格式条款一方的解释。格式条款和非格式条款不一致的，应当采用非格式条款。

《中国人寿保险公司附加住院医疗保险条款》第 6 条：责任免除。因下列原因导致被保险人住院治疗的，本公司不负给付医疗保险金的责任：

……

八、被保险人怀孕、流产、分娩、堕胎、避孕、绝育手术。

……

**律师说法**

保险公司应该向马某承担理赔责任。

本案中，马某和保险公司之间签订的保险合同合法有效，受国家法律保护。根据《合同法》第 8 条的规定，在马某如约向保险公司缴纳保险费后，对于马某出现的保险事故，保险公司应该按照保险合同的约定进行理赔。因此，保险公司做出拒赔决定，并认为马某所出现的保险事故属于免责条款所载明的内容，其决定没有事实和法律依据。保险公司做出拒赔决定依据的是《中国人寿保险公司附加住院医疗保险条款》第 6 条。然而，第 6 条所列举的"被保险人怀孕、流产、分娩、堕胎、避孕、绝育手术"等六种情况之间既有并列又有包容，而且没有载明关于宫外孕和卵巢妊娠的情况。虽然我国法律不禁止合同当事人在不违法的前提下，对双方的权利义务进行约定，但约定的内容必须是双方当事人的真实意思表示，并且是双方当事人均无异议的意思表示。鉴于该免责条款是由保险公司提供的格式条款，按照《合同法》第41条的规定，对格式条款有两种以上解释的，应当采取不利于提供格式条款一方的解释。因此，马某所出现的保险事故不属于责任的免除范围，保险公司应对马某承担理赔责任。

法律小贴士：

在现实生活中，投保人签订保险合同时，一定要仔细检查合同的内容，防止保险公司利用免责条款中的细枝末节，做出对投保人不利的约定。必要时，可以去医院咨询一下，如果医院的治疗方案不在保险合同的赔付范围内，那就要仔细考虑一下了，不要到时候被拒赔。

## 告知义务不能少

（为患有精神分裂症的儿子买保险，未履行告知义务，保险公司是否有权拒赔）

### 基本案情

杭某的儿子然然今年10岁，因患有严重的精神分裂症而辍学在家。由于工作繁忙，杭某夫妇无暇照看然然，于是将然然托付给其姥姥看管。可是由于姥姥年纪已逾70，身体不是很好，在照看然然时难免会有疏忽，导致2010年3月的一天然然在一次外出中走失。杭某得知儿子不见了，于是“心生一计”，决定为儿子购买意外保险，万一出了事情还能得到一大笔保险金。杭某在保险代理人孙某处为然然购买了一份保险金额为20万元的意外保险，受益人为自己，但未将然然患有精神分裂症并且已经走失的事实告诉孙某。在儿子失踪的那段日子，杭某夫妇并没有找寻儿子。半年后，然然在一次交通意外中死亡，经过警察的多方寻找，终于把然然的尸体运回家中。杭某为然然办理了丧事，随后，杭某根据之前签订的保险合同向保险公司提出了索赔的要求。保险公司应当对杭某进行赔付吗？

### 法律链接

《保险法》第16条：订立保险合同，保险人就保险标的或者被保险人的有关情况提出询问的，投保人应当如实告知。

投保人故意或者因重大过失未履行前款规定的如实告知义务，足以影响保险人决定是否同意承保或者提高保险费率的，保险人有权解除合同。

前款规定的合同解除权，自保险人知道有解除事由之日起，超过三十日不行使而消灭。自合同成立之日起超过两年的，保险人不得解除合同；发生保险事故的，保险人应当承担赔偿或者给付保险金的责任。

投保人故意不履行如实告知义务的，保险人对于合同解除前发生的保险事故，不承担赔偿或者给付保险金的责任，并不退还保险费。

投保人因重大过失未履行如实告知义务，对保险事故的发生有严重影响的，保险人对于合同解除前发生的保险事故，不承担赔偿或者给付保险金的责任，但应当退还保险费。

保险人在合同订立时已经知道投保人未如实告知的情况的，保险人不得解除合同；发生保险事故的，保险人应当承担赔偿或者给付保险金的责任。

保险事故是指保险合同约定的保险责任范围内的事故。

《保险法》第33条：投保人不得为无民事行为能力人投保以死亡为给付保险金条件的人身保险，保险人也不得承保。

父母为其未成年子女投保的人身保险，不受前款规定限制。但是，因被保险人死亡给付的保险金总和不得超过国务院保险监督管理机构规定的限额。

《保险法》第34条：以死亡为给付保险金条件的合同，未经被保险人同意并认可保险金额的，合同无效。

按照以死亡为给付保险金条件的合同所签发的保险单，未经被保险人书面同意，不得转让或者质押。

父母为其未成年子女投保的人身保险，不受本条第一款规定限制。

**律师说法**

保险公司可以拒赔。

在办理保险的过程中，杭某未将儿子患有精神分裂症并走失的事实告诉保险代理人孙某，违反了保险合同中的告知义务。所谓告知义务，是投保人和保险人双方都必须承担的责任和义务，保险人有权了解投保人有关保险标的的情况，例如，可能存在什么风险，或曾经发生过什么样的事故。如果投保人违反告知义务，根据《保险法》第16条的规定，保险人可以免除承担保险责任，甚至可以解除保险合同。本案中，杭某已经构成了故意隐瞒事实，不履行告知义务，所以保险公司可以解除合同，做出拒赔的决定。

法律小贴士：

告知义务的违反，通常有两种情形：其一是告知不实，即误告或错告；其二是应告知而不告知，包括隐瞒和遗漏。

## 重复保险怎么赔

（重复购买了多个保险，是否都会如数得到赔付）

**基本案情**

闫某是一家公司的会计，单位为她购买了一份社会医疗保险，但闫某感觉社会保险保障额度低，作用不是特别大，想再买份其他保险，她觉得这样就会得到双重保险，让自己的生活更有保障。随后，闫某在甲保险公司办理了一份重大疾病保险，保额为15万元。在投保后，又经不过乙保险公司保险代理人的推荐，又在乙保险公司购买了一份同样的重大疾病保险，保额是10万元。

2010年4月，闫某因心脏病突发，在医院做了一次心脏手术，共花费医疗费24万元，闫某的社会医疗保险给报销了5万元，闫某找到保险公司理赔，甲保险公司赔付了15万元，乙保险公司仅赔付了4万元。闫某大为不解，认为自己在乙保险公司投保的是10万元，为什么乙保险公司仅仅赔付了4万元。闫某认为乙保险公司克扣了自己的保险金，于是起诉要求乙保险公司赔付自己其余的6万元。闫某的诉求会得到法院的支持吗？

**法律链接**

《保险法》第56条：重复保险的投保人应当将重复保险的有关情况通知各保险人。

重复保险的各保险人赔偿保险金的总和不得超过保险价值。除合同另有约定外，各保险人按照其保险金额与保险金额总和的比例承担赔偿保险金的责任。

重复保险的投保人可以就保险金额总和超过保险价值的部分，请求各保险人按比例返还保险费。

重复保险是指投保人对同一保险标的、同一保险利益、同一保险事故分别与两个以上保险人订立保险合同，且保险金额总和超过保险价值的保险。

**律师说法**

闫某的诉求不会得到法院的支持。

闫某的行为属于“重复保险”行为，是指投保人就同一保险标的、同一保险利益、同一保险事故，在同一时期内与两个以上保险人订立数个保险合同的一种保险购买行为。实践中，很多投保人都会有类似闫某这样的想法，认为多买几份保险会有更多的保障，但在保险理赔中事实并非如此。目前，市场上的医疗保险险种主要有两种，即费用报销型险种和津贴型险种。费用报销型险种是按实际医疗费的支出理赔，遵循保险的补偿原则。也就是说，当被保险人的医疗费已经在别的保险公司或单位报销，获得补偿之后，就不能再从保险公司获得超出实际支出的超额补偿。津贴型险种则不必遵循补偿原则，只要发生手术或是住院，就能从保险公司获得理赔，如果在多家公司投保，就能从多家保险公司得到理赔金。本案中闫某投保的重大疾病保险就属于费用报销型险种，不能得到重复赔偿，所以乙保险公司可以仅赔付闫某4万元，闫某的诉求不会得到法院的支持。

法律小贴士：

不管是人身保险还是财产保险，都不可避免存在重复保险的问题，重复保险的发生大部分是由于投保人对保险不了解，认为多一份保险就多一份保障，所以才会选择多份保险，但最后理赔时才发现不管自己买了几份保险，最终得到的赔偿金额只是自己所遭受的实际损失的金额或是实际投保的金额。

## 医院选择有讲究

（为了医疗保险的顺利理赔，是否必须去指定医院就医）

**基本案情**

韩某是一家国企的职工，该国企为韩某投保了医疗保险，指定医院为A医院。2011年，韩某因为心脏病需要紧急做手术，但是担心A医院的心脏手术不成熟，就专门跑到B医院进行手术，共花费医疗费3万元。康复后，韩某到自己单位所在地的医保经办机构要求保险理赔，但被告知擅自到非指定医院就医所花费的医疗费用不属于医疗保险的理赔范围。韩某的医疗费真的无法报销了吗？

**法律链接**

《关于基本医疗保险异地就医结算服务工作的意见》第3条：参保人员短期出差、学习培训或度假等期间，在异地发生疾病并就地紧急诊治发生的医疗费用，一般由参保地按参保地规定报销。

《关于基本医疗保险异地就医结算服务工作的意见》第4条：参保人员因当地医疗条件所限需异地转诊的，医疗费用结算按照参保地有关规定执行。参保地负责审核、报销医疗费用。有条件的地区可经地区间协商，订立协议，委托就医地审核。

《关于基本医疗保险异地就医结算服务工作的意见》第5条：异地长期居住的退休人员在居住地就医，常驻异地工作的人员在工作地就医，原则上执行参保地政策。参保地经办机构可采用邮寄报销、在参保人员较集中的地区设立代办点、委托就医地基本医疗保险经办机构（以下简称经办机构）代管报销等方式，改进服务，方便参保人员。

**律师说法**

韩某的医疗费用无法报销。

社会保险中的医疗保险管理的一个重要原则就是就近治病，即到当地的指定医院进行就医，异地治疗的一般不予以报销，但是存在例外情况：其一，本地的医院不能满足患者的医疗需要，必须到具有更好的医疗条件的医院治疗的，当地指定医疗机构提出转院建议，经当地医保机构同意批准的。其二，由单位派出长期在外地工作和退休异地安置长期居住在外地的，经本地医保机构批准可以选择在外地指定医院就医，由本人先行垫付医疗费用，回当地报销。本案中，指定医院的医疗条件并不一定不能满足韩某手术的需要，而且其本人也没在外地。即使指定医院不能满足韩某的治疗需要，韩某也必须先去当地医保机构申请，得到批准后才可以转院，而不能擅自到非指定医院就医。因此，韩某的医疗费用无法报销。

法律小贴士：

本案中，如果韩某是因为急诊而到非指定医院治疗，其应当在三日内通知保险机构，并根据病情状况及时转入指定医院继续治疗。

## 违反后合同义务

（院方未履行后合同义务致使患者伤残，是否应承担责任）

**基本案情**

王某因怀孕临产去某县医院就诊，医院对王某采取急救措施后，告知王某由于医疗条件有限，需转院治疗。王某的家人遂自行联系车辆和医院，将王某转到某市医院救治。转院途中，县医院没有派医疗人员专门陪送。途中王某因腹部疼痛而几次昏迷。王某入住市医院后，经检查确诊为：怀孕8个半月、死胎、胎盘早剥、妊高症，需进行剖宫产术。市医院在进行剖宫产术中发现王某子宫不收缩、出血不止、血不凝，即进行子宫次全切除术。后王某的子宫次全切除，经司法鉴定构成五级伤残。同时，司法鉴定机构认为县医院对王某妊娠高血压疾病、胎盘早剥医疗风险认识不足，病情观察不细，处理措施不规范，与王某的子宫次全切除和胎儿死亡有因果关系，王某病例构成二级乙等医疗事故。王某以医疗损害赔偿为由，将县医院诉至法院，要求赔偿。县医院应否对王某的医疗损害进行赔偿？

**法律链接**

《合同法》第92条：合同的权利义务终止后，当事人应当遵循诚实信用原则，根据交易习惯履行通知、协助、保密等义务。

《医院工作制度》第30条：转院、转科制度。

1. 医院因限于技术和设备条件，对不能诊治的病员，由科内讨论或由科主任提出，经医务科报请院长或主管业务副院长批准，提前与转入医院联系，征得同意后方可转院。

2. 各省、市、自治区级医院病员（包括门诊病员）需转外地医院治疗时，应由所在医院科主任提出，经院长或业务副院长同意，报请省、市、自治区卫生厅批准办理手续。急性传染病、麻风病、精神病、截瘫病人，不得转外省市治疗。

3. 病员转院，如估计途中可能加重病情或死亡者，应留院处置，待病情稳定或危险过后，再行转院。较重病人转院时应派医护人员护送。病员转院时，应将病历摘要随病员转去。病员在转入医院出院时，应写治疗小结，交病案室，退回转出医院。转入疗养院的病员只带病历摘要。

4. 病员转科须经转入科会诊同意。转科前，由经治医师开转科医嘱，并写好转科记录，通知住院处登记，按联系的时间转科。转出科需派人陪送到转入科，向值班人员交代有关情况。转入科写转入记录，并通知住院处和营养室。

**律师说法**

县医院应该对王某的医疗损害进行赔偿。

本案中，王某因怀孕临产到县医院就医，县医院未能保障王某顺利生产，在转院途中又未派医生陪送并采取相关的救助措施，致使王某错过最佳抢救时机，且经司法鉴定认定县医院与王某的子宫次全切和胎儿死亡有因果关系，因此，县医院有过错，应承担相应的赔偿责任。

具体来说，县医院之所以要对王某的损害承担赔偿责任，主要基于以下原因：

其一，县医院违反了对重症转院患者负有的护送义务。县医院对重症转院患者负有的护送义务源于我国《合同法》中的后合同义务。所谓后合同义务，是指合同终止后，当事人依照法律规定，遵循诚信原则，根据交易习惯应当负有某种作为义务或不作为义务，以维护给付效果，或协助对方处理合同终了的善后事务。本案中，王某入住县医院治疗，双方之间即形成了医疗服务合同关系。当王某接受县医院告知后转院，双方之间的医疗服务合同关系即告终止。但是，在医疗服务合同解除后，因存在王某需转往上级医院治疗的情况，此时县医院就需要履行后合同义务，而县医院没有安排医护人员协助护送并采取相应的救助保护措施，明显没有履行医疗服务的后合同义务，违背了《合同法》第92条的规定，因此应对王某的医疗损害承担过错责任。

其二，县医院的行为违反了卫生部《医院工作制度》第30条关于转院、转科制度的相关规定。本案中，县医院在王某转院时，由王某的家人自行联系转入市医院，并且没有安排医护人员护送，明显违反《医院工作制度》第30条的规定，因此，县医院应承担相关赔偿责任。

法律小贴士：

医院因限于医疗技术和设备条件，让就诊的重症患者转院治疗时，虽然与患者终止了医疗服务合同关系，但应当安排医护人员护送并采取相关的救助措施。因未尽后合同义务致使患者遭受人身损害，应承担相应的赔偿责任。

## 中暑猝死理赔吗

（建筑工人中暑猝死，保险公司应当理赔吗）

### 基本案情

2011年4月，孙某在某建筑工地施工过程中突感头晕，随后到附近的医院进行治疗，并拨打了120急救电话。经测量，孙某的体温在40摄氏度，属重度中暑，虽经急救，但在120急救车运送途中，孙某因重度中暑热衰竭而死，从发病到死亡约间隔1小时。孙某由其所在的建筑公司投保了建筑工程团体人身意外伤害险，孙某在保期内中暑死亡。建筑公司随后要求保险公司理赔，保险公司以孙某为重度中暑引发脑水肿等症状导致死亡，不属保险担责范畴为由拒赔。保险公司应当理赔吗？

### 法律链接

《卫生部劳动保障部关于印发〈职业病目录〉的通知》：

四、物理因素所致职业病

1. 中暑

……

《保险法》第14条：保险合同成立后，投保人按照约定交付保险费，保险人按照约定的时间开始承担保险责任。

### 律师说法

保险公司应当理赔。

团体意外保险简称团意险，是以团体方式投保的意外险，保障被保险人（员工）因意外伤害事故导致死亡或残疾，给付被保人（员工）因意外伤害事故导致的治疗费用的保险。

《卫生部劳动保障部关于印发〈职业病目录〉的通知》中明确把“中暑”列入因物理因素所致的职业病。一般中暑者经过常规住院治疗便可痊愈，而不至于造成其他严重后果，因此中暑本身并不属于意外伤害险的理赔范畴。

孙某在建筑工地施工时中暑，经抢救，其仅在1小时左右内猝死。该死亡结果突发、不可预测和非本意，这种死亡当属意外，符合建筑工程团体人身意外伤害险的保险单责任范畴，所以，保险公司应当按照保险合同的约定进行理赔。

法律小贴士：

盛夏高温，中暑是老百姓最容易得的“病”。除了中暑不舒服外，还会有人因中暑而晕倒摔伤等。这些风险都可能造成人身或财产的重大损失。所以，高温季节需要适合的“高温保险”。但遗憾的是，目前暂无保险公司专门对“中暑”这个“病种”推出所谓的“中暑险”。也就是说，老百姓如果只是单纯中暑了，即使买了人身保险，也无法获得保险公司的理赔。那么怎样才能给自己上份高温保险呢？在此提醒，中暑能否获得理赔主要是被保险人中暑后果和他（她）所投保的四大险种有直接的关系。换句话说，如果我们购买了以下四种保险或附加险种——门急诊医疗保险、意外伤害保险以及附加意外伤害医疗险、住院医疗保险、工伤保险——后发生中暑，可以套用相关险种进行索赔。

## 合同到期前患病

（合同到期前患病，单位能按期终止合同吗）

### 基本案情

2010年7月，程某被查出患了乙肝，需要住院治疗。此时，程某与所在单位的劳动合同还差半个月到期。程某没有和单位续签合同。听说程某要住院治病的消息后，单位领导说程某住院不能超过1个月，1个月后要准时回单位办理劳动合同终止手续。经过1个月的治疗，程某的病情有所好转，要求出院，但医生不同意，要他留下来继续观察。结果，程某的单位派人来到医院，把终止合同的通知书交到程某手上，并告知下个月停发其工资，医疗费用也不再报销。程某觉得难以接受，出院后他回到单位，找到领导，希望单位不要在这个时候解除劳动合同，并且能够报销部分医疗费用。但是领导说，与他的劳动合同属于到期自然终止，因而不发工资和不报销医疗费是合情合理的。该单位领导的说法正确吗？

### 法律链接

《关于贯彻执行〈中华人民共和国劳动法〉若干问题的意见》第34条：除《劳动法》第25条规定的情形外，劳动者在医疗期、孕期、产期和哺乳期内，劳动合同期限届满时，用人单位不得终止劳动合同。劳动合同的期限应自动延续至医疗期、孕期、产期和哺乳期期满为止。

《劳动法》第21条：在试用期中，除劳动者有本法第39条和第40条第一项、第二项规定的情形外，用人单位不得解除劳动合同。用人单位在试用期解除劳动合同的，应当向劳动者说明理由。

《劳动法》第 39 条：劳动者有下列情形之一的，用人单位可以解除劳动合同：

（一）在试用期间被证明不符合录用条件的；

（二）严重违反用人单位的规章制度的；

（三）严重失职，营私舞弊，给用人单位造成重大损害的；

（四）劳动者同时与其他用人单位建立劳动关系，对完成本单位的工作任务造成严重影响，或者经用人单位提出，拒不改正的；

（五）因本法第 26 条第 1 款第一项规定的情形致使劳动合同无效的；

（六）被依法追究刑事责任的。

《劳动法》第 40 条：有下列情形之一的，用人单位提前三十日以书面形式通知劳动者本人或者额外支付劳动者一个月工资后，可以解除劳动合同：

（一）劳动者患病或者非因工负伤，在规定的医疗期满后不能从事原工作，也不能从事由用人单位另行安排的工作的；

（二）劳动者不能胜任工作，经过培训或者调整工作岗位，仍不能胜任工作的；

（三）劳动合同订立时所依据的客观情况发生重大变化，致使劳动合同无法履行，经用人单位与劳动者协商，未能就变更劳动合同内容达成协议的。

《企业职工患病或非因工负伤医疗期规定》第 3 条：企业职工因患病或非因工负伤，需要停止工作医疗时，根据本人实际参加工作年限和在本单位工作年限，给予三个月到二十四个月的医疗期。

**律师说法**

该单位领导的说法是不符合法律规定的。

本案为典型的在劳动合同存续期间，劳动者生病，并停工住院治疗，且医疗期跨越劳动合同终止日期的劳动争议纠纷。根据《劳动法》的规定可知，除试用期内不符合录用条件、违纪、违法、被追究刑事责任等情形外，职工患病或者负伤，在规定的医疗期内，用人单位不得解除劳动合同；职工患病、负伤后可依法享受社会保险待遇。有关配套法规进一步明确，职工患病或负伤如果医疗期未满，即使劳动合同期限已经届满，用人单位也不得终止劳动合同。劳动合同期限应自动延续至医疗期满或医疗期内医疗终结为止。本案中，程某在合同期满前半个月经检查患有乙肝，而单位只同意给他 1 个月的医疗期，显然是不符合法律规定的。程某住院 1 个月后，医疗尚未终结，单位就终止与他之间的劳动合同，违反了“合同期应自动延续至医疗期满或医疗终结之日”的规定。程某出院后，应视做医疗终结，此时单位方可终止与他之间的劳动合同，并按规定发给程某医疗补助费。

法律小贴士：

劳动者在劳动合同履行过程中生病需要停工住院医疗，应该向用人单位履行告知义务并履行必要的请假手续，在此前提下依法应该享受一定的医疗期，医疗期跨越劳动合同的终止日期的，劳动合同应该延续至医疗期满时止。

## 单位不给上医保

（单位不给职工上医疗保险，职工生病的医药费该如何负担）

### 基本案情

2010 年 3 月，钱某应聘到某单位，与单位签订了为期 3 年的劳动合同。2010 年 8 月，钱某因病住院治疗，花费医药费 2 万余元。钱某出院后，找单位报销医药费时，才得知单位一直未按国家规定为其缴纳基本医疗保险和补充医疗保险。钱某认为，单位违反国家规定未给职工缴纳保险，存在明显过错，故向法院起诉，要求单位除按照国家规定为其报销医药费外，还应按照医药费总金额的 25% 赔偿损失。钱某的诉讼请求会得到法院的支持吗？

### 法律链接

《劳动法》第 73 条：劳动者在下列情形下，依法享受社会保险待遇：

（一）退休；

（二）患病、负伤；

（三）因工伤残或者患职业病；

（四）失业；

（五）生育。

《违反〈劳动法〉有关劳动合同规定的赔偿办法》第 3 条：本办法第 2 条规定的赔偿，按下列规定执行：

（一）造成劳动者工资收入损失的，按劳动者本人应得工资收入支付给劳动者，并加付应得工资收入 25% 的赔偿费用；

……

### 律师说法

钱某的诉讼请求可以得到法院的支持。

根据法律规定，劳动者的合法权益应当受到法律保护，用人单位与劳动者建立劳动关系之时即应为劳动者缴纳各种社会保险。本案中，因单位的过错，致使钱某住院花费的医疗费不能通过医疗保险的途径得到补偿，对此，应当由单位依法承担相应的民事责任。用人单位除应比照国有企业职工报销医疗费用比例为钱某报销医药费外，还应按照《违反〈劳动法〉有关劳动合同规定的赔偿办法》的规定，支付钱某相当于医疗费用 25% 的赔偿费用。

法律小贴士：

医疗保险属强制保险，单位必须给缴纳，劳动者个人不能直接缴纳医疗保险。通常是个人每月交上一年度月平均工资的 2% ，单位交 7% 。当与单位发生医疗保险纠纷时，找单位交涉不成可以到劳动仲裁委员会申请仲裁，要求单位缴纳医疗保险。如果对仲裁不服，可以到法院起诉。至于最终能享受多少待遇，则因人、因地而论，不同地区有不同标准。

## 医保理赔有时限

（医疗保险理赔有时限吗）

**基本案情**

2008年11月，许某在保险公司投保了一份意外伤害险10万元，附加意外医药补偿医疗保险1万元。2009年7月3日，许某因为意外事故导致多处骨折，就医共花费医疗费2万元。出院后，由于工作繁忙等原因，许某一直没有去保险公司申请理赔。2011年10月，许某才突然想起，自己还有一份意外伤害险没有申请理赔，于是赶紧去保险公司理赔，却被告知理赔超过了法定期限，不予理赔。许某遂向法院起诉，要求判决保险公司向自己赔付保险金额2万元。许某的诉讼请求会得到支持吗？

**法律链接**

《保险法》第26条：人寿保险以外的其他保险的被保险人或者受益人，向保险人请求赔偿或者给付保险金的诉讼时效期间为2年，自其知道或者应当知道保险事故发生之日起计算。人寿保险的被保险人或者受益人向保险人请求给付保险金的诉讼时效期间为5年，自其知道或者应当知道保险事故发生之日起计算。

**律师说法**

许某的诉讼请求不会得到支持。

意外伤害及意外医疗保险、住院医疗保险不属于人寿保险，根据《保险法》第26条的规定，其请求赔偿的诉讼时效为2年；终身寿险、定期寿险、两全险、年金保险等属于人寿保险，根据《保险法》第26条的规定，其请求赔偿的诉讼时效为5年。本案中，许某投保的是意外伤害保险，诉讼时效为2年。许某于2009年7月3日因事故受伤，其理赔期限应当自保险事故发生之日即2009年7月3日起计算，故最迟要在2011年7月2日前备齐资料到保险公司索赔，但实际上许某于2011年10月才想起理赔事宜，已经超过了2年的理赔期限，所以其诉讼请求不会得到支持。

法律小贴士：

《保险法》明确规定了理赔程序和时限，如被保险人索赔时，保险公司认为被保险人等提供的索赔材料不完整的，应“及时一次性书面”，避免保险公司以此为由拖延理赔。此外，保险公司在收到索赔申请后，除另有约定外，应当在30天内做出核定，并应将核定结果书面通知被保险人或者受益人。如果明确了属于理赔范围，保险公司要在赔付协议达成后10天内支付赔款，不属于保险责任的，要在核定之日起3天内发出拒赔通知书并说明理由。

# 第七篇 社交处世

随着社会和经济的发展，人们的交往方式更加多样，人际关系也日趋复杂多样，而且现代社会人们的自我保护意识和法律观念更加强烈，面对日常纠纷，人们更愿意诉诸法律来保护自己的合法权益。本篇精选发生在我们身边的真实案例，也许您或您的家人朋友也曾有过类似的经历，却不知道如何去维权。我们将结合生动典型的案例，通过深入浅出的分析，为您解决社交处世方面的相关问题提供一些帮助和启示。

## 帮人借贷需小心

（好心帮别人借贷，清偿责任自己担）

**基本案情**

杨某与皮某是亲戚关系，2010 年 6 月 2 日，皮某以做生意急需资金周转为由向杨某借款 45 000 元；2010 年 6 月 21 日，杨某以农用为由向某信用社借款 45 000 元，约定月利率为 10.512‰，到期日期为 2011 年 6 月 20 日；杨某把这 45 000 元转借给了皮某。借款合同期满后，杨某一直没有还款，经信用社多次催要未果。2011 年 7 月，信用社向法院起诉，要求杨某偿还欠款 45 000 元及利息 13 809.53元。

审理过程中，被告对借款事实没有异议，但对原告要求其偿还借款本金 45 000 元及利息持不同意见，认为其所借的贷款转给自己的亲戚皮某做生意用了，皮某没及时还款，被告只同意帮助信用社催要欠款。经审理查明，在被告借款前及借款时，原告均不了解被告要将借款转借他人。

**法律链接**

《民法通则》第 85 条：合同是当事人之间设立、变更、终止民事关系的协议。依法成立的合同，受法律保护。

《合同法》第 196 条：借款合同是借款人向贷款人借款，到期返还借款并支付利息的合同。

《合同法》第 206 条：借款人应当按照约定的期限返还借款。对借款期限没有约定或者约定不明确，依照本法第 61 条的规定仍不能确定的，借款人可以随时返还；贷款人可以催告借款人在合理期限内返还。

《合同法》第 206 条：借款人未按照约定的期限返还借款的，应当按照约定或者国家有关规定支付逾期利息。

**律师说法**

被告以农用为由向原告借款，原、被告之间的借贷合同合法有效，对双方具有约束力，被告应履行还本付息义务。被告杨某与皮某之间的借贷关系属另一法律关系。根据《民法通则》和《合同法》相关内容，被告应当承担相应责任。被告将借款实际是借给皮某使用一事与其向信用社借款一事混为一谈，对法律认识存在错误。

法律小贴士：

误认为以自己的名义向银行贷款，实为他人使用而与银行签订借款合同的当事人为银行和实际用款人，这是对法律的误解。法律强调书面证据，合同签订的双方当事人即为法律所承认的当事人，这也是合同相对性的体现。当事人应保存好与第三方签订的借款协议，即使这样，当事人未归还借款，银行也完全可以依据借款合同要求签约当事人返还借款及利息，并承担违约责任。与银行签约一方当事人的这种做法实为向银行提供了虚假信息，实际上不为法律所允许。实践中，建议大家不要以此种方式借款给第三人，否则第三人不能按时归还借款，自己就会成为承担责任的当事人。

## 大型犬吓病老太

（大型犬吓病八旬老太，狗主人被判赔 2 000 元）

**基本案情**

年逾八旬的赵老太在楼道口被从楼上跑下来的大型犬吓得心脏病复发，赵老太起诉犬的主人王女士索赔，法院经审理判决王女士赔偿赵老太 2 000 余元。

一天下午，赵老太外出走到楼道口准备开门时，王女士饲养的两只大型犬先后从楼上跑下来，其中一只黑色大型犬两只爪子扒上赵老太肩头。赵老太受到惊吓，与随后下来的王女士发生争吵，后赵老太在邻居的搀扶下到物业反映问题，由于惊吓和生气，导致心脏病发作，血压升高，事发后，赵老太被送到医院抢救。经多次协调，王女士拒绝赔偿赵老太损失，赵老太起诉要求王女士赔偿损失 12 000 余元，其中精神损失费 10 000 元。

**法律链接**

《侵权责任法》第 78 条：饲养的动物造成他人损害的，动物饲养人或者管理人应当承担侵权责任，但能够证明损害是因被侵权人故意或者重大过失造成的，可以不承担或者减轻责任。

《侵权责任法》第 79 条：违反管理规定，未对动物采取安全措施造成他人损害的，动物饲养人或者管理人应当承担侵权责任。

《侵权责任法》第 84 条：饲养动物应当遵守法律，尊重社会公德，不得妨害他人生活。

**律师说法**

携犬出户时，应当对犬束犬链，由成年人牵领，并应当避让老年人。王女士作为犬的管理人，在携犬外出时未给犬戴犬链，也未进行牵领，而是放任犬跑下楼。关于王女士饲养的黑色犬是否扒上赵老太肩头，使赵老太受到惊吓，王女士予以否认。从双方发生争吵来看，赵老太的陈述具有合理性。赵老太受到惊吓后，王女士并未妥善处理，而是与赵老太发生争吵，导致赵老太高血压等病复发，王女士在此事上存在过错，赵老太在医院就诊发生的费用，王女士应当承担赔偿责任。对于赵老太要求王女士赔偿精神损害抚慰金的请求，证据不足，法院不予支持。

法律小贴士：

1. 应不断引导社区居民“创文明城，做文明人”，自觉规范居民文明饲养宠物，开展文明社区活动，通过多种多样的形式，提高社区居民的自身素质，改善社区环境。

2. 饲养动物应当遵守法律，尊重社会公德，不得妨害他人生活和损害他人身体健康，否则要承担相应的法律赔偿责任。

## KTV 内被砍伤

（男子 KTV 大堂内被砍伤，商家被判承担 40% 的赔偿）

**基本案情**

许某在一家 KTV 消费时突遭飞来横祸，被两名身份不明的歹徒砍伤，由于歹徒不知所踪，许某把 KTV 告上了法院。法院对本案做出了判决，判令 KTV 对于许某的损失承担 40% 的补充赔偿责任。

事情要追溯到今年年初的一天晚上，许某及其朋友一行人在某 KTV 消费娱乐。一行人玩得很开心，岂料娱乐结束后祸从天降，在大厅结账时，许某遭到两名身份不明的歹徒袭击，导致许某多处受伤。尽管报了案，公安机关也进行了立案侦查，但是案子迟迟未破，歹徒也一直无迹可寻。

原告认为自己作为消费者在 KTV 消费娱乐，KTV 负有保护他人身安全的职责，但是事发时，工作人员袖手旁观，没有上前制止，而且由于 KTV 的监控设备存在问题导致公安立案后，案件迟迟不能侦破，自己的损失得不到赔偿，因此向法院起诉，要求 KTV 赔偿自己的全部损失。

**法律链接**

《侵权责任法》第 37 条：宾馆、商场、银行、车站、娱乐场所等公共场所的管理人或者群众性活动的组织者，未尽到安全保障义务，造成他人损害的，应当承担侵权责任。

**律师说法**

本案被告系歌舞娱乐公司，应当提供保障消费者人身、财产安全的必要条件，包括装备设施、保安人员配备等方面的安全条件以及防止第三人侵害的安全条件。原告在被告处娱乐时遭受他人的侵害，事故发生时被告处的监控设备未正常运行，且被告未按规定配备专业保安人员，被告未在合理限度范围内尽到安全保障义务，对原告的损害存在一定的过错，应当在其能够防止或制止损害的范围内承担赔偿责任。本案中，被告疏于管理，未及时排查、发现安全隐患，安全装备存在重大瑕疵，故应当对原告的损失承担40%的赔偿责任。

法律小贴士：

在公共场所一定要注意自身安全，虽说公共场所的管理人和活动的组织者有安全保障义务，但自己也要承受身体和心理上的伤害。因此，在公共场所发生侵权事件时，应尽量记住侵害人的特征，保护好现场并及时报警。

## 更衣柜频频被盗

（健身时更衣柜频频被盗，消费者获赔偿）

### 基本案情

由于健身房的更衣柜被盗，王女士将某健身中心告上法院要求赔偿损失。2010年8月31日，王女士办了一张健身会员卡。2011年5月30日，她的更衣柜内的背包丢失了，内有手机、太阳镜、一套家门钥匙及门禁卡，还有一套洗浴用品。当时也向派出所报了案，但没有处理结果。7月18日，王女士在健身后发现更衣柜再次被撬并有物品遗失，于是报警，警方记载王女士的更衣柜被撬，被盗手机等物品。王女士认为，其财物频繁被盗和被告健身中心疏于管理有直接关系，所以要求健身中心对其损失进行适当赔偿，共计5 000元，并退还剩余期限内的卡费400元。法院做出一审判决，认定健身中心有保障会员的人身和财产不受损害的义务，同时王女士也有一定的责任。综上，法院判决健身中心赔偿王女士财产损失923元。

### 法律链接

《侵权责任法》第37条：宾馆、商场、银行、车站、娱乐场所等公共场所的管理人或者群众性活动的组织者，未尽到安全保障义务，造成他人损害的，应当承担侵权责任。

《合同法》第40条：格式条款具有本法第52条和第53条规定情形的，或者提供格式条款一方免除其责任、加重对方责任、排除对方主要权利的，该条款无效。

《合同法》第41条：对格式条款的理解发生争议的，应当按照通常理解予以解释。对格式条款有两种以上解释的，应当作出不利于提供格式条款一方的解释。格式条款和非格式条款不一致的，应当采用非格式条款。

### 律师说法

王女士与健身中心建立了消费服务关系，健身中心负有保障王女士在接受服务时人身和财产不受损害的义务。健身中心不能因为提示会员将贵重物品寄存前台就降低对经营场所安全保障义务的履行；而且，王女士携带的手机、洗浴用品等物品均属于通常情况下健身必然携带的物品，并非特殊物品。此外，入会须知为健身中心预先印制的格式条款，经营者不得以格式合同、通知、声明、店堂告示等方式作出减轻、免除其损害消费者合法权益应当承担的民事责任。因此，对于王女士财物被盗的损失，健身中心应当承担相应的责任，法院据此确定健身中心的责任比例为70%。同时，王女士自身也负有相应责任，毕竟健身中心已进行了一定程度的提示，应引起王女士自身的重视，故王女士亦应承担一定责任，责任比例为30%。

法律小贴士：

1. 宾馆、商场、银行、车站、娱乐场所等公共场所的管理人或者群众性活动的组织者，对消费者和活动参加者有安全保障义务。

2. 显失公平的免除自己应该承担的民事责任的免责条款无效。

## 忽视防护致伤残

（雇员忽视安全防护，受伤致残双方担责）

**基本案情**

2010年3月14日，陈某夫妇雇请刘某为其房屋后檐安装铁丝石棉瓦，陈某夫妇建议刘某先搭设木架或砌砖平台再施工，刘某称“小活不用搭架，在楼梯上作业就可以”而未予采纳。陈某遂手扶楼梯，刘某站在楼梯上操作。吃中午饭时，刘某饮用1瓶白酒后继续施工，下午5时许，因楼梯下滑倾斜，刘某从楼梯跳下受伤。3月15日，刘某被送往医院，诊断为右胫腓骨远端开放性骨折，住院治疗18天，花去医疗费等34 265元，出院后在当地门诊治疗花费4 288元。2011年5月，经鉴定：（1）刘某右胫腓骨远端开放性骨折，骨折线累及关节面，胫骨关节腔狭窄、毛糙、骨刺形成，符合创作性关节炎，伤残等级属八级；（2）经住院行内外固定术后，目前遗留右下肢短缩2cm，伤残等级属七级。

**法律链接**

《侵权责任法》第26条：被侵权人对损害的发生也有过错的，可以减轻侵权人的责任。

《侵权责任法》第35条：个人之间形成劳务关系，提供劳务一方因劳务造成他人损害的，由接受劳务一方承担侵权责任。提供劳务一方因劳务自己受到损害的，根据双方各自的过错承担相应的责任。

最高人民法院《关于审理人身损害赔偿案件适用法律若干问题的解释》第11条：雇员在从事雇佣活动中遭受人身损害，雇主应当承担赔偿责任。雇佣关系以外的第三人造成雇员人身损害的，赔偿权利人可以请求第三人承担赔偿责任，也可以请求雇主承担赔偿责任。雇主承担赔偿责任后，可以向第三人追偿。

雇员在从事雇佣活动中因安全生产事故遭受人身损害，发包人、分包人知道或者应当知道接受发包或者分包业务的雇主没有相应资质或者安全生产条件的，应当与雇主承担连带赔偿责任。

**律师说法**

陈某夫妇雇用刘某为其修缮房屋，双方形成雇佣关系，刘某在雇佣期间受伤，陈某夫妇应当承担相应民事赔偿责任。而刘某作为雇工，施工中不采纳雇主安全防护建议且饮用大量白酒，未能尽到相应安全注意义务，自身存在一定过错，也应承担相应责任。

法律小贴士：

雇主对雇员有监督保护义务，当雇员工作行为有违规或严重危险时，雇主要及时劝阻，要求其更正或停止，否则将对雇员的事故承担责任，造成损失。

## 货架坠落砸伤人

（货架坠落砸伤六旬老太，超市被判赔偿两万）

**基本案情**

张大妈在某超市购物时，被店内坠落的货架砸伤右脚，经医院诊断为右足第五近节连续性骨折，右足三、四节骨裂。张大妈就此事多次与超市协商未果，遂将超市告上法庭。

**法律链接**

《侵权责任法》第 37 条：宾馆、商场、银行、车站、娱乐场所等公共场所的管理人或者群众性活动的组织者，未尽到安全保障义务，造成他人损害的，应当承担侵权责任。

《侵权责任法》第 85 条：建筑物、构筑物或者其他设施及其搁置物、悬挂物发生脱落、坠落造成他人损害，所有人、管理人或者使用人不能证明自己没有过错的，应当承担侵权责任。所有人、管理人或者使用人赔偿后，有其他责任人的，有权向其他责任人追偿。

《侵权责任法》第 16 条：侵害他人造成人身损害的，应当赔偿医疗费、护理费、交通费等为治疗和康复支出的合理费用，以及因误工减少的收入。造成残疾的，还应当赔偿残疾生活辅助具费和残疾赔偿金。造成死亡的，还应当赔偿丧葬费和死亡赔偿金。

最高人民法院《关于审理人身损害赔偿案件适用法律若干问题的解释》第 6 条：从事住宿、餐饮、娱乐等经营活动或者其他社会活动的自然人、法人、其他组织，未尽合理限度范围内的安全保障义务致使他人遭受人身损害，赔偿权利人请求其承担相应赔偿责任的，人民法院应予支持。

**律师说法**

原告在超市购物时，被店内坠落货架砸伤右脚，因货架属于超市所有，超市对货架有管理权，货架伤人的责任应当由该超市承担，所以应当赔偿原告由此造成的合理损失。

法律小贴士：

消费者在商场、超市购物受到人身损害案例时常发生，消费者切记每次购物都要索取销售小票和销售发票，在没有发票的情况下，也要保存好销售小票，为日后索取赔偿提供书面证据。不怕一万、只怕万一，于生活中注意培养维权意识，养成做事严谨的习惯。

## 甲醛超标患疾病

（装修甲醛超标，装饰公司担责）

### 基本案情

王某于2011年3月与某装饰公司签订了一份装饰合同，将新房发包给该装饰公司装修。同年5月10日，这家装饰公司将装修好的新房交付给了王某。王某入住后不久，感觉身体不适，卧床数日，于是委托一室内环境监测中心对新房的室内环境进行检测，结果室内甲醛、苯等严重超标。王某与装饰公司交涉未果，遂诉至法院，要求该装饰公司对他新房的室内环境进行治理并赔偿损失。经审理，法院支持王某的诉讼请求。

### 法律链接

《住宅室内装饰装修管理办法》第29条：装修人委托企业对住宅室内进行装饰装修的，装饰装修工程竣工后，空气质量应当符合国家有关标准。装修人可以委托有资格的检测单位对空气质量进行检测。检测不合格的，装饰装修企业应当返工，并由责任人承担相应损失。

《合同法》第107条：当事人一方不履行合同义务或者履行合同义务不符合约定的，应当承担继续履行、采取补救措施或者赔偿损失等违约责任。

《合同法》第262条：承揽人交付的工作成果不符合质量要求的，定作人可以要求承揽人承担修理、重作、减少报酬、赔偿损失等违约责任。

### 律师说法

根据法律规定，当事人应当按照约定全面履行自己的义务。本案中，王某将新房发包给某修饰公司装修，工程竣工后，装饰公司应当保证工程质量，并确保环保要求符合国家有关标准，但这家装饰公司交付的房屋室内甲醛、苯等严重超标，致使王某入住后患病，对此装饰公司应当承担民事责任。

法律小贴士：

大家在房屋装修时往往疏忽对室内空气质量的检测，如果将房屋装修委托给专业装修公司的，不仅应签订书面合同，而且应在合同中对工程质量及环保要求进行约定，工程完工后及时委托检测机构进行检测，以维护自己的合法权益。

# 快递物件被丢失

（快递物件不慎丢失，未曾保价仅赔200元）

## 基本案情

委托快递的增值税专用发票竟然被不慎遗失，然而，由于委托人事先未作申报，也没有支付保价费用，最终还是没能打赢官司。

2010年10月14日，A公司委托一家快递公司将6份增值税专用发票以快递形式投递至某地。在当时双方签署的运单上载明：货品为发票，费用总计10元。同时，在发件人签名的上方显著位置，快递公司标明了“您的签名意味着您已阅读并接受背面的契约条款”的字样。细看一下运单背面的契约条款，可以发现其中的第4条为赔偿条款，具体内容为：“赔偿：遗失、损害和被盗未保价的快件，最高赔偿为200元人民币（含退回的运费）。凡申报价值超过200元人民币的快件，本公司将在原收费标准的基础上，按申报价值增收5%保价费，并以实际收费时认定的申报价值的实际损失酌情予以赔偿，但最高不超过其保价额。”但A公司在委托快递发票的时候，并没有另行提出要求保价。

不幸的是，快递公司由于操作不慎，竟然把A公司委托的快件给弄丢了。无奈之下，A公司只好又另行开具了6份与遗失的发票金额相同的增值税专用发票，致使最终自己多缴纳了7万余元的税款。事后，A公司将快递公司告上了法庭，要求快递公司赔偿税款损失7万余元。

## 法律链接

《合同法》第39条：采用格式条款订立合同的，提供格式条款的一方应当遵循公平原则确定当事人之间的权利和义务，并采取合理的方式提请对方注意免除或者限制其责任的条款，按照对方的要求，对该条款予以说明。

格式条款是当事人为了重复使用而预先拟定，并在订立合同时未与对方协商的条款。

《合同法》第41条：对格式条款的理解发生争议的，应当按照通常理解予以解释。对格式条款有两种以上解释的，应当作出不利于提供格式条款一方的解释。格式条款和非格式条款不一致的，应当采用非格式条款。

《合同法》第312条：货物的毁损、灭失的赔偿额，当事人有约定的，按照其约定；没有约定或者约定不明确，依照本法第61条的规定仍不能确定的，按照交付或者应当交付时货物到达地的市场价格计算。法律、行政法规对赔偿额的计算方法和赔偿限额另有规定的，依照其规定。

## 律师说法

快递公司就快件在运送过程中发生毁损、灭失后的赔偿责任，制定了两种不同的标准供发运人选择，该条款体现了权利义务一致的原则，应当认定该格式条款有效。A公司明知其委托发运的快件价值较大，却不选择保价条款，应当承担自行选择的后果，其要求快递公司承担快件灭失之后的全部赔偿责任，缺乏法律依据，也有违诚实信用及公平原则。据此，法院判决快递公司赔偿 A 公司 200 元。

法律小贴士：

平等、自愿原则是《合同法》的基本原则，指的是当事人的民事法律地位平等，包括订立和履行合同两个方面，一方不得将自己的意志强加给另一方。在订立合同时，应该看清楚它的一些格式条款、免责条款，以避免不必要的损失。

## 篮球场意外猝死

（雇员浇铸篮球场意外猝死，雇主仍担责三成）

### 基本案情

某乡村响应村民要求计划建造一个篮球场，口头约定将工程承包给有建筑资质的村民赵某，由赵某负责工人、材料、机械等，待完工后，工人工资由村里通过拉赞助等方式解决，而赵某将无偿为村里服务。之后，赵某将平时在他手下当小工的村民王某等人召集到一起浇筑篮球场，王某负责与另外一名工人将浇好后的水泥用拉滚筒的方式抹平。结果开工才第三天，当王某在施工工地等待浇水泥时，突然慢慢跌倒在地，当即被送至医院，经抢救无效于当日死亡，门诊病例载明的诊断为“猝死待查”，尸体于两天后火化，火化前，死者家属与雇主均未提出进行尸检的要求。此后，死者家属与雇主多次就赔偿问题进行协商，但均未成功，死者的继承人遂将雇主诉至法院，要求赔偿各项损失合计 40 余万元。

### 法律链接

《侵权责任法》第 18 条：被侵权人死亡的，其近亲属有权请求侵权人承担侵权责任。被侵权人为单位，该单位分立、合并的，承继权利的单位有权请求侵权人承担侵权责任。

《侵权责任法》第 24 条：受害人和行为人对损害的发生都没有过错的，可以根据实际情况，由双方分担损失。

《侵权责任法》第 35 条：个人之间形成劳务关系，提供劳务一方因劳务造成他人损害的，由接受劳务一方承担侵权责任。提供劳务一方因劳务自己受到损害的，根据双方各自的过错承担相应的责任。

被侵权人死亡的，支付被侵权人医疗费、丧葬费等合理费用的人有权请求侵权人赔偿费用，但侵权人已支付该费用的除外。

最高人民法院《关于审理人身损害赔偿案件适用法律若干问题的解释》第 14 条：帮工人因帮工活动遭受人身损害的，被帮工人应当承担赔偿责任。被帮工人明确拒绝帮工的，不承担赔偿责任；但可以再受益范围内予以适当补偿。

帮工人因第三人侵权遭受人身损害的，由第三人承担赔偿责任。第三人不能确定或者没有赔偿能力的，可以由被帮工人予以适当补偿。

**律师说法**

雇员接受雇主的安排从事雇佣活动，无需确认雇主与他人是否存在有偿或无偿承包关系，雇员在从事雇佣活动中遭受人身损害，雇主应当承担赔偿责任，雇员对于损害的发生有过错的，可以减轻雇主的赔偿责任。本案中雇员的死亡原因为“猝死”，而医学上“猝死”是指平时貌似健康的人，因潜在的自然疾病突然发作或恶化，而发生的急骤死亡，引起猝死的常见病因有冠心病、心肌梗死、心室颤动、心肌病等。可见，雇员猝死，其自身应承担主要责任。

法律小贴士：

老百姓打官司，最难的就是搜集证据，此案中被侵权人死亡，死者家属应及时申请尸体检验，维护死者权利，并保留必要的医疗检验单据，事发现场的证人证言对死者死亡过程能提供最真实有力的证据。

## 路边“方便”被打伤

（路边“方便”被打伤，行为不检有过错）

**基本案情**

2010 年 8 月 16 日晚，赵某与朋友一起吃过晚饭，途经某超市门前的路边时，因“内急”即行“方便”，超市负责人李某见此情形便出面制止，双方遂产生口角，继而发生肢体冲突，赵某被打伤。赵某受伤后在医院治疗花去医疗费 3 711.70 元。赵某要求李某赔偿经济损失未果，遂向法院提起诉讼。

**法律链接**

《民法通则》第 7 条：民事活动应当尊重社会公德，不得损害社会公共利益，破坏国家经济计划，扰乱社会经济秩序。

《侵权责任法》第 6 条：行为人因过错侵害他人民事权益，应当承担侵权责任。

根据法律规定推定行为人有过错，行为人不能证明自己没有过错的，应当承担侵权责任。

**律师说法**

公共环境的卫生需要大家自觉遵守和共同维护，赵某酒后“内急”随意在公共场所“方便”，为此与他人发生互殴，自己存在相应过错；李某维护公共环境的卫生，但方法不当致伤他人身体，应承担一定的过错责任。

法律小贴士：

公序良俗原则是民法的基本原则，良好的公共秩序的建立对每个人都是有益的，为一己之便危害到其他人的合法权益，有违道德和法律。而在面对违法行为时，亦应使用合理、合法的手段制止或解决，暴力永远无法解决问题，只会让问题变得更大，甚至威胁到人身安全。让我们多一分理性，多一点法律知识的学习。

## 美发不成变脱发

（美发变脱发，消费者要求精神损害赔偿获支持）

### 基本案情

2010 年 5 月 8 日，赵某在某美容中心处烫头发。次日，赵某额头处的头发几乎掉光。后赵某要求美容中心赔偿并带其去医院就医，遭到拒绝。因双方分歧较大，消协也未能调解。赵某认为，自己因额头没有头发，无法正常上班，给自己精神上造成巨大伤害，无法正常生活，经常失眠，精神紧张，故要求被告赔偿误工损失 7 880 元、购买帽子费用 780 元、就医交通费 100 元、治疗费 29.5 元及精神损害赔偿费 6 000 元，共计 14 789.5 元。

### 法律链接

《民法通则》第 119 条：侵害公民身体造成伤害的，应当赔偿医疗费、因误工减少的收入、残废者生活补助费等费用；造成死亡的，并应当支付丧葬费、死者生前扶养的人必要的生活费等费用。

最高人民法院《关于确定民事侵权精神损害赔偿责任若干问题的解释》第 8 条：因侵权致人精神损害，但未造成严重后果，受害人请求赔偿精神损害的，一般不予支持，人民法院可以根据情形判令侵权人停止侵害、恢复名誉、消除影响、赔礼道歉。因侵权致人精神损害，造成严重后果的，人民法院除判令侵权人承担停止侵害、恢复名誉、消除影响、赔礼道歉等民事责任外，可以根据受害人一方的请求判令其赔偿相应的精神损害抚慰金。

### 律师说法

公民的生命权、健康权、身体权受法律保护。赵某在某美容中心做美发的次日发现额头头发脱落，即到该美容中心反映头发脱落情况，后又到消协进行投诉，美容中心对赵某额头头发脱落系其美发所致均未提出过异议，故对赵某因此所受的损失应当赔偿。但对于赵某主张的交通费应结合就诊次数予以确认；帽子费用亦应结合从头发受损脱落到生长至不影响美观的长度所跨越的时间和季节予以确认；考虑到赵某工作对外貌体态并无过高要求，故只对其就诊、维权所致的误工费加以考虑；考虑到赵某额头脱发严重影响其个人形象，且头发生长周期较长，故对赵某的精神损害赔偿酌情确认。法院判决如下：美容中心赔偿赵某医疗费、交通费、误工费、购买帽子费用等经济损失共计 479.5 元，并赔偿赵某精神损失费 3 000 元。

法律小贴士：

消费者应当选择具有良好声誉的商家和商品进行消费，切不可因为贪图便宜而使用伪劣甚至假冒产品。消费者的权益一旦遭到侵害，首先要到消费者权益保护协会进行投诉，如得不到解决，要敢于拿起法律的武器维护自己的权利。

## 捏造他人已死亡

（恶意中伤，赔偿又道歉）

**基本案情**

某法院审结了一起故意捏造他人死亡引起的名誉侵权赔偿纠纷案，依法判决被告白某向原告牛某及其子女赔礼道歉，并赔偿精神抚慰金3 000元。

2010年春节前，牛某之妻因病住院，白某向民政局举报牛妻已死亡，被偷埋在本村公坟。殡管大队调查落实期间，白某再次向执法大队举报牛妻确已死亡，并责备执法大队工作人员为何不去起尸。期间，村民们反映牛妻只是在医院住院治疗，并未死亡。牛妻出院后，执法大队又到牛某家中察访。同年6月3日，牛妻亡故火化。之后，牛某认为白某捏造虚假事实，举报其妻被偷埋，在群众中造成较大影响，给其精神造成极大的痛苦，遂要求白某承担民事责任。

**法律链接**

《民法通则》第101条：公民、法人享有名誉权，公民的人格尊严受法律保护，禁止用侮辱、诽谤等方式损害公民、法人的名誉。

《民法通则》第120条：公民的姓名权、肖像权、名誉权、荣誉权受到侵害的，有权要求停止侵害，恢复名誉，消除影响，赔礼道歉，并可以要求赔偿损失。

《侵权责任法》第2条：侵害民事权益，应当依照本法承担侵权责任。

本法所称民事权益，包括生命权、健康权、姓名权、名誉权、荣誉权、肖像权、隐私权、婚姻自主权、监护权、所有权、用益物权、担保物权、著作权、专利权、商标专用权、发现权、股权、继承权等人身、财产权益。

**律师说法**

被告白某出于个人目的，捏造事实，举报正处于疾病状态的原告家属已经死亡，违犯殡葬改革规定私自埋葬，经民政部门核实举报不实之后，以自己确信牛妻已死亡而再三要求民政部门进行落实，在社会上造成较大的影响，严重侵害了原告的名誉权和人格尊严，降低了原告牛某及其子女的社会评价，给本已为家里有危急病人而忧虑的原告家庭造成更大的精神痛苦和心灵伤害，被告白某依法应承担侵权的民事责任，故依法做出上述判决。

法律小贴士：

公民、法人因名誉权受到侵害要求赔偿的，侵权人应该赔偿侵权行为造成的经济损失；公民并提出精神损害赔偿要求的，人民法院可以根据侵权人的过错程度和侵权行为的具体情节，以及给受害人造成精神损害的后果等情况酌定。

## 啤酒瓶爆炸伤人

（酒瓶爆炸伤人，勿忘证据保全）

**基本案情**

2010年5月25日，王某在某度假村就餐，当开启啤酒时，酒瓶突然发生爆炸，他的右手大拇指、无名指、小拇指及左手小拇指被炸伤，先后到两家医院治疗。2010年9月，经双方协商，啤酒公司给付了王某医疗费、误工费、护理费、继续治疗费共计1.3万元。2011年3月25日，王某的伤情经某医学司法鉴定中心鉴定构成十级伤残。此后，原告曾就伤残赔偿问题找到消费者协会，但在与啤酒公司协商伤残赔偿金一事时，双方未达成一致意见，之后诉至法院。

**法律链接**

《侵权责任法》第41条：因产品存在缺陷造成他人损害的，生产者应当承担侵权责任。

《侵权责任法》第42条：因销售者的过错使产品存在缺陷，造成他人损害的，销售者应当承担侵权责任。

销售者不能指明缺陷产品的生产者也不能指明缺陷产品的供货者的，销售者应当承担侵权责任。

《侵权责任法》第43条：因产品存在缺陷造成损害的，被侵权人可以向产品的生产者请求赔偿，也可以向产品的销售者请求赔偿。

产品缺陷由生产者造成的，销售者赔偿后，有权向生产者追偿。

因销售者的过错使产品存在缺陷的，生产者赔偿后，有权向销售者追偿。

《侵权责任法》第46条：产品投入流通后发现存在缺陷的，生产者、销售者应当及时采取警示、召回等补救措施。未及时采取补救措施或者补救措施不力造成损害的，应当承担侵权责任。

《侵权责任法》第47条：明知产品存在缺陷仍然生产、销售，造成他人死亡或者健康严重损害的，被侵权人有权请求相应的惩罚性赔偿。

**律师说法**

《侵权责任法》规定了产品责任，所以在使用或消费产品时，由于产品的缺陷而使人身、财产遭受侵害时，可以选择产品生产者或者产品出售者作为赔偿对象。本案中当事人王某在正常开启啤酒瓶时啤酒瓶突然爆炸，显然是啤酒瓶有瑕疵，啤酒的生产厂家或者销售者有责任对受伤的王某进行赔偿。根据具体情况可以要求赔偿医疗费用、治疗期间的护理费、误工费、交通费、营养费、残疾赔偿金、残疾者生活自助具费、精神损害赔偿。

法律小贴士：

发生此种情形，应当注意证据的保全。对证据的收集应当注意以下几点：

1. 现场证据。此种情形发生之后应当尽可能用手机或相机等设备进行拍照，保留现场证据。

2. 就医证据。消费者受伤后，应选择就近的正规医院对伤情进行处理，尽量避免去小诊所或自行处理伤口。正规医院的诊疗手册、出院记录等会对伤情、治疗手段、用药方法、后期注意事项等做详细的记录，并能提供正规的医疗发票，这些是小诊所无法提供的，在举证时更容易被商家接受。

3. 物证——爆炸啤酒瓶。通过啤酒瓶的碎片可以确定是原装新瓶还是回收瓶、使用年限、大概的回收次数。一般一只啤酒瓶一年可被回收三次左右，而回收使用五次后的啤酒瓶强度只有新瓶的50%。通过对爆炸后的啤酒瓶碎片进行复原，可以看出爆炸受力点，初步推断属于自爆还是受外力作用爆炸。

## 热心帮忙被摔伤

（热心帮忙被摔伤，法院判求助者赔16万元）

### 基本案情

2011年2月24日下午，苏某下班后发现钥匙忘在家里，就喊来相识不久的张某一起到家中帮忙取钥匙。热心的张某找来晾衣服的电线绳系在腰间，从三楼楼顶沿外墙向下。不料在下楼过程中，电线绳突然断裂，张某重重地摔倒在地。经诊断，张某腰椎爆裂骨折并骨髓损伤，双下肢软瘫，左踝关节骨折。后经多家医院手术治疗，仍瘫痪不能行走，经法医鉴定，构成二级伤残。后来，双方因赔偿问题引起纠纷，深受伤害的张某将苏某诉至区法院，并最终上诉到中级人民法院。

中级人民法院二审认为原审以原被告之间按6 ∶ 4的责任划分并无不妥。被上诉人应承担上诉人各项损失的40%，即148 942元，上诉人因伤致残，精神上承受一定的痛苦，结合双方在事件中的过错程度和本案实际情况，酌情支持其精神抚慰金10 000元，遂判决苏某支付张某各项损失158 942元。

### 法律链接

《侵权责任法》第26条：被侵权人对损害的发生也有过错的，可以减轻侵权人的责任。

《民法通则》第11条：十八周岁以上的公民是成年人，具有完全民事行为能力，可以独立进行民事活动，是完全民事行为能力人。

最高人民法院《关于审理人身损害赔偿案件适用法律若干问题的解释》第14条：帮工人因帮工活动遭受人身损害的，被帮工人应当承担赔偿责任。被帮工人明确拒绝帮工的，不承担赔偿责任；但可以在受益范围内予以适当补偿。

帮工人因第三人侵权遭受人身损害的，由第三人承担赔偿责任。第三人不能确定或者没有赔偿能力的，可以由被帮工人予以适当补偿。

《侵权责任法》第22条：侵害他人人身权益，造成他人严重精神损害的，被侵权人可以请求精神损害赔偿。

**律师说法**

在事件发生过程中，上诉人张某作为成年人，对其自身行为危险性的认识严重不足，贸然行事，存在明显过错，其应负事件的主要责任。被上诉人苏某自己的钥匙忘在室内，找张某帮忙，本应采取恰当的方法措施，却疏忽大意支持帮助张某从楼顶沿外墙向下攀爬，虽然用电线系在腰间，但未起到保险作用，对张某的伤害，苏某也存在过错，应承担与其过错相适应的赔偿责任。

法律小贴士：

个人之间形成劳务关系，在实践中书面的证据较少，故应注意保留提供劳务的物证、证人证言等证据材料。提供劳务一方，应完全尽到安全的注意义务，对自己的工作负责，对自己的生命也应该负起责任。

## 舍身保财丢性命

（为保护他人财产丧命，受益人应予适当补偿）

**基本案情**

好友钱包被抢，张某在追赶歹徒时被歹徒杀死，法院判令受益人补偿死者家属39 000 元。

刘某约其好友张某到某批发市场进货。中午 12 时许，刘某的钱包被人抢劫，张某发现后奋力追赶歹徒，途中被歹徒用霰弹枪击中左胸部，致肺动脉破裂，张某因失血性休克死亡。公安机关已立案但未侦破，侵害人逃匿。张某家属向法院起诉，要求刘某支付死亡补偿费、抚养费、赡养费等 8 万元。被告刘某辩称，张某系为保护其财产而丧命，在张某丧葬过程中已支付有关费用 1 万多元，作为对张某家属的经济帮助。刘某认为原告要求过高。

**法律链接**

《民法通则》第 109 条：因防止、制止国家的、集体的财产或者他人的财产、人身遭受侵害而使自己受到损害的，由侵害人承担赔偿责任，受益人也可以给适当的补偿。

最高人民法院《关于贯彻执〈中华人民共和国民法通则〉若干问题的意见（试行）》第 142 条：为了维护国家、集体或者他人合法权益而使自己受到损害，在侵害人无力赔偿或者没有侵害人的情况下，如果受害人提出请求的，人民法院可以根据受益人受益的多少及其经济状况，责令受益人给予适当补偿。

《民法通则》第 119 条：侵害公民身体造成伤害的，应当赔偿医疗费、因误工减少的收入、残废者生活补助费等费用；造成死亡的，并应当支付丧葬费、死者生前扶养的人必要的生活费等费用。

《民法通则》第 132 条：当事人对造成损害都没有过错的，可以根据实际情况，由当事人分担民事责任。

**律师说法**

张某被歹徒枪击致肺动脉破裂是造成死亡的直接原因，张某死亡后的经济损失应由侵害人承担责任，因该案尚未侦破，张某的家属无法获得赔偿。因张某系为保护刘某的财产而死亡，张某系受益人，根据《民法通则》的公平原则，刘某应承担适当补偿责任，但原告要求赔偿8万元的请求过高。根据被告的经济能力，法院判决被告刘某补偿张某家属39 000元。

法律小贴士：

根据公平原则，因防止、制止国家的、集体的财产或者他人的财产、人身遭受侵害而使自己受到损害的，由侵害人承担赔偿责任，受益人也可以给适当的补偿。这样可以更好地保护见义勇为的人，弘扬良好的社会道德风尚。

## 树断击人致瘫痪

（风吹树断击人致瘫痪，公路管理段成被告）

**基本案情**

2011年6月5日下午，张某骑车途经某客运站停靠时，突然路边有一棵树从离地面约4米处被风吹断将其头部击中，张某当场昏迷，后送往医院治疗后为双下肢截瘫，经鉴定为四级伤残。当天的气象资料表明，当时确实出现强对流天气，最大风为8级。张某认为，该树木离地面约4米处吹断是因为折断处有大面积的截枝伤疤，且截肢伤疤处严重坏死，而该公路两旁的其他树木在当时的天气情况下均完好无损。公路及公路绿化的管理者，对公路路面及路边绿化树木均负有管理义务，对公路的安全通行负有保障义务，未及时发现并处理存在安全隐患的树木，导致事故发生，应承担全部责任。庭审中被告公路管理段辩称，此事故是不可抗力造成的，作为一个完全民事行为能力人应该知道在恶劣天气情况下是不宜外出的，公路段无需承担赔偿责任。被告公路养护公司在答辩中也认为自己对公路已尽到了养护责任，砸伤原告的人树被狂风吹断属于不可抗力，自己属于无过错方，无需担责。同时，两被告均向法院提供了相应证据。经查明，经鉴定，该树为活立木，枝叶生长情况正常，根据证据材料两被告也尽到了检查、监督及日常管理维护等职责，据此被告公路管理段、公路养护公司不存在过错，原告诉称该树有大面积截枝伤疤且截肢伤疤处严重坏死与事实不符，且无相应证据予以证实，法院不予支持。但被告提出该事故系不可抗力所致，缺乏依据，法院不予采纳。

**法律链接**

《侵权责任法》第24条：受害人和行为人对损害的发生都没有过错的，可以根据实际情况，由双方分担损失。

《侵权责任法》第90条：因林木折断造成他人损害，林木的所有人或者管理人不能证明自己没有过错的，应当承担侵权责任。

最高人民法院《关于审理人身损害赔偿案件适用法律若干问题的解释》第16

条：树木倾倒、折断或者果实坠落致人损害的，由所有人或管理人承担赔偿责任，但能够证明自己没有过错的除外。

**律师说法**

当事人对造成损害都没有过错的，可以根据实际情况，由当事人分担民事责任。

法律小贴士：

根据《侵权责任法》，此类案件已经有了明确的处理依据，当事人要做好的是搜集好现场留下的证据，尽可能提供受到伤害的相关证据，这一行为使用过错推定原则，即如树木的管理人不能证明自己没有过错，就要承担相应责任，举证责任在管理树木一方，被侵权人只要提供受到损害的事实，以及损害结果与侵权行为的因果关系即可。

## 私扣财物是违法

（私扣他人财物，承担偿还责任）

**基本案情**

2011 年 9 月 15 日，李某到张某家刨树，中午去吃饭，就将三轮车一辆、油锯一把放在树林里。此时赵某从此经过，就将李某的三轮车和工具搬回自己家中，原因是李某欠其 2 000 元不还。李某回到树林发现三轮车和工具不见后，向公安机关报案。公安机关受理案件后，找到赵某，赵某承认搬走了李某的三轮车和工具，但提出李某欠其 2 000 元来抗辩，公安机关了解情况后依法要求赵某出具扣押财产清单，并告诉双方到人民法院处理。原告李某于 2011 年 12 月向人民法院提起诉讼，要求被告返还争议财产并赔偿损失 2 000 元。

**法律链接**

《物权法》第 241 条：基于合同关系等产生的占有，有关不动产或者动产的使用、收益、违约责任等，按照合同约定；合同没有约定或者约定不明确的，依照有关法律规定。

《物权法》第 242 条：占有人因使用占有的不动产或者动产，致使该不动产或者动产受到损害的，恶意占有人应当承担赔偿责任。

《物权法》第 243 条：不动产或者动产被占有人占有的，权利人可以请求返还原物及其孳息，但应当支付善意占有人因维护该不动产或者动产支出的必要费用。

《物权法》第 244 条：占有的不动产或者动产毁损、灭失，该不动产或者动产的权利人请求赔偿的，占有人应当将因毁损、灭失取得的保险金、赔偿金或者补偿金等返还给权利人；权利人的损害未得到足够弥补的，恶意占有人还应当赔偿损失。

《物权法》第 245 条：占有的不动产或者动产被侵占的，占有人有权请求返还原物；对妨害占有的行为，占有人有权请求排除妨害或者消除危险；因侵占或者妨害造成损害的，占有人有权请求损害赔偿。

占有人返还原物的请求权，自侵占发生之日起一年内未行使的，该请求权消灭。

**律师说法**

该案中被告显然是侵占了原告的财物，应当将侵占的财物归还原告，如有灭失，应当折价赔偿原告的损失。从本案的案情中可以看出，三轮车、油锯都归原告占有使用，被告对这些财物没有所有权，也没有合法占有的情况，故根据《物权法》的相关规定，被告应当承担偿还责任。

法律小贴士：

民事法律中有自力救济和抵销权的相关规定，但在日常生活中的适用是有严格条件的，自力救济发生在紧急情况下，抵销权发生在特定的合同纠纷中，因此除上述两种情况外私自扣押他人财物的行为是违法的。

## 玩笑闹出大事故

（小玩笑闹出大事故，两好友反目成仇）

**基本案情**

洪某与肖某是多年同窗，两人关系一直十分融洽。2010 年 1 月 8 日下午，两人结伴骑车外出，洪某骑行在前，肖某骑行在后。途中，肖某想和洪某开个玩笑，吓一吓洪某，遂突然加速冲向洪某，洪某避让不及，跌倒在地，致左手骨折、多处软组织挫伤。洪某受伤后，陆续花费医疗费 7 000 余元。其后，两人就赔偿问题发生争执。7 月，洪某一纸诉状诉至法院，要求肖某赔偿医疗费、误工费等计 21 000 余元。

**法律链接**

《侵权责任法》第 2 条：侵害民事权益，应当依照本法承担侵权责任。

《侵权责任法》第 6 条：行为人因过错侵害他人民事权益，应当承担侵权责任。

《侵权责任法》第 16 条：侵害他人造成人身损害的，应当赔偿医疗费、护理费、交通费等为治疗和康复支出的合理费用，以及因误工减少的收入。造成残疾的，还应当赔偿残疾生活辅助具费和残疾赔偿金。造成死亡的，还应当赔偿丧葬费和死亡赔偿金。

**律师说法**

原告洪某在事故中不幸受伤，其依法享有请求侵权行为人赔偿医疗费、误工费、护理费、住院伙食补助费、营养费、交通费、法医鉴定费等损失的权利，被告肖某作为侵权行为人，应对原告的上述损失承担赔偿责任。

法律小贴士：

许多法律问题中夹杂着复杂的感情问题，如何协调二者的关系，力求达到双赢的局面，是每例案件追求的最佳状态。为节约成本，避免时间和精力的消耗，双方当事人在正面面对法律问题的同时，亦应从人之情理出发，为维系感情的延续，理性、宽容、合理地协商。诉讼的最终目的是解决矛盾，尽最大可能恢复到矛盾发生前的状态，法律也是有感情的，而非冷冰冰、僵硬的条文。

## 网上交易勿马虎

（淘宝开店，预付款险“打水漂”）

### 基本案情

蒋小姐在淘宝网开设了一家网店，主要经营时下非常受年轻人欢迎的创意家具。而她的供货商王先生则专门从事生产各类风格独特的家具饰品。由于王先生的产品风格很新颖，蒋小姐很快与其建立了合作关系，但考虑到双方相隔较远，订立书面合同极为不便，为能更快完成交易，蒋小姐决定用网络协议取代书面协议。自2010年8月24日起，蒋小姐先后通过电子邮件和QQ聊天方式向王先生订购数批货物，并通过汇款的方式将1万元货款支付给王先生。但令蒋小姐意外的是，除最初两批货物是按时交付外，其他货物一直迟迟未能交付。遭受损失的蒋小姐多次要求交货，而王先生给予的答复是最初两批货物交付后，由于生产成本增加，故要调整货物价格。蒋小姐认为王先生不遵守先前的约定，擅自抬高价格，坚持按原价格订购货物。双方无法达成一致意见，蒋小姐遂将王先生告上法庭，要求王先生偿还剩余货款7 800元，利润损失3 000元。

### 法律链接

《合同法》第10条：当事人订立合同，有书面形式、口头形式和其他形式。

法律、行政法规规定采用书面形式的，应当采用书面形式。当事人约定采用书面形式的，应当采用书面形式。

《合同法》第11条：书面形式是指合同书、信件和数据电文（包括电报、电传、传真、电子数据交换和电子邮件）等可以有形地表现所载内容的形式。

《合同法》第36条：法律、行政法规规定或者当事人约定采用书面形式订立合同，当事人未采用书面形式但一方已经履行主要义务，对方接受的，该合同成立。

《合同法》第107条：当事人一方不履行合同义务或者履行合同义务不符合约定的，应当承担继续履行、采取补救措施或者赔偿损失等违约责任。

### 律师说法

蒋小姐和王先生之间采用数据电文形式进行合同磋商，但现有证据无法证明双方对买卖合同的必要条款已达成一致意见，故买卖合同尚未成立。对于2010年8月24日起的两份订单，因双方已经实际履行，故确认其成立。对于其他订单，因双方买卖合同尚未成立，故王先生应当将蒋小姐支付的预付款予以退还，并承担自起诉之日起至判决履行之日止的利息损失。

法律小贴士：

在签订合同时，一定要保存好相关的证据资料，最好采用书面形式，否则一旦发生纠纷将没有可以支持的证据。需要注意的是，法律、法规规定或当事人约定采用书面形式订立合同，当事人未采用书面形式但一方已经履行主要义务，对方接受的，该合同成立。合同如果成立后生效，则会在合同当事人之间产生法律约束力。当事人应当按照约定履行自己的义务，不得擅自变更或者解除合同。

## 相邻地界种花椒

（阻光通风应铲除）

### 基本案情

陈某和王某同为某村村民，两人的责任田相邻，中间由一条水渠隔开。从2010年开始，陈某在其责任田周围栽种花椒篱笆，东侧临着王某责任田的花椒篱笆长度为47.7米，平均树高3.09米，平均地径2.96厘米，平均密度5.44株/米。双方因此产生纠纷，王某向法院起诉，请求判令陈某停止侵权，排除妨碍，赔偿经济损失4 500元。

法院在审理中，委托林地技术推广站对花椒篱笆地问题进行鉴定，鉴定结论为花椒篱笆属高密度栽培，篱笆墙较高，影响到东侧原告菜地的光照和通风条件，对作物生长不利。根据花椒树的生物学特性，其根系水平分布距离为树高的一倍以上，说明被告的花椒树已深入到原告的菜地，存在争肥、争水现象，对原告菜地作物生长有一定影响。

### 法律链接

《民法通则》第83条：不动产的相邻各方，应当按照有利生产、方便生活、团结互助、公平合理的精神，正确处理截水、排水、通行、通风、采光等方面的相邻关系。给相邻方造成妨碍或者损失的，应当停止侵害，排除妨碍，赔偿损失。

### 律师说法

原、被告双方应当按照有利于生产、团结互助、公平合理的精神，正确处理通行、通风、采光等方面的相邻关系。被告在其责任田地界边缘种植花椒篱笆，不仅影响了原告种植农作物的通风、采光，而且还与之争肥、争水，客观上造成对原告的胁地现象，被告的行为显然不妥。因此，法院依照《民法通则》第83条的规定，判决被告陈某将种植在临原告责任田一侧的花椒篱笆铲除。

法律小贴士：

相邻权是指不动产的所有人或使用人在处理相邻关系时所享有的权利。具体来说，在相互毗邻的不动产的所有人或者使用人之间，任何一方为了合理行使其所有权或使用权，享有要求其他相邻方提供便利或是接受一定限制的权利。

相邻一方的行为影响他人的通风、采光、建筑物牢固及正常使用的，他方有权责令其停止侵害，排除妨碍，已造成损失的，应予赔偿。

## 邀请朋友去打人

（“领队”承担全责）

**基本案情**

2010年11月27日，李某的堂哥与陈某发生纠纷，造成陈某受伤。陈某女儿听闻其父亲被打伤，便带领其朋友数人找到李某，要求将其堂哥找来带陈某去治疗，双方为此发生纠纷，陈某女儿的朋友将李某打伤。李某伤后到医院住院治疗。案件诉至法院。

**法律链接**

《侵权责任法》第9条：教唆、帮助他人实施侵权行为的，应当与行为人承担连带责任。

《民法通则》第119条：侵害公民身体造成伤害的，应当赔偿医疗费、因误工减少的收入、残废者生活补助费等费用；造成死亡的，并应当支付丧葬费、死者生前扶养的人必要的生活费等费用。

**律师说法**

被告陈某女儿在其父亲与人发生纠纷受伤后，未通过合理合法的途径寻求解决，邀约朋友致伤李某。陈某女儿虽未对李某直接实施伤害行为，但是邀约他人，是整个事件的组织者，应当承担全部责任。

法律小贴士：

证据是决定能否找到赔偿人和得到多少赔偿的关键，遇到此种意外发生时，应当利用手机或一切能够拍照录像的设备将现场情况保留下来，作为证明事情发生的初步证据，为日后找赔偿人做好准备。

## 银行卡密码被盗

（存款损失由谁负责）

**基本案情**

顾先生在进入自助银行时被告知要先刷一下卡并输入密码，不料这一刷竟被犯罪分子“刷”去了1万多元。法院判决银行付给顾先生被“刷”去的1万多元及相应的同期活期存款利息。

顾先生5月22日晚持一张借记卡到某银行下属的一家自助银行欲刷卡取款。进门前抬头看见自助银行门禁上设有一个装置，一条提示语赫然在目：进门前请先刷卡并输入密码。

顾先生按此要求做了一遍，但自助银行的门纹丝不动，他无奈之下只得离去。

6月10日，顾先生在ATM机上取款时发现，这张曾在自助银行门禁处刷过的借记卡内莫名其妙地少了10 086元，便立即向警方报案。原来这张借记卡内的存款已在数天前被人分两次提出10 000元，还花费了86元手续费，顾先生则对此一无所知。由此，顾先生向法院起诉银行，要求支付10 086元及相应利息。

经警方查明，5月22日晚，两名盗码“专业户”乘银行不备之际将一只手掌大的盗码器安装在自助银行门禁上。暗中窥得有人“落网”后，便将盗码器取回，然后用窃得的借记卡磁条信息与密码制作假卡，再利用假卡通过异地ATM机攫取其中存款。

**法律链接**

《商业银行法》第6条：商业银行应当保障存款人的合法权益不受任何单位和个人的侵犯。

**律师说法**

自助银行的门禁处没有使用说明、操作规范、风险提示，尤其是防范犯罪的说明，以致造成顾先生银行卡密码和信息的失密。根据我国《商业银行法》的规定，银行应当保障存款人的合法权益不受任何单位和个人的侵犯。对于保障交易安全的注意义务，银行应高于储户。由于被告在履行储蓄合同中，未尽到相关义务而导致储户损失，应承担责任。原告作为普通的借记卡持有人，在门禁操作系统无任何风险提示的情况下，足有理由相信“盗码器”是银行的装置，他在本案中没有过错，不应承担责任。基于上述事实和理由，法院依据我国《合同法》和《商业银行法》的规定，判决银行给付顾先生10 086元及相应的同期活期存款利息。

法律小贴士：

在使用ATM存取款时，应当仔细检查装置设备等有无异常后再进行操作。发现异常时要立即打银行服务电话咨询或报警。通常细心检查一下就能够发现漏洞，以避免损失。

## 张扬隐私要担责

（张扬已故老人隐私，邻居要赔偿）

**基本案情**

几年前，张某的父亲曾与邻居胡某一起到外地打工，不经意间生活上有失检点。当时知道内情的只有胡某一人。前年张某的父亲因病去世后，由于两家为建房发生了纠纷，胡某便到处张扬张某父亲过去的隐私，有时见到张的家人也不避讳，弄得张的家人很难堪，张某的母亲为此时常暗中流泪。无奈，今年4月张某把胡某告上了法庭。

**法律链接**

《民法通则》第101条：公民、法人享有名誉权，公民的人格尊严受法律保护，禁止用侮辱、诽谤等方式损害公民、法人的名誉。

最高人民法院《关于贯彻执行〈中华人民共和国民法通则〉若干问题的意见》140条：以书面、口头形式宣扬他人的隐私，或者捏造事实公然丑化他人人格，以及用侮辱、诽谤等方式损害他人名誉，造成一定影响的，应当认定为侵害公民名誉权的行为。

以书面、口头等形式诋毁、诽谤法人名誉，给法人造成损害的，应当认定为侵害法人名誉权的行为。

**律师说法**

该案涉及死者公民隐私权的问题。最高人民法院《关于确定民事侵权精神损害赔偿责任若干问题的解释》明确规定："非法披露、利用死者隐私的，或者以违反社会公共利益、社会公德的其他方式侵害死者隐私的"，"死者近亲属因此遭受精神痛苦，向人民法院起诉请求赔偿精神损害的，人民法院应当依法予以受理"。据此，胡某的行为构成对张某父亲（死者）隐私权的侵权，胡某应立即停止侵害，并向张某家人赔礼道歉。

法律小贴士：

隐私权已经作为人身权的一种被法律明确下来，任何人对他人隐私权的侵犯都可能招来官司，故在平时的生活中，说话办事应有限度，不可逾越法律，恶意对他人伤害，很可能最后是自己付出承担法律责任的代价。

## 制止不法被扎伤

（搓背工制止不法侵害受伤，洗浴中心老板担责）

**基本案情**

王某自2010年12月初在某大酒店洗浴中心担任搓背工，为前来洗浴中心消费的顾客提供搓背服务，偶尔也根据客人的需要提供修脚、拔罐、刮痧等服务。被告孙某是该洗浴中心的租赁经营者。2010年12月30日中午开会时，女技师李某迟到，被经理张某罚款20元。当天下午，案外人田某为替女技师李某出气，酒后携水果刀来到洗浴中心前厅，与经理张某发生争执并厮打。王某听到吵闹声后，立即赶到前厅，看到田某和张某两人厮打在一起，王某遂上前踹了田某一脚，田某遂转与王某厮打在一起，并掏出事先准备的水果刀，将王某背部刺伤后逃跑。王某被送往医院住院治疗18天，左肾贯通伤被切除。王某住院期间，洗浴中心老板孙某先后支付医疗费13 600元后，拒绝继续支付。

**法律链接**

《侵权责任法》第23条：因防止、制止他人民事权益被侵害而使自己受到损害的，由侵权人承担责任。侵权人逃逸或者无力承担责任，被侵权人请求补偿的，受益人应当给予适当补偿。

《侵权责任法》第26条：被侵权人对损害的发生也有过错的，可以减轻侵权人的责任。

最高人民法院《关于审理人身损害赔偿案件适用法律若干问题的解释》第11条：雇员在从事雇佣活动中遭受人身损害，雇主应当承担赔偿责任。雇佣关系以外的第三人造成雇员人身损害的，赔偿权利人可以请求第三人承担赔偿责任，也可以请求雇主承担赔偿责任。雇主承担赔偿责任后，可以向第三人追偿。

**律师说法**

王某在洗浴中心从事搓背工作，其与孙某之间构成雇佣关系。原告受伤系因经理张某罚款引起，其是为了张某的人身安全和洗浴中心的正常营业秩序才与案外人田某发生厮打并受伤，系在从事雇佣活动过程中为了雇主利益受伤。原告在制止加害人的不法侵害时，采用脚踹的方式，致使矛盾激化，损害结果扩大，原告的行为构成重大过失，应当适当减轻被告的赔偿责任。

法律小贴士：

雇员在雇主处工作，虽不能提供劳务或劳动合同，但付出了实际的劳动，只要能证实实际劳动的存在，证明雇佣关系并不难，但这无疑增加了成本，因此在工作开始时就应与雇主签订相应的劳务或劳动合同，为日后维权奠定基础。发生人身伤害，应保存好医院出具的各种票据，在工作中受伤，不能找到实施侵害的第三人，可向雇主索赔，积极主张自己的权益。

# 第八篇 邻里纠纷

正所谓：远亲不如近邻。邻里间见面打个招呼，遇事托上一把，往往能传递一丝浓浓的暖意。然而，在具体的相处过程中，由于邻里之间接触的机会比较多，其间难免会产生些许争执，更甚者诉诸法院。

邻里纠纷在所难免，那么，一旦遭遇邻里纠纷时，我们如何才能最大限度地维护自身权益，且又最低限度地伤害邻里关系呢？这就需要我们懂法并且会用法。本篇列举了一些比较典型的邻里纠纷案例，并对其作了详细的分析，希望读者朋友能够从中获得最佳的纠纷解决之道。

## 谁偷了我的阳光

（自家的采光权被邻居侵害，可以请求赔偿吗）

### 基本案情

杨某和葛某是前后院住着的邻居。2010 年，住杨某家屋前的葛某盖了一幢四层高的楼房，挡住了杨某院里的阳光，使杨某及其家人的日常生活和身心健康受到影响。为此，杨某几次找葛某要求赔偿，但葛某均拒赔。2011 年，杨某无奈之下向法院起诉，要求葛某赔偿损失。杨某的诉讼请求会得到法院的支持吗？

### 法律链接

《民法通则》第 83 条：不动产的相邻各方，应按照有利生产、方便生活、团结互助、公平合理的精神，正确处理截水、排水、通行、通风、采光等方面的相邻关系。给相邻方造成妨碍或损失的，应当停止侵害，排除妨碍，赔偿损失。

《物权法》第 84 条：不动产的相邻权利人应当按照有利生产、方便生活、团结互助、公平合理的原则，正确处理相邻关系。

《物权法》第 89 条：建造建筑物，不得违反国家有关工程建设标准，妨碍相邻建筑物的通风、采光和日照。

### 律师说法

葛某侵害了杨某的采光权，杨某的诉讼请求能够得到法院的支持。所谓采光权，是指不动产的所有人或使用人为获取日照而要求邻人限制其房屋或其他工作物的距离或高度的权利。根据《物权法》第 89 条和《民法通则》第 83 条的规定可知，建造房屋，不得妨碍邻居的采光；给相邻方造成妨碍或损失的，应当停止侵害，排除妨碍，赔偿损失。联系本案，葛某所建四层楼房已经影响到了杨某家的采光，对杨某及其家人的生活和身心健康产生了恶劣影响，对此，杨某有权要求葛某赔偿损失。但具体怎么赔、赔偿多少，由于目前我国法律对此没有作出明确规定，缺乏相对统一的执法尺度和补偿适用标准，所以各地法院处理采光权侵害赔偿案件的标准不一，还要综合考量房屋所处位置、被侵权人具体所受损失等方面。

法律小贴士：

采光权受到侵害怎么办？

1. 设法查看侵权楼房是否手续合法齐全，如果不合法、不齐全，可以向建设行政主管部门或规划部门反映；如果合法齐全，可以提起行政诉讼。

2. 通过媒体提出自己的要求。

3. 向315投诉。

4. 向法院起诉。

## 被宠物所伤怎么办

（被别人家的宠物所伤，应该如何维护自己的权益）

### 基本案情

一天，马某出去办事，途经小区内成某家门口时，成某家养的一条大狼狗猛地扑过来，咬在马某的大腿上，马某当场倒地。后去医院治疗，治疗期间医嘱全休8天。马某痊愈后，多次与成某交涉，要求成某赔偿其医药费、误工费、交通费等费用，成某拒不支付。于是马某向法院提起诉讼，请求法院判令成某支付医药费、误工费、交通费等共计3 000元。马某的诉讼请求能够得到法院的支持吗？

### 法律链接

《侵权责任法》第16条：侵害他人造成人身损害的，应当赔偿医疗费、护理费、交通费等为治疗和康复支出的合理费用，以及因误工减少的收入。造成残疾的，还应当赔偿残疾生活辅助具费和残疾赔偿金。造成死亡的，还应当赔偿丧葬费和死亡赔偿金。

《侵权责任法》第78条：饲养的动物造成他人损害的，动物饲养人或者管理人应当承担侵权责任，但能够证明损害是因被侵权人故意或者重大过失造成的，可以不承担或者减轻责任。

《侵权责任法》第84条：饲养动物应当遵守法律，尊重社会公德，不得妨害他人生活。

### 律师说法

马某的诉讼请求能够得到法院的支持。根据《侵权责任法》第78条的规定可知，宠物造成他人损害的，宠物的饲养人或管理人应当承担侵权责任，除非他能够证明损害是因被侵权人故意或重大过失造成的。也就是说，如果宠物的饲养人或者管理人认为被侵权人受伤是因为其本人的故意或重大过失造成的，要提供相应的证据证明被侵权人有攻击、挑衅宠物等行为。但在本案中，马某并不存在故意或重大过失的情形，所以，作为宠物狗的主人成某应当就马某的伤害承担责任。另根据《侵权责任法》第16条的规定可知，成某应当赔偿马某因就医治疗支出的各项费用以及因误工减少的收入，包括医疗费、误工费、交通费等共计3 000元。

法律小贴士：

1. 作为受害人，需注意的是，法院在确定赔偿数额时，会根据医疗机构出具的医药费、住院费等收款凭证、病历和诊断证明、交通费票据等相关证据确定。这就要求受害人在治疗过程中要妥善保管医院收费单据、交通费票据等有关凭证。如此其赔偿请求方能得到法院支持，自身利益才能得到有效保护。

2. 作为宠物饲养人或者管理人，应当加强对宠物的管理和约束，防止其对他人的伤害。政府有关部门也应加强对饲养宠物的监管力度，为动物和人类和谐共处创造条件。

## 在家挖坑被人告

（在自家院子里挖水坑，会侵害到前院邻居的权益吗）

### 基本案情

孙某和黄某是前后院住着的邻居，后来两家因琐事发生了争执，孙某一怒之下，就在黄某屋后自家院子里挖了个水坑，严重影响到黄某的房屋安全。黄某认为孙某侵害了自己的权益，就找孙某理论，要求孙某将水坑填平，但孙某认为自己是在自己院子里挖水坑，并没有侵害到黄某的权益，双方争执不下，黄某为此将孙某告上了法庭，请求法院责令孙某将水坑填平。孙某在黄某屋后自家院子里挖水坑的行为是否侵害了黄某的权益？

### 法律链接

《民法通则》第83条：不动产的相邻各方，应当按照有利生产、方便生活、团结互助、公平合理的精神，正确处理截水、排水、通行、通风、采光等方面的相邻关系。给相邻方造成妨碍或者损失的，应当停止侵害，排除妨碍，赔偿损失。

《物权法》第84条：不动产的相邻权利人应当按照有利生产、方便生活、团结互助、公平合理的原则，正确处理相邻关系。

《物权法》第91条：不动产权利人挖掘土地、建造建筑物、铺设管线以及安装设备等，不得危及相邻不动产的安全。

《侵权责任法》第15条：承担侵权责任的方式主要有：

（一）停止侵害；

（二）排除妨碍；

（三）消除危险；

（四）返还财产；

（五）恢复原状；

（六）赔偿损失；

（七）赔礼道歉；

（八）消除影响、恢复名誉。

以上承担侵权责任的方式，可以单独适用，也可以合并适用。

**律师说法**

孙某在黄某屋后自家院子里挖水坑的行为侵害了黄某的权益。

本案属于相邻关系纠纷，相邻关系是民事法律关系中一种十分重要的法律关系，简单来说，相邻关系就是不动产的相邻各方因行使所有权或使用权而发生的权利义务关系。由此衍生出的相邻权，是指相邻各方对各自所有的或使用的不动产行使所有权或使用权时，基于法律规定而享有在他人不动产上的权利。对此，《民法通则》第 83 条和《物权法》第 84、91 条作出了明确规定：不动产的相邻权利人应当按照有利生产、方便生活、团结互助、公平合理的原则，正确处理相邻关系。不动产权利人挖掘土地不得危及相邻不动产的安全。但在本案中，孙某虽然在自家院子里挖水坑，但严重影响了邻居黄某的房屋安全，给黄某造成了居住妨碍，属于侵权行为。对此，根据《民法通则》第 83 条和《侵权责任法》第 15 条的规定，孙某应当停止侵害，排除妨碍。

法律小贴士：

相邻关系人在修建厕所、污水池、牲畜栏圈等时，应该与相邻人生活居住的场所保持一定的距离，或者采取必要的防护措施。

对不履行上述环境保护义务的相邻关系人，相邻人除有权请求排除妨害、赔偿损失外，对于情节严重、造成重大损失者，政府有关部门和司法机关可以依法予以行政处分或刑事制裁。

## 邻居不让我通行

（必须在邻居的土地上通行，但邻居不提供通道，怎么办）

**基本案情**

2002 年，村民王某和彭某的相邻责任地被规划为各自的宅基地。2004 年王某和彭某先后在自己的责任地建起了房屋。由于当时村里没有进行道路规划，所以，在王某住宅未建围墙时，彭某都是从王某住宅院子旁边通行，双方一直都没有争议。但到了 2011 年，情况发生了变化，王某因琐事与彭某闹矛盾，王某一气之下把自家住宅院子围起来，堵住了彭某原先的通道，彭某面临无路可通行的困境。在此情况下，彭某几次找王某协商开路问题，但王某均不予理睬。无奈之下，彭某将王某告上法庭，请求法院责令王某为自己提供通行之路。彭某的诉讼请求会得到法院的支持吗？

**法律链接**

《民法通则》第 83 条：不动产的相邻各方，应当按照有利生产、方便生活、团结互助、公平合理的精神，正确处理截水、排水、通行、通风、采光等方面的相邻关系。给相邻方造成妨碍或者损失的，应当停止侵害，排除妨碍，赔偿损失。

《物权法》第 84 条：不动产的相邻权利人应当按照有利生产、方便生活、团结互助、公平合理的原则，正确处理相邻关系。

《物权法》第 87 条：不动产权利人对相邻权利人因通行等必须利用其土地的，应当提供必要的便利。

《物权法》第 92 条：不动产权利人因用水、排水、通行、铺设管线等利用相邻不动产的，应当尽量避免对相邻的不动产权利人造成损害；造成损害的，应当给予赔偿。

**律师说法**

彭某的诉讼请求会得到法院的支持。

本案属于相邻通行权纠纷。相邻一方因受自然条件所限，如其土地或建筑物在邻人土地或建筑物的包围之中，没有其他通道，必须通过邻人土地时，应当允许其通行。这种权利称为相邻通行权。对此，《民法通则》第 83 条、《物权法》第 84、87 条作出明确规定：不动产权利人对相邻权利人因通行等必须利用其土地的，应当提供必要的便利。在本案中，彭某通行必须利用王某的土地，否则将陷入无路可通行的困境，在此情形下，王某应当本着方便生活的原则，为彭某的通行提供必要的便利，将影响彭某通行的围墙拆除。但为了公平起见，彭某在取得便利的同时也应当为王某的“付出”做出一定的弥补，对此，《物权法》第 92 条明确规定，不动产权利人因通行利用相邻不动产的，应当尽量避免对相邻的不动产权利人造成损害；造成损害的，应当给予赔偿。彭某利用王某的土地通行，一定程度上损害了王某的部分土地使用权益，所以，应当给予王某适当赔偿。

法律小贴士：

实际生活中，当发生通行权纠纷时，纠纷双方可以先行协商，协商不成，被侵权方可向法院起诉。按照我国法律规定，通行人应选择对邻地无损害或损害最小的途径通行。如因通行造成邻地的损害，通行人应给予适当的补偿。

## 邻家噪音咋应对

（邻居家噪音太大，影响日常生活，可以通过哪些渠道解决）

**基本案情**

钱某因身体原因，长期在家休养。平时喜欢看看书，听听轻音乐。可自从一年多前楼上搬来新邻居李某夫妇后，这平静的生活就被打乱了。李某隔三岔五就呼朋唤友在家里打牌，总要到十一二点后才会收场，吵得钱某无法休息。钱某几次上门，请他们安静点。招呼打过后，稍微安静了几天，又老调重弹。在这种情况下，钱某还可以通过什么渠道来维护自己的权益？

**法律链接**

《民法通则》第 83 条：不动产的相邻各方，应当按照有利生产、方便生活、团结互助、公平合理的精神，正确处理截水、排水、通行、通风、采光等方面的相邻关系。给相邻方造成妨碍或者损失的，应当停止侵害，排除妨碍，赔偿损失。

《物权法》第 84 条：不动产的相邻权利人应当按照有利生产、方便生活、团结互助、公平合理的原则，正确处理相邻关系。

《治安管理条例》第 6 条：房屋的所有权人为业主。业主在物业管理活动中，享有下列权利：

……

（二）提议召开业主大会会议，并就物业管理的有关事项提出建议；

……

《治安管理处罚法》第 58 条：违反关于社会生活噪声污染防治的法律规定，制造噪声干扰他人正常生活的，处警告；警告后不改正的，处二百元以上五百元以下罚款。

**律师说法**

钱某还可以通过三种渠道来维护自己的权益。

第一种渠道是向物业公司反映，通过物业公司解决纠纷。根据《物业管理条例》第 6 条的规定，业主钱某有权就物业管理的有关事项提出建议。

第二种渠道是向公安机关反映。根据《治安管理处罚法》第 58 条的规定，钱某对于李某制造噪声干扰他人正常生活的行为，可以诉诸公安机关解决。

第三种渠道是通过民事诉讼程序来维权。根据《民法通则》第 83 条和《物权法》第 84 条的规定可知，钱某可以运用法律手段维权，要求李某停止侵权行为。

法律小贴士：

归根结底，邻里关系的解决方式还是以沟通和协调解决为好，但如果协调仍然不能解决，再诉诸公安机关或法院。在诉诸公安机关或法院来解决的时候，要注意做好取证工作，例如做好录音、请环保部门进行噪音分贝测试并要求出具测试报告以备作为证据使用。

## 业主身份咋界定

（房屋产权证上没有被登记名字的房屋所有权人，具备所在小区的业主资格吗）

**基本案情**

在某小区生活了两年的高某是该小区的一位热心居民，2010 年 12 月她参选业委会成员的选举，但业委会换届选举中她的业委会候选人身份却没有通过业委会的资格审查，因为她家房屋产权证上登记的是她丈夫的名字，业委会认为她不是小区业主。高某却认为她的名字虽然没有登记在房产证上，但实际上该房屋为夫妻共有，并且自己长期在小区生活，应当具有业主身份，因此诉至法院，请求确认自己小区业主的身份。高某具备该小区的业主资格吗？

**法律链接**

最高人民法院《关于审理建筑物区分所有权纠纷案件具体应用法律若干问题的解释》第1条：依法登记取得或者根据物权法第二章第三节规定取得建筑物专有部分所有权的人，应当认定为物权法第六章所称的业主。

基于与建设单位之间的商品房买卖民事法律行为，已经合法占有建筑物专有部分，但尚未依法办理所有权登记的人，可以认定为物权法第六章所称的业主。

**律师说法**

该房屋属于高某夫妇的共同财产，高某虽不是登记的户主，但是该房屋的共有人，且一直在该小区居住，具备业主资格。

根据最高人民法院《关于审理建筑物区分所有权纠纷案件具体应用法律若干问题的解释》第1条可知，依法登记的房屋的所有权人具备业主的资格。在本案中，高某的房屋产权证上虽然登记的不是自己的名字，但该房屋为高某与丈夫的夫妻共有财产，高某是该房屋的所有权人，所以具备该房屋所在小区的业主资格。

法律小贴士：

应注意的是，最高人民法院《关于审理建筑物区分所有权纠纷案件具体应用法律若干问题的解释》第1条所指“业主”范围不包括专有部分的承租人、借用人等物业使用人。

## 民宅商用可以吗

（将民用住宅改为商用，在法律上允许吗）

**基本案情**

2011年初，某小区业主方某发现，自家楼上业主田某私自将自家住房改装成公司用房，并将业主共有通道改造为公司前台接待处。期间，上述公司员工在休息时间大声喧哗并经常振臂高呼公司口号，上下班时间经常占用公用电梯。方某认为，上述行为导致自己和其他业主不能正常生活和休息，影响了小区住宅的正当使用用途，并容易出现安全隐患，遂多次找田某理论，要求田某立即停止在上述房屋内经营，并恢复房屋的住宅性质。方某的要求有法律依据吗？

**法律链接**

《物权法》第77条：业主不得违反法律、法规以及管理规约，将住宅改变为经营性用房。业主将住宅改变为经营性用房的，除遵守法律、法规以及管理规约外，应当经有利害关系的业主同意。

最高人民法院《关于审理建筑物区分所有权纠纷案件具体应用法律若干问题的解释》第11条：业主将住宅改变为经营性用房，本栋建筑物内的其他业主，应当认定为《物权法》第77条所称“有利害关系的业主”。建筑区划内，本栋建筑物之外的业主，主张与自己有利害关系的，应证明其房屋价值、生活质量受到或者可能受到不利影响。

**律师说法**

方某的要求有法律依据。目前，法律上虽然没有禁止“住改商”的明文规定，却有不得侵害邻居合法权益的规定。所以，“住改商”如果侵犯了邻居的合法权益，邻居有权禁止其“住改商”的行为。

根据《物权法》第 77 条的规定可知，业主不得将住宅改变为经营性用房，将住宅改变为经营性用房的，除遵守法律、法规以及管理规约外，还应当经有利害关系的业主同意。这一规定表明，“住改商”行为的合法性需要满足两个条件：第一，遵守法律、法规以及管理规约；第二，应当经有利害关系的业主同意。关于“有利害关系的业主”的范畴，最高人民法院《关于审理建筑物区分所有权纠纷案件具体应用法律若干问题的解释》第 11 条做出了明确规定，将“有利害关系的业主”首先界定为“本栋建筑物内的其他业主”。在本案中，如果田某所在小区的管理公约允许业主将住宅商用，则田某满足了“住改商”合法性的第一个条件。关于第二个条件，作为与田某在同一幢楼内居住的邻居方某，属于“本栋建筑物内的其他业主”，由于方某的严重反对，所以，田某并没有满足“住改商”合法性的第二个条件。由此可以推断，田某“住改商”的行为是违法行为，方某有权要求田某立即停止在上述房屋内经营，并恢复房屋的住宅性质。

法律小贴士：

实际生活中，若业主确实有必要，例如确因下岗无收入来源等原因而将住宅改为商用，也未尝不可，但需要注意两个方面：其一是必须遵守相关法律、法规以及管理规约的规定，例如，应及时办理相应的审批手续、要符合国家环境保护要求等。其二是必须征得有利害关系的业主同意。这两个条件必须同时具备，二者缺一不可。

## 私自拆除承重墙

（作为房屋的所有权人，有权私自拆除房屋内部的承重墙吗）

**基本案情**

买了门对门两套住房的张某，在装修房子时，为将两套房子的客厅连到一起，准备将隔在两客厅之间的墙拆掉。住在同一幢楼里的邻居们得知此事后，急忙前来阻止，称张某要拆的墙是承重墙，不能拆。张某则认为，自己花钱买了房子，成为房子的所有权人，想怎么装修就怎么装修，他人无权干涉。张某的说法符合法律规定吗？

**法律链接**

《物权法》第 71 条：业主对其建筑物专有部分享有占有、使用、收益和处分的权利。业主行使权利不得危及建筑物的安全，不得损害其他业主的合法权益。

**律师说法**

张某的说法并不符合法律的规定。

《物权法》第71条明确规定，业主行使权利不得损害其他业主的合法权益。意思是说，业主虽然是房屋的所有权人，但并不能随心所欲地装修房屋，尤其不能损害到其他业主的权益。在本案中，房子虽然是属于张某的，但是张某应在不损害其他人利益的基础上进行改造。张某却拆除了房屋的承重墙，擅自改造房屋承重结构，给自己的房屋和整幢楼都带来了安全隐患，已经危及到了其他利害关系人的利益，因此，其他利害关系人有权要求其停止拆除行为。

法律小贴士：

实践中，业主装修时擅自改动房屋结构并不是什么新鲜事，有拆除或者部分拆除房屋柱、梁的，有在承重墙上增开门窗的，更有直接拆了承重墙打通房间的，然而，这些行为不仅违反了法律法规的有关规定，更容易给整栋大楼埋下安全隐患。

## 楼下草地属于谁

（将自家楼下的草地开垦成私家菜园，属于违法行为吗）

**基本案情**

何某一直在农村生活，老伴去世后，女儿害怕何某孤单就把她接到市里自己的家中居住。何某是个闲不住的人，再加上在女儿家闷得慌，看到楼下有块绿油油的草地，不禁动了在那里开垦个小菜园的心思。于是，她把草拔掉，在那里种了一些蔬菜。邻居们看到了，齐齐到物业公司，物业公司人员要求何某恢复原状、赔偿损失，何某不同意，并说大城市的人就是爱管闲事，那块地是块无主地，种草挺可惜的，自己在上面种菜并没侵犯谁，他人无权干涉。何某的说法在法律上成立吗?

**法律链接**

《物权法》第73条：建筑区划内的道路，属于业主共有，但属于城镇公共道路的除外。建筑区划内的绿地，属于业主共有，但属于城镇公共绿地或者明示属于个人的除外。建筑区划内的其他公共场所、公用设施和物业服务用房，属于业主共有。

**律师说法**

何某的说法在法律上不成立。

实践中，关于自家房屋外的绿地属于谁以及可否改变其用途的问题，引发了许多争议。对此，《物权法》第73条有着明确规定：建筑区划内的绿地，属于业主共有，但属于城镇公共绿地或者明示属于个人的除外。由此可以得知，小区内的绿地，除了明示属于城镇公共绿地或者明示属于个人的以外，通常情况下属于业主共有。针对这一条规定，实际上，小区规划建设的绿化是业主住宅的必要配套设施，其建设费用一般已经分摊在住房的销售价格中，也就是说，业主在购买小区房屋时，就已经负担了绿地的建设成本，也正基于此，《物权法》明确规定业主对绿地享有共有权。开发商无权在绿地上进行“再开发”了，业主也不能将绿地当成“自留地”，随意种菜种粮，绿地的使用和处分要由全体业主说了算。

在本案中，何某认为草坪属于无主地，可以由自己来处置，在法律上明显是不成立的，因为该绿地既不属于城镇公共绿地也不属于经明示属于个人的部分，应当属于小区内业主共有。所以，其他业主有权要求何某将该草坪恢复原状，对造成的损失予以赔偿。

法律小贴士：

明示属于个人所有的绿地，通常是指业主单一别墅中的绿地，在业主众多的多层建筑一般不会发生这一情况，业主对此应该特别注意。

## 维修资金怎么出

（平时不使用电梯的住户，是否应当支付电梯的维修费用）

### 基本案情

汪某家住某幢高十二层的楼房的第一层。一天，该幢楼房的电梯坏了，业委会维修花费了 2 000 元。业委会将用小区维修资金支付电梯维修费用的情况在小区公告栏内进行公示，汪某看到公示后，大为不解，认为自己家在一层，平时根本用不着电梯，怎么修电梯还要让他掏钱，于是去找业委会理论，而业委会辩解说，电梯属于该幢楼房的共有部分，不管住户用不用，维修电梯的费用均得由整幢楼的所有住户共同承担。业委会的辩解理由在法律上成立吗？

### 法律链接

《物权法》第 79 条：建筑物及其附属设施的维修资金，属于业主共有。经业主共同决定，可以用于电梯、水箱等共有部分的维修。维修资金的筹集、使用情况应当公布。

### 律师说法

业委会的辩解理由在法律上是成立的。

建筑物及其附属设施，在使用的过程中难免会出现一些问题，需要及时维修，于是业主在购买房屋时需要预先交付一定数额的维修资金，以便于日后统一对建筑物的共有部分进行维修。本案中，电梯是否属于建筑物的共有部分，对此《物权法》第 79 条有明确规定：建筑物及其附属设施的维修资金，属于业主共有。经业主共同决定，可以用于电梯、水箱等共有部分的维修。根据该法可知，电梯属于建筑物的共有部分，其维修费用应由业主共同承担。本案中，汪某认为自己不用电梯就不用出维修费的理由是站不住脚的。

法律小贴士：

需要注意的是，对建筑物共有部分维修资金的使用，业委会应当及时、清楚、详细地公布，以便接受广大业主的监督和支持，做到筹集、使用透明化、合理化。

## 楼顶安置广告牌

（不同意楼房顶层安置广告牌，是否有权利要求拆除）

**基本案情**

黄某有一幢三层高的楼房，在楼顶上安置了一个广告牌。后来，黄某将顶层卖给了欧某，但没有将广告牌拆除。欧某认为在楼顶安置广告牌，有损自家居住形象，于是要求黄某拆除。黄某不同意，于是欧某将黄某告上法庭，要求黄某拆除广告牌，欧某的请求会得到法院的支持吗？

**法律链接**

《物权法》第 70 条：业主对建筑物内的住宅、经营性用房等专有部分享有所有权，对专有部分以外的共有部分享有共有和共同管理的权利。

《物权法》第 72 条第 1 款：业主对建筑物专有部分以外的共有部分，享有权利，承担义务；不得以放弃权利不履行义务。

**律师说法**

欧某的请求不会得到法院的支持。

本案涉及的是建筑物区分所有权中共有部分的问题。所谓建筑物区分所有权，是指权利人即业主对于一幢建筑物中自己专有部分的单独所有权、对共有部分的共有权，以及因共有关系而产生的管理权的结合。所谓共有部分，是指区分所有建筑物及建筑物附属物的共同部分，如楼顶、电梯、楼道、外墙等。本案中，黄某有一幢三层楼房，后将该楼房的第三层卖给了欧某，根据《物权法》第 70 条的规定可知，黄某和欧某对于这幢三层楼房形成了建筑物区分所有的关系。在这种前提下，因楼顶属于建筑物区分所有中的共有部分，应当属于全体业主即黄某和欧某共有，该二人对楼顶享有共有和共同管理的权利。根据《物权法》第 72 条第 1 款，作为业主之一的黄某对其和欧某共有的楼顶享有权利，可以安置广告牌，对此，欧某无权禁止，亦无权要求黄某将广告牌拆除。

法律小贴士：

需要注意的是，本案中，欧某虽然无权要求黄某拆除广告牌，但是因为楼顶属于黄某和欧某共有，对于黄某在楼顶上安置广告牌所获得的收益，欧某有权要求和黄某共享。

## 何时始交物业费

（对于物业管理费用，业主应从什么时候开始交）

**基本案情**

2010 年 3 月，许某购买了甲小区的一套二居室。2010 年底，许某在收到开发商的验房通知后前去验房，发现房屋存在很多问题，便没有签字收房，并当即要求开发商整改。谁知几天后，甲小区的物业公司要求许某缴纳物业费，时间从2011年1月1日开始计算。许某很气愤，自己买的房子都还没有验收，正处于整改阶段，凭什么要先缴纳物业费呢？愤慨之余，许某不禁要问：对于业主来说，究竟从什么时候才开始缴纳物业费呢？

**法律链接**

《物业服务收费管理办法》第15条：业主应当按照物业服务合同的约定按时足额交纳物业服务费用或者物业服务资金。业主违反物业服务合同约定逾期不交纳服务费用或者物业服务资金的，业主委员会应当督促其限期交纳；逾期仍不交纳的，物业管理企业可以依法追缴。

业主与物业使用人约定由物业使用人交纳物业服务费用或者物业服务资金的，从其约定，业主负连带交纳责任。

物业发生产权转移时，业主或者物业使用人应当结清物业服务费用或者物业服务资金。

《物业服务收费管理办法》第16条：纳入物业管理范围的已竣工但尚未出售，或者因开发建设单位原因未按时交给物业买受人的物业，物业服务费用或者物业服务资金由开发建设单位全额交纳。

**律师说法**

对于业主来说，物业管理费用应从购房者实际验收之日起开始缴纳。

根据《物业服务收费管理办法》第15、16条规定可知，对于物业管理费用，业主应当按照物业服务合同的约定按时足额缴纳。但是对于因开发建设单位原因未按时交给物业买受人的物业，物业服务费用应由开发商全额缴纳。本案中，物业管理费用本应该由购房者许某自验收房屋之日起开始交付，但是房屋出现了质量问题，导致房屋进入整改阶段，许某没有验收成功，所以，此房屋属于“因开发建设单位原因未按时交给物业买受人的物业”，在这种情况下，该房屋的物业管理费用应由开发商全额缴纳。

法律小贴士：

物业管理服务费简称物业费，是指物业产权人、使用人委托物业管理单位对居住小区内的房屋建筑及其设备、公用设施、绿化、卫生、交通、治安和环境等项目进行日常维护、修缮、整治及提供其他与居民生活相关的服务所收取的费用。

物业费的基本构成如下：

1. 管理费：用于物业管理区域的日常管理，包括物业管理区域内的巡视、检查、物业维修、更新费用的账务管理、物业档案资料的保管和其他有关物业管理服务所需的费用。

2. 房屋设备运行费：用于电梯、水泵等房屋设备运行服务所需的费用。

3. 保洁费：用于物业管理区域内日常保洁服务所需的费用。

4. 保安费：用于物业管理区域内日常安全保卫服务所需的费用。

5. 维修费：用于物业维修服务所需的费用。

## 小区丢车物业赔

（业主的汽车在自家小区内被盗，物业公司是否承担赔偿责任）

**基本案情**

谭某是某小区的一名业主，自 2011 年入住之日起都定期向物业公司缴纳物业费。一天，谭某下楼办事时发现自家的汽车被盗，于是向物业公司反映并及时报案，但公安机关未查出犯罪嫌疑人。后来，谭某以物业公司没有尽到谨慎的注意义务而要求物业公司赔付。物业公司对谭某汽车被盗的损失应不应该承担赔偿责任呢?

**法律链接**

《物业管理条例》第 36 条：物业服务企业应当按照物业服务合同的约定，提供相应的服务。

物业服务企业未能履行物业服务合同的约定，导致业主人身、财产安全受到损害的，应当依法承担相应的法律责任。

**律师说法**

物业公司如果没有尽到谨慎的注意义务，则对谭某汽车被盗的损失应该负赔偿责任。物业公司作为服务性企业，是小区的人身、财产安全管理单位，在收取了业主缴纳的物业费后，就与业主形成了物业服务关系，就必须尽职尽责地为业主提供服务，对业主停放在小区内的车辆承担妥善管理的注意义务。具体来讲，应做好车辆进出管理、停车场保洁等工作。如果物业公司没有尽到该注意义务，致使业主的车辆丢失，则根据《物业管理条例》第 36 条的规定，依法承担相应的法律责任。

法律小贴士：

在认定车辆损失数额时，业主应提供车辆购买凭证等，按照使用年限进行折旧，业主及物业公司双方对车辆损失无法达成一致意见时，可以委托中介机构进行评估。

## 拒绝缴纳物业费

（业主对物业公司不满意，能否直接拒绝缴纳物业公司经营的供暖费用）

**基本案情**

王某所在的小区建于 1998 年，至今没有进行取暖分户改造工作，冬季由小区锅炉房供暖。该锅炉房一直由该小区的物业公司实际经营并收取取暖费。因小区内部分业主，其中包括王某，对该物业公司的服务强烈不满，遂拒绝缴纳取暖费，但由于小区业主集体供暖，所以王某等不缴纳取暖费的业主也照常取暖。由此，王某等业主与物业公司就取暖费的缴纳问题争执不休，后物业公司以供暖单位的名义将王某等业主告上法庭，要求王某等业主缴纳取暖费。物业公司的诉讼请求能得到法院的支持吗？

**法律链接**

《合同法》第8条：依法成立的合同，对当事人具有法律约束力。当事人应当按照约定履行自己的义务，不得擅自变更或者解除合同。

依法成立的合同，受法律保护。

《合同法》第184条：供用水、供用气、供用热力合同，参照供用电合同的有关规定。

《合同法》第176条：供用电合同是供电人向用电人供电，用电人支付电费的合同。

《合同法》第177条：供用电合同的内容包括供电的方式、质量、时间，用电容量、地址、性质，计量方式，电价、电费的结算方式，供用电设施的维护责任等条款。

《合同法》第182条：用电人应当按照国家有关规定和当事人的约定及时交付电费。用电人逾期不交付电费的，应当按照约定支付违约金。经催告用电人在合理期限内仍不交付电费和违约金的，供电人可以按照国家规定的程序中止供电。

**律师说法**

物业公司的诉讼请求能得到法院的支持。

根据《合同法》第8条的规定，王某等业主与物业公司存在着物业服务合同关系，如果对物业公司的服务不满意，可以依据物业服务合同责令物业公司承担责任。另外，王某等业主与供暖单位之间存在着供暖合同关系，虽然供暖单位由物业公司经营，但并不能据此将物业服务合同关系和供暖合同关系混为一谈。因此，业主因对该物业公司的服务不满而拒绝缴纳取暖费的行为无法律依据。

根据《合同法》第184条的规定，供用热力合同也即供暖合同适用供用电合同的有关规定。因此，根据供暖合同关系和《合同法》第176、177、182条的规定，王某等业主接受了供暖服务，就应当依法向取暖单位即物业公司缴纳取暖费，而不能混淆供暖合同和物业服务合同，以物业服务质量问题作为不缴纳取暖费的抗辩事由。由此，王某等业主拒绝缴纳取暖费的行为不会得到法院的支持。所以，物业公司的诉讼请求在法律上是成立的。当然，物业公司不具有供暖资质，却以供暖单位的名义从事供暖事宜，涉嫌非法经营，应予以纠正。

法律小贴士：

基于供暖合同关系，供暖单位向法院请求保护收取取暖费的权利的诉讼时效期间为两年，超过法律诉讼时效，可以丧失胜诉权。所以，供暖单位应及时主张相关权利，在催收取暖费时应注意保留主张权利的证据。

## 天上掉下花盆来

（阳台上的花盆被儿童碰落伤人，责任如何分担）

### 基本案情

一天，宋某在自家楼下的花园内散步，谁知，从四楼马家突然落下了一个花盆，砸在了宋某的身上，将其砸伤。原来是李家小孩（8岁）一人在马家的阳台上玩耍，不慎将阳台上的一个花盆碰落。受伤的宋某赶紧去医院救治，经鉴定头部被撞击，失血过多，需住院治疗。出院后的宋某要求马某和李某夫妻共同承担医药费。该要求在法律上能得到支持吗？

### 法律链接

《侵权责任法》第85条：建筑物、构筑物或者其他设施及其搁置物、悬挂物发生脱落、坠落造成他人损害，所有人、管理人或者使用人不能证明自己没有过错的，应当承担侵权责任。所有人、管理人或者使用人赔偿后，有其他责任人的，有权向其他责任人追偿。

《民法通则》第16条：未成年人的父母是未成年人的监护人。

《民法通则》第14条：无民事行为能力人、限制民事行为能力人的监护人是他的法定代理人。

《民法通则》第130条：二人以上共同侵权造成他人损害的，应当承担连带责任。

《民法通则》第130条：无民事行为能力人、限制民事行为能力人造成他人损害的，由监护人承担民事责任。

### 律师说法

宋某的诉讼请求在法律上能够得到支持。根据《民法通则》第14条的规定可知，10周岁以下的未成年人是无民事行为能力人，未成年人的父母是其监护人，监护人应当履行监护职责，未尽监护职责而造成他人损害的，监护人应承担损害赔偿责任，故李某夫妻应承担损害赔偿责任。

马某作为花盆的所有者及管理人，对李家小孩一人在阳台玩耍，有可能碰到花盆致其坠落造成他人损害，未能尽到足够的注意义务。正是由于这一疏忽，导致李家小孩碰落花盆而砸伤宋某，故马某亦应对宋某的损害赔偿承担责任，根据《民法通则》第130条的规定，对宋某的医疗费损失应由李某夫妻和马某承担连带赔偿责任。

法律小贴士：

在日常生活中，成年人应当尽到自己的注意义务，尤其是对小孩子的注意义务。有时候，即使不是自家小孩的错误，也会给自己带来一些法律上的烦扰。正如本案中的马某，他虽然不是李家小孩的法定监护人，但由于李家小孩是在马某家玩耍，对于李家小孩在阳台上玩耍可能导致花盆坠落伤人而没有尽到足够的注意义务，因此也需承担一定的责任。

## 业主欲辞退物业

（对于不具备相应资质的物业公司，业主有权将其辞退吗）

**基本案情**

某小区建成后，该小区开发商的老总就把他自家亲属找来，成立了一家物业公司来对该小区进行管理。由于该物业公司的人员没有受过正规培训，工作做得一塌糊涂，给小区业主的生活带来很多困扰。后来，小区业主大会决定辞退该物业公司，但物业公司的人坚决不走，声称该公司是开发商留下的，只有开发商才可以辞退他们，业主无权辞退。物业公司的辩解能得到法律的支持吗？

**法律链接**

《物权法》第 81 条：业主可以自行管理建筑物及其附属设施，也可以委托物业服务企业或者其他管理人管理。

对建设单位聘请的物业服务企业或者其他管理人，业主有权依法更换。

《物权法》第 76 条：下列事项由业主共同决定：

……

（四）选聘和解聘物业服务企业或者其他管理人；

……

决定前款第五项和第六项规定的事项，应当经专有部分占建筑物总面积三分之二以上的业主且占总人数三分之二以上的业主同意。决定前款其他事项，应当经专有部分占建筑物总面积过半数的业主且占总人数过半数的业主同意。

**律师说法**

物业公司的辩解在法律上显然是不成立的。业主大会可以依法辞退该物业公司。在物业管理上，《物权法》依法赋予了业主自行管理与委托物业公司管理的选择权，同时又规定，对建设单位聘请的物业公司，业主有权予以更换。本案中，物业公司不具备相应的资质，无法履行物业管理的职责，业主有权予以更换，不必经过开发商的同意。

法律小贴士：

一个小区是否需要物业服务，选择什么样的物业公司，业主们完全可以自主决定。根据《物权法》的有关规定，业主和物业公司之间是服务需求者和服务提供者的关系，物业公司和建设单位甚至政府部门都无权将物业服务强制施加于业主。

## 见义勇为中受伤

（见义勇为帮邻居救火受伤，邻居是否应当承担赔偿责任）

**基本案情**

贾某外出期间家中失火，邻居时某 10 岁的儿子呼叫邻居救火，并取自家衣物参与救火。在救火过程中，孩子的胳膊被烧伤，花去医疗费200元。后时某要求贾某垫付医药费，但贾某辩解说，孩子年龄小，不应该冒着危险救火，而且在救火中也没有起什么作用，其医药费不应该赔。双方为此争执不休，闹得非常不愉快。那么，孩子的医药费到底应不应该由贾某垫付呢？

**法律链接**

《民法通则》第93条：没有法定的或者约定的义务，为避免他人利益受损失进行管理或者服务的，有权要求受益人偿付由此而支付的必要费用。

**律师说法**

孩子的医药费应该由贾某垫付。事实上，孩子和贾某之间因救火而形成了一种无因管理关系。所谓无因管理，是指没有法定或约定的义务，为避免他人利益遭受损失，为他人管理事务的行为。根据《民法通则》第93条的规定可知，无因管理一经成立，就在无因管理人和本人之间成立了无因管理之债，无因管理人有权要求受益人偿付由此而支付的必要费用。本案中，孩子虽然只有10岁，但是由于无因管理是一种事实行为，并不能根据年龄的大小而否定孩子和贾某之间的无因管理之债。根据法律规定，孩子有权要求贾某支付因无因管理行为而支付的必要费用，即在救火中实际遭受的损失——医药费200元。

法律小贴士：

无论是在什么时代，提倡何种价值观，见义勇为的事情都应该得到保护和支持，因见义勇为行为而受到的损失更应该得到补偿。这体现在法律上，就是无因管理。针对无因管理人为自己提供的帮助，本人作为收益一方，理应对无因管理人的受损行为予以补偿，这样才不违公平原则，也更容易得到社会大众的提倡和认同。

## 好意帮忙却受伤

（好心好意给别人帮忙却受伤，责任该由谁承担）

**基本案情**

欧某与高某都在同一小区门口做生意。某天，因高某想把水缸底部打孔以便养花，欧某便借用他人切割机帮忙，结果左眼被碎片弹伤，经鉴定构成八级伤残。欧某共计发生医疗费2万元。欧某认为自己是在给高某帮忙的过程中受伤的，所以，其医疗费应由高某偿付。但高某却认为，当时是欧某主动前去帮忙的，并非因他请求。欧某自身操作切割机不当导致左眼受伤，其对此并无过错，不同意赔偿。因赔偿事宜未达成一致，欧某一纸诉状将高某告上了法庭，要求高某赔偿医疗费2万元。欧某的诉讼请求会得到法院的支持吗？

**法律链接**

最高人民法院《关于审理人身损害赔偿案件适用法律若干问题的解释》第13条：为他人无偿提供劳务的帮工人，在从事帮工活动中致人损害的，被帮工人应当承担赔偿责任。被帮工人明确拒绝帮工的，不承担赔偿责任。帮工人存在故意或者重大过失，赔偿权利人请求帮工人和被帮工承担连带责任的，人民法院应予支持。

最高人民法院《关于审理人身损害赔偿案件适用法律若干问题的解释》第 14 条第 1 款：帮工人因帮工活动遭受人身损害的，被帮工人应当承担赔偿责任。被帮工人明确拒绝帮工的，不承担赔偿责任；但可以在受益范围内给予适当的补偿。

**律师说法**

欧某的诉讼请求会得到法院的支持。

本案中，在欧某和高某之间存在一种帮工法律关系。欧某在为高某帮工的过程中受伤，涉及帮工人因帮工活动遭受人身损害的赔偿责任的承担问题。根据最高人民法院《关于审理人身损害赔偿案件适用法律若干问题的解释》第 13 条和第 14 条第 1 款的规定可知，帮工人由于帮工受到损害的责任分为两种情况：第一，帮工人义务为被帮工人提供帮工的，若帮工人遭受人身损害，应当由被帮工人承担赔偿责任；第二，被帮工人明确拒绝帮工的，原则上被帮工人不承担赔偿责任，但是应该在受益范围内给予适当的补偿。本案中，高某未拒绝欧某帮工，欧某是在帮助高某将水缸底部打孔时不慎受伤的，因此高某应对欧某的损失承担赔偿责任。

法律小贴士：

帮工是我国实际生活中普遍存在的一类社会关系，尤其是在我国的农村地区，其尚处于熟人、家族模式的社会之中，在操办婚丧嫁娶等红白喜事、自建房屋，抢收抢种等急需人手时，街坊邻居、远亲等前来帮忙而不收取报酬，是十分常见的，体现了人们之间互帮互助的好风气。但是，如果帮工不慎，也会产生一些问题，如果处理不慎，则会使帮工行为不仅没有起到互帮互助的作用，还可能影响邻里之间的和气。所以，在帮工过程中，一定要妥善处理各方关系。

## 邻里吵架气死人

（邻里吵架气死人，吵架的人是否应当承担责任？承担怎样的责任）

**基本案情**

一天，杨老汉在家楼下和邻居聊天。这时，住杨老汉家楼上的姜某在该楼附近拍照，相机的闪光灯晃了杨老汉的眼睛。杨老汉当即提出自己怕光让姜某停止拍照，但姜某却认为杨老汉是多管闲事，两人为此发生口角。杨老汉随即报警，民警来到现场后，让姜某给杨老汉赔礼道歉，姜某给杨老汉道了歉，之后杨老汉便离开了。然而，就在杨老汉回家途中，突然感觉胸口不适，发生呕吐，回家后便摔倒在地。杨老汉的家人赶紧拨打急救电话，将他送往医院抢救。次日，杨老汉经抢救无效死亡，医院诊断其死因为“冠心病急性心肌梗死”。杨老汉的家人认为，老人是因为和姜某生气诱发心脏病身亡，姜某应该承担“气死人”的责任，并索赔 50 万元。杨老汉家人要求姜某赔偿的行为在法律上会得到支持吗？

**法律链接**

《民法通则》第 106 条：公民、法人由于过错侵害国家的、集体的财产，侵害他人财产、人身的应当承担民事责任。

《民法通则》第 119 条：侵害公民身体造成伤害的，应当赔偿医疗费、因误工减少的收入、残废者生活补助费等费用；造成死亡的，并应当支付丧葬费、死者生前扶养的人必要的生活费等费用。

**律师说法**

本案中，杨老汉家人要求姜某赔偿的行为在某种程度上会得到支持。姜某拍照时晃了杨老汉的眼睛，导致双方发生争吵，致使杨老汉情绪过于激动，诱发心脏疾病而死。该因素与杨老汉死亡之间存在间接的因果关系，所以，应酌情让姜某承担一部分责任。

现实生活中，“骂人”的现象很常见，但“骂死人”则属于特殊情况。至于骂人者是否承担责任，承担什么法律责任，则要看说话的内容、性质和对象。一般情况下，“骂死人”可分两种情况：一种是如果行为人明知对方精神脆弱、生理有疾，可能会被气死，而故意追求气死对方的结果。那么，这种以“气”的行为方式非法剥夺他人生命的行为，其主观上属于故意，与受害人的死亡后果存在必然的因果关系，则构成犯罪，须负刑事责任。另一种是行为人主观上存有过错，但不具备追求对方死亡的目的，在纠纷中恶语伤人，侮辱刺激对方，进行精神干扰，这种情况下的“气死人”本质上构成民事法律调整的侵权行为。

结合本案来看，姜某的行为应该属于第二种情形，其主观上有过错，但不具备追求对方死亡的目的。因此，姜某不应当承担刑事责任，但应依法承担相应的民事责任。其理由是，姜某虽然没有用肢体或其他工具直接侵害杨老汉的身体，但是其实施的语言攻击影响了杨老汉的心情，诱发了疾病，导致死亡，虽然侵害的形式不同，但侵害的结果是一样的，所以应承担相应的民事责任。

法律小贴士：

过去人们常说的“气死人不偿命”，在现今的法制社会早已行不通。恶语伤人或者故意刺激他人，导致他人死亡的，并不能完全归咎于受害人的“心胸狭窄”，行为人是要承担相应的法律责任的。因此，日常生活中，大家遇上事情，尽量要心平气和地解决，千万不要因为一时的冲动暴躁惹上官司，带来经济损失和生活困扰。

## 无偿看家反赔钱

（无偿为邻居家看门，邻居被盗，看门人是否应承担赔偿责任）

**基本案情**

牛某与黄某是对门住着的邻居，平时两家关系非常好。2010 年末，牛某一家去外地旅游，但没人看家，便找到黄某协商看家之事，黄某心想邻居之间帮个忙是应该的，何况两家关系那么好，便同意了此事。牛某就将自家的钥匙交给了黄某。然而一天晚上，黄某因自家卫生间堵塞，遂去牛某家如厕，但在锁牛某家外门时，因一时着急和疏忽，没有将门锁好便回了自家。然而，令人想不到的是，正是在这一晚，小偷光顾了牛某家，致使牛某家贵重电器被盗，损失惨重。黄某发现后向当地公安局报了案，并及时通知了牛某。事后，牛某多次找黄某要求赔偿被盗之物。黄某以自己是无偿看门，而且东西被盗不是自己的过错为由，拒不赔偿。之后，牛某向法院起诉，要求判令黄某赔偿被盗所造成的损失6万元。牛某的诉讼请求会得到法院的支持吗?

**法律链接**

《民法通则》第111条：当事人一方不履行合同义务或者履行合同义务不符合条件的，另一方有权要求赔偿损失。

《合同法》第107条：当事人一方不履行合同义务或履行合同义务不符合约定的，应当承担赔偿损失。

《合同法》第369条：保管人应当妥善保管保管物。

**律师说法**

牛某的诉讼请求会得到法院的支持，但法院不应判决黄某对牛某的损失承担全部赔偿责任，而应酌情适当减轻其责任。

本案中，牛某让黄某看门，这是要约；黄某没有拒绝并将牛某的钥匙收下，这是承诺。至此，牛某和黄某双方成立了一种保管合同关系，因此黄某有看管好牛某家财产的责任。

根据《合同法》第369条的规定，保管人应当妥善保管保管物。本案中，黄某没有尽到妥善看管牛某家的义务，致使牛某家的财产被盗，造成损失6万元。根据《合同法》第107条和《民法通则》第111条的规定，黄某应承担牛某家被盗而造成的损失赔偿责任。然而，鉴于黄某是无偿为牛某家看门，而且看门纯粹是出于帮助邻居的目的，根据公平、责任原则，可适当减轻黄某赔偿责任。

法律小贴士：

无偿为邻居看门，到头来却还要赔钱，这件事落在谁身上都会想不通：明明是出于热心肠，帮个忙，怎么就……然而，法律是无情的。孰不知，当你接受别人的委托时，就已经形成了一种权利义务关系。出了事，当然就得赔偿。在日常生活中，别人托你照管皮包或小孩之类的事也屡见不鲜，既然答应了，就得把事办好；否则，一个疏忽将会导致好心办坏事。

## 地下金币归谁有

（自家宅基地下挖出的金币，就一定归自己所有吗）

**基本案情**

一天，田某在平整自家宅基地时挖出一罐金币，共20枚，罐内有一张泛黄的纸条，写着：1941年3月埋。同村村民年某得知此事后，拿着其父的遗书，找田某索要金币。年父的遗书上写明曾在村内埋藏一罐金币，共20枚。但田某认为，金币是在自家的宅基地下，并由自己挖出，理应归自己。况且，年某出具的遗书并不能证明金币是其父所埋。双方争执不下，年某遂将田某告上法庭，要求田某归还金币。根据法律规定，该罐金币应该归谁所有？

**法律链接**

《民法通则》第79条：所有人不明的埋藏物、隐藏物，归国家所有。接收单位应对上缴的单位或者个人，给予表扬或者物质奖励……

最高人民法院《关于贯彻执行〈中华人民共和国民法通则〉若干问题的意见（试行）》第93条：公民、法人对于挖掘、发现的埋藏物、隐藏物，如果能够证明属其所有，而且根据现行的法律、政策又可以归其所有的，应当予以保护。

**律师说法**

在宅基地下挖到的财产属于埋藏物，根据法律规定，埋藏物应归其原来的所有者或国家所有。本案中，田某仅是金币的发现者，因而不能享有金币的所有权。若年某能够举证证明（如遗书笔迹与出土纸条笔迹相同）金币确是其父所埋，那么他作为继承人，有权对该罐金币主张所有权，田某应当将金币返还给年某；如果年某不能举证并且也没有其他的所有人，那么，田某应当将金币上缴给国家。

法律小贴士：

公民、法人对于挖掘、发现的埋藏物，如果能够证明属其所有的，而且是根据现行的法律、政策又可以归其所有的，则归其所有；如果该埋藏物的所有人不明，也不能归挖掘人或发现人所有，则归国家所有。

## 高空抛物谁之过

（空中落下“无主”烟灰缸砸伤人，应由谁承担赔偿责任）

**基本案情**

2011年2月的一天，陈某与朋友在自家小区内谈事情，被从空中落下的一只烟灰缸砸中头部，经医治花去5万元医药费并留有严重的后遗症。同年5月，陈某将出事地点两侧的两栋居民楼2楼以上的30户居民告上法庭，请求共同赔偿损失。该30户居民，每一户都必须分担赔偿责任吗？

**法律链接**

《侵权责任法》第87条：从建筑物中抛掷物品或者从建筑物上坠落的物品造成他人损害，难以确定具体侵权人的，除能够证明自己不是侵权人的外，由可能加害的建筑物使用人给予补偿。

**律师说法**

该30户居民中，并不是每一户都必然分担赔偿责任。

该案涉及法学理论上的一个概念，即高空抛物侵权行为，其是指物品被人从高空中抛下，造成他人人身或者财产损失的行为。针对该高空抛物行为，根据《侵权责任法》第87条的规定，难以确定具体侵权人的，除能够证明自己不是侵权人的外，由可能加害的建筑物使用人给予补偿。本案中，受害人陈某并不知道烟灰缸是从哪一家抛落的，即属于“难以确定具体侵权人”的情形，在这种情形下，陈某可以要求“可能加害的建筑物使用人”即出事地点两侧的两栋居民楼2楼以上的30户居民共同承担赔偿责任。

针对陈某要求承担赔偿责任的行为，该30户居民中的每一户居民并不必然有义务承担赔偿责任，即其如果能够证明自己不是侵权人的，则不承担赔偿责任。

法律小贴士：

除了《侵权责任法》第87条所规定的共同承担责任的途径外，对于找不到真正加害人的高空抛物侵权行为中的受害人利益是否还有其他救济方式呢？还可以由社会保险或者商业保险来救济。由公共权力设立专项资金，对于难以找到真正加害人的高空抛物侵权行为的受害人，按一定的比例进行赔偿，然后再借助公权力进行调查。由社会保险救济此损失的权益的内涵是由全社会的公众对受害人的权利进行救济。当然社会保险的救济不能全额救济受害人遭受到的损失，政府应建议和鼓励商业保险开发这种特殊情况下的人身和财产保险，以更好、更充分地保护受害者的利益。

## 还错钱可否要回

（还钱还错了人，被当成“赠与”，还可要回吗）

### 基本案情

一天，王某、宋某和江某一起去商店买家用电器。宋某相中了一款冰箱，但是身上没有带够钱，便向江某借了1 000元钱。几个月后，宋某还钱时，不记得是借王某还是江某的钱了，遂将钱还给了王某。在还钱时，王某家刚好有急事需要用钱，误以为是宋某出于好意帮助自己，没有说清楚就收下了钱。几天后，宋某自己一思量，才猛然清醒，自己是向江某而非王某借的钱，于是便向王某索要那1 000元钱。但王某辩解说，宋某当初给自己1 000元钱是出于好意资助自己，属于赠与，因而拒绝还钱。宋某能否要求王某返还自己的1 000元钱呢？

### 法律链接

《民法通则》第84条：债是按照合同的约定或者依照法律的规定，在当事人之间产生的特定的权利和义务关系，享有权利的人是债权人，负有义务的人是债务人。

《民法通则》第92条：没有合法根据，取得不当利益，造成他人损失的，应当将取得的不当利益返还受损失的人。

**律师说法**

宋某可以要求王某返还自己的 1 000 元钱。

赠与是指赠与人将自己的财产无偿给予受赠人、受赠人表示接受的一种行为。赠与的成立要求双方意思表示一致。宋某是出于还债的意思给王某 1 000 元钱，而王某是出于接受赠与的意思而收下了宋某的 1 000 元钱，双方意思表示不一致，所以，在宋某和王某之间不成立赠与关系。根据《民法通则》第 92 条的规定，王某构成了不当得利，所谓不当得利，即没有合法根据，取得不当利益，造成他人受损。本案中，宋某本不欠王某钱，但误以为欠王某钱而还钱，属于非债清偿。在这种情况下，王某构成不当得利，应当将所得的不当利益即 1 000 元钱还给宋某。

法律小贴士：

赠与合同关系须当事人双方意思表示一致才能成立，如果赠与人有赠与的意思表示，但受赠人并没有接受的意思，则合同仍不能成立；反之，如果一方没有赠与的意思表示，而另一方却误以为对方有赠与意思而表示接受，则合同仍不能成立，所以说赠与是一种双方法律行为。

# 第九篇 遗产继承

遗产继承问题有着很悠久的历史。从古代的罗马时期到现在的21世纪，每个人都会面对死亡的到来。然而当我们就要离开这个世界的时候，如何处理好我们的财产？如何给我们的亲人或者朋友做好安排？如何才能让我们的财产按照我们自己的真实意愿予以分配……这些问题看似简单，从法律的角度看却是一个复杂的问题。

本篇精选30个遗产继承问题的经典案例，从实证的角度阐述法律的具体规定，将具体的法理和法律规定融为一体，以期将遗产继承的基本问题予以清晰地阐述，达到解决百姓身边的遗产继承问题的目的。

## 遗嘱公证为哪般

（遗嘱公证的效力到底有多高？如何设立公证遗嘱）

### 基本案情

顾教授在妻子去世后和王女士结了婚，为了在自己去世后保障王女士的财产权益，在公证处立下遗嘱，将个人房产留给王女士继承。

顾教授去世后，王女士按遗嘱正要继承房产时，顾教授的两个女儿却不同意。王女士将两个继女告上法院。

两个女儿认为，父亲的遗嘱处分了自己生母50%的房产份额，侵害了她们俩的继承权，应该认定无效。遗嘱公证书被认定无效之后，属于自己生母的50%产权，王女士无权继承，属于父亲的50%份额应当由她们姐妹俩和王女士按法定继承来继承。而且，根据母亲的遗愿，这套房产的所有份额均应由姐妹俩继承，王女士无权继承。

法院按照民事案件尽量适用调解的原则，促成双方自愿达成协议：顾教授遗留下的这套房产由王女士继承三分之二，顾教授的两个女儿各继承六分之一。

### 法律链接

《继承法》第5条：继承开始后，按照法定继承办理；有遗嘱的，按照遗嘱继承或者遗赠办理；有遗赠扶养协议的，按照协议办理。

最高人民法院《关于贯彻执行〈中华人民共和国继承法〉若干问题的意见》第38条：遗嘱人以遗嘱处分了属于国家、集体或者他人所有的财产，遗嘱的这部分，应认定无效。

律师说法

本案是一起典型的遗产继承纠纷案件，争议的焦点是顾教授的公证遗嘱的效力问题。

遗嘱有效性的前提是，被继承人所处分的财产是自己有权处分的财产。本案中的公证遗嘱中顾教授处分了两个女儿对前妻50%的房产继承权，应当认定该部分无效。

公证遗嘱被认定部分无效后，对顾教授前妻50%的房产份额应由两个女儿和顾教授继承，各占全部房产份额的六分之一。公证遗嘱的其余部分因为符合法律规定仍然有效。

据此，该房产的50%份额和顾教授继承前妻六分之一的房产份额属于顾教授，应当按照他遗嘱的意愿，全部由王女士继承，即王女士继承全部房产份额的三分之二。

法律小贴士：

设立公证遗嘱的注意事项：

1. 订立公证遗嘱应到公证机关依法定程序进行，且必须由立遗嘱人亲自进行，代理人不得代理。

2. 立遗嘱人设立遗嘱时必须具有遗嘱能力，遗嘱必须是遗嘱人的真实意思，不得取消缺乏劳动能力又没有生活来源的继承人的继承权，要为他们保留必要的遗产份额，而且只能处分被继承人个人的财产，否则该遗嘱将部分或者全部无效。

3. 遗嘱公证由遗嘱人住所地或者遗嘱行为发生地公证处管辖。

4. 遗嘱公证应当由两名公证人员共同办理，由其中一名公证员在公证书上署名。因特殊情况由一名公证员办理时，应当有一名见证人在场，见证人应当在遗嘱和笔录上签名。

## 非婚子享继承权

（非婚生子女是否也享有对父母的继承权）

基本案情

2004年6月，马某在打工期间认识了潘某。二人情投意合，以夫妻名义同居生活，并于2009年2月生育一子，但一直未办理结婚登记。2010年8月3日，马某在上班时因为发生煤矿事故身亡，后潘某与马某之父关系不和，数日后，马某之父单独与单位达成赔偿协议，规定由单位支付5万余元。潘某得知后，要求分割其自身和儿子应得金额，但马家予以拒绝。

法律链接

《婚姻法》第18条：父母和子女有互相继承遗产的权利。

《婚姻法》第19条：非婚生子女享有与婚生子女同等的权利，任何人不得加以危害和歧视。

《继承法》第10条：遗产按照下列顺序继承：第一顺序：配偶、子女、父母。第二顺序：兄弟姐妹、祖父母、外祖父母。继承开始后，由第一顺序继承人继承，第二顺序继承人不继承。没有第一顺序继承人继承的，由第二顺序继承人继承。

本法所说的子女，包括婚生子女、非婚生子女、养子女和有扶养关系的继子女。

本法所说的父母，包括生父母、养父母和有扶养关系的继父母。

本法所说的兄弟姐妹，包括同父母的兄弟姐妹、同父异母或者同母异父的兄弟姐妹、养兄弟姐妹、有扶养关系的继兄弟姐妹。

**律师说法**

本案其实是一个典型的非婚生子女继承权的问题，根据我国法律规定，婚生子女与非婚生子女同样享有平等的继承权。

法律之所以这样规定，原因就在于非婚生子女和婚生子女一样，与生父母有直接的血缘关系，是直系血亲。而且非婚生子女和婚生子女一样，都是社会的一个成员，是国家的一个公民，所以，国家法律应当一视同仁，加以保护。

当然也有人认为让“二奶”的孩子继承遗产就是对“包二奶”现象的一种变相鼓励，不利于铲除重婚、“包二奶”等社会丑恶现象。其实，非婚生子女的存在是父母的错，孩子是无辜的，因为孩子没有选择父母的权利，不能因为父母的过错而剥夺他们的权利。

法律小贴士：

注意证据的收集：非婚生子女有继承权是法律明确规定的事项，是不存在争议的，但是非婚生子女要想真正地实现自己的继承权还是要有充分的证据证明其身份。比如说有被继承人生前的确认书或者书面证明，或者做过亲子鉴定等。如果不能证明孩子是被继承人的亲生子女，在法律上也是很难被认定为被继承人的非婚生子女的，那么其继承权就更谈不上了。

## 隔代继承咋回事

（代位继承与转继承的区别在哪里）

**基本案情**

田某是某单位退休职工，酷爱收集字画。他在2010年外出旅游过程中不幸遇难，其死后共留下遗产房屋五间、大量字画以及数万元存款。田某共有三子一女，长子早已病故，留下一子，刚满10岁。就在两个儿子和一个女儿办理完丧事协商如何处理遗产时，小儿子也因交通事故意外身亡，留有一3岁的女儿。现在，田某的大儿媳为儿子主张分得遗产，田某的小儿媳也为女儿主张遗产份额。双方因纠纷诉至法院，最终法院支持田某大儿媳的诉求。田某的小儿媳为此十分不解，认为同样是田家骨肉，怎么只有儿子能继承女儿就不能继承？

**法律链接**

《继承法》第 11 条：被继承人的子女先于被继承人死亡的，由被继承人的子女的晚辈直系血亲代位继承。代位继承人一般只能继承他的父亲或者母亲有权继承的遗产份额。

**律师说法**

这个案件并不是因为是男孩就可以继承其爷爷的遗产，是女孩就不能继承。我国法律明确规定男女具有平等的继承权。该案中，造成这种差异的原因是两个孩子的父亲的死亡时间不同，一个是在田某死亡之前，一个是在田某死亡之后，这就造成男孩应该适用代位继承的规定，女孩适用转继承的规定。

转继承是指继承人在继承开始后实际接受遗产前死亡，该继承人的法定继承人代其实际接受其有权继承的遗产。该案中，大儿子先于田某死亡，而小儿子是在田某死亡之后才发生交通事故去世的。因此，男孩作为其父亲的儿子有权代其父之位继承田某遗产。而小儿子的死亡晚于田某本人，所以女孩并不适用代位继承，而适用转继承。

法律小贴士：

代位继承和转继承都是因继承人死亡无权行使继承权而发生的、由继承人的继承人行使被继承人的财产继承，但二者之间存在明显的区别。

1. 时间不同：继承人死亡时间是不一样的。代位继承是被继承人的继承人先于被继承人死亡或与被继承人同时死亡；转继承是被继承人的继承人在继承活动开始后、遗产处理前死亡。

2. 内容不同：代位继承继承的内容和转继承的内容是有差异的。代位继承下，继承人的子女可以直接参与对被继承人遗产的分割，与其他有继承权的人共同继承；转继承的继承只能对其法定继承人应继承的遗产进行分割，不能与被继承人的其他合法继承人共同分割被继承人的遗产。

3. 范围不同：代位继承只能发生与被继承人有直系血亲或拟制血亲的子女范围内，如子女、孙子女等，而且不受辈分的限制；而转继承人则不仅限于有直系血亲或拟制血亲的子女、孙子女、外孙子女的范围，凡作为第一顺序继承人的子女、父母、配偶都有继承权。

## 继子女享继承权

（继子女是否与其他子女一样享有继承权）

**基本案情**

张某在自己 10 岁时，父母就离婚了，张某随其母李某生活。3 年后，李某结识了王某，二人办理了结婚登记，继父王某与李某共同照顾张某的生活。王某在与李某结婚后生有一子小王。后王某因病去世，留有房子、股票等遗产若干，且未立遗嘱。家人在分割王某的遗产时发生争议，张某要求以法定继承人的身份继承继父王某的遗产，但是遭到小王的坚决反对。张某遂起诉至法院要求依法继承王某的遗产。

**法律链接**

《继承法》第 10 条：遗产按照下列顺序继承：第一顺序：配偶、子女、父母。第二顺序：兄弟姐妹、祖父母、外祖父母。继承开始后，由第一顺序继承人继承，第二顺序继承人不继承。没有第一顺序继承人继承的，由第二顺序继承人继承。本法所说的子女，包括婚生子女、非婚生子女、养子女和有扶养关系的继子女。子女为第一顺序继承人。子女包括婚生子女、非婚生子女、养子女和有扶养关系的继子女。

**律师说法**

本案件中，张某在母亲改嫁时未满 18 周岁，继父王某对张某有抚养义务，双方形成了抚养关系，因此，张某有权继承其继父王某的遗产。本案是一个典型的继子女继承继父遗产的争议案件，主要涉及我国《继承法》中关于继子女的继承权问题。从上述规定中我们可以看出，与继父母有抚养关系的继子女对继父母的遗产有继承权，因为有抚养关系的继父母与继子女之间形成了一种法律上的拟制血亲关系。也就是说，我国是认可继子女对继父母的继承权的，但要求在继子女和继父母之间形成了抚养关系。

法律小贴士：

1. 法律上抚养关系的体现：

继子女与继父母间的继承关系确定的具体条件有以下几个：(1) 继子女受继父母经济上的供养；(2) 继子女受继父母生活上的扶养、教育；(3) 继子女在经济上供养继父母；(4) 继子女在生活上扶助继父母。

2. 继子女代位继承的问题：

在原则上，继子女只能继承其生父母的遗产，而不能继承被继承人的遗产。可是，如果被继承人和继子女间形成了抚养教育关系，他们之间就形成了法律上的拟制血亲关系，继子女也就能像婚生子女一样继承被继承人的遗产，成为被继承人的法定继承人。

代位继承人可以是被继承人子女的有血缘关系的晚辈直系血亲，也可以是拟制的晚辈直系血亲，包括被继承人子女的婚生子女、非婚生子女、养子女和有抚养关系的继子女。

## 口头遗嘱有效力

(口头遗嘱的效力如何？如何订立口头遗嘱)

**基本案情**

刘某与前妻李某离异后，女儿随母亲共同生活。后刘滨与周某结婚，生下一儿子。

2010 年 4 月，刘某因病入院，6 月 16 日，病情急剧加重，在进入手术室前，刘某当着两位医生和两位护士的面，将自己的房屋给周某和儿子，将自己在银行的 100 万元存款给女儿，股票（价值 20 万元）给前妻李某。之后因抢救得当，刘某被救了回来。

2010 年 6 月 20 日，刘某脱离危险，能够正常交流。可是好景不长，1 个月后，刘某再次病重，最后不治身亡。在分隔遗产时，家人产生了争议。

李某及女儿认为，按照刘某在 2010 年 6 月 16 日的口头遗嘱分割遗产，而周某及儿子不同意。两方争执不休，最后周某及儿子一纸诉状将李某及女儿告上法庭，要求依法分割遗产。

在法院审理过程中，医院的两位护士和两位医生证明刘某在病危时曾立下口头遗嘱，对财产进行了处理。

**法律链接**

《继承法》第 17 条：遗嘱人在危急情况下，可以立口头遗嘱。口头遗嘱应当有两个以上见证人在场见证。危急情况解除后，遗嘱人能够用书面或者录音形式立遗嘱的，所立的口头遗嘱无效。

**律师说法**

该案主要涉及口头遗嘱的效力问题。根据我国《继承法》第 17 条的规定，立遗嘱人在遇到危急情况时是可以订立口头遗嘱的，但是在危急情况解除之后，立遗嘱人可以以其他形式订立遗嘱的，原口头遗嘱无效。法律之所以这样规定是因为口头遗嘱虽然最为简便，但也是最难认定的，口头遗嘱事后往往没有客观依据，也难以查证。

法律小贴士：

1. 口头遗嘱必须满足以下几个条件：

（1）口头遗嘱必须是在危急情况下订立。

（2）当危急情况解除后，立遗嘱人能够以书面或者录音形式立遗嘱的，原口头遗嘱即失效。

（3）口头遗嘱必须有两个以上证人在场见证方为有效。

（4）口头遗嘱可以正确反映其处理遗产的真实意思。

2. 不能作为遗嘱见证人的人员。

根据《继承法》第 18 条的规定，下列人员不能作为遗嘱见证人：（1）无行为能力人、限制行为能力人；（2）继承人、受遗赠人；（3）与继承人、受遗赠人有利害关系的人。这里的“有利害关系的人”共有两类：一是继承人或受遗赠人的近亲属，包括配偶、子女、父母、兄弟姐妹、祖父母、外祖父母、孙子女、外孙子女以及其他共同生活的家庭成员；二是与继承人有民事债权和债务关系的人。最高人民法院《关于贯彻执行〈中华人民共和国继承法〉若干问题的意见》第 36 条规定：“继承人、受遗赠人的债权人、债务人、共同经营的合伙人，也应当视为与继承人、受遗赠人有利害关系，不能作为遗嘱见证人。”

## 劳改人员可继承

（什么情况下继承人丧失继承权）

### 基本案情

郑某于2010年因打架斗殴被公安局处以行政拘留的处罚，因其未满18周岁而被遣送至附近的少年管教所劳教1年。在劳动教养期间，郑某表现良好，多次获得管教人员的表扬。然而就在劳教期间，郑某的父亲因为做生意被骗，四处奔波告状，虽然法院最终判决其父胜诉并获赔偿8万元，但是此后没过多长时间就因为一场意外交通事故身亡。此时，郑某作为一个被劳教人员，可以主张自己的继承权吗？

### 法律链接

《继承法》第7条：凡是有下列行为之一的继承人，丧失继承权：第一，故意杀害被继承人的；第二，为争夺遗产而杀害其他继承人的；第三，遗弃被继承人的，或者虐待被继承人情节严重的；第四，伪造、篡改或者销毁遗嘱，情节严重的。

### 律师说法

本案主要涉及公民继承权的平等问题。在我国，继承权是公民不分年龄、性别、出身、职业，依法普遍享有的一项民事财产权利，非经法定程序不得剥夺。劳改、劳教人员甚至是重刑犯罪分子都是公民，而每个公民的合法权益都必须受到法律的保护、执法者的重视和全社会的尊重。只要他们不是因为以上四种法定情况而丧失继承权，就都有权利行使自己的继承权。因此，郑某完全有权利继承其父亲所留下来的遗产。

法律小贴士：

1. 劳改人员和劳教人员不能继承遗产、接受遗赠的情况：

案例中分析的情况是劳改人员和劳教人员继承的一般处理方法，但是，还有一点要引起注意，那就是如果劳改、劳教人员有法律规定禁止继承遗产、接受遗赠的几种情形之一的（如故意杀害被继承人的），则会被依法剥夺继承权、受遗赠权，这时劳改、劳教人员就不能继承遗产，也不能接受赠与了。

2. 劳改人员和劳教人员如何行使继承权？

正在服刑的劳改或等待执行死刑的继承人，他们的继承权仍然受到法律的保护，他们本人虽不能参加协商分割遗产，但可以委托他们的代理人参与。他们分得的遗产，也可以委托亲友代为看管，如果没有亲友代管，还可委托基层组织代管。即使是已被执行死刑的继承人，只要继承权没被依法剥夺，根据《继承法》第11条的规定，被继承人的子女先于被继承人死亡的，由被继承人的子女的晚辈直系血亲代位继承，无人代位继承的，也可依法办理。

## 胎儿也有继承权

（胎儿是否也是合格的继承人？如何行使胎儿的继承权）

### 基本案情

2006年夏天，张某因病在医院去世，他的妻子和亲人悲痛欲绝，妻子杨某当时已怀有6个月的身孕。

就在张某去世3个月后，他的父母找到杨某，他们提出，儿子生前经营的企业和投资的有价证券等物都应该归他们所有，理由是，杨某年纪轻轻的，不会为张某守寡一辈子，而她肚子里的孩子，也没有任何资格取得父亲的财产。

张某父母的意见遭到杨某的极力反对，她认为，张某是因病去世，不是因为夫妻感情问题，丈夫虽然离开人世，但是孩子是两个人的，孩子有继承父亲财产的权利，作为爷爷、奶奶没有权利否定孙子（孙女）的继承权。

双方对此事一直争执不休，最后杨某一纸诉状将张某父母告上法庭。

### 法律链接

《继承法》第28条：遗产分割时，应当保留胎儿的继承份额。如果胎儿出生时是死体，保留的份额应按法定继承程序办理。

### 律师说法

我国《继承法》第28条规定的胎儿预留份额，要求胎儿出生时必须不是死体，如果是死体则不需保证其继承权，为其保留的份额按正常程序继承即可。如果婴儿仅仅生存了一分钟就死去了，也仍然不能视为死体，为其保留的份额由婴儿的继承人继承。这一规定表明，在我国，未出生的胎儿是有继承权的。众多法院的审判实践也证明，赋予胎儿继承权，对于保护儿童的合法权益，照顾无生活能力的人是很必要的。

法律小贴士：

1. 胎儿继承权的附加条件：

人的民事权利能力始于出生，终于死亡。为保护胎儿的合法权益，法律专门为他虚设了主体资格，保留他应继承的遗产份额。但是，胎儿的继承权是有限制的，保留的应继承份额的数额，应理解为能够满足该胎儿出生后到独立生活时为止的生活必需费用，同时还要考虑到被继承人遗产的多少、其他继承人的劳动能力和生活来源等特殊情况。

2. 保留胎儿继承份额是一种义务：

遗产分割时，应当为胎儿保留应继承的份额，是继承人的法定义务。如果没有为胎儿保留应继承份额，或保留的遗产数额过少，则应从继承人所继承的遗产数额中，按比例扣除适当的遗产数额。

## 同时死亡怎么办

（互有继承关系的几个人同时死亡怎么办）

**基本案情**

2011年9月，李某和妻子张某以及李某的父母开车外出旅游，在旅游途中不幸遭遇严重车祸，车上四人全部遇难，且没有办法查明死亡的先后顺序。处理完丧事后，发现李某的父母留有遗产共计40万元，李某和张某留有夫妻财产20万元，李某没有子女，只有一个哥哥大李。张某的母亲早已过世，父亲老张和姐姐小张伤心不已。众人对遗产的分割产生争议，诉至法院。最终法院判决：大李继承父母和弟弟的遗产一共40万元，老张继承20万元，小张没有继承权。

**法律链接**

最高人民法院《关于贯彻执行〈中华人民共和国继承法〉若干问题的意见》第2条：相互有继承关系的几个人在同一事件中死亡，如不能确定死亡先后时间的，推定没有继承人的人先死亡。死亡人各自都有继承人的，如几个死亡人辈分不同，推定长辈先死亡；几个死亡人辈分相同，推定同时死亡，彼此不发生继承，由他们各自的继承人分别继承。

**律师说法**

本案是典型的互相之间有继承关系的亲属同时死亡且无法确定死亡时间的案件，关键是如何确定被继承人死亡的顺序。它直接关系到继承人的继承顺序和应继承份额。对于这种两个以上互有继承关系的人在同一事故中死亡，如何确定其死亡的先后顺序，这是一个比较复杂的问题。本案中，李某小两口和李某父母属于同时遇难，无法确认死亡时间。由于四人之间相互有继承关系，并在同一事件中死亡，且不能确认死亡时间，则推定长辈先死亡，即李某父母先死亡，而李某夫妻后死亡。李某父母留下遗产40万元，由李某和哥哥大李分别继承其父母的遗产各20万元。李某夫妻财产有20万元，加上李某继承其父母的遗产20万元，因此，李某夫妇在生前共有财产40万元。李某夫妻辈分相同，被推定为同时死亡，彼此不发生继承，由其各自的继承人继承。夫妻财产平分份额后各有20万元。大李继承李某的20万元，老张继承张某的20万元，小张没有继承权。

法律小贴士：

两个或两个以上被继承人在同一事故中死亡的情形，有时很难认定谁先死、谁后死，不能认定的话就按照上述法律规定推定。有时是可以认定的，继承人为了维护自己的合法权益，可以根据有利于自己的原则，决定是否要确定死亡顺序，该死亡顺序可以通过鉴定得出。

## 遗嘱内容有制约

（遗嘱应当是立遗嘱人真实意思的表示，是不是立遗嘱人就可以随便订立遗嘱的内容）

### 基本案情

赵某在临终前立了一份自书遗嘱，其主要内容包括："由大儿子全权处理自己的后事，所余钱物由两个儿子平分。孙某（老伴）对此房只有居住权，可在此居住至终老，房子最后由大儿子继承……"该份遗嘱中没有涉及妻子孙某的继承份额。赵某去世后，孙某越想越不对劲，找儿子协商重新进行财产分割，没有达成一致意见。最终孙某诉至法院，要求把住房判归自己，将自己与丈夫的共同财产依法分割。法院经过审查，认定原告及被继承人生前的住房以及名下的存款、国库券、家具均系婚姻关系存续期间所得，属夫妻双方的共同财产。据此，法院依法作出如下判决：（1）住房产权的一半归孙某所有，另一半归大儿子所得；（2）被继承人名下存款的一半归母亲，另一半扣除大儿子垫付的丧葬费后由两个儿子平分；（3）家中家用电器等物品一半归孙某，另一半由两个儿子平分。

### 法律链接

最高人民法院《关于贯彻执行〈中华人民共和国继承法〉若干问题的意见》第 38 条：遗嘱人以遗嘱处分了属于国家、集体或他人所有的财产，遗嘱的这部分，应认定无效。

### 律师说法

本案主要涉及遗嘱的内容问题。遗嘱的内容正确与否直接影响着遗嘱的效力。赵某临终前留下了一份遗嘱，但遗嘱的内容却违反了法律规定。根据我国《婚姻法》规定，婚姻关系存续期间所得的工资、奖金，生产、经营的收益等是夫妻共同财产，有平等的处理权。赵某的遗嘱内容显然侵犯了孙某分割共同财产的权利。公民有权通过立遗嘱的方式处分个人财产，但无权通过立遗嘱的方式处分他人的财产。遗嘱人以遗嘱处分了国家、集体或他人的财产，遗嘱的这部分应认定无效，而其他部分仍然有效。法院认定遗嘱涉及的财产属夫妻二人的共同财产，并用判决的形式依法分割家庭共有财产的一半给原告，这一判决是合法合理的。

法律小贴士：

遗嘱有效的要件：在现实生活中，订立一份合法有效的遗嘱应当符合四个条件：一是遗嘱人必须具有遗嘱能力，即 18 周岁以上以及 16 周岁以上不满 18 周岁，以自己的劳动收入为主要生活来源的精神健全的成年人，具有完全的民事行为能力。二是遗嘱必须是遗嘱人真实意思的表示。遗嘱的内容应是立遗嘱人内心关于遗产等事务处分的真实想法。三是遗嘱的内容必须合法。遗嘱不能与现行法律、法规相抵触，否则这样的遗嘱就是无效遗嘱。四是遗嘱必须符合法定形式。根据《继承法》的规定，订立遗嘱的形式有五种：公证遗嘱、自书遗嘱、代书遗嘱、录音遗嘱、口头遗嘱。如果不符合这五种遗嘱中的一种形式，即使内容合法，遗嘱也会因形式不合法而归于无效。

## 遗嘱效力有先后

（当立遗嘱人有多份遗嘱时，应当以哪一份遗嘱为准）

**基本案情**

老刘有两个儿子，均已结婚成家。老刘辛辛苦苦积攒了 10 万元存款。2006 年，老刘的老伴去世后，大儿子夫妇主动请父亲与他们一起生活。2008 年，老刘到公证处办理了一份公证遗嘱，主要内容是在自己死后 10 万元存款中 3 万元由小儿子继承，其余 7 万元由大儿子继承。就在公证遗嘱订立后不久，老刘得了半身不遂，大儿子夫妇不愿意照顾父亲。而此时，小儿子主动将父亲接到自己家里照料。2009 年 3 月，老刘重新亲笔自书了一份遗嘱，表明死后其存款中的 8 万元归小儿子所有，2 万元由大儿子继承。后老刘病逝，两个儿子为分割遗产争执不下。小儿子诉至法院，要求按其父的自书遗嘱继承遗产；大儿子则主张应按照公证遗嘱分配遗产。法院经审理后认为，老刘生前所立两份遗嘱均为有效遗嘱，前一份是公证遗嘱，后一份是自书遗嘱，而自书遗嘱不能撤销、变更公证遗嘱。据此，法院判决按公证遗嘱内容对老刘的遗产进行分割。

**法律链接**

《继承法》第 20 条：遗嘱人可以撤销、变更自己所立的遗嘱。

立有数份遗嘱，内容相抵触的，以最后的遗嘱为准。

自书、代书、录音、口头遗嘱，不得撤销、变更公证遗嘱

**律师说法**

本案是一个典型的多份遗嘱发生冲突所引发的诉讼。立遗嘱是一个人生前按照法定的方式处分个人财产或其他事务，并在其死亡后生效的法律行为。一个人在生前可以订立多份遗嘱，但是如果各个遗嘱之间对遗产的分配存在冲突，则最终只能按照一种方式来处分遗产。最终以哪一份遗嘱为准，这就涉及遗嘱的效力先后的问题。《继承法》第 20 条第 2 款的规定是处理多份遗嘱的一般原则，而《继承法》第 20 条第 3 款的规定是多份遗嘱处理时的例外情况，即如果公证遗嘱与一般遗嘱内容相抵触，以公证遗嘱内容为准，而不再考虑立遗嘱的时间顺序。

法律小贴士：

1. 遗嘱效力的确定：

（1）要对各个遗嘱的合法性进行审查，看其是否全部无效或部分无效。全部无效则按照法定继承处理，部分无效则可以按照遗嘱有效的部分处理财产。

（2）如果有两个以上均为有效的遗嘱，且各个遗嘱内容不相抵触的，则遗嘱分别发生效力。

（3）如果两个以上有效遗嘱的内容互相抵触，则以立遗嘱的时间顺序确定最后适用的遗嘱，但有公证的遗嘱除外。

（4）数份内容相互矛盾的遗嘱，又无法确定时间先后顺序的，这些遗嘱全部无效，遗产按法定继承方式处理。

2. 公证遗嘱的有效条件：

（1）公证遗嘱必须严格按法定程序办理：①申请。②审查。③予以公证。

（2）公证必须到公证机关办理，一切单位领导、组织、街道、政府机关等证明都不是公证。

（3）公证必须由遗嘱人亲自办理，确有困难的，可由他人代理去请公证员到遗嘱人的住所当面办理公证手续。

（4）遗嘱的审查必须严格根据法律办理。

## 债务清偿有顺序

（当遗赠和清偿债务有冲突时应当怎么办）

### 基本案情

周某自幼丧失父母双亲，全靠乡亲的帮扶才得以长大。1996 年，周某去深圳打工，经过几年打拼终于富裕了起来，拥有了上千万元的家产。他始终难忘曾经给他照顾和支持的乡亲们，他决定捐赠 100 万元给家乡兴办教育。然而，不幸的是，没过多久，周某检查出身患绝症，已进入晚期。于是，他亲自立下遗嘱，将全部财产的 1/4 赠送给家乡兴办教育事业，将另外的 3/4 财产遗留给女儿，并指定好友郑某为遗嘱执行人。周某病故后，留下遗产总价值约 1 400 万元。郑某按照周某的遗嘱将遗产的 3/4 给了周某女儿，将遗产的 1/4 捐赠给了家乡的教育部门。对此，周某女儿和教育部门均无异议。然而半月后，周某女儿收到一个建材厂的来信，要求偿还 230 万元欠款，有合同为据。当地教育部门和周某女儿都拒绝偿还这笔欠款，该厂不得已向人民法院提起诉讼。

### 法律链接

《继承法》第 34 条：执行遗赠不得妨碍清偿遗赠人依法应当缴纳的税款和债务。

最高人民法院《关于贯彻执行〈中华人民共和国继承法〉若干问题的意见》第 62 条：如有法定继承又有遗嘱继承和遗赠的，首先由法定继承人用其所得遗产清偿债务；不足清偿时，剩余的债务由遗嘱继承人和受遗赠人按比例用所得遗产偿还；如果只有遗嘱继承和遗赠的，由遗嘱继承人和受遗赠人按比例用所得遗产偿还。

### 律师说法

本案涉及的主要法律问题是遗产债务的清偿顺序。根据《继承法》第 34 条的规定，在遗赠和清偿债务的顺序上，清偿债务的顺序优先于执行遗赠，只有在清偿债务之后，还有剩余遗产时，遗赠才可能得到执行。遗赠是遗嘱人利用遗嘱的方式将其财产于其死后赠给国家、集体或者法定继承人以外的人的法律行为。法律为了防止遗赠人通过遗赠逃避债务，保护债权人的合法权益，对遗赠行为加以限制是必要的。本案中，当地教育部门和周某女儿都拒绝偿还这笔欠款是没有法律依据的。周某女儿是遗嘱继承人，分得遗产的当地教育部门是受遗赠人，因此双方对此都有偿还义务。

法律小贴士：

债务清偿经常涉及诉讼时效问题，诉讼时效是指民事权利受到侵害的权利人在法定的时效期间内不行使权利，当时效期间届满时，即丧失了请求人民法院依诉讼程序强制义务人履行义务的权利，即丧失了胜诉权。根据《民法通则》第135条的规定，普通诉讼时效为两年。也就是说，两年之内，债权人不主张债权，两年时间一过，债务人就没有偿还债务的法律义务了。但是，如果此时债务人放弃时效抗辩权而重新表态，承诺清偿债务后，其所作的承诺就是对原债务的重新确认，其承诺清偿的义务成为法律义务，具有法律效力。

## 著作权可否继承

（死者的著作权是否属于死者的财产？能否得到继承）

**基本案情**

吴大、吴二、吴三是兄妹三人，他们的父亲是某高校的大学教授。2007年年初，其父因病死亡，兄妹三人经协商达成一致分割了父亲留下的遗产。

其父在去世前，积多年教学与研究的成果，撰写了一本70余万字的书，但是没来得及出版就去世了。吴大认为这是他父亲临终时未完成的遗愿，于是在其父亲死后便主动与几个出版社联系出版事宜，终于在2011年该书得以出版，吴大也因此领到了3万余元稿费。弟弟吴三和妹妹吴二得知后，提出稿酬属于其父亲的遗产，三兄妹都有份额，因此提出要平均分配。吴大则认为父亲的遗产早已在父亲去世时就分割完毕，其父的书稿是他一生心血的结晶，他死后，吴三和吴二把书稿视如废纸，不闻不问，是他经过努力多方奔走联系，才使得其父的研究成果得以出版问世。他的弟弟、妹妹是见钱眼开，因而不同意分给他们。最后双方因此而发生纠纷，遂诉至法院。

**法律链接**

《继承法》第3条：遗产是公民死亡时遗留的个人合法财产，包括：

（一）公民的收入；

（二）公民的房屋、储蓄和生活用品；

（三）公民的林木、牲畜和家禽；

（四）公民的文物、图书资料；

（五）法律允许公民所有的生产资料；

（六）公民的著作权、专利权中的财产权利；

（七）公民的其他合法财产。

**律师说法**

本案是一个典型的关于著作权继承的问题。根据《继承法》第3条的规定，公民的著作权、专利权中的财产权利是属于遗产的范围的，也就是说，著作权、专利权中的财产权利是可以继承的。在作者去世以后，其继承人可以成为著作财产权的新的权利人。在《著作权法》中，著作权被认为由著作人身权和著作财产权组成（在《专利法》中，专利完成人有署名的权利）。著作人身权在性质上属于人身权而非财产权。人身权顾名思义就是指依附于人的生命的存续的权利，当一个人的生命结束之时，人身权自然也就没有了。因此，《继承法》只是规定了著作权中的财产权可以继承，但是，如果有人侵犯了作者的人身权，也是属于违法行为，同样也要受到法律的制裁。可见，在《著作权法》中人身权依然存在，但是不能被继承。

法律小贴士：

著作权继承要点：在作者死亡后剩余的著作权有效期内，公民的著作权中的财产权利包括整理权、发表权、汇编权等，可以作为遗产继承。而对于作者生前未发表的作品，如果作者生前没有明确表示不可以发表该作品，那么在作者死亡后50年内，发表权可以由作者的继承人或者受遗赠人行使；作者没有继承人和受遗赠人的，由作品原件的合法所有人行使。

## 法定继承有顺序

（法定继承的顺序是怎样的）

**基本案情**

刘某（女，40岁，未婚），她的高中同学杨某（男，45岁）。两人共同创办了一家公司，现已有一定规模。杨某妻子去世多年，膝下没有子女。杨某和刘某两个人在共同创业过程中，克服了千难万险，慢慢加深了双方感情，终于二人于半年前登记结婚。因刘某是初婚，杨某想请亲朋好友一起庆祝一下，同时也想带刘某到自己的老家看看，但是由于工作很忙一直没有抽出时间，因此这件事就一直拖延下来。后来杨某因车祸身亡，这时，从杨某家乡来了个侄女，要求继承杨某的所有财产，并指责刘某说："你和杨某结婚，我们家乡人谁也不知道，你们也没有举行过婚礼，亲朋好友也没请过，我们不承认你是杨家的人，你无权继承杨某的财产。我是他的亲侄女，是他唯一的继承人。"二人对此争论不休，最终诉至法院，法院判决杨某的遗产由刘某继承。

**法律链接**

《婚姻法》第8条：要求结婚登记的男女，双方必须亲自到婚姻登记机关进行登记。符合本法规定的予以登记，发给结婚证。取得结婚证，即确定夫妻关系。

《继承法》第10条：遗产按照下列顺序继承：第一顺序：配偶、子女、父母。第二顺序：兄弟姐妹、祖父母、外祖父母。继承开始后，由第一顺序继承人继承，第二顺序继承人不继承。没有第一顺序继承人继承的，由第二顺序继承人继承。

**律师说法**

该案中，刘某作为杨某的配偶是杨某的合法继承人，也是第一顺序继承人，因此有权继承杨某的遗产，而杨某的侄女不是杨某的法定继承人，对杨某的财产没有继承权。根据我国《继承法》的规定，法定继承人是有先后顺序的，以继承人与被继承人之间血缘关系的远近和经济生活上的依赖程度，作为划分继承顺序的标准，将法定继承人分为第一顺序和第二顺序。没有第一顺序继承人才由第二顺序继承人继承。

另外，本案涉及《婚姻法》和《继承法》两部法律，在解决财产继承之前一定要先确定刘某的身份。刘某和杨某依法办理了结婚登记手续，并领取了结婚证书，婚姻关系即告成立。即使他们结婚时间不长，他们的婚姻关系也产生了法律效力，受国家法律保护。

法律小贴士：

《继承法》的特殊规定：继承开始后，第一顺序继承人较后一顺序继承人享有优先继承权。只有在完全没有第一顺序继承人，或者第一顺序继承人全部放弃继承权或全部丧失继承权的情况下，第二顺序继承人才能参加继承。这是法定继承顺序的划分原则。我国《继承法》还规定，丧偶儿媳对公、婆，丧偶女婿对岳父、岳母，尽了主要赡养义务的，作为第一顺序继承人。这是法律对法定继承顺序一般原则的补充规定。

## 继承遗产需合法

（什么样的财产才可以被继承）

**基本案情**

一位89岁的老人周某因心脏病突发去世了，这位生前默默无闻的老人，死后却引发了一场关于遗产继承的轩然大波，老人生前立下这样一份遗嘱，内容大致是将他生前同妻子的遗产3万元全都给他家的保姆吴某，并且还到公证机关作了公证。他的子女们没有分得一分一厘的遗产，这使老人的子女愤怒异常，怎么也想不通。接受遗产的保姆吴某，到周某家做保姆已有10个春秋，可以说是情同父女。经查这份遗嘱也确实是老人的真实心愿，那么对于这样的遗嘱，法院将如何判决？周某的子女们能否得到这笔遗产呢？老人有权利处分其全部夫妻共同财产吗？

**法律链接**

《继承法》第10条：遗产按照下列顺序继承：第一顺序：配偶、子女、父母。第二顺序：兄弟姐妹、祖父母、外祖父母。继承开始后，由第一顺序继承人继承，第二顺序继承人不继承。没有第一顺序继承人继承的，由第二顺序继承人继承。

本法所说的子女，包括婚生子女、非婚生子女、养子女和有扶养关系的继子女。

本法所说的父母，包括生父母、养父母和有扶养关系的继父母。

本法所说的兄弟姐妹，包括同父母的兄弟姐妹、同父异母或者同母异父的兄弟姐妹、养兄弟姐妹、有扶养关系的继兄弟姐妹。

**律师说法**

法律上的继承并不单纯指子女在老人过世后取得老人的遗产，而是一个必须符合法律规定的法律行为，一个合法的继承必须在主体、客体上都符合法律的规定。

案例中老人对财产的处分部分是有效的。老人只能对他所拥有的夫妻共同财产中属于自己的那一部分财产进行分配，只有这部分才是继承关系中合法的客体。

吴某可以按照周某的遗嘱取得老人的财产中属于他自己的那一部分财产。老人在逝世前以遗嘱的形式将遗产赠给吴某，此时吴某成为老人遗产的合法继承人，老人的子女不再是继承法律关系中的适格主体。这是我国《继承法》的立法精神的体现，遗嘱继承的效力先于法定继承，老人有权利将自己的遗产按自己的意志进行分配，只有老人未留下遗嘱时才适用法定继承，即由老人的子女继承。

法律小贴士：

1. 法律尊重当事人意愿，体现民事行为意思自治的原则，在老人有有效遗嘱的前提下，任何人无权主张法定继承。

2. 夫妻共同财产由夫妻共同共有，如夫妻双方无特别约定，一方去世时夫妻共同财产由夫妻平等分割。所以，一方立遗嘱时只有权力对自己相应的部分进行处置，越权处置不属于自己的财产容易导致遗嘱无效。

## 丧偶女婿可继承

（丧偶儿媳或者丧偶女婿可否继承公、婆或岳父母的遗产）

**基本案情**

孔某育有一对子女，儿子在省城工作，并已经娶妻成家。孔某考虑到儿子在省城工作，回家不方便，为了与妻子老了以后有人照顾，就有意让女儿在同村找对象。1998 年，女儿与本村的小伙李某结婚。由于孔某夫妇身体多病，因此女儿、女婿基本上与他们一起生活。女儿婚后生有一女孩。2007 年，孔某女儿患癌症不幸死亡。由于儿子在省城，难以回来照顾老人，而老人因痛失爱女的打击，身体更差。在这期间，李某带着自己的女儿一直与岳父母住在一起，并且服侍、照顾两位老人。2010 年 2 月和 7 月，孔某和妻子分别去世，留下 2 间楼房及其他一些财物。孔某儿子回家处理完丧事后，觉得妹夫照顾自己的父母辛苦，就给了李某5 000元钱，而将其父母的财产全归自己。对此，李某不服，说自己和女儿都有继承权，双方为此发生继承纠纷。

**法律链接**

《继承法》第 11 条：被继承人的子女先于被继承人死亡的，由被继承人的子女的晚辈直系血亲代位继承。代位继承人一般只能继承他的父亲或者母亲有权继承的遗产份额。

《继承法》第12条：丧偶儿媳对公、婆，丧偶女婿对岳父、岳母，尽了主要赡养义务的，作为第一顺序继承人。

**律师说法**

本案中李某可以继承孔某夫妇的遗产。丧偶的女婿或儿媳赡养岳父、岳母或公、婆并不少见，由于配偶已经过世，他们与被赡养人之间无直接血缘关系，这种情况下他们是可以以第一继承人的身份继承老人的遗产的。

本案中还涉及《继承法》中的代位继承问题，也就是李某主张自己和女儿都有继承权是否有法律根据。代位继承是指被继承人的子女先于被继承人死亡时，由被继承人子女的晚辈直系血亲代替先死亡的长辈直系血亲继承被继承人遗产的一项法定继承制度。孔某死亡后，其女儿是孔某的第一顺序继承人，但是孔某的女儿已经过世，这时候就由孔某的外孙女代孔某的女儿继承孔某的遗产，即发生法律上的代位继承。

代位继承并不影响丧偶女婿或儿媳对老人遗产的继承，只要对老人尽了主要赡养义务，就可以作为第一顺序继承人继承老人的遗产。

法律小贴士：

1. 再婚不影响继承权。

法律强调丧偶女婿和儿媳对老人尽主要赡养义务就可以继承老人的遗产，与女婿、儿媳是否再婚没有冲突。即使女婿、儿媳再婚，重新组建家庭都不影响其享有的继承权。

2. 当事人的继承权与子女的代位继承共存。

代位继承是法律赋予继承人的子女的当然权利，女婿与儿媳的继承权是由于对老人尽了主要赡养义务而获得的，二者不产生相互影响。

## 继承诉讼两年限

（继承纠纷发生后提起诉讼的诉讼时效一般是多久）

**基本案情**

王先生的伯父去世，留有遗产房屋两处、门面一间、存款100万元。王先生的堂兄是伯父的法定继承人。伯父生前立有遗嘱，要将存款100万元赠与王先生。王先生当时并没有做出明确的表示，只是说等分割遗产的时候通知他。伯父去世后，一直没有人通知王先生，王先生知道伯父去世的消息时财产已经分割完了。王先生要求把原来应得的份额退还给自己，然而却被告知已经丧失了资格。王先生是否已经不能再继承了？

**法律链接**

《继承法》第8条：继承权纠纷提起诉讼的期限为二年，自继承人知道或者应当知道其权利被侵犯之日起计算。但是，自继承开始之日起超过二十年的，不得再提起诉讼。

**律师说法**

王先生可以到法院请求保护其继承权。本案涉及的是继承的诉讼时效的问题。继承的诉讼时效，是指继承人于法定期限内不行使其权利就丧失请求人民法院以审判程序予以保护的权利。法律保护继承权是有一定时间限制的，以避免继承关系长期处于不稳定的状态，促使继承权受侵害的实际享有继承权的合法继承人及时行使其权利。这一期限被称为继承的诉讼时效期间。继承人只有在诉讼时效期间内行使其权利，才能得到人民法院的保护；否则，人民法院将不予保护。

本案中，王先生知道或应当知道其权利受到侵害之日起两年内，有权请求人民法院对其权利予以保护。所谓“知道或者应当知道”，是指根据客观情形可以断定继承人已经知道或者可以知道其权利被侵害。具体到该案就是王先生知道存款被分割时起计算。

法律小贴士：

1.《继承法》规定的诉讼时效也适用时效的中止、中断。

《继承法》规定的诉讼时效与《民法通则》中规定的诉讼时效是一致的，因此对继承权保护的诉讼时效，也应当按照《民法通则》的规定，适用诉讼时效的中止、中断的规定。

2. 诉讼时效最后两年的计算。

自继承开始之日起的第18年至第20年期间，继承人才知道自己的权利被侵犯的，其提起诉讼的权利，应当自继承开始之日起20年之内行使，超过20年的，不得再提起诉讼。

## 外国遗产咋继承

（在中国境外的遗产应当如何继承）

**基本案情**

田某早年在上海创业，后来因为业务发展需要加入了加拿大国籍，并在加拿大开办企业，购置了2套房产，总价值540万元人民币。另外，田某还在上海、北京等地留有3套房产和200万元人民币的存款。2008年，田某回国定居，于2010年病故。田某有3个子女，他们之间对于遗产的继承发生了纠纷。

**法律链接**

《继承法》第36条：中国公民继承在中华人民共和国境外的遗产或者继承在中华人民共和国境内的外国人的遗产，动产适用被继承人住所地法律，不动产适用不动产所在地法律。

外国人继承在中华人民共和国境内的遗产或者继承在中华人民共和国境外的中国公民的遗产，动产适用被继承人住所地法律，不动产适用不动产所在地法律。

中华人民共和国与外国订有条约、协定的，按照条约、协定办理。

《民法通则》第 149 条：遗产的法定继承，动产适用被继承人死亡时住所地法律，不动产适用不动产所在地法律。

**律师说法**

该案中，对于田某的遗产应当首先进行一个大致的区分，即将其财产分为动产和不动产。根据《继承法》和《民法通则》的相关规定，中国公民在继承涉外遗产时，对动产适用被继承人死亡时住所地法律，不动产适用不动产所在地法律。具体到本案，田某回国定居时间已经两年之久，可以视为在国内有住所。对于田某的动产继承应当适用其死亡时的住所地法律，田某死亡时住所在中国，因此对田某的动产适用中国法律。根据法律规定，对于田某不动产的继承应当适用不动产所在地法律，即田某国内的房产适用中国法律，加拿大的房产适用加拿大法律。

法律小贴士：

对于这类涉外遗产继承，如果发生纠纷诉至法院，法院首先要解决适用的法律问题，之后才能根据适用的法律解决继承人之间的纠纷，因此，对于涉外遗产继承是很可能适用外国的法律解决遗产纠纷的。

## 遗嘱无效咋回事

（在什么情况下立遗嘱人所订立的遗嘱无效）

**基本案情**

朱某和宋某膝下四个女儿。两位老人跟二女儿住在一起，二女儿身患重病，家境很困难，跟父母同住也算是互相照应。2010 年，朱某、宋某先后去世，四个女儿开始争夺父母留下的遗产。二女儿要求独自继承父母留下的房产，并提供了一份遗嘱，主要内容是：房产由二女儿一人继承。

但这份遗嘱不是宋某亲笔写的，而是由周某（二女儿丈夫的外甥女）代为书写。遗嘱上还有两个见证人的签名，宋某只加盖了私章。

周某证明：宋某想立份遗嘱把房子留给舅妈，请我帮忙写下来，我就把她的说法写了下来，之后老太太加盖了私章。当时舅妈的一位朋友也在场，并在遗嘱上签了字。周某提到的朋友是遗嘱见证人之一，这位见证人也出庭作证了，她陈述的内容跟周某所说的情况一致。

另外三姐妹坚持认为遗嘱无效。她们认为，周某是二女儿丈夫的外甥女，代写的遗嘱很难让人信服，而且见证人的名字是事后补签的，且遗嘱上只有老太太的私章，没有老太太的签名，不符合代书遗嘱的订立要求。双方为遗嘱的效力争论不休。

**法律链接**

《继承法》第 17 条：公证遗嘱由遗嘱人经公证机关办理。

自书遗嘱由遗嘱人亲笔书写，签名，注明年、月、日。

代书遗嘱应当有两个以上见证人在场见证，由其中一人代书，注明年、月、日，并由代书人、其他见证人和遗嘱人签名。

以录音形式立的遗嘱，应当有两个以上见证人在场见证。

遗嘱人在危急情况下，可以立口头遗嘱。口头遗嘱应当有两个以上见证人在场见证，危急情况解除后，遗嘱人能够用书面或者录音形式立遗嘱的，所立的口头遗嘱无效。

**律师说法**

该案中，帮老太太代书遗嘱的是受遗赠人二女儿丈夫的外甥女，两个见证人一个不在现场，一个与二女儿有利害关系，可见这几个人的见证都是无效的。另外，遗嘱上的私章是不是老太太自己加盖的，目前也说不清楚。综上，这份代书遗嘱是无效的。

在没有生效遗嘱的情况下，房子应当按法定继承顺序继承。该案中，二女儿应受到特别“关照”，因为她属于法律规定的“生活有特殊困难的缺乏劳动能力的继承人”，分配遗嘱时应当予以照顾。

法律小贴士：

立遗嘱时应尽量有见证人在场。

法律规定，只有在紧急情况下口头遗嘱才有效，在紧急情况解除后，当事人应立书面遗嘱代替口头遗嘱，并且书面遗嘱应尽量进行公证或由见证人见证。见证人应当是与遗嘱行为各当事人之间无利害关系的人，否则就可能导致书面遗嘱无效。

## 遗嘱可否附义务

（遗嘱能否附义务？所附义务有何限制）

**基本案情**

魏某妻子于2005年去世，后魏某与牛某再婚，婚后二人共同出资购买了一套价值59万元的楼房。可是好景不长，在一次外出旅游过程中，魏某因为出车祸去世，魏某的四个子女起诉至法院，要求继承房屋。在法院庭审中，牛某出示了魏某的一份自书遗嘱，其中写明：“有关房子的问题，谁养你阿姨房子就给谁。”对于这样一份遗嘱，其效力如何？遗嘱能不能附带义务呢？

**法律链接**

《继承法》第21条：遗嘱继承或者遗赠附有义务的，继承人或者受遗赠人应当履行义务。没有正当理由不履行义务的，经有关单位或者个人请求，人民法院可以取消他接受遗产的权利。

**律师说法**

根据《继承法》第21条的规定，遗嘱继承可以附义务，但附义务遗嘱中所设定的遗嘱内容不能违反法律和社会公共利益。同时，如果继承人没有履行遗嘱中所附义务，被继承人可以剥夺继承人的继承权。

本案中，房屋是魏某和牛某的共同财产，魏某遗嘱中处分牛某所有房屋的部分属无效，但处分自己所有房屋份额部分有效。

魏某的遗嘱表明其遗产由对继母牛某尽赡养义务的子女继承。该遗嘱为附义务的遗嘱。魏某的子女如果知道继承附有义务而不履行将丧失继承权。在本案开庭时，牛某才出示遗嘱，魏某的子女才知道此事，因而不能剥夺他们的继承权。但在无法确定谁对牛某尽了赡养义务的情况下，遗产应按法定继承的顺序和方式分配。

法律小贴士：

1. 遗嘱中所附义务应当合法。

法律虽然保护附义务遗嘱，但并不代表所有的义务法律都保护，前提是不能违反法律禁止性规定，不能违反公共秩序和善良风俗。比如要求女儿离婚才可以继承自己的财产，这种条件或义务就由于违反婚姻自由的法律规定而无效。

2. 当事人的附义务遗嘱中的义务应当向义务人明示。

附义务遗嘱的目的就是让继承人好好履行义务，所以这份义务一定要让继承人知晓，案例中的立遗嘱人既想让继承人履行赡养义务，又不使继承人明知遗嘱的内容，使子女无法履行义务，最终导致遗嘱无法执行，只能按照法定继承处理。

## 二奶能否受遗赠

（立遗嘱人将自己的财产留给情人可以吗）

**基本案情**

黄某和蒋某于1973年结婚。后黄某认识一女子张某，并开始同居。蒋某发现这一事实以后，进行劝告但是无效，到后来黄某和张某租房公开同居，以夫妻名义生活，依靠黄某的工资及奖金生活，并曾经共同经营。

2011年2月，黄某已经是癌症晚期，张某以妻子的身份守候在黄某的病床边。黄某立下遗嘱：将财产全部遗留给张某一人。去世后骨灰盒由张某负责安葬。这份遗嘱在公证处得到公证。

同年4月22日，黄某去世，张某根据遗嘱向蒋某索要财产和骨灰盒，但遭到蒋某的拒绝。张某遂向法院起诉，请求判令被告蒋某按遗嘱履行，同时对遗产申请诉前保全。张某到底能不能按照遗嘱的内容得到黄某的财产？应该尊重死者的意愿按照遗嘱将财产分给张某，还是按照公序良俗的原则，将财产留给蒋某？

**法律链接**

《民法通则》第4条：民事活动应当遵循自愿、公平、等价有偿、诚实信用的原则。

《民法通则》第7条：民事活动应当尊重社会公德，不得损害社会公共利益，破坏国家经济计划，扰乱社会经济秩序。

**律师说法**

此案中黄某有明确的遗赠协议，且该遗赠协议无论是在内容还是形式上都是合法有效的，因此应该得到法律的尊重。但是法官在判决时却适用了民法中的公序良俗原则，判定黄某的遗赠协议无效。此案的主要分歧在于运用法律规则还是法律原则的问题。一般情况下，在有法律规则的情况下应直接应用法律规则，只有法律规则存在空白时才可以适用法律原则。这个判决虽然在现实中大快人心，但却违背了法律的基本精神，将法律中关于遗赠的规定跳过，增加了法的不可预测性，从某些方面讲，这个判决结果是不利于法治发展的。法律虽然保护当事人的意思自治，但是维护公序良俗也是法律不可或缺的一项任务，所以当事人在表达自己意志的同时也要兼顾各方的利益，防止自己的意志表达无效。

法律小贴士：

法律保护正当的遗赠协议。

遗赠是当事人以遗嘱的形式将财产分配给法定继承人以外的人，有时被继承人出于感情上的原因或其他原因作出这种处分财产的行为是可以理解的，法律也是保护当事人的意思自治的。但是这种行为不得破坏社会的善良风俗和公共秩序，因为公序良俗受到法律的优先保护。

## 遗嘱何时应撤销

（什么情况下可以申请遗嘱撤销？哪些人可以申请遗嘱撤销）

**基本案情**

李某的老伴早年去世。在李某的财产未分割前，儿女们时常来探望他。2010年，李某就其遗产分配进行了公证。

财产分割后，儿女们几乎很少上门。去年一场大病老人只得搬回老家，本想离儿女近些，照顾起来会方便些，没想到儿女们都唯恐避之不及。李某的孙子今年35岁，夫妇俩担负起了爷爷的饮食起居和护理工作。

眼看时日无多的李某决定将所有遗产全部赠送给照顾自己的孙子。李某再次找到公证处，要求把以前的公证遗嘱撤销，再办一个遗赠公证，将遗产赠送给孙子。

**法律链接**

《继承法》第20条：遗嘱人可以撤销、变更自己所立的遗嘱。

立有数份遗嘱，内容相抵触的，以最后的遗嘱为准。

自书、代书、录音、口头遗嘱，不得撤销、变更公证遗嘱

**律师说法**

遗嘱是当事人根据自己的意志处分自己的财产，所以当事人完全可以依照自己的意志修改遗嘱。但是如立有数份遗嘱，以最后的遗嘱为准，且公证遗嘱效力最高。

关于公证遗嘱的效力问题：公证遗嘱大于其他形式的遗嘱，不得以其他形式的遗嘱代替公证遗嘱，如果要修改公证遗嘱也必须通过公证的方式。

同时，根据法律规定，下列遗嘱，继承人、受遗赠人或其他利害关系人可以申请撤销：

（1）受胁迫、欺诈所立的遗嘱；

（2）遗嘱不符合法律规定的形式要求。

该案中，李某基于自己的真实意思表示，通过新的公证将原来的公证遗嘱撤销，并办理新的遗赠公证，无论是从变更的形式还是内容上都是完全符合法律规定的。新的公证遗嘱将取代原来的公证遗嘱，在将来老人去世时发生效力。

法律小贴士：

1. 赡养老人是子女应尽的义务。

我国法律明文规定，子女应对老人尽到赡养的义务，所以老人完全没有必要为了让子女尽赡养义务而提前分配自己的财产，以避免子女取得财产后不尽赡养义务。如果子女不尽赡养义务，老人可以寻求社会力量帮助，或者起诉到法院，寻求法律的帮助。

2. 老人可以在遗嘱中附义务。

老人可以在遗嘱中为子女规定赡养义务，如果子女不尽赡养义务则取消其继承的资格。我国法律允许在遗嘱中附义务，老人可以利用附义务遗嘱维护自己的合法权益。

3. 变更、撤销遗嘱，行使自己的权利。

如果子女在老人分配财产后不尽赡养义务，老人可以以正当的方式变更、撤销所立遗嘱。在此要注意，公证遗嘱的效力大于其他形式的遗嘱。几份遗嘱都进行了公正或者都没进行公证，后立遗嘱的效力大于之前的遗嘱。

## 遗产偿债有限度

（立遗嘱人的债务大于其所留遗产时应当怎么办）

### 基本案情

杨某兄妹的父亲于2001年去世。第二年，母亲王某带着年仅4岁的杨某和1岁的妹妹改嫁给张某。兄妹与继父共同生活8年后，母亲于2010年因病而亡，只得依靠继父抚养。然而，张某不久又与他人再婚，婚后便不愿继续抚养杨某兄妹了。杨某兄妹吃饭、上学都成了问题。杨某的外祖母刘某见此情形，于2011年4月向法院提出起诉，要求抚养杨某兄妹。刘某与张某在法庭上很快达成协议，杨某兄妹由刘某抚养，但张某不承担抚养费。杨某兄妹随外祖母生活后，由于经济困难，便向张某提出继承母亲王某的遗产，遭到拒绝后，刘某遂和杨某兄妹作为原告，把张某起诉到法院。

法庭查明，王某的遗产有现金3 689元及房屋、四轮拖拉机、棉花、家具等生产生活资料，而债务（治病的借款）有 15 796 元，王某的遗产经评估不足以清偿她的个人债务。那么，杨某兄妹可否继承其母亲的遗产？

**法律链接**

《继承法》第 19 条：遗嘱应当对缺乏劳动能力又没有生活来源的继承人保留必要的遗产份额。

《继承法》第 33 条：继承遗产应当清偿被继承人依法应当缴纳的税款和债务，缴纳税款和清偿债务以他的遗产实际价值为限。超过遗产实际价值部分，继承人自愿偿还的不在此限。

继承人放弃继承的，对被继承人依法应当缴纳的税款和债务可以不负偿还责任。

**律师说法**

继承遗产应当依法先清偿被继承人的债务。王某的遗产不足以清偿其债务，本属无遗产可供继承。但杨某兄妹现正在上学，无劳动能力又无生活来源，应为杨某兄妹保留适当遗产。刘某有法定赡养义务人（其三子一女），不属无生活来源的人，所以对她要求继承王某遗产的请求不予支持。

法律小贴士：

1. 遗产应首先用于清偿债务。

虽然传统的父债子还在现代社会不再实行，但是也不代表继承人可以完全不清偿债务，被继承人应当缴纳的税款和债权人的合法债务是受法律保护的。

2. 遗嘱应为无经济能力的人保留必要的份额。

遗嘱虽然尊重被继承人的意志，但是为了社会公平，也为了保护没有独立生活能力以及没有经济能力的人的生活，法律强制规定应当为这些人保留必要的份额，在此范围内打破了当事人的意思自治。

## 股份能否被继承

（股份作为一种特殊的财产能不能被继承）

**基本案情**

某公司注册资本 500 万元。李某的父亲生前是这家公司的董事，拥有 35% 的股份。

2011 年 6 月，李某的父亲在一次因公出差过程中突发心脏病最终抢救无效去世，生前也未留下什么遗嘱，妻子奚某和儿子李某在股份的继承上遇到了重重困难。奚某在同年 8 月通过公证明确表示放弃继承该笔股份，同意由儿子李某全额继承。但是公司既不愿意按实际价格收购，也不同意让李某成为新股东。李某将该公司及另外三名股东告上法院，要求依法继承父亲的股东资格，并且判令被告共同履行股权变更登记义务。

**法律链接**

《公司法》第76条：自然人股东死亡后，其合法继承人可以继承股东资格；但是，公司章程另有规定的除外。

《继承法》第3条：遗产是公民死亡时遗留的个人合法财产，包括：

（一）公民的收入；

（二）公民的房屋、储蓄和生活用品；

（三）公民的林木、牲畜和家禽；

（四）公民的文物、图书资料；

（五）法律允许公民所有的生产资料；

（六）公民的著作权、专利权中的财产权利；

（七）公民的其他合法财产。

**律师说法**

本案中李某只能取得其父亲在公司中股份的财产权益，却不能理所当然地继承股东的身份。

公司是市场经济最重要的主体，所以法律全方位地保障公司的自由性，除了部分必要的强制性规定外，公司运行的大部分规定是由公司章程拟定的，法律不做过多的干涉。当公司章程对某些事情未作规定时就按法律规定处理。本案中，公司章程未对股权继承问题做明确规定，那就按照法律规定办理。由于人数和规模的限制，相对于股份有限公司，有限责任公司更强调人合性，当股东发生变动时可能会对公司产生较大的影响。正是由于这个原因，法律默认有限责任公司的股东身份是不可以继承的，以保障公司的正常运行。

股东身份的继承对于有限责任公司的运营会产生较大的影响，所以最好在公司章程中进行规定，以避免纠纷。

法律小贴士：

1. 有限责任公司股东变更应由公司章程规定。

在签订公司章程时，应就股份继承人数、继承份额、继承范围做出明确规定；股权转让、继承、增资、减资等均属于公司内部事务，应由股东大会决议，并通过工商登记的形式向社会公示。

2. 章程未作规定时应积极寻求协商解决。

返还股东出资对公司的运营必然会产生影响，除非万不得已，经营者也不会轻易同意返还股东出资，所以双方完全有协商的空间，当事人应积极寻求双赢的方法。

## 遗赠抚养咋回事

（如何订立遗赠抚养协议）

**基本案情**

林某因为家境贫寒且精神有些不正常，终生没有婚娶。旧村改造时林某分到一块 70 平方米的宅基地。考虑到自己年近花甲又没有儿女，林某找到外甥李某，希望他能承担起养老送终的责任。作为回报，林某将这块宅基地送给李某。2010 年 3 月，林某和李某签订了一份遗赠扶养协议。

2011 年 6 月的一天，李某听说林某私自将在宅基地上建起的房产出售给了陈某，便前往核实。随后，因为这套房产的纠纷，李某和陈某发生过两次冲突。发生冲突后，李某一直想找林某谈谈，以处理这套房产的归属问题。

林某认为房屋的所有权归自己所有，自己有权处分，不肯撕毁自己与陈某的协议，李某被迫起诉到法院，要求法院宣告林某与陈某的房屋买卖合同无效。李某的请求能得到法院的支持吗?

**法律链接**

《继承法》第 31 条：公民可以与扶养人签订遗赠扶养协议。按照协议，扶养人承担该公民生养死葬的义务，享有受遗赠的权利。公民可以与集体所有制组织签订遗赠扶养协议。按照协议，集体所有制组织承担该公民生养死葬的义务，享有受遗赠的权利。

**律师说法**

林某对房屋的处分行为是有效的，林某与陈某之间的买卖合同受到法律的保护。

遗赠扶养协议，是遗赠人与扶养人签订的、由扶养人承担遗赠人生养死葬的义务，遗赠人将自己的合法财产的一部分或全部于其死后转移给扶养人所有的协议。遗赠抚养协议是遗赠的一种形式。当事人可以以遗赠抚养协议的方式保障自己的晚年生活。遗赠抚养协议中的财产在被继承人死亡后才发生所有权移转，所以在被继承人死亡前，其依然对房屋享有所有权，也正是因为其对房屋保留了所有权。

法律小贴士：

签订遗赠抚养协议最好办理公证或有见证人在场。

根据我国法律，所谓遗赠，是将财产赠与法定继承人（配偶、父母、子女、兄弟姐妹、祖父母、外祖父母等）以外的人，为了防止以后与法定继承人产生纠纷，也为了防止被继承人随意更改遗嘱，建议双方当事人在签订遗赠抚养协议时到公证处进行公证，以确保协议的法律效力。

# 第十篇 就业劳动

劳动者与用人单位相比，通常处于弱势地位，法律因此对于劳动者有特别的保护。法律通过限制用人单位的权利、赋予用人单位更多的义务来保护劳动者。但是，用人单位可以在法律允许的范围内，制定一系列的规章制度来管理企业，劳动者不能以法律为借口而违纪。企业的哪些行为是合法的？哪些行为是违法的？劳动者在合法权益受到侵害时如何进行维护？本篇撷取了五十例日常生活中常见的劳动争议纠纷，希望读者可以从中获取些许启发。

## 孕期不是挡箭牌

（并非只要女职工处于怀孕期就一律不得辞退）

### 基本案情

2010年5月，李某到某公司工作，公司没有与李某签订劳动合同，也没有为李某缴纳社保。12月24日，公司发给李某一份辞退通知，告知李某在公司工作期间连续迟到，李某的表现已经严重不能胜任本职工作，公司决定停止李某的现有岗位，将其调换部门，李某拒绝了新岗位，公司因此辞退李某。李某承认考勤记录是真实的，公司通知辞退时，自己已经怀孕了6个月。根据相关法律规定，女职工在孕期、产期、哺乳期内，用人单位不能解除劳动合同，请求法院判令公司解除劳动关系无效，劳动关系应当延续到哺乳期届满，补交社保，支付生育津贴和生育生活补助费9 500元。

公司则称李某经常迟到，严重违反公司的规章制度，给公司造成了较大的经济损失，按照员工手册的规定，公司辞退李某合法有效。而李某直到仲裁时才提供结婚、生育的相关证明，公司辞退之时不知道其已怀孕。享受生育津贴的女职工必须连续工作满1年以上，李某不符合条件。

法院认为，李某经常迟到，严重违反公司的劳动纪律和规章制度，不能胜任本职工作，又不服从岗位调整，公司辞退李某没有违反法律规定，双方之间的劳动关系自2010年12月24日解除，补交社保的期限也是到此为止。

### 法律链接

《劳动合同法》第39条：劳动者有下列情形之一的，用人单位可以解除劳动合同：

（一）在试用期间被证明不符合录用条件的；

（二）严重违反用人单位的规章制度的；

（三）严重失职，营私舞弊，给用人单位造成重大损害的；

（四）劳动者同时与其他用人单位建立劳动关系，对完成本单位的工作任务造成严重影响，或者经用人单位提出，拒不改正的；

（五）因本法第 26 条第 1 款第 1 项规定的情形致使劳动合同无效的；

（六）被依法追究刑事责任的。

《劳动合同法》第 40 条：有下列情形之一的，用人单位提前三十日以书面形式通知劳动者本人或者额外支付劳动者一个月工资后，可以解除劳动合同：

（一）劳动者患病或者非因工负伤，在规定的医疗期满后不能从事原工作，也不能从事由用人单位另行安排的工作的；

（二）劳动者不能胜任工作，经过培训或者调整工作岗位，仍不能胜任工作的；

（三）劳动合同订立时所依据的客观情况发生重大变化，致使劳动合同无法履行，经用人单位与劳动者协商，未能就变更劳动合同内容达成协议的。

《劳动合同法》第 42 条：劳动者有下列情形之一的，用人单位不得依照本法第 40 条、第 41 条的规定解除劳动合同：

（一）从事接触职业病危害作业的劳动者未进行离岗前职业健康检查，或者疑似职业病病人在诊断或者医学观察期间的；

（二）在本单位患职业病或者因工负伤并被确认丧失或者部分丧失劳动能力的；

（三）患病或者非因工负伤，在规定的医疗期内的；

（四）女职工在孕期、产期、哺乳期的；

（五）在本单位连续工作满十五年，且距法定退休年龄不足五年的；

（六）法律、行政法规规定的其他情形。

**律师说法**

本案中公司辞退李某并不违法。

根据有关法律，并非女职工在孕期就一定不能辞退，这种保护是有条件的。如果是严重违反公司的规章制度，按照相关法律规定，即使是孕期女职工，公司也可以解除双方的劳动关系。

法律小贴士：

孕期并非女职工消极怠工偷懒的挡箭牌，单位为女职工提供福利是其职责，但是并非意味着公司的制度可以网开一面。

## 拒签合同怎么办

（不签劳动合同的法律后果是什么）

**基本案情**

王某在一家公司工作，工作 2 年未签劳动合同。他提出申请，公司答复，要在这儿干就不会与他签劳动合同，不愿干就走人。公司这种说法是否合法？王某应当如何维护自己的合法权益？

**法律链接**

《劳动合同法》第10条：建立劳动关系，应当订立书面劳动合同。已建立劳动关系，未同时订立书面劳动合同的，应当自用工之日起一个月内订立书面劳动合同。用人单位与劳动者在用工前订立劳动合同的，劳动关系自用工之日起建立。

《劳动合同法》第14条：无固定期限劳动合同，是指用人单位与劳动者约定无确定终止时间的劳动合同。

用人单位与劳动者协商一致，可以订立无固定期限劳动合同。有下列情形之一，劳动者提出或者同意续订、订立劳动合同的，除劳动者提出订立固定期限劳动合同外，应当订立无固定期限劳动合同：

（一）劳动者在该用人单位连续工作满十年的；

（二）用人单位初次实行劳动合同制度或者国有企业改制重新订立劳动合同时，劳动者在该用人单位连续工作满十年且距法定退休年龄不足十年的；

（三）连续订立二次固定期限劳动合同，且劳动者没有本法第三十九条和第四十条第一项、第二项规定的情形，续订劳动合同的。

用人单位自用工之日起满一年不与劳动者订立书面劳动合同的，视为用人单位与劳动者已订立无固定期限劳动合同。

《劳动合同法》第82条：用人单位自用工之日起超过一个月不满一年未与劳动者订立书面劳动合同的，应当向劳动者每月支付二倍的工资。

用人单位违反本法规定不与劳动者订立无固定期限劳动合同的，自应当订立无固定期限劳动合同之日起向劳动者每月支付二倍的工资。

**律师说法**

公司这种做法严重违法。根据法律规定，劳动者与单位建立劳动关系必须订立书面劳动合同。劳动者的地位相对弱势，法律对不签订书面劳动合同的法律后果作出了严格的规定。劳动者可据此申请劳动仲裁而主张自己的合法权利。

法律小贴士：

如果没有书面合同，员工在提起仲裁时须举证劳动关系的存在。因此，各种能够证明劳动关系的证据一定要保存好，例如工资单，或者通过银行账户余额变动情况来证明。

## 辞退员工需有据

（单位辞退员工需理由充分）

**基本案情**

单某在某公司工作已满5年。公司与单某签订了一份保密性质的协议，该协议规定：单某应当在任职期间及离职2年内保守公司所有可为其带来商业利益的秘密，并不得为个人私利实施侵害公司利益的行为。6 个月后，公司向他发出解聘通知，理由是单某未能遵守规章制度，故意泄露公司机密，谋取不当利益，给公司造成重大损失。单某不服，提起诉讼。单某认为，单位解除劳动关系所依据的理由不充分，缺乏证据及法律依据，并严重损害了自己在行业内的个人信誉，导致自己至今未能再次就业。法院认为，公司提供的证据材料不足以证明单某存在故意泄密以谋取不正当利益的行为，因此公司辞退单某违法。

**法律链接**

《劳动合同法》第 39 条：劳动者有下列情形之一的，用人单位可以解除劳动合同：

（一）在试用期间被证明不符合录用条件的；

（二）严重违反用人单位的规章制度的；

（三）严重失职，营私舞弊，给用人单位造成重大损害的；

（四）劳动者同时与其他用人单位建立劳动关系，对完成本单位的工作任务造成严重影响，或者经用人单位提出，拒不改正的；

（五）因本法第 26 条第 1 款第 1 项规定的情形致使劳动合同无效的；

（六）被依法追究刑事责任的。

《劳动合同法》第 40 条：有下列情形之一的，用人单位提前三十日以书面形式通知劳动者本人或者额外支付劳动者一个月工资后，可以解除劳动合同：

（一）劳动者患病或者非因工负伤，在规定的医疗期满后不能从事原工作，也不能从事由用人单位另行安排的工作的；

（二）劳动者不能胜任工作，经过培训或者调整工作岗位，仍不能胜任工作的；

（三）劳动合同订立时所依据的客观情况发生重大变化，致使劳动合同无法履行，经用人单位与劳动者协商，未能就变更劳动合同内容达成协议的。

**律师说法**

本案中公司辞退单某的理由不充分，辞退违法。

本案中，公司称单某故意泄露公司机密谋取不正当利益，但提供的证据不足以证明单某存在以上事实，亦未提供证据证明在单方解除劳动合同时已履行《劳动合同法》规定的程序性义务。

法律小贴士：

公司辞退员工必须有合法的理由，并且证据充分，而员工在面对不公正辞退时应当理直气壮争取自己的合法权益。

## 加班费要自己举证

（员工要求单位支付加班费需要自己举证）

**基本案情**

2009 年 4 月起薛某在北京某公司工作，但是常驻深圳，双方一直未签订书面劳动合同。2011 年 7 月，公司解除了双方的劳动关系，薛某与公司发生劳动争议。薛某提出公司支付拖欠工资、加班费以及解除劳动合同赔偿金等要求。薛某主张的有关欠资、年休假工资、未订立书面劳动合同加付的 1 倍工资差额及 2010 年提成合计和解除无固定期限劳动合同的赔偿金，因事实清楚，得到法院的支持。但是薛某提出的追索 2009 年 7 月至 2011 年 7 月的休息日及法定节假日的加班工资若干元的请求被驳回。法院表示，由于双方当事人未签订劳动合同，双方的权利义务应按实际履行时形成的事实劳动关系确定，但不能违反法律强制规定。法院认为，公司在聘用时已经说明，按每月工作 26 天计算工资，对于 26 天之外的其他时间的加班工资，因薛某不在公司本部工作，公司客观上无法对薛某进行考勤管理，薛某应对其加班的事实举证。薛某对此未能举证，其提出加班费的主张，法院不予支持。

本案的争议焦点是：应当由哪方承担证明加班事实的责任？

**法律链接**

最高人民法院《关于审理劳动争议案件适用法律若干问题的解释（三）》第 9 条：劳动者主张加班费的，应当就加班事实的存在承担举证责任。但劳动者有证据证明用人单位掌握加班事实存在的证据，用人单位不提供的，由用人单位承担不利后果。

**律师说法**

劳动者应当就加班的事实承担举证责任。

法律将加班费的举证责任归于劳动者，因此，如果劳动者主张加班费，应当承担举证责任。劳动者无法举证的，则其主张不予支持。

法律小贴士：

考勤表、交接班记录、加班通知、证人证言等均可作为加班事实的证据，如果必要，还可以使用录音设备。劳动者可以通过证明用人单位掌握加班事实存在的证据来减轻己方的举证责任。

## 辞职没有补偿金

（个人主动提出解除劳动合同的没有经济补偿金）

**基本案情**

于某与某公司签订了为期 5 年的劳动合同。由于单位离家较远，同年年底，于某找到离自己家不远的一家公司，新公司提出于某必须与现在的工作单位解除劳动合同以后才能聘用。于某找到公司总经理，说明了情况，提出解除劳动合同的要求，总经理予以同意。半个月后，于某向原公司提出支付经济补偿金的要求，被公司拒绝。

**法律链接**

《劳动合同法》第 37 条：劳动者提前三十日以书面形式通知用人单位，可以解除劳动合同。劳动者在试用期内提前三日通知用人单位，可以解除劳动合同。

《劳动合同法》第 46 条：有下列情形之一的，用人单位应当向劳动者支付经济补偿：

（一）劳动者依照本法第 38 条规定解除劳动合同的；

（二）用人单位依照本法第 36 条规定向劳动者提出解除劳动合同并与劳动者协商一致解除劳动合同的；

（三）用人单位依照本法第 40 条规定解除劳动合同的；

（四）用人单位依照本法第 41 条第 1 款规定解除劳动合同的；

（五）除用人单位维持或者提高劳动合同约定条件续订劳动合同，劳动者不同意续订的情形外，依照本法第 44 条第 1 项规定终止固定期限劳动合同的；

（六）依照本法第 44 条第 4 项、第 5 项规定终止劳动合同的；

（七）法律、行政法规规定的其他情形。

**律师说法**

公司无须支付于某经济补偿金。

本案是劳动者主动提出辞职，并且不属于《劳动合同法》第 46 条应当支付经济补偿金的情形。

法律小贴士：

劳动者主动提出辞职的，在某些情况下公司不需要支付经济补偿金。但在现实生活中，用人单位往往利用此款，强迫劳动者“自愿辞职”借以逃避支付经济补偿金。劳动者对此应当注意。

## 合同未续也要补

（合同未续签能否得到补偿金）

**基本案情**

王某到一家私企上班，当时签了 3 年的劳动合同，而且在 3 年后又续签了劳动合同，但在续签合同到期后，公司没有通知员工再次续签合同，所有人仍继续上班。某日公司开会通知王某交接任务并回家等待通知，第二天，公司就另聘人到其岗位工作，并且更换了门锁。王某能否请求公司支付经济补偿金？

**法律链接**

《劳动合同法》第 37 条：劳动者提前三十日以书面形式通知用人单位，可以解除劳动合同。劳动者在试用期内提前三日通知用人单位，可以解除劳动合同。

《劳动合同法》第 46 条：有下列情形之一的，用人单位应当向劳动者支付经济补偿：

（一）劳动者依照本法第 38 条规定解除劳动合同的；

（二）用人单位依照本法第 36 条规定向劳动者提出解除劳动合同并与劳动者协商一致解除劳动合同的；

（三）用人单位依照本法第 40 条规定解除劳动合同的；

（四）用人单位依照本法第 41 条第 1 款规定解除劳动合同的；

（五）除用人单位维持或者提高劳动合同约定条件续订劳动合同，劳动者不同意续订的情形外，依照本法第 44 条第 1 项规定终止固定期限劳动合同的；

（六）依照本法第 44 条第 4 项、第 5 项规定终止劳动合同的；

（七）法律、行政法规规定的其他情形。

《劳动合同法》第 40 条：有下列情形之一的，用人单位提前三十日以书面形式通知劳动者本人或者额外支付劳动者一个月工资后，可以解除劳动合同：

（一）劳动者患病或者非因工负伤，在规定的医疗期满后不能从事原工作，也不能从事由用人单位另行安排的工作的；

（二）劳动者不能胜任工作，经过培训或者调整工作岗位，仍不能胜任工作的；

（三）劳动合同订立时所依据的客观情况发生重大变化，致使劳动合同无法履行，经用人单位与劳动者协商，未能就变更劳动合同内容达成协议的。

《劳动合同法》第 41 条：有下列情形之一，需要裁减人员二十人以上或者裁减不足二十人但占企业职工总数百分之十以上的，用人单位提前三十日向工会或者全体职工说明情况，听取工会或者职工的意见后，裁减人员方案经向劳动行政部门报告，可以裁减人员：

（一）依照企业破产法规定进行重整的；

（二）生产经营发生严重困难的；

（三）企业转产、重大技术革新或者经营方式调整，经变更劳动合同后，仍需裁减人员的；

（四）其他因劳动合同订立时所依据的客观经济情况发生重大变化，致使劳动合同无法履行的。

裁减人员时，应当优先留用下列人员：

（一）与本单位订立较长期限的固定期限劳动合同的；

（二）与本单位订立无固定期限劳动合同的；

（三）家庭无其他就业人员，有需要扶养的老人或者未成年人的。

用人单位依照本条第 1 款规定裁减人员，在六个月内重新招用人员的，应当通知被裁减的人员，并在同等条件下优先招用被裁减的人员。

**律师说法**

王某必须收集更多的证据证明被公司辞退方能得到公司的经济补偿金。

经济补偿金的支付一般是在劳动合同尚未到期，用人单位提前单方面终止劳动合同，或者用人单位与劳动者协商一致解除劳动合同，在此情形下，由用人单位向劳动者支付的一种补偿。“公司另聘人到工作岗位，公司门锁都换了”，这两种行为在法律上不足以证明被公司辞退。

法律小贴士：

在此种情况下，当事人应当向公司提出书面询问。在公司作出解释后或者确定公司拒绝作出解释后，公司的解释不仅能够证明是否被辞退，也是事实劳动关系存在的证明。如果公司拒绝作出解释，劳动者可以向当地仲裁委员会提起仲裁。

## 经济补偿金扣税

（解除劳动合同的经济补偿金该不该扣税）

**基本案情**

公司因亏损裁员，公司经理与吕某谈话后，双方协商签订了解除劳动合同协议书。其中约定，自即日起公司与吕某解除劳动合同，待吕某办完离职手续后，公司按国家规定向其支付解除劳动合同的经济补偿金。吕某认为他工作已有3年多，应当得到4个月工资水平的经济补偿金（月工资5 000 ~6 000 元）。但是最后拿到经济补偿金只有1万多元，得到的答复是已代扣个人所得税。解除劳动合同的经济补偿金是否需要扣个人所得税？

**法律链接**

财政部、国家税务总局《关于个人与用人单位解除劳动关系取得的一次性补偿收入免征个人所得税问题的通知》：个人因与用人单位解除劳动关系而取得的一次性补偿收入（包括用人单位发放的经济补偿金、生活补助费和其他补助费用），其收入在当地上年职工平均工资3倍数额以内的部分，免征个人所得税；超过的部分按照《国家税务总局关于个人因解除劳动合同取得经济补偿金征收个人所得税问题的通知》（国税发［1999］178号）的有关规定，计算征收个人所得税。

**律师说法**

本案中吕某所得经济补偿金不需要扣个人所得税。

原则上因解除劳动关系而取得的经济补偿金不应扣个人所得税，但是为了防止偷税漏税，所以在一些情况下需要扣除个人所得税，标准是当地上年职工平均工资3倍以上。

法律小贴士：

只有所得补偿金在上年职工平均工资3倍以上的部分才征收个人所得税，劳动者在清点经济补偿金时需注意这一点。

## 不当加班可拒绝

（职责外加班劳动者有权拒绝）

**基本案情**

白某是一家餐饮店的服务员，主要负责接待客人点餐，但是后来老板让她每天下班后继续加班两个小时清洗餐具，白某拒绝，因为这不是她的职责范围。老板表示不加班就不发工资，白某要求解除合同，老板说合同时间没有到，单方面解除要付违约金。白某能否解除合同而不支付违约金？

**法律链接**

《劳动合同法》第 38 条：用人单位有下列情形之一的，劳动者可以解除劳动合同：

（一）未按照劳动合同约定提供劳动保护或者劳动条件的；

（二）未及时足额支付劳动报酬的；

（三）未依法为劳动者缴纳社会保险费的；

（四）用人单位的规章制度违反法律、法规的规定，损害劳动者权益的；

（五）因本法第 26 条第 1 款规定的情形致使劳动合同无效的；

（六）法律、行政法规规定劳动者可以解除劳动合同的其他情形。

用人单位以暴力、威胁或者非法限制人身自由的手段强迫劳动者劳动的，或者用人单位违章指挥、强令冒险作业危及劳动者人身安全的，劳动者可以立即解除劳动合同，不需事先告知用人单位。

《劳动合同法实施条例》第 26 条：用人单位与劳动者约定了服务期，劳动者依照《劳动合同法》第 38 条的规定解除劳动合同的，不属于违反服务期的约定，用人单位不得要求劳动者支付违约金。

**律师说法**

白某有权单方面与餐饮店解除劳动合同，并且无需支付违约金。

法律小贴士：

劳动者有权拒绝职责外的加班和强迫劳动，在这种情况下应当注意保留强迫劳动的证据，可以是证人证言，也可以通过电话录音等记录下来。

## 不胜任也有补偿

（员工因不胜任被解雇能否主张经济补偿金）

**基本案情**

洪某到一工厂工作，双方签订为期 1 年的劳动合同。洪某身单力薄，又无技术，几经调整工作岗位，还是不能胜任工作。半年后，厂方提出与洪某解除合同。洪某离厂时，发现一同解除合同的老员工李某有经济补偿金，遂提出质询：“为什么不给我补偿金？”厂方的答复是：“你不胜任工作，且工作未满 1 年，不能享受经济补偿金。”洪某不服，向当地劳动监察部门举报。

**法律链接**

《劳动合同法》第 40 条：有下列情形之一的，用人单位提前三十日以书面形式通知劳动者本人或者额外支付劳动者一个月工资后，可以解除劳动合同：

（一）劳动者患病或者非因工负伤，在规定的医疗期满后不能从事原工作，也不能从事由用人单位另行安排的工作的；

（二）劳动者不能胜任工作，经过培训或者调整工作岗位，仍不能胜任工作的；

（三）劳动合同订立时所依据的客观情况发生重大变化，致使劳动合同无法履行，经用人单位与劳动者协商，未能就变更劳动合同内容达成协议的。

《劳动合同法实施条例》第20条：用人单位依照《劳动合同法》第40条的规定，选择额外支付劳动者一个月工资解除劳动合同的，其额外支付的工资应当按照该劳动者上一个月的工资标准确定。

**律师说法**

洪某能主张经济补偿金。

依据相关法律规定，虽然劳动者不胜任工作，工作时间不满1年，但在被单位解雇后，仍然可以享受1个月的经济补偿金。

法律小贴士：

首先，遇到这种问题时，劳动者可先向劳动监察大队举报。

其次，劳动者应当保留好劳动合同等相关能够证明存在劳动关系的材料。

## 辞职也有补偿金

（因客观情况发生重大变化，劳动者选择辞职可获经济补偿吗）

**基本案情**

工厂为了节约成本，决定将生产地点从大城市搬到原料产地的山区。孙某提出有女上学须抚养且自己父母年事已高需有人照料，不能跟随工厂迁移，故向工厂提出辞职，但就补偿金的问题，双方没有达成一致意见。孙某将工厂告上法庭，要求工厂给付交通费、住宿费、伙食补助费、通讯费共计22 000元。法院经审理支持孙某的请求，判决工厂支付孙某各项费用共计15 000元。

**法律链接**

《劳动合同法》第40条：有下列情形之一的，用人单位提前三十日以书面形式通知劳动者本人或者额外支付劳动者一个月工资后，可以解除劳动合同：

（一）劳动者患病或者非因工负伤，在规定的医疗期满后不能从事原工作，也不能从事由用人单位另行安排的工作的；

（二）劳动者不能胜任工作，经过培训或者调整工作岗位，仍不能胜任工作的；

（三）劳动合同订立时所依据的客观情况发生重大变化，致使劳动合同无法履行，经用人单位与劳动者协商，未能就变更劳动合同内容达成协议的。

**律师解读**

孙某有权要求工厂支付经济补偿金。

用人单位与劳动者所订立的劳动合同依据客观情况发生重大变化，致使劳动合同无法履行而解除劳动合同的，用人单位应当向劳动者支付经济补偿。

法律小贴士：

用人单位不能随意辞退劳动者，由于客观情况发生重大变化的，劳动者有权请求经济补偿。

## 试用期辞退也要补

（单位在试用期辞退员工也要支付补偿金）

### 基本案情

某公司从社会上招收一批工作人员，从事公司新项目的开发工作。刘某过五关斩六将终于被公司录用，与公司签订了为期3年的劳动合同，其中约定试用期为3个月。然而，合同履行到第三个月，管理层策略发生变动，公司决定辞退刘某。刘某要求单位补偿2个月的工资，公司拒绝。刘某办理完离职手续后将公司起诉至劳动仲裁委员会，请求获得支持。公司辞退刘某违法吗？

### 法律链接

《劳动合同法》第21条：在试用期内，除劳动者有本法第39条和第40条第1项、第2项规定的情形外，用人单位不得解除劳动合同。用人单位在试用期解除劳动合同的，应当向劳动者说明理由。

《劳动合同法》第39条：劳动者有下列情形之一的，用人单位可以解除劳动合同：

（一）在试用期间被证明不符合录用条件的；

（二）严重违反用人单位的规章制度的；

（三）严重失职，营私舞弊，给用人单位造成重大损害的；

（四）劳动者同时与其他用人单位建立劳动关系，对完成本单位的工作任务造成严重影响，或者经用人单位提出，拒不改正的；

（五）因本法第26条第1款第1项规定的情形致使劳动合同无效的；

（六）被依法追究刑事责任的。

《劳动合同法》第40条：有下列情形之一的，用人单位提前三十日以书面形式通知劳动者本人或者额外支付劳动者一个月工资后，可以解除劳动合同。

（一）劳动者患病或者非因工负伤，在规定的医疗期满后不能从事原工作，也不能从事由用人单位另行安排的工作的；

（二）劳动者不能胜任工作，经过培训或者调整工作岗位，仍不能胜任工作的；

（三）劳动合同订立时所依据的客观情况发生重大变化，致使劳动合同无法履行，经用人单位与劳动者协商，未能就变更劳动合同内容达成协议的。

**律师说法**

公司辞退刘某的行为违法。

劳动合同一旦签订，即使客观情况发生重大变化，如果用人单位与劳动者未能达成一致，单位也不能因此辞退试用期员工。而员工要注意保留好劳动合同。试用期内，用人单位如果不能出具劳动者不符合录用条件的证明，就不能随意解除劳动关系。

法律小贴士：

要注意，单位在试用期结束后可以以“员工不符合录用条件”为由解除劳动合同，但是试用期一旦约定，不得延长。

## 哺乳期内不能辞

（哺乳期女工不胜任工作是否能辞退）

**基本案情**

董某在某公司已工作4年，近期公司实行政策大调整，引进了一批新技术，公司安排所有员工进行培训。董某刚休完产假，现在又忙着工作，又要带两个孩子，对新技术的学习较吃力，工作效率低，经常有客户投诉。单位遂为董某进行单独培训，依然未能解决问题。公司决定辞退董某，董某不同意，向当地劳动争议仲裁委员会提起了申诉，要求撤销公司辞退她的决定。劳动争议仲裁委员会裁决撤销公司要求与董某解除劳动合同的决定。

**法律链接**

《劳动合同法》第40条：有下列情形之一的，用人单位提前三十日以书面形式通知劳动者本人或者额外支付劳动者一个月工资后，可以解除劳动合同：

（一）劳动者患病或者非因工负伤，在规定的医疗期满后不能从事原工作，也不能从事由用人单位另行安排的工作的；

（二）劳动者不能胜任工作，经过培训或者调整工作岗位，仍不能胜任工作的；

（三）劳动合同订立时所依据的客观情况发生重大变化，致使劳动合同无法履行，经用人单位与劳动者协商，未能就变更劳动合同内容达成协议的。

《劳动合同法》第42条：劳动者有下列情形之一的，用人单位不得依照本法第40条、第41条的规定解除劳动合同：

（一）从事接触职业病危害作业的劳动者未进行离岗前职业健康检查，或者疑似职业病病人在诊断或者医学观察期间的；

（二）在本单位患职业病或者因工负伤并被确认丧失或者部分丧失劳动能力的；

（三）患病或者非因工负伤，在规定的医疗期内的；

（四）女职工在孕期、产期、哺乳期的；

（五）在本单位连续工作满十五年，且距法定退休年龄不足五年的；

（六）法律、行政法规规定的其他情形。

**律师说法**

公司辞退董某是违法的。

董某经两次培训仍不能胜任工作，属于《劳动法》第40条第2项所规定的情况。但是由于董某刚休完产假，处于哺乳期（12个月），单位不能辞退。

法律小贴士：

处于孕期、产期、哺乳期的女职工，除非有重大过错，一般不能随便辞退。

## 哺乳期不可违纪

（即使在哺乳期内，女职工有重大违纪事项也可辞退）

**基本案情**

某公司一女职工，产假期满后因孩子太小，向公司两次续假。在第二次请假未被批准的情况下，无故不上班，因而被公司解除合同。该职工申诉到劳动争议仲裁院，以处于哺乳期为由辩解，未得到支持。

本案问题：单位是否能辞退哺乳期员工？

**法律链接**

《劳动合同法》第39条：劳动者有下列情形之一的，用人单位可以解除劳动合同：

（一）在试用期间被证明不符合录用条件的；

（二）严重违反用人单位的规章制度的；

（三）严重失职，营私舞弊，给用人单位造成重大损害的；

（四）劳动者同时与其他用人单位建立劳动关系，对完成本单位的工作任务造成严重影响，或者经用人单位提出，拒不改正的；

《劳动合同法》第40条：有下列情形之一的，用人单位提前三十日以书面形式通知劳动者本人或者额外支付劳动者一个月工资后，可以解除劳动合同：

（一）劳动者患病或者非因工负伤，在规定的医疗期满后不能从事原工作，也不能从事由用人单位另行安排的工作的；

（二）劳动者不能胜任工作，经过培训或者调整工作岗位，仍不能胜任工作的；

（三）劳动合同订立时所依据的客观情况发生重大变化，致使劳动合同无法履行，经用人单位与劳动者协商，未能就变更劳动合同内容达成协议的。

《劳动合同法》第41条：有下列情形之一，需要裁减人员二十人以上或者裁减不足二十人但占企业职工总数百分之十以上的，用人单位提前三十日向工会或者全体职工说明情况，听取工会或者职工的意见后，裁减人员方案经向劳动行政部门报告，可以裁减人员：

（一）依照企业破产法规定进行重整的；

（二）生产经营发生严重困难的；

（三）企业转产、重大技术革新或者经营方式调整，经变更劳动合同后，仍需裁减人员的；

（四）其他因劳动合同订立时所依据的客观经济情况发生重大变化，致使劳动合同无法履行的。

裁减人员时，应当优先留用下列人员：

（一）与本单位订立较长期限的固定期限劳动合同的；

（二）与本单位订立无固定期限劳动合同的；

（三）家庭无其他就业人员，有需要扶养的老人或者未成年人的。

用人单位依照本条第 1 款规定裁减人员，在六个月内重新招用人员的，应当通知被裁减的人员，并在同等条件下优先招用被裁减的人员。

《劳动合同法》第 42 条：劳动者有下列情形之一的，用人单位不得依照本法第 40 条、第 41 条的规定解除劳动合同：

（一）从事接触职业病危害作业的劳动者未进行离岗前职业健康检查，或者疑似职业病病人在诊断或者医学观察期间的；

（二）在本单位患职业病或者因工负伤并被确认丧失或者部分丧失劳动能力的；

（三）患病或者非因工负伤，在规定的医疗期内的；

（四）女职工在孕期、产期、哺乳期的；

（五）在本单位连续工作满十五年，且距法定退休年龄不足五年的；

（六）法律、行政法规规定的其他情形。

**律师说法**

单位可以辞退哺乳期员工。

女职工在哺乳期内仍应遵守用人单位的劳动纪律和规章制度，请假必须履行用人单位制度规定的手续。如有严重违反，单位可以给予相应的处理，严重的可以依照《劳动合同法》第 39 条予以辞退。

法律小贴士：

由于女性生理特殊性，法律予以特别的照顾，但并不意味着可以随意违反纪律。

## 试用期内患了病

（单位能否辞退试用期内患病员工）

**基本案情**

周某大学毕业后应聘到某公司工作，劳动合同约定试用期为 2 个月。周某工作不到 1 个月，就因病住院。此时公司处于业务开拓期，急需人手，因此公司决定辞退周某。公司辞退周某合法吗？

**法律链接**

《劳动合同法》第 40 条：有下列情形之一的，用人单位提前三十日以书面形式通知劳动者本人或者额外支付劳动者一个月工资后，可以解除劳动合同：

（一）劳动者患病或者非因工负伤，在规定的医疗期满后不能从事原工作，也不能从事由用人单位另行安排的工作的；

（二）劳动者不能胜任工作，经过培训或者调整工作岗位，仍不能胜任工作的；

（三）劳动合同订立时所依据的客观情况发生重大变化，致使劳动合同无法履行，经用人单位与劳动者协商，未能就变更劳动合同内容达成协议的。

《劳动合同法》第 41 条：有下列情形之一，需要裁减人员二十人以上或者裁减不足二十人但占企业职工总数百分之十以上的，用人单位提前三十日向工会或者全体职工说明情况，听取工会或者职工的意见后，裁减人员方案经向劳动行政部门报告，可以裁减人员：

（一）依照企业破产法规定进行重整的；

（二）生产经营发生严重困难的；

（三）企业转产、重大技术革新或者经营方式调整，经变更劳动合同后，仍需裁减人员的；

（四）其他因劳动合同订立时所依据的客观经济情况发生重大变化，致使劳动合同无法履行的。

裁减人员时，应当优先留用下列人员：

（一）与本单位订立较长期限的固定期限劳动合同的；

（二）与本单位订立无固定期限劳动合同的；

（三）家庭无其他就业人员，有需要扶养的老人或者未成年人的。

用人单位依照本条第 1 款规定裁减人员，在六个月内重新招用人员的，应当通知被裁减的人员，并在同等条件下优先招用被裁减的人员。

《劳动合同法》第 42 条：劳动者有下列情形之一的，用人单位不得依照本法第四十条、第四十一条的规定解除劳动合同：

（一）从事接触职业病危害作业的劳动者未进行离岗前职业健康检查，或者疑似职业病病人在诊断或者医学观察期间的；

（二）在本单位患职业病或者因工负伤并被确认丧失或者部分丧失劳动能力的；

（三）患病或者非因工负伤，在规定的医疗期内的；

（四）女职工在孕期、产期、哺乳期的；

（五）在本单位连续工作满十五年，且距法定退休年龄不足五年的；

（六）法律、行政法规规定的其他情形。

**律师说法**

公司辞退周某是违法的。

根据我国相关法律规定，除非劳动者有重大过错，否则单位不能因政策调整或是以不能胜任工作为由辞退患病员工。

法律小贴士：

本案中，公司应按规定给予周某一定的医疗期。在规定的医疗期内，公司应按有关规定支付其病假工资或疾病救济费，病假工资或疾病救济费可以低于当地最低工资标准，但不能低于最低工资标准的80%。在医疗期满后，继续履行试用期，如被证明不符合录用条件，用人单位可以辞退周某。

## 试用期也有限制

（试用期能否随意约定）

### 基本案情

关某是2011年毕业的大学生，与一家企业签订了5年的劳动合同，合同约定试用期为1年，试用期内月薪1 500元，转正后6 000元。这家企业的做法合法吗？

### 法律链接

《劳动合同法》第19条：劳动合同期限三个月以上不满一年的，试用期不得超过一个月；劳动合同期限一年以上不满三年的，试用期不得超过二个月；三年以上固定期限和无固定期限的劳动合同，试用期不得超过六个月。

同一用人单位与同一劳动者只能约定一次试用期。

以完成一定工作任务为期限的劳动合同或者劳动合同期限不满三个月的，不得约定试用期。

试用期包含在劳动合同期限内。劳动合同仅约定试用期的，试用期不成立，该期限为劳动合同期限。

《劳动合同法》第20条：劳动者在试用期的工资不得低于本单位相同岗位最低档工资或者劳动合同约定工资的百分之八十，并不得低于用人单位所在地的最低工资标准。

《劳动合同法》第83条：用人单位违反本法规定与劳动者约定试用期的，由劳动行政部门责令改正；违法约定的试用期已经履行的，由用人单位以劳动者试用期满月工资为标准，按已经履行的超过法定试用期的期间向劳动者支付赔偿金。

### 律师说法

该企业的做法违法。

按照相关规定，试用期最长不得超过6个月，超过的部分视为转正后劳动合同期限。同时，试用期工资不得低于劳动合同约定工资的80%。

法律小贴士：

劳动者应当保留好劳动合同以作为日后产生纠纷的证据。

# 被迫辞职应补偿

（如果员工是被迫辞职的，是否可以主张经济补偿金）

## 基本案情

王某与某公司的劳动合同期限为2010年9月1日至2011年10月31日，约定王某为部门主管，全面负责所在部门的工作，违约解除劳动合同的一方应支付对方相当于王某一年工资的违约金。2011年3月初，王某在朋友那里找到新的发展空间，决定跳槽，于2月10日向人力资源部提出辞职，请求马上办妥离职手续。公司总经理答复其不同意，要求其继续履行劳动义务，王某经考虑决定不跳槽，于是留下继续工作，无不良表现。但公司开始无故迟延支付工资且降低岗位工资标准，并以“协助”名义安排一个助理，专门监督王某的行为。王某忍无可忍，最终于4月10日向公司提交辞职函。王某向劳动争议仲裁委员会申请仲裁，以被迫解除劳动合同为由要求公司支付经济补偿金和违约金。

## 法律链接

《劳动合同法》第37条：劳动者提前三十日以书面形式通知用人单位，可以解除劳动合同。劳动者在试用期内提前三日通知用人单位，可以解除劳动合同。

《劳动合同法》第38条：用人单位有下列情形之一的，劳动者可以解除劳动合同：

（一）未按照劳动合同约定提供劳动保护或者劳动条件的；

（二）未及时足额支付劳动报酬的；

（三）未依法为劳动者缴纳社会保险费的；

（四）用人单位的规章制度违反法律、法规的规定，损害劳动者权益的；

（五）因本法第26条第1款规定的情形致使劳动合同无效的；

（六）法律、行政法规规定劳动者可以解除劳动合同的其他情形。

用人单位以暴力、威胁或者非法限制人身自由的手段强迫劳动者劳动的，或者用人单位违章指挥、强令冒险作业危及劳动者人身安全的，劳动者可以立即解除劳动合同，不需事先告知用人单位。

《劳动合同法》第46条：有下列情形之一的，用人单位应当向劳动者支付经济补偿：

（一）劳动者依照本法第38条规定解除劳动合同的；

（二）用人单位依照本法第36条规定向劳动者提出解除劳动合同并与劳动者协商一致解除劳动合同的；

（三）用人单位依照本法第40条规定解除劳动合同的；

（四）用人单位依照本法第41条第1款规定解除劳动合同的；

（五）除用人单位维持或者提高劳动合同约定条件续订劳动合同，劳动者不同意续订的情形外，依照本法第44条第1项规定终止固定期限劳动合同的；

（六）依照本法第44条第4项、第5项规定终止劳动合同的；

（七）法律、行政法规规定的其他情形。

**律师说法**

劳动者是被迫辞职时，有权请求单位支付经济补偿金，而自己无需支付违约金。

法律小贴士：

单位可以通过考核等制度评价员工，不能胜任工作的，单位可以解除合同，但是强迫员工辞职需要支付经济补偿金。劳动者所要做的是注意保存好证据。

## 下班受伤是工伤

（员工在上下班途中受伤是否属于工伤）

**基本案情**

一日，某公司卢某在下班回家途中，被逆行的刘某驾驶的无证二轮摩托车撞伤，经交警大队事故认定，刘某负全部责任，卢某无责任。刘某赔偿卢某医疗费、误工费等合计5万余元。在收到刘某赔偿后，卢某又提请工伤鉴定，单位以其已经收到侵权人的赔偿为由拒绝支付工伤保险金。

**法律链接**

《工伤保险条例》第14条：职工有下列情形之一的，应当认定为工伤：

（一）在工作时间和工作场所内，因工作原因受到事故伤害的；

（二）工作时间前后在工作场所内，从事与工作有关的预备性或者收尾性工作受到事故伤害的；

（三）在工作时间和工作场所内，因履行工作职责受到暴力等意外伤害的；

（四）患职业病的；

（五）因工外出期间，由于工作原因受到伤害或者发生事故下落不明的；

（六）在上下班途中，受到非本人主要责任的交通事故或者城市轨道交通、客运轮渡、火车事故伤害的；

（七）法律、行政法规规定应当认定为工伤的其他情形。

《工伤保险条例》第16条：职工有下列情形之一的不得认定为工伤或者视同工伤：

（一）因犯罪或违反治安管理伤亡的；

（二）因醉酒导致伤亡的；

（三）自残或者自杀的。

**律师说法**

卢某有权申请工伤保险金。

《工伤保险条例》约束的是用人单位和员工之间的关系，与员工是否与他人发生纠纷无关，本案中，侵权人即使已经支付了赔偿，卢某依然有权利申请工伤保险。

只要符合条件，不存在法定的排除情形，是否存在第三人侵权不影响工伤的认定。本案中，卢某作为单位职工与单位存在劳动关系，在正常下班途中被摩托车撞伤，符合工伤认定的法定情形，在交通事故认定中摩托车对事故负全部责任。卢某无责任，没有犯罪或违反治安管理法规及其他不应认定为工伤的情形，故卢某有权获工伤保险待遇。

法律小贴士：

虽然工伤保险请求权与人身损害赔偿请求权基于同一损害事实产生，但二者并不排斥，权利人可同时主张。

## 实习受伤不算“伤”

（在校学生到单位实习受伤是否算工伤）

### 基本案情

吴某经学校推荐安排到某汽车运输公司参加汽车维修实习。实习期间他在上班时被车撞成七级伤残。随后，市劳保局认定吴某受伤属工伤性质。吴某将单位和学校告上法院，要求索赔。法院判决认定，吴某实习是学校课堂教学内容的延伸，学生与实习单位无劳动关系，虽在实习中受伤，但不能享受工伤待遇。最终，法院按照一般民事侵权纠纷，判令被告单位赔偿吴某各项损失 3 万余元，驳回吴某其他请求。

### 法律链接

《侵权责任法》第 6 条：行为人因过错侵害他人民事权益，应当承担侵权责任。

根据法律规定推定行为人有过错，行为人不能证明自己没有过错的，应当承担侵权责任。

《侵权责任法》第 7 条：行为人损害他人民事权益，不论行为人有无过错，法律规定应当承担侵权责任的，依照其规定。

### 律师说法

在校学生到单位实习期间受伤不属于工伤。

在校实习学生不是《劳动合同法》意义上的劳动者，目前并无法律规定实习生在单位受伤的问题，一般认为实习生在单位的实习是其在学校课堂教学内容的延伸，因此，实习生与用人单位之间并没有法律上的劳动关系，实习生在单位实习过程中受到的伤害，实践中一般不认定为工伤，而是按照一般民事侵权纠纷处理。

法律小贴士：

虽然实习生在单位实习受伤不能算工伤，但是实习生所在学校应当为此负责，因此，实习生有权要求其所在学校予以赔偿。另外，实习生可要求单位承担一般侵权的民事责任，但是作为一般侵权案件，实习生自己须承担证明单位有过错的责任。

## 试用期内是工伤

（劳动者试用期内在工作单位受伤是否属于工伤）

**基本案情**

吴某与单位签订了3年的劳动合同，约定试用期为2个月。工作1个月后，吴某因长时间疲劳作业，被工厂机器削掉一根手指。单位称吴某尚在试用期内，故不属于工伤。吴某的受伤属于工伤吗？

**法律链接**

《工伤保险条例》第14条：职工有下列情形之一的，应当认定为工伤：

（一）在工作时间和工作场所内，因工作原因受到事故伤害的；

（二）工作时间前后在工作场所内，从事与工作有关的预备性或者收尾性工作受到事故伤害的；

（三）在工作时间和工作场所内，因履行工作职责受到暴力等意外伤害的；

（四）患职业病的；

（五）因工外出期间，由于工作原因受到伤害或者发生事故下落不明的；

（六）在上下班途中，受到非本人主要责任的交通事故或者城市轨道交通、客运轮渡、火车事故伤害的；

（七）法律、行政法规规定应当认定为工伤的其他情形。

**律师说法**

试用期与实习期的性质完全不同。试用期内员工与正式职工并无本质的差别。学生毕业后到单位工作，试用期受伤属于工伤。

法律小贴士：

试用期的员工与正式员工并无本质差别。

## 拒签合同需补偿

（员工拒签劳动合同而被辞退，单位应否支付员工经济补偿金）

**基本案情**

某公司成立已近15年，一直未与员工签过劳动合同。2010年8月初，公司向全体员工发出通知，要求全体员工在本月月底前都要签订劳动合同，合同期限为1年，不愿与公司签订劳动合同的员工予以辞退处理（无经济补偿金）。某部门有30多名员工，工作年限都较长，最长的已10年以上，最短的也有5年多。该30多名员工因担心劳动合同期满后公司终止劳动合同而没有经济补偿，故要求与公司签订无固定期限的劳动合同，否则拒绝签订1年期限的劳动合同。由于公司与该部分员工无法就签订劳动合同的期限问题达成一致意见，结果员工拒绝签订 1 年期限的劳动合同而被公司辞退，并且没有经济补偿金。被辞退员工申请劳动仲裁，要求公司支付解除劳动关系的经济补偿金。

**法律链接**

《劳动合同法》第 10 条：建立劳动关系，应当订立书面劳动合同。

已建立劳动关系，未同时订立书面劳动合同的，应当自用工之日起一个月内订立书面劳动合同。

用人单位与劳动者在用工前订立劳动合同的，劳动关系自用工之日起建立。

《劳动合同法》第 14 条：无固定期限劳动合同，是指用人单位与劳动者约定无确定终止时间的劳动合同。

用人单位与劳动者协商一致，可以订立无固定期限劳动合同。有下列情形之一，劳动者提出或者同意续订、订立劳动合同的，除劳动者提出订立固定期限劳动合同外，应当订立无固定期限劳动合同：

（一）劳动者在该用人单位连续工作满十年的；

（二）用人单位初次实行劳动合同制度或者国有企业改制重新订立劳动合同时，劳动者在该用人单位连续工作满十年且距法定退休年龄不足十年的；

（三）连续订立二次固定期限劳动合同，且劳动者没有本法第 39 条和第 40 条第 1 项、第 2 项规定的情形，续订劳动合同的。

用人单位自用工之日起满一年不与劳动者订立书面劳动合同的，视为用人单位与劳动者已订立无固定期限劳动合同。

**律师说法**

单位应当支付员工经济补偿金。一直没签劳动合同是公司的过错，在目前终止劳动合同没有经济补偿金的情况下，公司与员工签订短期劳动合同的行为对员工的权益保障明显不合理、不公平。在符合签订无固定期限劳动合同的条件下，如果劳动者要求，则企业应当签订无固定期限劳动合同。

法律小贴士：

单位没有法定理由不得任意解除劳动合同，节约成本并不是辞退员工的充分理由。员工可以依法保护自己的合法权益。在没有书面劳动合同的情况下，员工应当注意搜集证据以证明存在事实劳动关系。工资单、考勤记录等都能够起到证明作用，必要时还可录音。

## 试用被退双倍薪

（试用期未签合同被辞退，单位应当支付双倍工资）

**基本案情**

2010 年 7 月 10 日，刘先生被某公司聘用，公司告知他有 3 个月的试用期，但是没有签订劳动合同。2010 年 9 月 15 日，公司通知，由于刘先生在 3 个月的试用期内表现不佳，公司研究后决定对他予以辞退，因他表现不好公司也不可能给他任何赔偿。刘先生是否有权利主张经济补偿？

**法律链接**

《劳动合同法》第 10 条：建立劳动关系，应当签订书面劳动合同。已建立劳动关系，未同时 签订书面劳动合同的，应当自用工之日起一个月内签订书面劳动合同。

《劳动合同法》第 19 条：劳动合同期限三个月以上不满一年的，试用期不得超过一个月；劳动合同期限一年以上不满三年的，试用期不得超过二个月；三年以上固定期限和无固定期限的劳动合同，试用期不得超过六个月。

同一用人单位与同一劳动者只能约定一次试用期。

以完成一定工作任务为期限的劳动合同或者劳动合同期限不满三个月的，不得约定试用期。

试用期包含在劳动合同期限内。劳动合同仅约定试用期的，试用期不成立，该期限为劳动合同期限。

《劳动合同法》第 20 条：劳动者在试用期的工资不得低于本单位相同岗位最低档工资或者劳动合同约定工资的百分之八十，并不得低于用人单位所在地的最低工资标准。

《劳动合同法》第 82 条：用人单位自用工之日起超过一个月不满一年未与劳动者签订书面劳动合同的，应当向劳动者支付双倍工资。

**律师说法**

刘先生有权要求公司支付补偿。

公司与刘先生之间没有签订劳动合同，根据相关法律规定，该用人单位与劳动者之间的试用期约定无效，因此劳动者的所有劳动期限视为正式用工期。自用工之日起超过 1 个月不满 1 年未与劳动者签订书面劳动合同的，应当向劳动者支付双倍工资。所以，公司应当向刘先生支付 9 月份的双倍工资。

法律小贴士：

试用期并非能随意约定，有期限限制。违反法律规定的试用期约定是无效的。单位没有签订劳动合同的，则劳动者可依法要求单位支付双倍工资。

## 没有合同也能赔

（虽未签订合同，被辞员工仍获赔偿）

**基本案情**

严某在某公司工作。3 年后，该公司在深圳设立了一个全资子公司。子公司成立后，严某到此子公司工作，但双方并未签订劳动合同。又 3 年后，子公司通知严某“由于公司战略调整，不能续订雇员合同”，并要求严某签订保密协议。该子公司以严某的劳动关系在原公司为由，未向严某支付解除劳动关系经济补偿金。

法院经审理后认为，严某在子公司工作期间，其付出的劳动是子公司业务的组成部分。同时，子公司与严某签订的协议说明该辞退行为系该子公司所为。因此，双方虽未签订劳动合同，但已形成事实劳动关系。依照《劳动合同法》的有关规定，解除劳动合同的过错在于子公司，子公司应按严某的工作年限支付解除劳动关系的经济补偿金。

**法律链接**

《劳动合同法实施条例》第7条：用人单位自用工之日起满一年未与劳动者订立书面劳动合同的，自用工之日起满一个月的次日至满一年的前一日应当依照《劳动合同法》第82条的规定向劳动者每月支付两倍的工资，并视为自用工之日起满一年的当日已经与劳动者订立无固定期限劳动合同，应当立即与劳动者补订书面劳动合同。

《劳动合同法》第46条：有下列情形之一的，用人单位应当向劳动者支付经济补偿：

（一）劳动者依照本法第38条规定解除劳动合同的；

（二）用人单位依照本法第36条规定向劳动者提出解除劳动合同并与劳动者协商一致解除劳动合同的；

（三）用人单位依照本法第40条规定解除劳动合同的；

（四）用人单位依照本法第41条第1款规定解除劳动合同的；

（五）除用人单位维持或者提高劳动合同约定条件续订劳动合同，劳动者不同意续订的情形外，依照本法第44条第1项规定终止固定期限劳动合同的；

（六）依照本法第44条第4项、第5项规定终止劳动合同的；

（七）法律、行政法规规定的其他情形。

《劳动合同法》第47条：经济补偿按劳动者在本单位工作的年限，每满一年支付一个月工资的标准向劳动者支付。六个月以上不满一年的，按一年计算；不满六个月的，向劳动者支付半个月工资的经济补偿。

劳动者月工资高于用人单位所在直辖市、设区的市级人民政府公布的本地区上年度职工月平均工资三倍的，向其支付经济补偿的标准按职工月平均工资三倍的数额支付，向其支付经济补偿的年限最高不超过十二年。

本条所称月工资是指劳动者在劳动合同解除或者终止前十二个月的平均工资。

《劳动合同法》第36条：用人单位与劳动者协商一致，可以解除劳动合同。

《劳动合同法》第40条：有下列情形之一的，用人单位提前三十日以书面形式通知劳动者本人或者额外支付劳动者一个月工资后，可以解除劳动合同：

（一）劳动者患病或者非因工负伤，在规定的医疗期满后不能从事原工作，也不能从事由用人单位另行安排的工作的；

（二）劳动者不能胜任工作，经过培训或者调整工作岗位，仍不能胜任工作的；

（三）劳动合同订立时所依据的客观情况发生重大变化，致使劳动合同无法履行，经用人单位与劳动者协商，未能就变更劳动合同内容达成协议的。

律师说法

严某能够获得公司的赔偿。即使没有签订书面合同，由于存在事实劳动关系，严某同样能获得赔偿。

法律小贴士：

只要能够证明事实劳动关系的存在，请求赔偿就能够得到支持，但是难处就在如何证明事实劳动关系的存在。

工资单、银行账户明细、上班打卡记录等均可作为证据。

## 不能只约试用期

（合同仅约定试用期，期内辞退员工可以吗）

基本案情

贾某进单位时双方签订了一份为期3个月的试用期合同，约定试用期满后经过考核通过，双方再签订正式劳动合同。1个月后，单位发现贾某在应聘时隐瞒了曾因打架斗殴被用人单位开除的事情，单位认为贾某不诚实并以此为由解除了试用期合同。贾某不服提起劳动仲裁，裁决支持贾某的申诉请求，恢复劳动关系，继续履行劳动合同。单位辞退贾某是否合法？

法律链接

《劳动合同法》第19条：劳动合同期限三个月以上不满一年的，试用期不得超过一个月；劳动合同期限一年以上不满三年的，试用期不得超过二个月；三年以上固定期限和无固定期限的劳动合同，试用期不得超过六个月。

同一用人单位与同一劳动者只能约定一次试用期。

以完成一定工作任务为期限的劳动合同或者劳动合同期限不满三个月的，不得约定试用期。

试用期包含在劳动合同期限内。劳动合同仅约定试用期的，试用期不成立，该期限为劳动合同期限。

《劳动合同法》第39条：劳动者有下列情形之一的，用人单位可以解除劳动合同：

（一）在试用期间被证明不符合录用条件的；

（二）严重违反用人单位的规章制度的；

（三）严重失职，营私舞弊，给用人单位造成重大损害的；

（四）劳动者同时与其他用人单位建立劳动关系，对完成本单位的工作任务造成严重影响，或者经用人单位提出，拒不改正的；

（五）因本法第26条第1款第1项规定的情形致使劳动合同无效的；

（六）被依法追究刑事责任的。

《劳动合同法》第40条：有下列情形之一的，用人单位提前三十日以书面形式通知劳动者本人或者额外支付劳动者一个月工资后，可以解除劳动合同：

（一）劳动者患病或者非因工负伤，在规定的医疗期满后不能从事原工作，也不能从事由用人单位另行安排的工作的；

（二）劳动者不能胜任工作，经过培训或者调整工作岗位，仍不能胜任工作的；

（三）劳动合同订立时所依据的客观情况发生重大变化，致使劳动合同无法履行，经用人单位与劳动者协商，未能就变更劳动合同内容达成协议的。

**律师说法**

单位辞退贾某的行为违法。在试用期内，如果员工不符合录用条件，用人单位有权解除合同，但在本案中，根据相关法律，由于贾某与单位只约定了试用期，该约定无效，该期限即为劳动合同期限。因此，在劳动合同期限内，没有出现法定情形，单位不得解除劳动合同。

法律小贴士：

如果用人单位能够证明，贾某在入职以前的陈述有虚假伪造成分，则单位可以解除合同。贾某并没有主动告知现在用人单位自己先前经历的必要，如果单位没有主动询问，贾某没有告知，此行为不属于隐瞒。

## 单位能否扣押金

（单位是否有权利收取员工的押金）

**基本案情**

王某在某酒店做服务员。酒店未跟她签订劳动合同，只是口头上告知她的月工资是800元，并连续几个月从她的工资里扣取押金，共扣取了200元的押金。11月18日，她向酒店辞职，于12月5日离开。但是酒店老板要求她至少要干到12月18日才能离开，否则200元押金不退。老板认为，王某刚入职时承诺将干到次年5月，现在却要提前离开，王某违背其承诺，酒店有权扣留押金。单位扣留押金是否违法？

**法律链接**

《劳动合同法》第84条：用人单位违反本法规定，扣押劳动者居民身份证等证件的，由劳动行政部门责令限期退还劳动者本人，并依照有关法律规定给予处罚。

用人单位违反本法规定，以担保或者其他名义向劳动者收取财物的，由劳动行政部门责令限期退还劳动者本人，并以每人五百元以上二千元以下的标准处以罚款；给劳动者造成损害的，应当承担赔偿责任。

劳动者依法解除或者终止劳动合同，用人单位扣押劳动者档案或者其他物品的，依照前款规定处罚。

**律师说法**

酒店扣留押金属于违法行为，应当立即退还给劳动者并结清工资。员工如需辞职，须提前1个月向用人单位提出。如果用人单位未跟员工签订书面劳动合同，双方仍存在事实上的劳动合同关系，在此情况下员工可随时通知用人单位解除双方事实上的劳动关系，但是用人单位不得以任何理由收取员工任何形式的押金。

法律小贴士：

劳动关系建立前应当签订书面劳动合同，如果没有书面劳动合同，劳动者在主张权利时可通过其他证据主张劳动关系的存在，如工资存折等。劳动者需注意证据的保存。

## 女工怀孕不能辞

（试用期内的怀孕女工不能辞退）

**基本案情**

万某与某公司签订劳动合同，约定试用期为6个月，工作3个月后，万某怀孕了。公司得知情况后，单方面解除了劳动合同。公司辞退万某的行为合法吗？

**法律链接**

《劳动合同法》第39条：劳动者有下列情形之一的，用人单位可以解除劳动合同：

（一）在试用期间被证明不符合录用条件的；

（二）严重违反用人单位的规章制度的；

（三）严重失职，营私舞弊，给用人单位造成重大损害的；

（四）劳动者同时与其他用人单位建立劳动关系，对完成本单位的工作任务造成严重影响，或者经用人单位提出，拒不改正的；

（五）因本法第26条第1款第1项规定的情形致使劳动合同无效的；

（六）被依法追究刑事责任的。

《劳动合同法》第40条：有下列情形之一的，用人单位提前三十日以书面形式通知劳动者本人或者额外支付劳动者一个月工资后，可以解除劳动合同：

（一）劳动者患病或者非因工负伤，在规定的医疗期满后不能从事原工作，也不能从事由用人单位另行安排的工作的；

（二）劳动者不能胜任工作，经过培训或者调整工作岗位，仍不能胜任工作的；

（三）劳动合同订立时所依据的客观情况发生重大变化，致使劳动合同无法履行，经用人单位与劳动者协商，未能就变更劳动合同内容达成协议的。

《劳动合同法》第42条：劳动者有下列情形之一的，用人单位不得依照本法第40条、第41条的规定解除劳动合同：

（一）从事接触职业病危害作业的劳动者未进行离岗前职业健康检查，或者疑似职业病病人在诊断或者医学观察期间的；

（二）在本单位患职业病或者因工负伤并被确认丧失或者部分丧失劳动能力的；

（三）患病或者非因工负伤，在规定的医疗期内的；

（四）女职工在孕期、产期、哺乳期的；

（五）在本单位连续工作满十五年，且距法定退休年龄不足五年的；

（六）法律、行政法规规定的其他情形。

**律师说法**

公司辞退万某的行为违法。

如果单位不能提供证据证明该女工不符合录用条件，则单位不能辞退万某。

法律小贴士：

并不是怀孕的女工就一律不能辞退，只有出现了法定情形，单位才能辞退怀孕的女工。

## 无合同该怎么赔

（没签劳动合同，试用期内被辞退，劳动者能否请求单位支付双倍工资）

**基本案情**

2010年11月，张某到某公司应聘，公司提出先试用半个月然后再考虑签合同。半个月不到，公司提出张某不符合录用条件，要求张某“走人”。张某提出要求公司支付双倍工资，而公司称张某完全不符合当初招聘的条件，并且还在试用期内，拒绝支付双倍工资。该公司的行为违法吗?

**法律链接**

《劳动合同法》第82条：用人单位自用工之日起超过一个月不满一年未与劳动者订立书面劳动合同 的，应当向劳动者每月支付二倍的工资。

用人单位违反本法规定不与劳动者订立无固定期限劳动合同的，自应当订立无固定期限劳动合同之日起向劳动者每月支付二倍的工资。

**律师说法**

该公司的行为不违法。根据相关法律，“用人单位自用工之日起超过一个月不满一年未与劳动者订立书面劳动合同的，应当向劳动者每月支付双倍的工资”，此条文可作如下理解：第一，时间上，必须是自用工之日起超过一个月而未满一年。换言之，如果时间不满一个月，则员工无权要求公司支付双倍工资。第二，劳动者要求订立书面劳动合同而用人单位拒绝。本案中张某的情形并不符合，因此公司无须支付双倍工资。

法律小贴士：

并非只要没有书面劳动合同就可以要求单位支付双倍工资。

## 下班受伤算工伤

（员工下班时间在单位受伤是否算工伤）

**基本案情**

张某与某公司签订劳动合同，成为该公司的保洁员。两周后，张某中午下班后在公司内小卖部被保安打伤，住院治疗 42 天。劳动部门鉴定，符合工伤鉴定范围。公司以张某事发不在工作时间之内为由拒绝赔偿。法院认为，该事故是工作时间前后在工作场所内，从事与工作有关的预备或收尾工作受到的伤害，应该认定为工伤。公司应当支付张某工资、一次性伤残补助金、医疗费、伙食补助费等共计 4.5 万元。

**法律链接**

《工伤保险条例》第 14 条：职工有下列情形之一的，应当认定为工伤：

（一）在工作时间和工作场所内，因工作原因受到事故伤害的；

（二）工作时间前后在工作场所内，从事与工作有关的预备性或者收尾性工作受到事故伤害的；

（三）在工作时间和工作场所内，因履行工作职责受到暴力等意外伤害的；

（四）患职业病的；

（五）因工外出期间，由于工作原因受到伤害或者发生事故下落不明的；

（六）在上下班途中，受到非本人主要责任的交通事故或者城市轨道交通、客运轮渡、火车事故伤害的；

**律师说法**

本案中张某受伤是工伤。根据相关规定，工作时间前后在工作场所内，虽然不是因工作原因，但是因从事与工作有关的预备性或者收尾性工作受到事故伤害的也属于工伤。

法律小贴士：

如果是非工作时间，在工作场所内并非因工作原因受到伤害，则不能判定为工伤。

## 辞职不同于解聘

（员工被“主动辞职”，勿忘收集证据）

**基本案情**

张某与某公司签订了为期 5 年的合同，公司要求新入职员工必须交纳 5 000 元押金。3 年后，公司不景气进行裁员。但公司规定，如果被裁掉就无法拿到押金。为拿到押金，张某只能在公司准备好的“辞职申请表”上签名。张某为此诉至法院，请求公司支付经济补偿金。张某能否得到经济补偿金？

**法律链接**

《劳动合同法》第 36 条：用人单位与劳动者协商一致，可以解除劳动合同。

《劳动合同法》第 37 条：劳动者提前三十日以书面形式通知用人单位，可以解除劳动合同。劳动者在试用期内提前三日通知用人单位，可以解除劳动合同。

《劳动合同法》第 38 条：用人单位有下列情形之一的，劳动者可以解除劳动合同：

（一）未按照劳动合同约定提供劳动保护或者劳动条件的；

（二）未及时足额支付劳动报酬的；

（三）未依法为劳动者缴纳社会保险费的；

（四）用人单位的规章制度违反法律、法规的规定，损害劳动者权益的；

（五）因本法第 26 条第 1 款规定的情形致使劳动合同无效的；

（六）法律、行政法规规定劳动者可以解除劳动合同的其他情形。

用人单位以暴力、威胁或者非法限制人身自由的手段强迫劳动者劳动的，或者用人单位违章指挥、强令冒险作业危及劳动者人身安全的，劳动者可以立即解除劳动合同，不需事先告知用人单位。

《劳动合同法》第 39 条：劳动者有下列情形之一的，用人单位可以解除劳动合同：

（一）在试用期间被证明不符合录用条件的；

（二）严重违反用人单位的规章制度的；

（三）严重失职，营私舞弊，给用人单位造成重大损害的；

（四）劳动者同时与其他用人单位建立劳动关系，对完成本单位的工作任务造成严重影响，或者经用人单位提出，拒不改正的；

（五）因本法第 26 条第 1 款第 1 项规定的情形致使劳动合同无效的；

（六）被依法追究刑事责任的。

《劳动合同法》第 40 条：有下列情形之一的，用人单位提前三十日以书面形式通知劳动者本人或者额外支付劳动者一个月工资后，可以解除劳动合同：

（一）劳动者患病或者非因工负伤，在规定的医疗期满后不能从事原工作，也不能从事由用人单位另行安排的工作的；

（二）劳动者不能胜任工作，经过培训或者调整工作岗位，仍不能胜任工作的；

（三）劳动合同订立时所依据的客观情况发生重大变化，致使劳动合同无法履行，经用人单位与劳动者协商，未能就变更劳动合同内容达成协议的。

《劳动合同法》第 41 条：有下列情形之一，需要裁减人员二十人以上或者裁减不足二十人但占企业职工总数百分之十以上的，用人单位提前三十日向工会或者全体职工说明情况，听取工会或者职工的意见后，裁减人员方案经向劳动行政部门报告，可以裁减人员：

（一）依照企业破产法规定进行重整的；

（二）生产经营发生严重困难的；

（三）企业转产、重大技术革新或者经营方式调整，经变更劳动合同后，仍需裁减人员的；

（四）其他因劳动合同订立时所依据的客观经济情况发生重大变化，致使劳动合同无法履行的。

裁减人员时，应当优先留用下列人员：

（一）与本单位订立较长期限的固定期限劳动合同的；

（二）与本单位订立无固定期限劳动合同的；

（三）家庭无其他就业人员，有需要扶养的老人或者未成年人的。

用人单位依照本条第一款规定裁减人员，在六个月内重新招用人员的，应当通知被裁减的人员，并在同等条件下优先招用被裁减的人员。

《劳动合同法》第46条：有下列情形之一的，用人单位应当向劳动者支付经济补偿：

（一）劳动者依照本法第38条规定解除劳动合同的；

（二）用人单位依照本法第36条规定向劳动者提出解除劳动合同并与劳动者协商一致解除劳动合同的；

（三）用人单位依照本法第40条规定解除劳动合同的；

（四）用人单位依照本法第41条第1款规定解除劳动合同的；

（五）除用人单位维持或者提高劳动合同约定条件续订劳动合同，劳动者不同意续订的情形外，依照本法第44条第1项规定终止固定期限劳动合同的；

（六）依照本法第44条第4项、第5项规定终止劳动合同的；

（七）法律、行政法规规定的其他情形。

**律师说法**

根据相关法律，单位无故辞退劳动者需要支付经济补偿金，而劳动者主动辞职的，单位无需支付经济补偿金。本案中，劳动者明显是被逼“申请辞职”的，但是由于证据不充分，法院只能驳回其请求。

法律小贴士：

鉴于单位辞退员工须支付经济补偿金，因此许多公司采取各种办法强迫劳动者“主动辞职”，收取押金就是方法之一。虽然法律规定公司不得以任何形式收取或变相收取押金，但是公司与雇员相比明显处于强势地位，并且在诉讼当中，劳动者进行证据收集也比较困难。

可以采取电话录音等方式收集证据，只要录制的方式不违法，该证据就有效。不能通过窃听设备进行录音，但是可将正常通话进行录音作为证据提交。

## 就业协议不算数

（公司违反就业协议，不安排毕业生就业，公司是否应当支付毕业生经济补偿）

**基本案情**

王某在即将大学毕业时与一家公司签订了“全国普通高等学校毕业生就业协

议书”，约定大学毕业后到公司就业。如果一方违约，必须支付 1 万元违约金。但是王某毕业两个月了，公司一直没有安排他就业。在他一再坚持下，公司提出：只愿意支付违约金，而不能安排就业。王某要求公司给予经济补偿，被公司拒绝。王某能否要求公司给予经济补偿?

**法律链接**

《劳动合同法》第 7 条：用人单位自用工之日起即与劳动者建立劳动关系。用人单位应当建立职工名册备查。

《劳动合同法》第 8 条：用人单位招用劳动者时，应当如实告知劳动者工作内容、工作条件、工作地点、职业危害、安全生产状况、劳动报酬，以及劳动者要求了解的其他情况；用人单位有权了解劳动者与劳动合同直接相关的基本情况，劳动者应当如实说明。

《劳动合同法》第 9 条：用人单位招用劳动者，不得扣押劳动者的居民身份证和其他证件，不得要求劳动者提供担保或者以其他名义向劳动者收取财物。

《劳动合同法》第 10 条：建立劳动关系，应当订立书面劳动合同。

已建立劳动关系，未同时订立书面劳动合同的，应当自用工之日起一个月内订立书面劳动合同。

用人单位与劳动者在用工前订立劳动合同的，劳动关系自用工之日起建立。

**律师说法**

王某不能要求公司按照《劳动合同法》给予经济补偿。大学毕业生就业协议书不同于劳动合同，也不能替代劳动合同，不具备劳动合同的法律效力，因此，本案中公司可以支付违约金，而不安排王某就业。

法律小贴士：

就业协议的作用是从签订之日起到毕业生前去公司报到之时约束公司，但是并不是劳动合同。毕业生并没有与单位建立劳动关系，公司如果选择违反就业协议，只承担相应的违约责任。

## 雇主要有赔偿责

（受个人雇用为第三方服务导致受伤，雇主是否应当承担赔偿责任）

**基本案情**

某酒店欲进行内部装修，与张某签订了合同，约定由酒店提供材料和图纸，张某按照酒店的要求进行装修，验收合格后按工作量支付装修费。张某又找来李某等人进行装修，张某每天付工资若干。李某在装修过程中不慎受伤，经鉴定为工伤七级伤残。李某诉至法院，要求张某和酒店共同承担医疗费、精神抚慰金等损失 4 万余元。

**法律链接**

最高人民法院《关于审理人身损害赔偿案件适用法律若干问题的解释》第 11

条：雇员在从事雇佣活动中遭受人身侵害，雇主应当承担赔偿责任。

**律师说法**

本案中张某应对李某承担赔偿责任。

李某虽然在酒店干活，但是跟酒店并没有直接关系。李某是受张某雇用的。酒店和张某之间不存在控制、支配和从属关系，酒店在验收劳动成果后一次性支付费用，从这两点来看，张某和酒店之间可认定为承揽关系，而张某和李某之间则是雇佣关系。

法律小贴士：

虽然酒店在理论上没有赔偿责任，但是作为原告的李某在起诉时应当将酒店和张某作为共同原告，这在诉讼上是一种战略。

## 拖欠工资需要赔

（单位克扣或者无故拖欠劳动者工资的，需要支付经济补偿金吗）

**基本案情**

单位拖欠了张某 4 个月的工资未发，张某举报后，单位仍未发工资，张某于是提起诉讼。但是张某提出，单位除了应当支付拖欠的工资外，还应当支付赔偿金。张某的要求合法吗?

**法律链接**

《劳动合同法》第 85 条：用人单位有下列情形之一的，由劳动行政部门责令限期支付劳动报酬、加班 费或者经济补偿；劳动报酬低于当地最低工资标准的，应当支付其差额部分；逾期不支付的，责令用人单位按应付金额百分之五十以上百分之一百以下的标准向劳动者加付赔偿金：

（一）未按照劳动合同的约定或者国家规定及时足额支付劳动者劳动报酬的；

（二）低于当地最低工资标准支付劳动者工资的；

（三）安排加班不支付加班费的；

（四）解除或者终止劳动合同，未依照本法规定向劳动者支付经济补偿的。

《违反和解除劳动合同的经济补偿办法》第 3 条：用人单位克扣或者无故拖欠劳动者工资的，以及拒不支付劳动者延长工作时间工资报酬的，除在规定的时间内全额支付劳动者工资报酬外，还需加发相当于工资报酬百分之二十五的经济补偿金。

**律师说法**

张某的要求合法。根据相关法律规定，单位拖欠或克扣工资的，逾期不支付的，应当加付赔偿金。

法律小贴士：

此法律条文在于保护劳动者而加重企业的责任，然而劳动者相对于企业而言是弱势群体，如果不是拖欠时间过长，劳动者一般不会选择求助于劳动仲裁。劳动者在一出现拖欠工资的情况时，就可以留意多方证据的收集，例如打卡的记录、证人提供证言的等。

## 员工可以炒单位

（员工辞职时不必支付不公平的违约金）

### 基本案情

2010年2月，张某提前1个月以书面形式通知所在企业解除劳动合同，单位同意解除劳动合同，但要求张某必须支付3 000元的违约金。张某不服，认为他虽然在本企业工作十多年，技术精湛，但没有参加过企业专门出资的专业技术培训，于是向劳动仲裁机构提出申诉。经核实，该企业为了防止员工流失，在2008年年底与所有员工订立了期限不等的劳动合同，并且订立了违约金从几百至几千元不等的服务期协议。理由是这些员工从招聘录用到正式上岗，从初级工到培养成成熟的能手，企业花费了不少费用，如果他们“炒”企业的鱿鱼，对企业来说将是不小的损失。

本案问题：张某是否需要支付给企业3 000元的违约金？

### 法律链接

《劳动合同法》第22条：用人单位为劳动者提供专项培训费用，对其进行专业技术培训的，可以与该劳动者订立协议，约定服务期。

劳动者违反服务期约定的，应当按照约定向用人单位支付违约金。违约金的数额不得超过用人单位提供的培训费用。用人单位要求劳动者支付的违约金不得超过服务期尚未履行部分所应分摊的培训费用。

用人单位与劳动者约定服务期的，不影响按照正常的工资调整机制提高劳动者在服务期期间的劳动报酬。

《劳动合同法》第23条：用人单位与劳动者可以在劳动合同中约定保守用人单位的商业秘密和与知识产权相关的保密事项。

对负有保密义务的劳动者，用人单位可以在劳动合同或者保密协议中与劳动者约定竞业限制条款，并约定在解除或者终止劳动合同后，在竞业限制期限内按月给予劳动者经济补偿。劳动者违反竞业限制约定的，应当按照约定向用人单位支付违约金。

《劳动合同法》第25条：除本法第22条和第23条规定的情形外，用人单位不得与劳动者约定由劳动者承担违约金。

《劳动合同法》第26条：下列劳动合同无效或者部分无效：

（一）以欺诈、胁迫的手段或者乘人之危，使对方在违背真实意思的情况下订立或者变更劳动合同的；

（二）用人单位免除自己的法定责任、排除劳动者权利的；

（三）违反法律、行政法规强制性规定的。

对劳动合同的无效或者部分无效有争议的，由劳动争议仲裁机构或者人民法院确认。

《劳动合同法》第 37 条：劳动者提前三十日以书面形式通知用人单位，可以解除劳动合同。劳动者在试用期内提前三日通知用人单位，可以解除劳动合同。

**律师说法**

张某不需要支付给企业 3 000 元的违约金。

根据相关法律，只要劳动者提前三十日以书面形式通知用人单位，就可解除劳动合同。除了第 22、23 条规定的情形外，用人单位不得与劳动者约定违约金。用人单位可以与劳动者约定服务协议，但是前提是单位为劳动者提供了专项培训，此点必须由单位自我举证。另外，单位与劳动者签订的服务协议，由于劳动者与单位相比处于弱势地位，此协议明显不公，属于以欺诈、胁迫的手段或者乘人之危，使对方在违背真实意思的情况下订立的劳动合同，此部分无效。

法律小贴士：

单位不得随意向员工索取押金或者是签订协议以约定违约金。劳动者在遇到此类情形时应当大胆运用法律武器来维护自己的合法权益。

## 怎样计算补偿金

（合同期内被单位辞退，经济补偿金如何计算）

**基本案情**

2007 年 1 月，穆女士与某公司签订劳动合同，合同期限是 5 年。2010 年 6 月，因怀孕，公司安排她“回家休息”，每月发放 600 元的生活补助。

2010 年 10 月，已经生育的穆女士准备休息 1 个月后就回单位上班，却收到了公司要她办理离职手续的通知。公司称，如穆女士迅速自动回单位办理离职手续，就发放 1 个月的工资（1 700 元）作为离职补偿，如不办理就没有离职补偿，原来每月 600 元的补助也只发到 9 月份。穆女士认为自己的劳动合同还没有到期，单位的做法违法。单位应当支付穆女士多少经济补偿金？

**法律链接**

《劳动合同法》第 47 条：经济补偿按劳动者在本单位工作的年限，每满一年支付一个月工资的标准向劳动者支付。六个月以上不满一年的，按一年计算；不满六个月的，向劳动者支付半个月工资的经济补偿。

劳动者月工资高于用人单位所在直辖市、设区的市级人民政府公布的本地区上年度职工月平均工资三倍的，向其支付经济补偿的标准按职工月平均工资三倍的数额支付，向其支付经济补偿的年限最高不超过十二年。

本条所称月工资是指劳动者在劳动合同解除或者终止前十二个月的平均工资。

**律师说法**

单位应当支付穆女士相当于4个月工资的经济补偿金。穆女士在单位工作已有3年10个月，按照规定，6个月以上不满1年的，按1年计算，因此单位应当支付相当于4个月工资的经济补偿。

法律小贴士：

法律对于如何计算经济补偿金有着严格的规定，单位少发、拖欠、克扣经济补偿都是违法的。

## 治病期间的辞职

（员工医疗期内提出辞职，单位无需支付经济补偿）

**基本案情**

刘某与某单位签订了为期5年的劳动合同。第三年，刘某因病住院，单位按照规定给予其3个月的医疗期。2个月后，刘某病情好转，又找到了一份更轻松的工作，于是向原单位递交了一份辞职申请，并要求原单位给予3个月的工资作为经济补偿。原单位认为，刘某在医疗期内不应当提出解除劳动合同，并且无权要求单位支付经济补偿。

**法律链接**

《劳动合同法》第46条：有下列情形之一的，用人单位应当向劳动者支付经济补偿：

（一）劳动者依照本法第38条规定解除劳动合同的；

（二）用人单位依照本法第36条规定向劳动者提出解除劳动合同并与劳动者协商一致解除劳动合同的；

（三）用人单位依照本法第40条规定解除劳动合同的；

（四）用人单位依照本法第41条第1款规定解除劳动合同的；

（五）除用人单位维持或者提高劳动合同约定条件续订劳动合同，劳动者不同意续订的情形外，依照本法第44条第1项规定终止固定期限劳动合同的；

（六）依照本法第44条第4项、第5项规定终止劳动合同的；

（七）法律、行政法规规定的其他情形。

**律师说法**

员工在医疗期内提出辞职，单位无需支付经济补偿金。

我国相关法律只规定了在何种情形下企业不得解除劳动合同，因劳动者相对于单位而言处于弱势地位，因此法律对单位解除劳动合同的权利有严格的限制，但并不限制劳动者辞职的权利。没有法律禁止劳动者在医疗期间辞职。如劳动者主动辞职，单位不必支付经济补偿金。

法律小贴士：

单位支付经济补偿金有严格的法律规定，并非员工辞职必须支付经济补偿金。

## 退休打工要注意

（已满退休年龄的人员“发挥余热”应当注意哪些问题）

### 基本案情

2008年9月，刘女士退休后到某公司打工，约定月工资为600元。但是从2008年9月到2010年12月这段期间，公司只给她发放了2个月的工资，直到2011年2月一直未发其余工资。刘女士向劳动仲裁委员会申请仲裁，仲裁委员会以刘女士已超过法定退休年龄为由，不予受理案件。刘女士不服该裁决，向法院提起诉讼，请求法院判令被告支付其应得工资及同期银行存款利息，并解除与被告的劳动合同，要求被告支付经济补偿金1 500元。法院审理后认为，原告到被告公司工作时已超过法定的企业女职工退休年龄，不符合建立劳动关系的主体条件，原被告之间应视为存在短暂劳务雇佣合同关系。刘女士虽提出自2008年9月以来一直为被告提供劳动服务，但未提交有效证据证明其主张，故请求证据不足。又因双方不具备劳动关系，因此刘女士有关解除劳动合同，并要求被告支付经济补偿金的诉讼请求缺乏法律依据。法院最终驳回了刘女士的诉讼请求。

### 法律链接

《劳动合同法》第44条：有下列情形之一的，劳动合同终止：

（一）劳动合同期满的；

（二）劳动者开始依法享受基本养老保险待遇的；

……

（六）法律、行政法规规定的其他情形。

《劳动合同法实施条例》第21条：劳动者达到法定退休年龄的，劳动合同终止。

《工伤保险条例》第61条：本条例所称职工，是指与用人单位存在劳动关系（包括事实劳动关系）的各种用工形式、各种用工期限的劳动者。

### 律师说法

刘女士不能依据《劳动合同法》要求企业支付工资和经济补偿金。

对于退休年龄，我国《劳动合同法》并没有做出规定，而是通过行政条例来明确的。虽然《劳动合同法》并没有说明“劳动者”的年龄，但是目前主流观点认为，通过法律、条例以及相关规定可以看出，法律意义上的劳动者专门指代未达退休年龄的劳动者。

退休人员已超出法定退休年龄，不是法律意义上的劳动者，不适用《劳动合同法》，自然也不适用《劳动合同法实施条例》。因此，根据目前立法状况，退休人员再就业不适用《劳动合同法》以及相关的规定，返聘人员不能依据《劳动合同法》主张权利。由于现在我国尚缺乏配套的老年人才市场引导机制，老年人再就业有较大的风险。

法律小贴士：

很多人在退休后并不希望休闲在家，而是希望继续工作，“发挥余热”，那么在应聘时，最好与用人单位签订雇佣合同，明确雇佣期间的工作内容、报酬、医疗、保险等待遇，这样，合同既可以作为用工的依据，日后一旦发生纠纷，合同也是维护个人权益的重要保障。

## 合同不得限结婚

（劳动合同中对于员工结婚、生育等限制的条款是否有效）

**基本案情**

2008 年 3 月，20 岁的彭某与某企业签订了为期 5 年的劳动合同。合同条款之一是：“因本企业工作的特殊性，凡被录用为本企业员工的，在合同期内不经企业批准不得结婚，不经企业批准不得怀孕；否则，企业有权提前解除合同。”彭某考虑到找一份工作不容易，于是就签了。

2010 年 5 月，彭某结婚，婚后 4 个月，彭某怀孕了。单位以此为由提前解除了劳动合同，书面通知彭某“鉴于合同乙方违约，甲方通知乙方，决定自即日起解除与乙方的劳动合同，乙方应在本月内办理有关工作交接手续，领取本月工资”。彭某不服，向当地劳动仲裁委员会申请仲裁。企业解除合同违法吗？

**法律链接**

《婚姻法》第 5 条：结婚必须男女双方完全自愿，不许任何一方对他方加以强迫或任何第三者加以干涉。

《劳动合同法》第 26 条：下列劳动合同无效或者部分无效：

（一）以欺诈、胁迫的手段或者乘人之危，使对方在违背真实意思的情况下订立或者变更劳动合同的；

（二）用人单位免除自己的法定责任、排除劳动者权利的；

（三）违反法律、行政法规强制性规定的。

对劳动合同的无效或者部分无效有争议的，由劳动争议仲裁机构或者人民法院确认。

《劳动合同法》第 27 条：劳动合同部分无效，不影响其他部分效力的，其他部分仍然有效。

《劳动合同法》第 42 条：女职工在孕期、产期、哺乳期的，用人单位不得依照本法第 40 条、第 41 条的规定解除劳动合同。

《就业促进法》第 27 条：国家保障妇女享有与男子平等的劳动权利。用人单位招用人员，除国家规定的不适合妇女的工种或者岗位外，不得以性别为由拒绝录用妇女或者提高对妇女的录用标准。

用人单位录用女职工，不得在劳动合同中规定限制女职工结婚、生育的内容。

**律师说法**

企业解除劳动合同是违法的。

根据相关法律，结婚是彭某的法定权利，该企业与员工的劳动合同中“在合同期内不经批准不得结婚”条款由于违反相关法律，是无效的。但是该劳动合同其他部分是有效的，企业不能以该劳动合同条款来解除劳动合同。

彭某已怀孕，根据《劳动合同法》的规定，该企业在彭某怀孕期间不能随意解除劳动合同。彭某有权要求企业继续履行劳动合同，并且彭某有权休产假。

法律小贴士：

劳动合同中可以规定工作的内容、待遇等，女员工结婚、怀孕对工作效率会有影响，但是企业不能因此而限制员工结婚和生育的权利。劳动合同中限制结婚、生育的条款由于违法，都是无效的。因此，员工如果遇到企业以违反了不得结婚条款而解除劳动合同的，应当勇敢地运用法律武器以保护自己的合法权益。

## 私自替班不能赔

（私自替朋友上班结果受伤，是否属于工伤）

**基本案情**

2010年8月，陈某应聘到某公司的工地看管机器，2011年1月8日，因家中有事，陈某在未经公司管理人员同意的情况下，私自让他的朋友胡某顶替其上班。胡某在工作时，右脚不慎被汽车压伤。该公司将胡某送往医院治疗，并支付了全部的医疗费用。但双方就胡某受伤是否属于工伤以及工伤待遇问题产生了纠纷。

**法律链接**

《工伤保险条例》第14条：职工有下列情形之一的，应当认定为工伤：

（一）在工作时间和工作场所内，因工作原因受到事故伤害的；

（二）工作时间前后在工作场所内，从事与工作有关的预备性或者收尾性工作受到事故伤害的；

（三）在工作时间和工作场所内，因履行工作职责受到暴力等意外伤害的；

（四）患职业病的；

（五）因工外出期间，由于工作原因受到伤害或者发生事故下落不明的；

（六）在上下班途中，受到机动车事故伤害的；

（七）法律、行政法规规定应当认定为工伤的其他情形。

《工伤保险条例》第15条：职工有下列情形之一的，视同工伤：

（一）在工作时间和工作岗位，突发疾病死亡或者在48小时之内经抢救无效死亡的；

（二）在抢险救灾等维护国家利益、公共利益活动中受到伤害的；

（三）职工原在军队服役，因战、因公负伤致残，已取得革命伤残军人证，到用人单位后旧伤复发的。

职工有前款第（一）项、第（二）项情形的，按照本条例的有关规定享受工伤保险待遇；职工有前款第（三）项情形的，按照本条例的有关规定享受除一次性伤残补助金以外的工伤保险待遇。

《工伤保险条例》第 61 条：本条例所称职工，是指与用人单位存在劳动关系（包括事实劳动关系）的各种用工形式、各种用工期限的劳动者。

**律师说法**

胡某受伤不能认定为工伤。

根据《工伤保险条例》第 14、15 条的规定，工伤认定的主体应当是单位的职工。单位职工指的是通过正常的招聘途径，与用人单位签订劳动合同，双方建立劳动关系或与用人单位存在事实劳动关系，受用人单位管理并从用人单位处获取劳动收入的劳动者。胡某与公司之间既没有书面劳动合同，也不存在事实劳动关系，而只是私自替班行为。虽然发生事故的时间处于工作时间，地点在工作场所，事故原因也是因为工作导致，但因为胡某不是该公司的职工，所以胡某受伤不能认定为工伤。

法律小贴士：

工伤认定的前提是，受伤人员是单位的职工，或是签订了书面劳动合同，或是存在事实劳动关系。因此，私自替班行为的风险较大，并不可取。

## 两手可以同时抓

（在用人单位违法解雇员工时，劳动者能否要求企业同时支付双倍工资差额和违法解除劳动关系赔偿金）

**基本案情**

2010 年 8 月，童某大学毕业后应聘到某公司工作，双方未签订劳动合同，只是口头约定童某月工资 2 000 元。该公司经常以种种借口，在应当发工资时克扣工资。2011 年 3 月，该公司无任何理由地将童某辞退。童某诉至当地劳动争议仲裁委员会，要求公司支付被克扣的工资、未签订劳动合同的双倍工资差额及违法解除劳动合同赔偿金。该公司认为，双倍工资差额和赔偿金都是对单位的处罚，两者只能择其一；而且依据法律规定，只有违法解除劳动合同赔偿金，并未规定有违法解除劳动关系赔偿金。那么，用人单位违法解除劳动关系，劳动者能同时主张未签订劳动合同双倍工资差额和违法解除劳动关系赔偿金吗？

**法律链接**

《劳动合同法》第 82 条：用人单位自用工之日起超过一个月不满一年未与劳动者订立书面劳动合同的，应当向劳动者每月支付二倍的工资。

《劳动合同法》第87条：用人单位违反本法规定解除或者终止劳动合同的，应当依照本法第47条规定的经济补偿标准的二倍向劳动者支付赔偿金。

**律师说法**

上述两种责任是针对不同的违法事实制定的，重复适用并不冲突，且违法解除劳动合同赔偿金理应包括违法解除事实劳动关系赔偿金。该公司的辩称无法律依据。

法律小贴士：

本案中，劳动者需要重视的是，应当收集哪些证据用以证明公司克扣工资。例如，在相同劳动强度下类似企业工资、证人证言、电话录音、照片等。

## 工伤待遇不能“替”

（劳动者的“工伤待遇”能否作为一项权利而由其继承者继承）

**基本案情**

2008年11月，滕某在工作中受伤。同年12月，滕某与公司达成协议，公司赔偿滕某3.5万元。2009年11月，滕某被认定为工伤，后被认定为六级伤残。2010年5月13日，滕某再次申请仲裁，要求依法享受工伤待遇。仲裁部门审理期间，滕某向法院提起诉讼，要求撤销双方2008年12月达成的协议。仲裁部门遂中止了案件的审理。2010年9月，法院一审判决撤销协议书。公司不服，提起上诉。2011年1月，滕某因病死亡。2010年2月，中级法院作出终审判决，维持一审原判。2011年3月，滕某的妻子请求恢复仲裁，并请求继承滕某依法应享受的工伤待遇。滕某的妻子能否继承滕某依法应享受的工伤待遇？

**法律链接**

《继承法》第3条：遗产是公民死亡时遗留的个人合法财产，包括：

（一）公民的收入；

（二）公民的房屋、储蓄和生活用品；

……

（六）公民的著作权、专利权中的财产权利；

（七）公民的其他合法财产。

**律师说法**

滕某的妻子不能继承滕某的工伤待遇。

根据法律规定，遗产的范围限于公民死亡时所遗留的财产和财产性权利，而工伤待遇并不属于遗产。工伤保险立法的目的是最大限度地保护受伤的职工。滕某的妻子并不能成为受益者。但是从人文关怀的角度，企业应当给予滕某的妻子适量的补偿。

法律小贴士：

工伤待遇是用于保护受到伤害的职工的，并非财产权利。但是作为企业，应当秉承以人为本的精神，对于职工的家属给予适当的补偿。

## 被打伤也算工伤

（在单位上班被打伤，是否可以算工伤）

### 基本案情

温某是某公司的保安。2010 年 8 月 1 日，温某在正常上班中，公司的几个客户代表言语不和，几个人厮打了起来，温某上前劝解，左胳膊被打成骨折。经调解，客户支付了温某的医疗费、误工费等。温某多次要求公司为其申报工伤，但都遭到公司拒绝。2010 年 12 月，温某到当地社会保障部门申请工伤认定。公司认为：温某是因打架受伤而不是因工作原因受伤，温某的受伤不是工伤。另外，温某的损失已经由客户赔偿，没有必要再由工伤保险赔付。温某的受伤是工伤吗？

### 法律链接

《工伤保险条例》第 14 条：职工有下列情形之一的，应当认定为工伤：

（一）在工作时间和工作场所内，因工作原因受到事故伤害的。

（二）工作时间前后在工作场所内，从事与工作有关的预备性或者收尾性工作受到事故伤害的；

（三）在工作时间和工作场所内，因履行工作职责受到暴力等意外伤害的；

（四）患职业病的；

（五）因工外出期间，由于工作原因受到伤害或者发生事故下落不明的；

（六）在上下班途中，受到非本人主要责任的交通事故或者城市轨道交通、客运轮渡、火车事故伤害的。

最高人民法院《关于审理人身损害赔偿案件适用法律若干问题的解释》第 12 条：因用人单位以外的第三人侵权造成劳动者人身损害要求赔偿的，人民法院应予支持。

### 律师说法

温某的受伤是工伤。

温某因履行工作职责遭受到暴力意外伤害，应认定为工伤。在因第三人侵权引起的工伤案件中，工伤职工要求第三人承担人身伤害赔偿责任，是依据我国民法及有关人身伤害赔偿的法律、法规提出的，而要求工伤待遇是依据工伤保险法律、法规提出的，二者之间并无冲突，互不排斥。受伤员工既可追究加害人的责任，也可要求单位认定为工伤。

法律小贴士：

受伤员工可以既要求加害人赔偿损失，也同时申请工伤鉴定。企业不得以员工已经得到加害人赔偿为由拒绝认定工伤。

## 怀孕不能降薪酬

（女员工在怀孕期间能否随意调岗或是降低薪酬）

**基本案情**

孙某于2009年1月1日与某公司签订了为期3年的劳动合同，试用期为1个月，转正后月工资1 200元。2010年2月，孙某怀孕。4个月后，单位以孙某怀孕，不适合原先岗位为由，将她从行政文秘转换为公司保洁员，月工资降至800元。孙某与公司协商未果，提起劳动仲裁，要求继续履行所签订的劳动合同。

在仲裁委主持调解下，该公司同意孙某继续在原岗位工作，履行所签订的劳动合同。

**法律链接**

《劳动合同法》第3条：订立劳动合同，应当遵循合法、公平、平等自愿、协商一致、诚实信用的原则。依法订立的劳动合同具有约束力，用人单位与劳动者应当履行劳动合同约定的义务。

《劳动合同法》第42条：劳动者有下列情形之一的，用人单位不得依照本法第40条、第41条的规定解除劳动合同：

（一）从事接触职业病危害作业的劳动者未进行离岗前职业健康检查，或者疑似职业病病人在诊断或者医学观察期间的；

……

（四）女职工在孕期、产期、哺乳期的；

……

《劳动合同法》第40条：有下列情形之一的，用人单位提前三十日以书面形式通知劳动者本人或者额外支付劳动者一个月工资后，可以解除劳动合同：

（一）劳动者患病或者非因工负伤，在规定的医疗期满后不能从事原工作，也不能从事由用人单位另行安排的工作的；

（二）劳动者不能胜任工作，经过培训或者调整工作岗位，仍不能胜任工作的；

（三）劳动合同订立时所依据的客观情况发生重大变化，致使劳动合同无法履行，经用人单位与劳动者协商，未能就变更劳动合同内容达成协议的。

《劳动合同法》第41条：有下列情形之一，需要裁减人员二十人以上或者裁减不足二十人但占企业职工总数百分之十以上的，用人单位提前三十日向工会或者全体职工说明情况，听取工会或者职工的意见后，裁减人员方案经向劳动行政部门报告，可以裁减人员：

（一）依照企业破产法规定进行重整的；

（二）生产经营发生严重困难的；

（三）企业转产、重大技术革新或者经营方式调整，经变更劳动合同后，仍需裁减人员的；

（四）其他因劳动合同订立时所依据的客观经济情况发生重大变化，致使劳动合同无法履行的。

裁减人员时，应当优先留用下列人员：

（一）与本单位订立较长期限的固定期限劳动合同的；

（二）与本单位订立无固定期限劳动合同的；

（三）家庭无其他就业人员，有需要扶养的老人或者未成年人的。

用人单位依照本条第一款规定裁减人员，在六个月内重新招用人员的，应当通知被裁减的人员，并在同等条件下优先招用被裁减的人员。

《妇女权益保护法》第27条：任何单位不得因结婚、怀孕、产假、哺乳等情形，降低女职工的工资，辞退女职工，单方解除劳动（聘用）合同或者服务协议。但是，女职工要求终止劳动（聘用）合同或者服务协议的除外。

**律师说法**

公司降薪的做法违法。

本案中，孙某怀孕后，在孙某无任何不良记录、公司未与其协商一致的情况下，公司单方变更工作岗位、降低工资，变相解除劳动合同的行为违法，其决定没有法律效力。

法律小贴士：

如果公司能够证明，孙某有严重违反规章制度、严重失职、营私舞弊等行为，则公司可以解除劳动关系。但是如果不能证明，公司既不能解除劳动关系，也不能降薪。

## 兼职也是劳动者

（兼职是否形成劳动关系）

**基本案情**

成某于2009年7月2日入职甲公司，双方签订了一份全日制固定期限劳动合同，约定工作时间为标准工时。2010年3月，乙公司找到成某，想聘请他作为设计总监，成某告知其已经与甲公司存在劳动关系。乙公司为了拉拢人才，同意成某与原公司保持劳动关系，在乙公司同样执行全日制标准，上班时间比较灵活，主要是晚上和周末，一周工作40小时即可。2010年6月，甲公司发现成某与乙公司建立了第二个劳动关系，于是向当地劳动仲裁委员会申请仲裁，要求确认成某与乙公司的劳动关系无效。成某与乙公司之间的劳动关系是否有效呢？

**法律链接**

《劳动合同法》第69条：非全日制用工双方当事人可以订立口头协议。从事非全日制用工的劳动者可以与一个或者一个以上用人单位订立劳动合同；但是，后订立的劳动合同不得影响先订立的劳动合同的履行。

《劳动合同法》第39条：劳动者有下列情形之一的，用人单位可以解除劳动合同：

（一）在试用期间被证明不符合录用条件的；

（二）严重违反用人单位的规章制度的；

（三）严重失职，营私舞弊，给用人单位造成重大损害的；

（四）劳动者同时与其他用人单位建立劳动关系，对完成本单位的工作任务造成严重影响，或者经用人单位提出，拒不改正的；

（五）因本法第26条第1款第1项规定的情形致使劳动合同无效的；

（六）被依法追究刑事责任的。

**律师说法**

成某与乙公司的劳动关系是有效的。从立法以及解释来看，法律明确允许非全日制用工可以建立两个以上劳动关系。虽然从劳动的性质上看，不容易成立两个以上全日制劳动关系，但是目前我国《劳动合同法》并没有禁止劳动者与两个以上用人单位形成劳动关系，也未规定劳动者与两个以上用人单位形成的劳动关系之间的效力冲突。法律只是通过赋予用人单位解除劳动关系的权利来解决劳动争议。根据《劳动合同法》第39条，如果劳动者与两个以上用人单位形成劳动关系时，用人单位可以提出要求劳动者解除后一个劳动关系，劳动者拒不解除的，用人单位可以通过解除与其劳动关系以保护单位的合法权益。此条文可以理解为，劳动者是可以建立不止一个劳动关系的，然而单位不能主张后一个劳动关系无效。

法律小贴士：

劳动者很难建立两个以上全日制劳动关系，但是我国法律并没有明确禁止建立两个以上全日制劳动关系，法律也没有明确规定在存在两个以上全日制劳动关系时后建立的无效。相反，法律赋予企业要求劳动者解除劳动关系的权利。

劳动者可建立多重劳动关系，劳动关系的有效与否与数目、成立时间先后没有关系。

## 隐婚入职有后果

（企业能否因员工隐瞒婚姻状况而解除劳动合同）

**基本案情**

在多番笔试和面试之后，宋某终于进入某公司工作，但在员工入职登记表中的“婚姻状况”一栏中，宋某担心公司会排斥已婚女性。考虑到日后的职场生涯，宋某隐瞒了已婚身份。入职半年之后，宋某怀孕了。宋某担心公司知道事实后可能会解除她的劳动合同，便没有向公司告知实情。但是时间一长，宋某怀孕的事情还是被公司知道了。经过一番调查，公司发现宋某在入职以前就已经结婚。根据员工入职登记表中标明的“凡所述信息与实际情况不符的，属欺骗行为，公司有权依据制度即时解除劳动关系，并不支付任何经济补偿”的规定，公司提出解除劳动合同。宋某认为公司的做法严重违反法律，且具有就业歧视性，要求公司撤销决定，继续履行原劳动合同。在员工隐瞒婚姻状况时，公司可以解除劳动合同吗？

**法律链接**

《就业促进法》第 27 条：国家保障妇女享有与男子平等的劳动权利。

用人单位招用人员，除国家规定的不适合妇女的工种或者岗位外，不得以性别为由拒绝录用妇女或者提高对妇女的录用标准。

用人单位录用女职工，不得在劳动合同中规定限制女职工结婚、生育的内容。

《劳动合同法》第 26 条：下列劳动合同无效或者部分无效：

（一）以欺诈、胁迫的手段或者乘人之危，使对方在违背真实意思的情况下订立或者变更劳动合同的；

（二）用人单位免除自己的法定责任、排除劳动者权利的；

（三）违反法律、行政法规强制性规定的。

对劳动合同的无效或者部分无效有争议的，由劳动争议仲裁机构或者人民法院确认。

《劳动合同法》第 39 条：劳动者有下列情形之一的，用人单位可以解除劳动合同：

（一）在试用期间被证明不符合录用条件的；

（二）严重违反用人单位的规章制度的；

（三）严重失职，营私舞弊，给用人单位造成重大损害的；

（四）劳动者同时与其他用人单位建立劳动关系，对完成本单位的工作任务造成严重影响，或者经用人单位提出，拒不改正的；

（五）因本法第 26 条第 1 款第 1 项规定的情形致使劳动合同无效的；

（六）被依法追究刑事责任的。

**律师说法**

员工隐瞒婚姻状况，公司在某些条件下是可以解除劳动合同的。

根据相关法律规定，除国家规定的不适合妇女的工种或者岗位外，用人单位不得以性别为由拒绝录用妇女或者提高对妇女的录用标准。如果公司在招聘时表示不录用已婚女员工并以此为由解聘宋某，那么就是就业歧视。宋某是正常招聘入职，因此公司并不存在就业歧视。如果公司的规章制度中明确规定欺骗行为是严重违纪行为，可以解除劳动合同，则公司解除与宋某的合同并不违法。

法律小贴士：

法律对于处于孕期、产期和哺乳期的女员工有特殊的保护，但是并不意味着处于这“三期”的女员工就可以高枕无忧，视公司规章为“空气”。另外，如果公司在招聘之初以结婚为由拒绝录用已婚女性，那么就是就业歧视，在这时候，女性应聘者隐瞒婚姻状况非常合理。但是在员工入职后，公司做婚姻状况调查时，员工仍然隐瞒婚姻状况，这种情况下就有欺诈的嫌疑，如果公司有制度规定不诚信陈述属于违纪，则就算“孕期”也无法保护劳动者。

# 第十一篇

# 刑事风险

现代社会经济物质水平不断提高，但是人们的法律意识却还有待提高，尤其是对隐藏在身边的刑事风险缺少必要的关注。很多人甚至认为《刑法》离自己很遥远，其实不然，也许我们不认为是犯罪的行为，法律却将其规定为犯罪。本篇遴选了将近30个百姓身边可能发生的刑事犯罪案例，以期给广大读者提高自身防范和预防犯罪提供较好的参照。

## 报复证人罪过大

（对证人采取报复措施是否应当承担刑事责任？证人享有哪些权利）

**基本案情**

某日下午，刘某、杨某、宋某经预谋后结伙在小客车上扒窃，盗得手机两部和人民币若干。三被告人作案得手后即被乘客发现。刘某逃跑途中被某学校三名学生抓获，被警察带回派出所进行询问。因为刘某在逃跑中乘人不备将盗得的手机扔到路边垃圾箱内，所以到公安机关后矢口否认自己的偷盗事实，三名学生到派出所向民警指证了刘某盗窃的事实。

随后，刘某乘人不备，从派出所留置室钻窗逃走，找到杨某等人，闯入学生宿舍，对三名学生进行殴打。最终法院以打击报复证人罪和寻衅滋事罪判处被告有期徒刑6年至6个月不等，并赔付三名学生数万元不等人民币。

**法律链接**

《刑事诉讼法》第84条：任何单位和个人发现有犯罪事实和犯罪嫌疑人，有权利也有义务向公安机关、人民检察院或者人民法院报案或者举报。

《刑法》第308条：对证人进行打击报复的，处三年以下有期徒刑；情节严重的，处三年以上七年以下有期徒刑。

**律师说法**

刘某等为泄私愤对证人进行打击报复，触犯了《刑法》。案件知情人的报案和举报，是法律赋予案件知情人的权利，也是一种义务。本案中，三名见义勇为的学生面对违法犯罪行为积极指证，是法律应该鼓励和支持的。同样，为更好地保护证人和鼓励证人出庭作证，《刑法》专门规定了打击报复证人罪。本案中的刘某等人理应为他们的行为承担责任。

法律小贴士：

由于证人在司法及诉讼活动中的特殊地位和重要作用，对犯罪行为人侵害证人合法权益的行为予以特别定罪量刑十分必要。就目前来看，我国规定的关于证人的权利主要有以下几个：(1) 安全保障权。侦查机关应当保障证人及其近亲属的安全。(2) 充分陈述权。(3) 核对笔录权。询问证人笔录应当交证人核对，证人可以提出补充或者改正。(4) 侵权控告权。证人对侦查、检察、审判人员侵犯其诉讼权利和人身侮辱行为，有提出控告的权利。(5) 证人在侦查阶段如果不愿公开自己的姓名，有要求为他保守秘密的权利。

## 暴夫虐妻境遇惨

(老公打老婆是不是天经地义？虐待妻子要不要承担刑事责任)

**基本案情**

沈某与杨某于1999年结婚，此后二人的小日子也算过得去，不觉一晃就过去了10年。2009年沈某因自己的睡眠太好，无端怀疑妻子偷偷给自己吃了安眠药，去和别人搞对象。沈某开始变得脾气暴躁，因为一点小事便对妻子拳脚相加。2010年5月，杨某鼓足勇气向法院提起离婚诉讼。后经调解，夫妻和好如初。

可是好景不长，就在2011年1月的一天，沈某怀疑妻子偷了自己的钱，又忽然想到前几天妻子的妹妹来还借款，自己一无所知。这一切让沈某难解心中愤怒，于是不由分说，在寒冬腊月挥拳将妻子打出门去，当杨某再次回到家时，沈某还是没有消气，又将杨某拽进屋内一顿痛打。杨某苦苦相求，而沈某像发了疯一般，一直打到天色将晚。杨某躺在地上呻吟，沈某强行将杨某的衣服脱下，拿起火炉上的水壶将水全部倒在妻子身上。后经法医鉴定，杨某右肋4处骨折，双腿及腰背部大面积烫伤，其伤情构成轻伤。

**法律链接**

《刑法》第260条：虐待家庭成员，情节恶劣的，处二年以下有期徒刑、拘役或者管制。

犯前款罪，致使被害人重伤、死亡的，处二年以上七年以下有期徒刑。

**律师说法**

沈某的行为已经构成虐待罪。虐待的表现方式多种多样，一般指以打骂、强迫劳动、限制自由、冻饿等行为方式对共同生活的家庭成员进行从肉体到精神上的折磨。在我国，尤其是农村地区，还保留着很强的封建思想，大男子主义盛行，一些男子信奉将妻子娶回家就像买回家的马匹，任人打骂。本案中，沈某因为自己的无端猜测对妻子拳脚相加，还用开水将妻子烫成轻伤，其虐待行为情节恶劣，完全符合虐待罪的构成要件。

法律小贴士：

对于这种虐待罪要注意两点：其一，虐待罪是要求受到虐待的当事人提起诉讼的，否则法院是不会受理的，这与抢劫、强奸等犯罪直接由检察院提起公诉是不同的。其二，构成虐待罪的只能是一起共同生活的家庭成员，如父母、夫妻、子女等，对于非家庭成员间发生的虐待行为不构成虐待罪。

## 倒卖药品挣钱财

（对未用完或者外国药品进行贩卖，算是犯罪吗）

**基本案情**

陈某因为早年下岗买断，一直无业，最近想在网上开店赶赶时髦。2009 年 4 月，在外国工作的朋友李某打来电话，说有亲戚癌症病故，家中剩了多瓶外国产抗癌药物需要转手。陈某听到后，想在网上试着销售，于是陈某在网上发帖宣传。不久，就有人联系陈某购买。陈某以 2 100 元/瓶的价格卖给他人。很快，李某寄来的 10 瓶抗癌药销售一空，陈某赚了千余元利润。后来陈某又让李某在外国进货，并以每瓶 1 800 元向其购买，在国内以 2 000 ~ 2 500 元/瓶价格销售。

半年内，陈某共销售了 40 多瓶该品牌抗癌药。2010 年 5 月，陈某在交易时被食品药品监督管理局查获。根据我国《药品管理法》的规定，该抗癌药未经国务院药品监督管理部门组织审查，未取得进口药品注册证书就进入中国市场进行销售应按假药论处。

**法律链接**

《刑法》第 225 条：违反国家规定，有下列非法经营行为之一，扰乱市场秩序，情节严重的，处五年以下有期徒刑或者拘役，并处或者单处违法所得一倍以上五倍以下罚金；情节特别严重的，处五年以上有期徒刑，并处违法所得一倍以上五倍以下罚金或者没收财产：

（一）未经许可经营法律、行政法规规定的专营、专卖物品或者其他限制买卖的物品的；

（二）买卖进出口许可证、进出口原产地证明以及其他法律、行政法规规定的经营许可证或者批准文件的；

（三）其他严重扰乱市场秩序的非法经营行为。

《药品管理法》第 39 条：药品进口，须经国务院药品监督管理部门组织审查，经审查确认符合质量标准、安全有效的，方可批准进口，并发给进口药品注册证书。

**律师说法**

陈某未经批准许可，非法经营药品，严重扰乱市场秩序，且情节严重，其行为已构成非法经营罪。根据《药品管理法》的规定，药品的进口是需要药监部门许可的，且药品的经营属于国家许可经营的范围。而陈某未经许可就以营利为目的私自贩卖药品，获取利润，严重损害了我国的药品管理制度，扰乱了市场经济秩序。

法律小贴士：

由于本罪中的“经营”涉及人们生活中的方方面面，于是，对很多《刑法》没有明文具体规定的又有较大社会危害性的非法经营行为就会引用该条款作为处罚的根据。这与罪刑法定原则是有冲突的，在实际应用中应该避免滥用这一条款。以下几项内容是法律明文规定的典型非法经营行为，在此提示大家注意：（1）非法买卖外汇。（2）非法经营出版物。（3）非法经营电信业务。（4）非法经营互联网业务。（5）非法经营彩票。（6）非法经营烟草。（7）哄抬物价、囤积居奇等扰乱市场经济秩序等行为。

## 短信诈骗应提防

（我们经常接收到各种诈骗短信，面对这些信息我们该如何防范）

### 基本案情

“爸妈，我和朋友同居被公安抓住，请速去建行打 3 000 元到这个卡上，卡号6264××××，姓名张某，不要打电话，详情出来再说。”

“你好！我那个账号不能用了，你直接把钱给我汇到这个农行卡里面好了，卡号 6588××××，用户名陈某。我手机快没电了，汇好请回信息。”

“您于××月××日在××商场刷卡消费××元整，将在您的账户中扣除，如有疑问请咨询银联中心，电话××××。”

以上短信内容是张某等三人在成都等地所发的手机短信。三人共谋编造银行卡刷卡消费、意外事故等谎言，诱骗他人上当，致使众多受害者将其存款转入他们事先开设的银行账户、卡上。三人共骗取 150 余万元。

### 法律链接

《刑法》第 266 条：诈骗公私财物，数额较大的，处三年以下有期徒刑、拘役或者管制，并处或者单处罚金；数额巨大或者有其他严重情节的，处三年以上十年以下有期徒刑，并处罚金；数额特别巨大或者有其他特别严重情节的，处十年以上有期徒刑或者无期徒刑，并处罚金或者没收财产。本法另有规定的，依照规定。

### 律师说法

该案中，张某等三人的行为已经构成诈骗罪。诈骗罪是指以非法占有为目的，用虚构事实或者隐瞒真相的方法，骗取数额较大的公私财物的行为。本案中的三人，通过手机短信的形式，虚构他人银行卡被刷卡以及意外事故等事实，使受害人陷入错误的认识，并将自己的财产转移给张某等三人。其行为完全符合《刑法》中关于诈骗罪的构成要件，因此，对这三人应以诈骗罪定罪处罚。

法律小贴士：

随着科学技术手段的不断进步，我们日常生活中遇到的诈骗手段也越来越五花八门。从以前的面对面接触，到如今的短信诈骗以及计算机技术诈骗，有一种让人防不胜防的感觉。当我们突然接到陌生人发来的短信，不管是报告中奖的“喜讯”，还是所谓亲人被绑架、银行卡被盗用的“噩耗”，只要对方要求掏钱的，一定要先冷静思考一番，能核实的尽快核实，也可以向公安机关报警，千万不要贪图小便宜，以防上当受骗。

## 恶意刷卡须担责

（恶意透支信用卡是否要承担刑事责任）

**基本案情**

2006年，王某开了一家小型超市，小本经营又缺乏经验，生意惨淡。为了继续经营，王某通过高利贷借了5万元，约定3个月后归还。4个月过去了，不要说还贷了，连利息都没有办法还清，眼看利滚利越来越大，王某急得像热锅上的蚂蚁。

无意间，王某在报纸上看到一则广告，声称可以用信用卡小额贷款。王某灵机一动，想到可以利用银行信用卡套现，解决自己的燃眉之急。于是，王某办了一张信用卡。王某拿着信用卡透支取现、刷卡购物，感觉良好。

为提高信用度，王某伪造了单位的工资证明，在将近1年的时间里，先后在5家银行办了6张信用卡。此后，王某开始肆意套现透支信用卡，共套现12万多元现金。但是好景不长，王某的信用卡额度几乎都到了极限，他将套现所得的一部分现金还了高利贷，另外的则挥霍一空。

随之而来的是各个银行开始不断地打电话、上门催债，王某为了逃债只身到外地打工。2010年7月，警方在其打工的水果店将其抓获。

**法律链接**

《刑法》第196条第1款：有下列情形之一，进行信用卡诈骗活动，数额较大的，处五年以下有期徒刑或者拘役，并处二万元以上二十万元以下罚金；数额巨大或者有其他严重情节的，处五年以上十年以下有期徒刑，并处五万元以上五十万元以下罚金；数额特别巨大或者有其他特别严重情节的，处十年以上有期徒刑或者无期徒刑，并处五万元以上五十万元以下罚金或者没收财产：（一）使用伪造的信用卡的；（二）使用作废的信用卡的；（三）冒用他人信用卡的；（四）恶意透支的。

**律师说法**

该案是典型的信用卡诈骗案，王某的行为已经构成信用卡诈骗罪。本案中，王某用信用卡套现，解决自己资金短缺的问题，这是信用卡的正常使用行为。但后来不顾自己的还款能力，伪造工资证明，提供虚假信息办理信用卡，并且大量套取银行现金，超期不还，具有故意逃匿的行为，可以判断王某具有明显的非法占有的目的，并且透支的数额巨大，完全符合信用卡诈骗罪的构成要件。

法律小贴士：

信用卡因为可以透支，可以缓解人们的燃眉之急，特别受年轻人的喜欢，也给人们生活带来极大的方便。但不可否认的是，在利用信用卡透支消费的背后，也应该注意到透支的后果，借来的钱，总是要还的，透支背后的风险不可不警惕。如果不能在规定的时间内归还，就会触犯法律，受到法律的制裁。

## 飞车抢夺危害大

（飞车抢夺在什么情况下可以转化为抢劫罪？我们应当如何防范飞车抢夺）

### 基本案情

某日晚上8时许，李女士骑自行车下班回家，突然两名男青年（赵某、周某）骑着一辆摩托车从李女士身后疾驶而至。就在李女士还没来得及反应的时候，周某就迅速伸过手来，用力拉住了李女士的挎包。李女士被这突如其来的情况吓住了，但本能地抓紧了自己的东西并没有马上松手。就在这一瞬间，骑摩托车的赵某加大油门往前冲去，李女士整个人被一股巨大的力量拖出去，自行车摔倒在地，李女士头部撞在水泥路面上，身受重伤。

对于该案，有不同的意见：一种意见认为，此案为典型的“飞车抢夺”，主张以抢夺罪定罪处罚；另一种意见认为，“飞车抢夺”行为采用正在行驶的机动车辆抢夺，这是危险的作案方法，不但侵犯了被害人的人身安全，而且在抢夺时被害人基本上无法或不知反抗和自卫，符合抢劫罪的构成要件。我们应该如何看待这个案件？

### 法律链接

最高人民法院《关于审理抢劫、抢夺刑事案件适用法律若干问题的意见》：对于驾驶机动车、非机动车夺取他人财物的，一般以抢夺罪从重处罚。但具有下列情形之一，应当以抢劫罪定罪处罚：

（1）驾驶车辆，逼挤、撞击或强行逼倒他人以排除他人反抗，乘机夺取财物的；

（2）驾驶车辆强抢财物时，因被害人不放手而采取强拉硬拽方法劫取财物的；

（3）行为人明知其驾驶车辆强行夺取他人财物的手段会造成他人伤亡的后果，仍然强行夺取并放任造成财物持有人轻伤以上后果的。

### 律师说法

该案中，两行为人赵某和周某的行为构成了抢劫罪。本来赵某和周某的行为是抢夺行为，但是在抢夺他人财物时采用生拉硬拽的方式，使李女士无法或不知反抗和自卫，并且造成了李女士受重伤的情况，完全符合最高人民法院在《关于审理抢劫、抢夺刑事案件适用法律若干问题的意见》中关于“飞车抢夺”的规定。因此，赵某和周某的行为构成抢劫罪。

法律小贴士：

对于防范“飞车抢夺”，应注意以下几点：

1. 女性夜晚外出尽量结伴而行，如非独行不可，在偏僻的地段要密切注意自身周围的环境特点，提高警惕。

2. 步行时，女性的皮包能斜背的不要单肩背，男性的手提包注意不要夹在腋窝下，尽量用手提住；骑自行车时，如包放在车筐里，包带要在车把上多绕几圈。

3. 钱包、手机等贵重物品尽量不要放在包里，如遇抢夺后，不要慌张，能记住车牌号的一定要记住，立即就近乘出租车或“摩的”追赶作案者，同时用手机向“110”报警，途中不断与“110”指挥中心联系，说明作案者的特征，所骑车型、颜色、有无车牌，逃跑方向、路线。如无法追赶，切记及时报警，以利追捕、破案。

## 非法索债施暴力

（为索取债务而实施暴力，应当如何定罪）

**基本案情**

赵某、钱某被骗到外省从事非法传销，赵某、钱某共出资近50万元，但从事传销数月赔了不少钱，落到无法维持生存的地步，于是想到找其上线孙某要回出资款，但孙某并不在本地，于是赵某、钱某便将孙某之子骗到住处，用毛巾、尼龙绳捆绑，让其打电话给孙某。赵某、钱某提出要孙某退还出资款50万元及各项损失共计80万元，孙某称没钱，赵某、钱某当即要求只退还出资款50万元，孙某表示同意。后孙某打电话给其亲戚李某，李某报案后，公安机关将赵某、钱某抓获。在整个过程中，二人并未对孙某之子实施其他伤害行为。

**法律链接**

《刑法》第238条：非法拘禁他人或者以其他方法非法剥夺他人人身自由的，处三年以下有期徒刑、拘役、管制或者剥夺政治权利。具有殴打、侮辱情节的，从重处罚。

犯前款罪，致人重伤的，处三年以上十年以下有期徒刑；致人死亡的，处十年以上有期徒刑。使用暴力致人伤残、死亡的，依照本法第234条、第232条的规定定罪处罚。

为索取债务非法扣押、拘禁他人的，依照前两款的规定处罚。

国家机关工作人员利用职权犯前三款罪的，依照前三款的规定从重处罚。

最高人民法院《关于对为索取法律不予保护的债务非法拘禁他人行为如何定罪问题的解释》：行为人为索取高利贷、赌债等不受法律保护的债务，非法扣押、拘禁他人的，依照《刑法》第238条的规定定罪处罚。

**律师说法**

该案中，赵某、钱某的行为触犯了《刑法》中关于非法拘禁罪的规定。非法拘禁是指以拘押、禁闭或者其他强制方法，非法剥夺他人人身自由的行为。根据相关司法解释的规定，以索取高利贷、赌债等不受法律保护的债务为目的而非法扣押、拘禁他人的应当以非法拘禁罪定罪处罚。赵某、钱某仅仅是为了向孙某索要从事传销的出资，应属于追讨自己的债务，才对孙某的儿子采取强制剥夺其人身自由的行为，并不是直接勒索孙某的财物。这就与绑架罪存在根本的区别，因此赵某、钱某的行为构成非法拘禁罪，而非绑架罪。

法律小贴士：

法律虽然规定因为索取不受保护的债务而非法扣押、拘禁他人的行为是非法拘禁，但是这里的前提条件是未对被拘禁的人员使用暴力造成伤亡，如果在拘禁或者扣押过程中对被拘禁者使用暴力造成伤亡，则不论是否以索取债务为目的，一律转化成故意伤害罪或者故意杀人罪。

## 同居也构成重婚

（已有配偶的两人以夫妻名义同居，是否也能认定为重婚）

### 基本案情

2005 年 1 月，郑某（男）与冯某登记结婚，并生养了两个孩子。卓某（女）与王某于 2006 年 2 月登记结婚，并生养一女儿。郑某和卓某同在一个单位工作，平时关系较好。

2007 年 3 月，郑某从单位辞职，自己外出闯荡，办了个加工厂，聘用卓某为销售员。后来，两人日久生情，关系暧昧，并开始同居，导致郑某和卓某各自家庭矛盾冲突。

2009 年 10 月，郑某为了摆脱现状准备返回老家，并将此念头告诉了卓某，卓某得知后不愿前往，还要自杀，郑某不忍心，遂带着卓某来到外地亲戚家，并谎称自己已与妻子离婚，卓某是新娶妻子。从此以后，两人便公开以夫妻名义借住在郑某亲戚家，共同生活两年多，还生养一子。

2011 年 2 月，冯某得知郑某和卓某的下落，便向法院起诉，请求法院判令解除郑某和卓某的同居关系，并对两被告人的违法行为予以处罚。只是同居关系而没有办理结婚证，郑某和卓某构成重婚罪吗？

### 法律链接

《刑法》第 258 条：有配偶而重婚的，或者明知他人有配偶而与之结婚的，处二年以下有期徒刑或者拘役。

最高人民法院《关于如何认定重婚行为问题的批复》：重婚是有配偶的人再与第三者建立夫妻关系。有配偶的人和第三者如已举行结婚仪式，这固然足以构成重婚；即使没有举行结婚仪式，而两人确以夫妻关系同居的，也足以构成重婚。例如两人相互间是以夫妻身份相对待，对外也以夫妻自居的，即应认为是重婚。

### 律师说法

郑某和卓某的行为已经触犯了《刑法》关于重婚罪的规定。重婚罪的构成一定要求当事人是故意的，也就是说，当事人明明知道对方有配偶或者已经结婚而又故意与对方结婚的情形。如果不知道对方已有配偶则不构成重婚罪。例如，一方受骗不知道对方有配偶而又与对方结婚的，受骗的一方因为没有重婚的故意而不能构成重婚罪，骗人的一方则可以构成重婚罪。

法律小贴士：

重婚的原因有很多，喜新厌旧、传宗接代、贪图享受等都会构成重婚罪，该案中的郑某和卓某是同居关系，并不是任何同居都可认定为重婚。对于一些特殊情形一般不会按重婚罪处罚，例如已婚妇女因为被拐卖而重婚，夫妻一方被宣告死亡而再婚的，因为自然灾害在外逃生、迫于生计而再婚的情形。

## 妇女也是强奸犯

（一般人认为只有男人才是强奸犯，女人是否也可以成为强奸犯）

**基本案情**

李某是一名专门“热心”帮人“入洞房”的农村妇女。她与同村的光棍汉宋某从人贩子手中花费 3 700 元钱购买了所谓的“老婆”张某。就在“洞房花烛”的当晚，张某哭天喊地死活不愿跟宋某“入洞房”。当时李某和另一名农村妇女王某跟很多村民一起围在门外看热闹，当见到此情形时，她们便一拥而入，七手八脚地将张某推倒在床上，李某、王某按住张某的双腿，有的则动手脱张某的衣服，最终帮助宋某将张某强奸了。几天后，宋某见张某不吃不喝、又哭又闹，于是宋某又将张某以原价“转卖”给他人做老婆。

对于宋某来说，根据《刑法》的规定无疑构成强奸罪，但是对于李某、王某应该怎么认定她们的行为？

**法律链接**

《刑法》第 25 条：共同犯罪是指二人以上共同故意犯罪。

二人以上共同过失犯罪，不以共同犯罪论处；应当负刑事责任的，按照他们所犯的罪分别处罚。

《刑法》第 236 条：以暴力、胁迫或者其他手段强奸妇女的，处三年以上十年以下有期徒刑。

奸淫不满十四周岁的幼女的，以强奸论，从重处罚。强奸妇女、奸淫幼女，有下列情形之一的，处十年以上有期徒刑、无期徒刑或者死刑：

（一）强奸妇女、奸淫幼女情节恶劣的；

（二）强奸妇女、奸淫幼女多人的；

（三）在公共场所当众强奸妇女的；

（四）二人以上轮奸的；

（五）致使被害人重伤、死亡或者造成其他严重后果的。

**律师说法**

对于李某、王某的行为，已经构成《刑法》规定的强奸罪。只要以暴力、胁迫或者其他手段强奸妇女的，就可以构成强奸罪。从男女的生理特征和现实的普遍情况来看，在我们的传统观念中一直认为强奸罪的主体只能由男子构成，妇女在通常情况下不构成强奸罪的主体，但这并不是说女子就不能构成强奸罪的主体。比如在这个案例中，李某、王某明知宋某有强奸张某的故意，不仅没有制止该行为，反而为宋某的强奸行为提供帮助。这些行为在很大程度上帮助宋某顺利地完成了强奸行为。根据《刑法》第 25 条关于共同犯罪的规定，应当认定李某、王某构成强奸罪。

法律小贴士：

从这个案例中我们可以看出，虽然法律没有明确规定妇女可以构成强奸罪的主体，但是这并不代表妇女不可以构成强奸罪的主体。千万不要试着钻法律的空子，以为只要法律没有单独的条文规定就可以实施某些行为，“打擦边球”的行为方式是极为危险的。

## 公民纳税是义务

（公民逃税就一定构成犯罪吗？构成犯罪的标准是什么）

### 基本案情

2008 年 2 月 3 日，丁某注册成立了一家汽车配件中心，在经营过程中向国家税务局进行了纳税申报并缴纳了税款，但未向地方税务局进行纳税申报。经地方税务局催缴后，丁某才于 2009 年 10 月进行纳税申报，紧接着地方税务局根据丁某自行申报的经营额于 2009 年 11 月通知丁某核定的月应纳税额，并要求其缴纳税款，但丁某未缴纳税款。至 2010 年 3 月 4 日，丁某才陆续缴纳地方税费 3 000 元。地方税务局经过调查，根据丁某的实际营业额计算出其应缴纳的地方税费并向丁某发出了税务处理决定书，要求丁某缴纳应缴税款 54 736. 59 元，但丁某以其未赚钱不应缴纳个人所得税为由，拒缴应纳税款。

### 法律链接

《刑法》第 201 条：纳税人采取欺骗、隐瞒手段进行虚假纳税申报或者不申报，逃避缴纳税款数额较大并且占应纳税额百分之十以上的，处三年以下有期徒刑或者拘役，并处罚金；数额巨大并且占应纳税额百分之三十以上的，处三年以上七年以下有期徒刑，并处罚金。扣缴义务人采取前款所列手段，不缴或者少缴已扣、已收税款，数额较大的，依照前款的规定处罚。

对多次实施前两款行为，未经处理的，按照累计数额计算。

有第一款行为，经税务机关依法下达追缴通知后，补缴应纳税款，缴纳滞纳金，已受行政处罚的，不予追究刑事责任；但是，五年内因逃避缴纳税款受过刑事处罚或者被税务机关给予二次以上行政处罚的除外。

### 律师说法

该案中，丁某的行为已经触犯了《刑法》中关于逃税罪的规定。《刑法修正案（七）》将原来的偷税罪修改为逃税罪，并对该条文进行了大幅修改。逃税罪是指纳税人采取欺骗、隐瞒手段进行虚假纳税申报或者不申报，逃避缴纳税款数额较大的行为。丁某没有及时向地税局进行纳税申报，经过地税局的几次催促后才不得不进行申报，且申报后并未及时缴纳税款，对税务机关出具的决定书也不予执行，具有明显的逃避纳税的主观故意和实际行为，因此，根据《刑法修正案（七）》的规定，丁某的行为已经构成逃税罪。

法律小贴士：

《刑法》第 201 条对于逃税行为制定了一个特殊条款，即初犯在一定条件下不予追究刑事责任。对于逃税的初犯者，在补缴税款和滞纳金以及接受行政处罚后可以不予追究刑事责任。这是专门为初犯者设立的特别条款，对于 5 年内因逃避缴纳税款受过刑事处罚或者被税务机关给予二次以上行政处罚的都不能适用上述特别条款。

## 狠心遗弃受刑罚

（丈夫抛弃患病妻子是否构成犯罪）

### 基本案情

韩某因为听到丈夫蒋某出车祸，一时着急得了脑血栓，一直未能痊愈，现在生活不能自理，经过医治仍不见效。蒋某对其患病的妻子早就心生厌恶，逐渐疏远以至于后来长期不回家住，最后干脆连基本的生活费也不再支付给蒋某了，致使韩某 6 年来长期一个人在家，靠邻居们帮忙维持生活。韩某的邻居们实在看不过去，多次找到蒋某要求其照顾韩某，但蒋某丝毫没有悔改的意思。蒋某是否一定要给付韩某必要的生活费？蒋某的行为是否构成遗弃罪？

### 法律链接

《刑法》第 261 条：对于年老、年幼、患病或者其他没有独立生活能力的人，负有扶养义务而拒绝扶养，情节恶劣的，处五年以下有期徒刑、拘役或者管制。

《婚姻法》第 20 条：夫妻有互相扶养的义务。

一方不履行扶养义务时，需要扶养的一方，有要求对方付给扶养费的权利。

### 律师说法

从民事的角度讲，蒋某是要付给韩某必要的生活费的，而且还要尽其所能地照料韩某。从刑事的角度看，蒋某的行为已经构成遗弃罪。蒋某在长达 6 年的时间内对患病且没有独立生活能力的妻子不尽扶养义务，经多次教育后仍然拒不改正，致韩某的生活极度困难，靠邻居帮助度日，应认定为情节恶劣。因此，蒋某的行为已经触犯《刑法》第 261 条关于遗弃罪的规定，应承担相应的刑事责任。

法律小贴士：

该案中，蒋某的行为已经构成遗弃罪，但是并不是所有的遗弃行为都构成遗弃罪。若该案中蒋某的行为并未达到情节恶劣的程度，而仅仅是对于韩某构成遗弃行为的话，韩某可以向蒋某所在的单位、当地的妇联组织、街道办事处、公安派出所反映蒋某的遗弃行为，由这些单位对蒋某进行教育，并责令其履行夫妻间的相互扶助义务。

## 黄牛倒票违法规

（黄牛倒卖火车票，触犯法律被判刑）

**基本案情**

赵某的一个同学来找他，给他介绍了自己的“致富路”——倒卖车票。赵某顿时觉得这个工作不错，来钱快，要求妻子方某也给其帮忙，方某明知赵某没有任何经营许可，就同意帮其联系订票人。二人共同印制、发放了近 3 000 张订票名片，并采取到车站排队购票后再加价出售的方法获利。2011 年 1 月底，方某接到订购车票的电话后告诉赵某，赵某于 2 月 2 日凌晨开始排队买票，方某带着儿子、父亲也来到车站分别排队买票。2011 年 2 月 5 日中午，赵某在给旅客送票过程中被当场抓获。警察在赵某家中卧室床与窗台的缝隙处查获当日购买的 68 张车票。至案发时，赵某、方某共倒卖车票 150 余张，票面金额 3 万余元。

**法律链接**

《刑法》第 227 条：伪造或者倒卖伪造的车票、船票、邮票或者其他有价票证，数额较大的，处二年以下有期徒刑、拘役或者管制，并处或者单处票证价额一倍以上五倍以下罚金；数额巨大的，处二年以上七年以下有期徒刑，并处票证价额一倍以上五倍以下罚金。

**律师说法**

赵某、方某的行为已经构成倒卖车票罪。最高人民法院《关于审理倒卖车票刑事案件有关问题的解释》第 1 条规定：高价、变价、变相加价倒卖车票或者倒卖坐席、卧铺签字号及订购车票凭证，票面数额在五千元以上，或者非法获利数额在二千元以上的，构成《刑法》第 227 条第 2 款规定的“倒卖车票情节严重”。本案中，赵某为了牟取非法利益倒卖车票，而且金额达数万元之多，已经达到倒卖车票罪的“情节严重”的处罚标准。

法律小贴士：

日常生活中，我们将铁路运输部门称为“铁老大”，足见铁路运输部门的强势，因为铁路资源的紧张，不少铁路职工参与到倒卖火车票的行动中来。根据最高人民法院《关于审理倒卖车票刑事案件有关问题的解释》的规定，对于铁路职工倒卖车票或者与其他人员勾结倒卖车票；组织倒卖车票的首要分子；曾因倒卖车票受过治安处罚两次以上或者被劳动教养一次以上，两年内又倒卖车票，构成倒卖车票罪的，依法从重处罚。

铁路部门的职工也应当严格遵守法律，不要利用手中的便利条件进行违法活动。

## 假冒商标用不得

（未经许可使用他人注册商标，是否构成犯罪）

**基本案情**

车某得知某学院40周年院庆，要订购一批品牌服装，车某遂到某品牌专卖店购得西装1套，以该品牌经销商的身份参加竞标中标。后又与该学院签订了购买764套该品牌西服的合同。2009年8月至10月，车某伙同他人通过非法渠道以1万元的价格购买到764套假冒该品牌商标标识，用来加工假冒品牌西服，然后销售给该学院。教职工领到西服后，发现有质量问题，向该品牌公司反映，才知道自己被骗了。

**法律链接**

《刑法》第213条：未经注册商标所有人许可，在同一种商品上使用与其注册商标相同的商标，情节严重的，处三年以下有期徒刑或者拘役，并处或者单处罚金；情节特别严重的，处三年以上七年以下有期徒刑，并处罚金。

**律师说法**

该案中，车某的行为已经触犯了《刑法》中关于假冒注册商标罪的相关规定。假冒注册商标罪是指违反国家商标管理法规，未经注册商标所有人许可，在同一种商品上使用与其注册商标相同的商标，情节严重的行为。车某显然不是品牌商标的合法持有人，然而他却购买假冒品牌商标标识，将劣质西服“加工”成品牌西服卖给学校。这种行为不仅侵犯了该品牌的商标权，还扰乱了市场经济秩序，因此《刑法》专门将此种行为规定为犯罪。车某非法经营数额巨大，构成假冒注册商标罪。

法律小贴士：

根据《商标法》第52条第1款的规定，未经商标注册人的许可，在同一种商品或者类似商品上使用与其注册商标相同或者近似的商标的行为都是侵犯商标专用权的行为。但是《刑法》并未将所有的侵犯商标专用权的行为都列入刑事犯罪的范畴，而仅仅是专指“在同一种商品上使用与其注册商标相同的商标”一种情况，对于在同种商品上使用相近似的商标，在类似商品上使用相同的商标，在类似商品上使用相近似的商标的情形，都只能以违反《商标法》的行为处罚而不能按照刑事犯罪来处理。

## 交通肇事勿逃逸

（交通事故发生后的逃逸行为是否加重处罚）

**基本案情**

李某驾驶三轮车逆向行驶，将骑自行车的张某撞倒在地，张某纹丝不动，血流满地。李某见到这种情形被吓呆了，等缓过神来的时候，李某并没有将张某抱上自己的车送往医院，而是看看四周无人，一踩油门就跑了。后张某被经过的路人看到，赶紧送往离事发地点最近的医院，但张某最终因为没有得到及时的救治而死亡。后来经过交通警察大队的现场勘验，认定李某承担全部责任。李某与张某的亲属达成民事赔偿协议，共支付3万余元赔偿金，而检察院依然以交通肇事罪对李某提起公诉。

**法律链接**

《刑法》第133条：违反交通运输管理法规，因而发生重大事故，致人重伤、死亡或者使公私财产遭受重大损失的，处三年以下有期徒刑或者拘役；交通运输肇事后逃逸或者有其他特别恶劣情节的，处三年以上七年以下有期徒刑；因逃逸致人死亡的，处七年以上有期徒刑。

**律师说法**

李某的行为构成交通肇事罪。李某违反交通法规逆向行驶，最终导致张某死亡，这一情况完全符合《刑法》第133条关于交通肇事罪的构成要件。在这里需要讨论的是对李某的量刑问题。李某将张某撞伤后，并没有积极救治，而是因为怕承担法律责任而逃跑，最后导致张某因为没有得到有效的救治而死亡，属于交通肇事后的逃逸行为，性质更为恶劣，因此法律对此做了专门的规定，将这种交通肇事后逃逸的行为起刑点提高到3年以上，逃逸致人死亡的，起刑点则达到7年以上。

法律小贴士：

根据最高人民法院《关于审理交通肇事刑事案件具体应用法律若干问题的解释》第3条的规定，“交通运输肇事后逃逸”是指行为人在交通事故后，为了“逃避法律追究而逃跑的行为”。这就要求构成交通肇事逃逸的行为主观上必须是为了逃避“法律责任”。因此，当我们不小心发生交通事故时，一定不能逃跑，尤其是“为了逃避法律责任”的逃跑行为，这一逃跑行为完全可以使对交通肇事行为的量刑上升到7年以上。

## 冒充军人骗钱财

（冒充解放军骗取钱财，应当如何定罪）

**基本案情**

阎某购买了伪造的中国人民解放军军官证，通过网上聊天及视频认识了刘某及张某，并且谎称自己叫李某。阎某通过视频将其穿军装的照片让刘某、张某看，并用假的军官证骗取了刘某、张某的信任，使二人深信不疑地认为阎某是解放军军官。阎某见时机成熟，编造与战友在外地遇有急事、与部队首长在某地购物、女友高某出车祸急需用钱等理由，骗取刘某、张某财物43 820元。法院最终判决阎某犯冒充军人招摇撞骗罪，判处有期徒刑两年六个月。

**法律链接**

《刑法》第 372 条：冒充军人招摇撞骗的，处三年以下有期徒刑、拘役、管制或者剥夺政治权利；情节严重的，处三年以上十年以下有期徒刑。

**律师说法**

该案是典型的冒充军人招摇撞骗案例。冒充军人招摇撞骗是指行为人为牟取非法利益，假冒军人的身份或职称，实行诈骗，损害武装部队的威信及正常活动的行为。本案中，阎某购买假的军官证，并用其骗取被害人的信任，最终骗取钱财，已经侵犯军队的声誉和正常的社会管理秩序，构成冒充军人招摇撞骗罪。

该案中还存在一个问题，即阎某的行为既是诈骗行为，符合诈骗罪的构成，同时也是冒充军人招摇撞骗的行为，构成冒充军人招摇撞骗罪。这种情况我们在理论上称之为想象竞合犯，就是说一个人的行为同时触犯了两个罪名，应当按照从一重罪定罪。结合诈骗罪和冒充军人招摇撞骗罪这两个罪名的法定刑和罪犯犯罪时的具体情况，阎某骗取财物的数额没有达到巨大的情况，应该定为冒充军人招摇撞骗罪。

法律小贴士：

法律对冒充军人招摇撞骗罪进行单独列罪，体现了法律对侵害军队威信的活动的否定态度。因此，公民在日常生活中，一定要严格遵守法律法规，尤其不能伪造军人证件进行违法犯罪行为。

## 冒名办卡不可取

（一人假冒信息办理多张信用卡透支，应承担刑事责任）

**基本案情**

祖某在帮同学办理信用卡时，预留了一份同学的身份证复印件等相关材料，并凭借该信息办理出 1 张信用卡，透支 4 万元。

祖某用相同的方法，利用邻居的身份证复印件从某银行申领了 2 张信用卡，透支 1 万元。

此后，祖某的表嫂诸某也在不知情的情况下被祖某骗取了身份信息，祖某使用诸某的身份信息，办理了 3 张信用卡，透支近 2 万元。

在一次次办理信用卡的过程中，祖某尝到了甜头，为了能申请更多的信用卡，他以各种方式搜集身份信息：有的以办工资卡、办工伤保险、签订合同等借口骗取同事的身份证复印件，有的以帮忙办银行信用卡的名义骗取同学、亲戚、朋友的身份证。

祖某共假冒 18 人身份信息向 12 家银行骗领信用卡 60 张，使用了 48 张，透支额度高达 50 余万元。

**法律链接**

《刑法修正案（五）》第 177 条：有下列情形之一，妨害信用卡管理的，处三年以下有期徒刑或者拘役，并处或者单处一万元以上十万元以下罚金；数量巨大或者有其他严重情节的，处三年以上十年以下有期徒刑，并处二万元以上二十万元以下罚金：

（一）明知是伪造的信用卡而持有、运输的，或者明知是伪造的空白信用卡而持有、运输，数量较大的；

（二）非法持有他人信用卡，数量较大的；

（三）使用虚假的身份证明骗领信用卡的；

（四）出售、购买、为他人提供伪造的信用卡或者以虚假的身份证明骗领的信用卡的。

窃取、收买或者非法提供他人信用卡信息资料的，依照前款规定处罚。

银行或者其他金融机构的工作人员利用职务上的便利，犯第二款罪的，从重处罚。

**律师说法**

祖某的行为已经触犯了《刑法》关于妨害信用卡管理罪的规定。妨害信用卡管理罪，是指违反国家信用卡管理法规，在信用卡的发行、使用等过程中，妨害国家对信用卡的管理活动，破坏信用卡管理秩序的行为。祖某通过各种手段不断地收集他人的身份信息，并且利用该信息在多家银行办理信用卡，数量较大。该行为妨害了国家对信用卡的正常管理秩序，构成了犯罪。同时，由于祖某还有利用办理的信用卡恶意透支的行为，也涉嫌构成信用卡诈骗罪。

法律小贴士：

如何保护个人身份信息：

1. 要妥善保管好各种有效身份证件（包括身份证、军官证、户口簿、警官证、文官证、学生证、护照等）及其复印件，不要轻易将这些身份证件借与他人。

2. 向他人提供身份证复印件时，最好在身份证复印件有文字的地方标明用途，同时加上一句“再复印无效”。

3. 定期查询个人信用报告，关注自己的信用记录。一旦发现自己身份信息被盗用，立即向公安机关报案。

## 窃密行为不可取

（盗取他人的商业秘密是犯罪吗）

**基本案情**

高某为甲公司经理。甲公司于2007年6月自主研制了“喷绘系统”生产喷绘机，为了获得更多的利润，甲公司并没有将该技术申请专利，而是一直作为公司的商业秘密来保护。2009年3月，乙公司经理李某认识高某后，即让高某携带甲公司的喷绘技术资料前往其公司工作，并同意给他公司13%的股份。之后，高某利用工作之便偷偷复制相关技术资料，在得手后，没有辞职就直接前往乙公司工作。

同年9月，乙公司使用该技术制造出喷绘机，给甲公司造成589万元损失。甲公司得知此事后，一纸诉状将高某和乙公司告上法庭。

**法律链接**

《刑法》第219条：有下列侵犯商业秘密行为之一，给商业秘密的权利人造成重大损失的，处三年以下有期徒刑或者拘役，并处或者单处罚金；造成特别严重后果的，处三年以上七年以下有期徒刑，并处罚金：

（一）以盗窃、利诱、胁迫或者其他不正当手段获取权利人的商业秘密的；

（二）披露、使用或者允许他人使用以前项手段获取的权利人的商业秘密的；

（三）违反约定或者违反权利人有关保守商业秘密的要求，披露、使用或者允许他人使用其所掌握的商业秘密的。

明知或者应知前款所列行为，获取、使用或者披露他人的商业秘密的，以侵犯商业秘密罪论。

**律师说法**

高某的行为已经触犯了《刑法》中关于侵犯商业秘密的规定，侵犯商业秘密是指采取不正当手段，获取、使用、披露或者允许他人使用权利人的商业秘密，给商业秘密的权利人造成重大损失的行为。高某作为甲公司经理，利用职务便利，采用秘密窃取的手段获得甲公司的商业秘密，并带到乙公司进行生产，给甲公司造成巨大经济损失。其行为完全符合侵犯商业秘密罪的构成要件，因此，对高某的这种行为应当以侵犯商业秘密罪定罪处罚。

法律小贴士：

21世纪，企业的竞争更加激烈，各类企业在技术创新和研发中都投入了巨大的精力和财力，对于技术创新过程中取得的新成果一定要做好安全保密工作，例如加强对员工的思想教育工作、加强保密意识、与员工签订保密协议等，使企业的自主知识产权能够更好地为企业服务。

## 亲属受贿是犯罪

（公务员的亲属收受贿赂构成受贿罪吗）

**基本案情**

钱某一直未找到工作，后经其姐姐安排，到其姐夫刘某（市国土资源局局长）的单位上班，并一直给刘某开车。2009年9月15日，某商务会馆因违法用地被国土资源局罚款117万余元。商务会馆总经理牛某为减少罚款，经人介绍认识了钱某。经多次见面后，牛某打电话给钱某，说准备好了30万元让钱某通过其姐夫的关系处理商务会馆土地违法罚款一事。钱某和其朋友周某按约来到一酒店，并借故离开，让周某代收了30万元。随后，钱某从周某手中拿到这30万元用于个人挥霍。2010年2月16日，国土资源局以商务会馆违法用地行政处罚24万余元。2010年10月12日，钱某投案自首，如实供述了上述行为，将30万元退还给了牛某。

**法律链接**

《刑法修正案（七）》第388条：国家工作人员的近亲属或者其他与该国家工作人员关系密切的人，通过该国家工作人员职务上的行为，或者利用该国家工作人员职权或者地位形成的便利条件，通过其他国家工作人员职务上的行为，为请托人谋取不正当利益，索取请托人财物或者收受请托人财物，数额较大或者有其他较重情节的，处三年以下有期徒刑或者拘役，并处罚金；数额巨大或者有其他严重情节的，处三年以上七年以下有期徒刑，并处罚金；数额特别巨大或者有其他特别严重情节的，处七年以上有期徒刑，并处罚金或者没收财产。

**律师说法**

钱某的行为已经触犯了《刑法修正案（七）》中关于受贿罪的规定。现实生活中，国家工作人员尤其是领导干部身边与其有特殊关系而又非国家工作人员的人利用国家工作人员的身份收受钱财的行为并不鲜见。钱某符合国家工作人员近亲属的身份要求，想通过刘某为商务会馆的违法用地行为减少罚款，并且收受了30万元的财物。其行为完全符合《刑法修正案（七）》中关于受贿罪的新规定，因此其行为构成利用影响力受贿罪。鉴于钱某有自首情节，且已全部退清赃款，依法可对其从轻处罚。

法律小贴士：

我国法律并没有明确规定“与国家工作人员关系密切的人”的范围，但这并不意味着确定影响力受贿罪时该条款没有可操作性。例如，国家工作人员的朋友、同事、情人、老乡等以及保持经常交往，且与国家工作人员具有一定的黏合力和影响力的人都可以认定为“密切关系人”。因此，在现实生活中，作为国家工作人员的亲朋好友，也应该主动地维护好国家工作人员的形象，不参与任何违法犯罪活动。

## 逃避执行担责任

（当事人逃避民事判决的执行也构成刑事犯罪吗）

**基本案情**

张某系一民间借贷案件当事人，经法院判决，应归还范某50多万元。该案已于2009年4月16日立案执行，执行期间，张某没有执行法院判决，于是法院对其实施司法拘留15天。2010年12月23日，张某授权其女儿将属其所有的一幢房屋以60万元价格出售，但向法院谎称房屋售价为47万元，瞒报10多万元，骗取法院裁定将该房出售所得的47万元用于清偿欠款。张某将瞒报的10多万元用于为自己及女儿暗中购置车辆，拒不清偿所欠债务，致使法院已生效判决无法执行。

**法律链接**

《刑法》第313条：对人民法院的判决、裁定有能力执行而拒不执行，情节严重的，处三年以下有期徒刑、拘役或者罚金。

全国人民代表大会常务委员会《关于〈中华人民共和国刑法〉第 313 条的解释》下列情形属于《刑法》第 313 条规定的“有能力执行而拒不执行，情节严重”的情形：

（一）被执行人隐藏、转移、故意毁损财产或者无偿转让财产、以明显不合理的低价转让财产，致使判决、裁定无法执行的；

（二）担保人或者被执行人隐藏、转移、故意毁损或者转让已向人民法院提供担保的财产，致使判决、裁定无法执行的；

（三）协助执行义务人接到人民法院协助执行通知书后，拒不协助执行，致使判决、裁定无法执行的；

（四）被执行人、担保人、协助执行义务人与国家机关工作人员通谋，利用国家机关工作人员的职权妨害执行，致使判决、裁定无法执行的；

（五）其他有能力执行而拒不执行，情节严重的情形。

**律师说法**

张某的行为已经触犯了《刑法》中关于拒不执行判决、裁定的相关规定。拒不执行判决、裁定是指对人民法院的判决、裁定有能力执行而拒不执行，情节严重的情形。张某作为借贷案件的当事人，本应当向范某支付判决中规定的 50 多万元。但是张某并没有及时履行法院的判决，拘留后变卖房屋所得价款足以偿还债务，但是却向法院提供虚假信息，拒不清偿所欠债务，致使判决无法得到执行，严重损害了法律的尊严。因此，对于张某的这种行为，应当以拒不执行法院判决罪定罪处罚。

法律小贴士：

虽然法律规定了拒不执行法院判决、裁定罪，但是并不是所有的拒不执行行为都构成犯罪，必须满足两个条件：第一，有履行能力，如果行为人确实没有履行能力，行为人在执行中有拒不执行的行为，也不能按犯罪处理。第二，必须是情节严重，不能因为当事人拒不执行就轻易定罪科刑，毕竟《刑法》是对人处罚最为严厉的法律，应当慎用。

## 伪造证件是犯罪

（制售虚假学生证也构成犯罪吗）

**基本案情**

王某原为某高校学生，因多门功课考试不及格被学校勒令退学。去年 10 月起，王某开始伪造北京大学等高校单位印章，并且大肆伪造学生证，并代办公交一卡通的学生卡出售。为拓宽销路，他还在网上发帖、张贴小广告，留下电话号码及 QQ 号。今年 1 月份，王某被警察当场抓获。截至案发时，王某共制作事业单位印章 13 枚，学生证钢印模具 5 台，伪造学生证 1 300 份，获利 7 200 元。

**法律链接**

《刑法》第280条：伪造、变造、买卖或者盗窃、抢夺、毁灭国家机关的公文、证件、印章的，处三年以下有期徒刑、拘役、管制或者剥夺政治权利；情节严重的，处三年以上十年以下有期徒刑。

伪造公司、企业、事业单位、人民团体的印章的，处三年以下有期徒刑、拘役、管制或者剥夺政治权利。

伪造、变造居民身份证的，处三年以下有期徒刑、拘役、管制或者剥夺政治权利；情节严重的，处三年以上七年以下有期徒刑。

**律师说法**

王某的行为已经触犯了《刑法》中关于伪造公司、企业、事业单位、人民团体印章罪的规定。各高等学府作为国家的事业单位，其正常活动的声誉是受法律保护的，而各高校的印章是各高校从事民事活动、行政活动的符号和标记。因此，各高校的印章是不可以伪造的。王某的行为不仅损害了高校的声誉，同时构成对社会公共秩序的危害。因此，王某的行为构成伪造国家事业单位印章罪。

法律小贴士：

我们在日常生活中经常会碰到各种刻章办证的人，对于这些人的行为应该具体分析。如果是伪造政府、军队、法院等机关印章，则应当以伪造国家机关印章罪处罚；如果是伪造高校印章，则应当以伪造国家事业单位印章罪处罚；如伪造公司印章，则构成伪造公司印章罪。具体的罪名要根据所伪造的印章来确定。

## 正当防卫需谨慎

（什么情况下才构成正当防卫）

**基本案情**

任某下夜班回家，看到有陌生人范某在自家楼下溜达，也没有在意。凌晨，范某通过安装在各家的防盗窗悄悄地爬到5层，潜入任某家中行窃，当范某由4楼潜至5楼阳台，伏于卧室外窗下时，刚好被醒来的任某察觉，任某立即拿起放在床头的水果盘中的水果刀。正当范某探身扒开窗子欲爬进卧室时，任某举刀刺向范某头部。范某被刺后即顺着阳台跳楼逃离现场。后经检查，范某左眼被刺致盲，构成重伤。法院认定任某的行为构成防卫过当，被判刑。任某对范某的行为是否构成犯罪？任某不是受害人吗？怎么又被判刑了呢？

**法律链接**

《刑法》第20条：为了使国家、公共利益、本人或者他人的人身、财产和其他权利免受正在进行的不法侵害，而采取的制止不法侵害的行为，对不法侵害人造成损害的，属于正当防卫，不负刑事责任。

正当防卫明显超过必要限度造成重大损害的，应当负刑事责任，但是应当减轻或者免除处罚。

律师说法

对正在进行行凶、杀人、抢劫、强奸、绑架以及其他严重危及人身安全的暴力犯罪，采取防卫行为，造成不法侵害人伤亡的，不属于防卫过当，不负刑事责任。

任某的行为确实是正当防卫的情形，但是正当防卫也要有一定的限度。对于正当防卫超过必要限度的是要承担刑事责任的。任某为了保护自己的财产不受侵害，对于范某正在实施的扒窃行为给予适度反击是正当防卫，任某承担责任的原因是因为其防卫的限度没有掌握好。进行正当防卫是以可以制止不法侵害的强度为标准的。如果明显超过这一范围，正当防卫行为就变成了一种攻击行为，自然就要承担相应的责任了。但是，法律对这种防卫过当也做了人性化的设计，在量刑上充分考虑到正当防卫情况的紧急性和复杂性，对于防卫过当的行为要减轻或者免除处罚。

法律小贴士：

我国《刑法》对一些严重侵害人身安全的犯罪做了一些特殊规定，即特殊防卫。针对杀人、抢劫等特殊暴力犯罪采取防卫措施造成不法侵害人伤亡的，不属于防卫过当。

## 装神弄鬼骗钱财

（利用他人迷信心理骗取钱财是否也构成诈骗罪）

基本案情

马某在赶集的街头遇见一个“僧人”专门给人看相，因马某的女儿自大学毕业后身体一直多病，于是便请这位“僧人”王某给女儿算一下命。王某说今年是马某女儿的本命年，会“犯太岁”，一定要做一场“法事”才能消灾祛难，并称自己现在是随师父外出云游，现在师父正在别的村子给人家做“法事”，可以请他的师父给马某女儿做一场“法事”，并让马某准备好6 600元钱。

随后，王某即联系同伙张某，第二天到马某家中做“法事”，在装神弄鬼给马某女儿做过“法事”后，收取现金6 600元，之后便销声匿迹，不知所踪。

法律链接

《刑法》第266条：诈骗公私财物，数额较大的，处三年以下有期徒刑、拘役或者管制，并处或者单处罚金；数额巨大或者有其他严重情节的，处三年以上十年以下有期徒刑，并处罚金；数额特别巨大或者有其他特别严重情节的，处十年以上有期徒刑或者无期徒刑，并处罚金或者没收财产。本法另有规定的，依照规定。

律师说法

王某和张某二人以非法占有为目的，采取欺骗手段，诈骗公民合法财产，数额较大，其行为已构成诈骗罪。诈骗罪强调主观上是以非法占有为目的，客观上采用用虚构事实或者隐瞒真相的方法获取他人财物的行为。王某和张某都不是“僧人”，他们编造谎言，骗取了马某的信任，最终将6 600元非法占为己有。其行为已经触犯了《刑法》第266条关于诈骗罪的规定，对二人应以诈骗罪定罪处罚。

法律小贴士：

宗教人员不允许在寺院以外的公共场所化缘，僧人外出必须持有中国佛教协会颁发的“戒牒”。因此，那些在公共场所化缘的“和尚”、“尼姑”都是假冒的。对于这些假和尚、假尼姑以组织非法表演、公开算命推销“开光护身符”就更不要轻信，以免上当受骗。

## 自损财产也受罚

（损毁自己的财产也构成犯罪吗）

### 基本案情

一户居民家中厨房冒出滚滚浓烟。该户楼梯间内堆积有大量杂物，厨房内还有两个液化气罐。邻居发现火情后立即报警，联防队员和消防队员及时将火扑灭，避免了爆炸的发生。

经查，放火的不是别人，正是房主万某。原来万某情路颇为坎坷，10年前与妻子离婚，妻子分走了一半房产。几年后，万某又与吴某同居，两人关系甚好，但是好景不长，吴某在2006年也离开了他。感情不顺的万某在事业上也不顺。面对感情和事业的双重打击，万某内心开始扭曲，感觉身边所有的人都在惦记着他的房子，于是万某想干脆把房子烧了，谁也别想得到。在烧房子之前，本性不坏的万某还提醒房子里的租户赶紧逃跑。但在愤恨中，他已然忘记了邻居房屋的安危。对于万某的这种烧毁自家房子的行为，是否也构成犯罪？

### 法律链接

《刑法》第114条：放火、决水、爆炸、投毒或者以其他危险方法破坏工厂、矿场、油田、港口、河流、水源、仓库、住宅、森林、农场、谷场、牧场、重要管道、公共建筑物或者其他公私财产，危害公共安全，尚未造成严重后果的，处三年以上十年以下有期徒刑。

### 律师说法

万某的行为确实构成了犯罪，已经触犯了《刑法》第114条规定的放火罪。放火罪是一种典型的危害公共安全的犯罪，构成这一犯罪的重点不在于行为人是否烧毁了房屋，也不在于烧毁的是谁的房屋，而是放火的行为是否危害到了其他不特定多数人的利益或者安全。万某的行为虽然是烧毁自己的房屋，一般情况下不应认为是犯罪，但是这种放火行为已经对邻居的安全构成了严重的威胁，完全符合放火罪的构成要件。

法律小贴士：

本案中的放火罪重点是因为对邻居的安全造成危害，如果行为人焚烧的是特定的、孤立的财物，在不会危及他人的安全的情况下，不构成放火罪。

对于属于我们自己的财产也不是可以任由我们随意处置的，如果我们的处分行为构成了对其他人造成危害的情形，也可能承担相应的责任。

## 醉酒驾车使不得

（醉酒驾车发生事故，是否承担刑事责任）

### 基本案情

鲁某与严某参加同学聚会，饮酒后，由鲁某驾车回家。于某驾驶大卡车从慢车道进入快车道行驶，在并道过程中，鲁某判断失误，造成所驾驶的轿车右前部与大卡车左前轮相撞，直接导致副驾驶位置的严某被甩出车外，被其他过往车辆碾压致死。经现场勘查，公安交警部门认定，鲁某酒后驾车超速，且该车灯光照明系统不合格，鲁某负交通事故的主要责任，于某负次要责任，严某无责任。

### 法律链接

《刑法》第133条：违反交通运输管理法规，因而发生重大事故，致人重伤、死亡或者使公私财产遭受重大损失的，处三年以下有期徒刑或者拘役；交通运输肇事后逃逸或者有其他特别恶劣情节的，处三年以上七年以下有期徒刑；因逃逸致人死亡的，处七年以上有期徒刑。

### 律师说法

鲁某的行为已经触犯了《刑法》第133条中关于交通肇事罪的规定。交通肇事罪是指违反道路交通管理法规，发生重大交通事故，致人重伤、死亡或者使公私财产遭受重大损失，依法被追究刑事责任的犯罪行为。鲁某酒后驾车本身就违反了交通法规，而且因为其违法驾驶造成严某的死亡，其行为已经构成交通肇事罪。

法律小贴士：

1. 公共交通道路的认定：

交通肇事罪在认定构成中还要注意发生事故的地点一定是在公共交通道路上，如公路、城镇道路上。对于发生在建筑工地、学校、社区等相对封闭且不属于交通部门管理的地方的事故不能以交通肇事罪定罪处罚。

2. 切记不要酒后驾车：

现在很多场合都需要喝酒，有的是出于朋友聚会交流感情的需要，有的是出于公关交际的需要。无论出于什么原因，酒后一定不要驾驶机动车。酒后驾车不仅违反交通法规，更重要的是可能会付出生命的代价。酒后不驾车，既是对别人的生命负责，更是对自己的生命负责。生命只有一次，不容挥霍！